DR. PIERRE F. WALTER

MEHR ALS KINDERSEX

Historische, Ethische, Ästhetische, Psychologische und Rechtliche Aspekte der Kindliebe

Publiziert von Sirius-C Media Galaxy LLC

Revidierte und Korrigierte 2020 Ausgabe

http://sirius-c-publishing.com

http://siriuscmedia.com

ISBN 978-1-933137-54-4

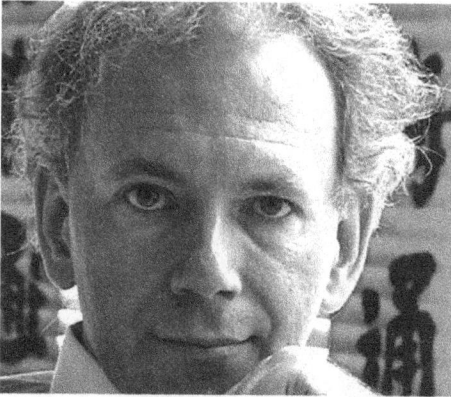

Kontakt Information Dr. Pierre F. Walter

publisher@sirius-c-publishing.com

About Dr. Pierre F. Walter

https://peterfritzwalter.com

Zitiervorschlag

Pierre F. Walter, Mehr als Kindersex: Historische, Ethische, Ästhetische, Psychologische und Rechtliche Aspekte der Kindliebe, Revidierte Ausgabe, Wilmington, DE: Sirius-C Media Galaxy LLC, 2020.

Über den Autor

Pierre F. Walter ist internationaler Anwalt, Wissenschaftler, Autor, Lebensberater und Conférencier. Nach dem erfolgreichen Abschluss seiner Studien des deutschen und europäischen Rechts mit Diplomen in beiden Disziplinen, im Jahre 1982, wurde ihm 1987 von der Rechtsfakultät der Universität Genf der Titel eines 'docteur en droit' verliehen. Seine Doktoratstudien wurden unterstützt von Studienhilfen vom Schweizerischen Institut für Rechtsvergleichung in Lausanne und der Universität Genf.

Nach einer Psychotherapie und einem Rückzug vom beruflichen Leben als Zen-Buddhist, änderte er seine Karriere und wurde Erzieher, Lebensberater, Schriftsteller und Unternehmer.

Von 1994 bis 1996 führte er ein Beratungsunternehmen in Rotterdam, Holland, und begann während der Zeit, spontane Musik zu komponieren und aufzuzeichnen, während er seit seiner Gymnasiumszeit erfolgreich schriftstellerisch tätig war und deswegen auch als *Schulbester in der Verfassung von Essays und Vorlesen* ausgezeichnet wurde. Im Jahre 1996 startete Pierre F. Walter eine neue Karriere als Unternehmensberater in Südostasien, wo er noch heute lebt und arbeitet.

Seit 2004 arbeitet Pierre F. Walter als freier Schriftsteller und Researcher. Er schreibt in Deutsch, Englisch und Französisch und produzierte mehr als zehntausend Buchseiten, welche alle literarischen Gattungen abdecken, eingeschlossen *Poesie, Kurzgeschichten, Filme, Romane, Selbsthilfebücher, Monographien* und ausführliche *Buchrezensionen*. Daneben hat er Jazzmusik, New-Age Musik und Entspannungsmusik herausgebracht, sowie bisher 49 Audiobücher für Audible. Seine Publikationen sind über *Internationales Recht, Strafrecht, Psychologie, Erziehung, Holistische Wissenschaft, Quantenphysik, Schamanismus, Ökologie, Spiritualität, Naturheilung, Bewusstseinsforschung, Systemtheorie, Friedensforschung, Persönlichkeitswachstum und Lebensberatung.*

Pierre F. Walter publiziert durch Sirius-C Media Galaxy LLC, eine Firma in Wilmington, Delaware, USA, und unter den Markenzeichen IPUBLICA für gedruckte Bücher und SCM (Sirius-C Media) für Audiobücher und Musikproduktionen.

Wir verbeugen uns vor Kunga Legpa.
Nackt und ohne Anhang, frei von aller Korruption,
Von aller Anhaftung an seine Gedanken und sein Gefolg,
Führt er durch seine Verrücktheit die Perversen und die Verbrecher
In die Freiheit des Geistes und der Gefühle.
—Tibetischer Spruch

INHALT

VORSPRUCH

Dieses Buch geht auf einen Traum im Jahre 2001 zurück, in welchem dem Autor von einer weiblichen Psychoanalytikerin vorgeschlagen würde, dieses Buch zu schreiben. Die Traumfigur spezifizierte in dem luziden Traum auch den Buchtitel, als auch die Tatsache, dass es sich um eine Trilogie handeln solle, und dass jede der drei Teile aus 12 Kapiteln bestehen solle.

Der Autor kam diesem Traum umgehend nach und stellte das Buch in zwei Monaten fertig. Im Jahre 2009 dann erhielt der Autor einen weiteren Traum, in welchem ihm von einer weiblichen Figur vorgeschlagen wurde, einen *Pädophilie-Reader in deutscher Sprache* zu schreiben, welcher sowohl die wissenschaftliche, die rechtliche und die künstlerisch-ästhetische Dimension der Liebe mit Kindern beschreiben solle.

Weiterhin ist für den deutschen Leser zu beachten, dass die englische *Originalfassung dieses Buches* ohne jede Begründung in den USA von der Publikation gebannt wurde. Die Veröffentlichung wurde zensiert und ohne Begründung verboten, was eine flagrante Verletzung der amerikanischen Verfassung und Freiheitsrechte bedeutet, umso mehr, als der Beschluss *in keiner Weise begründet und noch dazu hinter meinem Rücken getroffen wurde.*

Dies war das zweite meiner Bücher, dem solches geschah und es mag den deutschsprachigen Leser aufmerksam machen auf die Tatsache, dass Demokratie heute in den Vereinigten Staaten ein Modewort ist,

das in keinerlei Zusammenhang mit der täglichen Realität steht. Eine wahre Redefreiheit gibt es in den Staaten seit langem nicht mehr, denn das sogenannte 1st Amendment zur amerikanischen Verfassung (Verbot von Zensur) bezieht sich nur auf Zensur, die von Regierungsbehörden gegen den Bürger vorgenommen wird, nicht jedoch auf die, die von *nationalen oder multinationalen Unternehmen* begangen wird.

Wer Amerika heute regiert, ist nicht die Regierung, es sind die Korporationen, denn diese haben die wirkliche Macht und entscheiden darüber, was 'das Volk' zu sehen bekommt und was es nicht zu sehen bekommt.

Publiziert von Sirius-C Media Galaxy LLC, 2010

EINLEITUNG

Lebensliebe oder Lebenslüge?

Verfolger und Verfolgte

Die Kindliebe passt nicht ins Heldendasein, in die Heldenkultur. Sie hat ein Grauen vor dem Männertum kantiger Kinnbacken und überzogener Bizeps; sie is dem Röhren von Megaphonen abhold—und dem von Moralisten. Sie ist von feinerem Holz geschnitzt, als dem von Schulbänken, auf denen Kinderseelen verraten und verkauft werden. Sie weiss mehr von wahrer Liebe als Finanzminister und Karrierefrauen, und sie benutzt Ohrenwatte gegen das Gebrüll von Fernsehern, welche weder fern sehen, noch überhaupt etwas sehen. Sie hat keinen Platz im Olymp der Dummköpfe, die in allen Zeiten, wo wahre Moral mit Füßen getreten wird, großen Ausgang haben!

Die Heldenkultur mit ihren stapfenden Rohfleischmaschinen mit Erbsenhirn gibt den Ton an heute—den *Heldenton*, wohlgemerkt, der euch wie amoklaufende Kirchenglocken die Hirne niederhaut, bis ihr endlich euer Credo gebt zum totalen Konsum ohne Kondom! Die falschen Helden des neuen Zeitalters, der neuen Weltordnung, sind in *einem* virtuos, obwohl sie ansonsten wenig drauf haben; sie kennen sich aus in der Zerstörung wahrer Unschuld. Sie sind Meister der Manipulation, Kartographen der Lüge, und Dirigenten aller Festorchester zum Begräbnis des wahren Kindes, und der Geburt der *Konsumratte!*

Sie sind virtuos in der Verzerrung von Yin und Yang, der Hypertrophierung des Maskulinen, der Verleugnung der Sensualität, der Schändung von allem Weiblichen und Mädchenhaften, und der Glorifizierung ihrer nazihaften Homosexualität als 'Krönung der Evolution'.

Sie sind virtuos in ihrer Spaltung der Liebe in *Affektion*, einerseits, und *Sex* andererseits—und damit haben sie die *Vergewaltigung* geschaffen

als Sexakt, und als Akt überhaupt, als Handlungsweise, und politischer Strategie. Es ist die symbolische Vergewaltigung der Mutter, die sie ausgemerzt haben kulturell. Denn in einer Monokultur mit Monogott ist man monogam. Hier erzeugt Mann *mehr Mann,* und die Mutter wird zur ewigen Jungfrau erklärt, und damit psychologisch ausgeblendet. Die Folge dieser kulturellen Kastration des Weiblichen ist der Ödipuskomplex.

Wer das Leben liebt, kann Kinder nicht hassen. Wer Kinder hasst, kann das Leben nicht lieben. Wenn ich sage, ich liebe Kinder, meine ich, ich liebe das Leben. Ich sage *Lebensliebe.* Sie sagen *Lebenslüge,* indem sie aus der Unschuld der Kinder Schuld machen. Durch Verbote, durch Projektionen, durch die Kastration ihrer natürlichen Pädoemotionen. Durch die Repression ihrer sinnlichen Anziehung für erotisch anziehende Kinder wurden sie sadistisch und pervers. Um nicht zu fühlen, welches Prickeln ein nacktes Kind in ihnen wach ruft, schlagen sie drauf, immer wieder drauf, bis das Kind nicht mehr erotisch wirkt, bis es emotional stumpf ist, wie eine Puppe, eine Marionette. Dann haben sie ihr *gehorsames* Kind, ihren Konsumbiber, der brav alles frißt, was er vorgesetzt bekommt, weil er kompensieren muss für all das Schöne und Wahre, das ihm versagt wurde.

Wenn ich sage, ich liebe das Leben, meine ich, dass ich nicht ein Polemiker der Pädophilie bin als neumodische Anziehung, als den 'letzten Schrei' im Getriebe der Mordkultur, die bis heute keinen Gedanken verschwendet hat an all die Kinder, die sie durch Bomben, Granaten, Maschinengewehrsalven oder auch einfachen Händen und Fäusten (und Fußtritten) der Ewigkeit übergeben hat. Damit meine ich, dass ich in einer Seligkeit lebe, die ihre Nahrung nicht zieht aus dem Gruppenkampf, der Gesellschaftsmaschine, oder arroganter Reform. Ein Pro-

blem kann nicht gelöst werden auf dem Niveau, auf dem es entstanden ist, sagte Einstein. Ich sage, dass eine Gesellschaft nicht auf dem Niveau reformiert werden kann, auf dem sie *Nein* sagte zur Erotik und zur Sensualität, und *Ja* zur Gewalt—und zur Vergewaltigung. Wenn der Mensch reformierbar wäre, dann wäre er längst reformiert.

Mit anderen Worten, wenn Pädophilie ein Problem ist, dann ist sie es auf dem Niveau genau der Gesellschaft, die sich mit allen Mitteln gegen sie sträubt. Einfacher ausgedrückt, eine Gesellschaft, die röhrt und brüllt gegen Pädophilie in all ihren Medien ist eine *pädophile Gesellschaft*. In Kulturen, die kein Problem haben mit explosiven Verlangen nach Kindersex, wird die Frage garnicht erst debattiert; man mag darüber lachen, wenn ein Dorftrottel sich an einem Kind vergreift. Man mag ihn ausschimpfen. Aber man wird keine Millionen in die Maschinerie pumpen, um einen 'Krieg gegen Kinderschänder' zu finanzieren. Man wird keine Schwadronen von Spitzeln, Agenten und Kommissaren in cognito auf 'Pädophile' ansetzen, die man zu Millionen vermutet im Dschungel des Internet, im Dschungel der Pornoringe, im Dschungel was weiß ich welcher Dimensionen, die wie eine gigantische Gruppenfantasie erdacht und erträumt werden von all denen, die es nötig haben. So nötig nämlich, dass sie in Nöten sind, weil sie genau unter dem gleichen explosiven Verlangen leiden, es aber unterdrücken aus 'moralischen' oder anderen Gründen. Ja, und nun, diese Menschen leiden dann wirklich, sie leiden *mehr*, als die, die sie verfolgen, denn ein starkes Verlangen zu haben und es zu *unterdrücken* ist nach neuester Forschung die beste Strategie um mit einem Krebs elend zu verenden, oder mit einer Gicht 'am Halse' oder in den Knochen, oder einem Herzinfarkt 'zu unterliegen'.

Jede Todesart sagt etwas aus über das Leben, nicht nur im allgemeinen, sondern auch ganz spezifisch über das Leben der Person, die ihn wählte. Es ist eine Gestalt, eine Metapher, eine Form der Körpersprache. Der Held, der zum Verfolger wird, zum mythischen Killer von 'bösen Pädos', bekommt einen *Tumor*. Er wählte also unbegrenztes Wachstum statt natürlichem Wachstum (Krebs). Er bekommt etwas *an den Hals*. Er wählte also, abzusinken, wie der Ertrinkende, weil er kein Maß kannte, höher zu stehen, als die, die er verfolgte. Er *erliegt*, da wo er doch lebenslang immer 'draufliegen' wollte, um zu missionieren für die 'gute Sache' kindlicher Reinheit und Bravheit.

Also warum sterben sie unglücklich, wo sie doch im Gefolg ihrer Konsumreligion glückliche Helden waren? Warum, wenn sie so glücklich bodygebildet waren, müssen sie anderen das Messer an den Hals setzen? Ist es, um sich zu beweisen, wie *unpädophil* sie doch sind in ihrer pädophilen Verklemmung?

Wenn ich mit kleinen Mädchen zusammen bin, kommt mir all das sehr geschraubt vor und ich werde den Gedanken nicht los, dass die Heldenkultur sich auf *Hochmut* gründet, und Mädchenliebe auf *Demut*.

Über dieses Buch

Dieses Buch ist wohlgemerkt keine Studie in dem Sinne, dass es nicht mit dem 'trockenen' Füller geschrieben wurde, oder in der Art, die man heute hochtrabend 'wissenschaftlich' nennt. Nun ich möchte bescheiden fragen, was Kotzklöpfe eigentlich auf Wissenschaft geben? Wären sie alle so mindgebildet, wie sie bodygebildet sind, so hätten wir kein Problem. Fleischsäcke mit Hirnfortsatz haben keine Wissenschaft nötig. Sie sind sich selbst Wissenschaft genug, sie haben am Selbststudium kotzgenug.

Dieses Buch ist eher im Stile eines Renaissance-Traktates geschrieben. Das war meine Absicht, nicht um euch was auszusetzen, sondern um eure *emotionale Intelligenz* direkt anzusprechen und dadurch etwas in Gang zu bringen. Im übrigen seid ihr doch Langeweiler, denn auf dem Kasten habt ihr sowieso nichts. Vielleicht brodelt die emotionale Suppe wenigstens heiß in euren Stammhirnen; ich nehm's mal an, sozusagen als Arbeitshypothese, und so mische ich denn meine Tinktur dementsprechend für euch ab. Damit ihr sie verdauen könnt. Denn sonst wär's ja allemal für die Katz.

Wenn ihr, so wie morgens im Büro, von euren Emotionen abgekoppelt seid, dann könnt ihr Themen wie Pädophilie nicht diskutieren—es wäre gefährlich für euren Geisteszustand, für die *Volksgesundheit*, meine ich. Denn dann würdet ihr versuchen, Liebe verstandesmäßig zu erfassen, und das ist nun einmal unmöglich. Sagte nicht schon Goethe: 'Was hat Liebe mit Verstand zu tun?' Eure Geistesschwachheit fängt da an, wo ihr anfangt, wie Schuljungen Liebe mit dem Lineal zu messen; so wie man früher Schmetterlinge aufspießte und sie dann genau vermaß, um das alles im Klosterbuch einzutragen—oder im Klobuch.

Das haben übrigens auch die nicht verstanden, die seit zwanzig Jahren die doktorierten Rädelsführer der Pädophilenbewegung waren. Auch sie waren und sind Schmetterlingsaufspießer, durch die Bank. Auch sie sind im sokratischen Irrtum befangen, der da glaubt, man müsse strikt rational *Information* an den Mann bringen, wenn die Leute neue Kristallnächte erwägen. Dann informiert mal, ihr Lieben. Inzwischen geht's ab nach Dachau!

'Wenn die Leute erstmal wissen, dass wir keine Kinder vergewaltigen, sondern nur rumspielen, werden sie schon verstehen und uns in Ruhe lassen. Dann werden sie wissen, dass wir doch letztlich auch Bürger sind und Grundrechtsschutz verdient haben.' Leider kam dann doch alles anders, und es wurde schlimmer statt besser, und es gab mehr Repression, anstatt mehr Toleranz, mehr Gefängnisse anstatt mehr Kindergärten, mehr Hasskampagnen und weniger Permissivität bei der Kindererziehung. Ja, es ging in manchen Heldenländern gar soweit, dass das Wort *Permissivität* als pornographisch und politisch unkorrekt abgestempelt wurde.

Und von denen, die sich hochstapelnd als 'organisierte Pädophile' bezeichneten, hörte man garnichts. Sie hüllten sich in Schweigen und hüllen sich *mir gegenüber* in Schweigen, obwohl ich doch weder ein Pharisäer, noch ein Verfolger bin. Aber sie *trauen* mir nicht. Sie finden meine Emotionalität übertrieben und naiv, und ich finde ihren intellektuellen Kartesianismus infantil und narzisstisch.

Was haben sie eigentlich angestellt, um solchermaßen auf den Kopf gehauen zu bekommen von jedem dummen Schludrian? Garnichts. Das ist es ja. Sie haben ihre *Emotionen* vergessen. Und damit haben sie das *Leben* vergessen. Sie dachten, wenn sie schön brav wissenschaft-

lich bleiben und schön brav informieren, und schön brav rational bleiben im Angesicht der roten, der gelben und der schwarzen Hetze, dann wird schon alles gut werden. Aber es wurde nicht. Es wurde noch schlimmer.

Haben *sie*, lieber Leser, Idioten gekannt, die durch 'rationale Argumente' zu intelligenten und sensiblen Zeitgenossen wurden? Ich auch nicht.

Leider haben sie Realität zu linkshirnig begriffen. Immer schön brav rational bleiben, wenn die Bomben fallen, und ein Nikolas S., der immer saubere Anzüge trägt, von sauberer Euthanasie spricht, und nicht nur an Weihnachten, sondern das ganze (letzte) Jahr über. Immer schön brav bleiben. Polizisten sind auch nur Menschen. Die von der Sitte sind auch nur Bullen. Alle glauben sie an *rationale Realität*, alle haben sie ihre Emotionen vom Sperrmüll abfahren lassen, um saubere Bücher zu schreiben, in denen schwarz auf weiss steht: 'Jeder Pädophilie ist von Geburt an ein Kinderschänder.'

Im Lande der Helden sind dann logischerweise auch Kinder Kinderschänder. Genau dann nämlich, wenn sie das tun, was sie in der Sexualkunde gesagt bekommen. Es gesagt zu bekommen, ist Kultur. Es zu tun, ist Unkultur, oder, wie sie sagen, ein Verbrechen. Komisch? Da wird ein Kindlein geboren, um andere Kinder zu schänden. Wo gibt es das? Im Lande der Helden gibt es vieles, was es anderweit nicht gibt. Man möchte meinen, dass die Heldenkultur es eben *hervorgebracht* hat. Warum? Weil es Geld bringt! (Schon mal darüber nachgedacht?) Viel Geld. Enorm viel Geld.

Leider haben sie in der Schule überhört, dass es keinen *rationalen Verstand* gibt, noch eine *rationale Realität* als phylogenetische Destillation

davon. Diese Fiktionen sind das Resultat eines *Torsoparadigmas*, das sozusagen die letzte Weinprobe kartesischer Borniertheit ist. Alles im Leben ist in haarige emotionale Netzwerke verwoben, alles ist verschränkt im Quantenfeld, alles ist Bestandteil von Mustern, die wiederum in größere Muster eingeflochten sind. Wenn man Emotionen verleugnet, bringt man dieses ganze unglaublich feine und ausgewogene Netzwerk in einen Gefahrenzustand, in einen Zustand von Ungleichgewicht. Die Folge ist Konfusion und Gewalt. Und *Narzissmus als Kulturkrankheit*.

Der Weg, mit Irrationalität konstruktiv umzugehen, ist nicht irre Rationalität, sondern eine gute Ration von *Emotionalität*. Der irrationale Verstand ist eingepfercht in einen Charakterpanzer, der selbst das Resultat der Repression der frühkindlichen Emotionen ist. Um irrationale Charaktere zu beeinflussen, muss man ihr Herz erreichen, indem man *bewusst emotional* argumentiert, denn dadurch, das ist die Logik der Emotionen, ist man auch *implizit rational*. Anders ausgedrückt, wahre Rationalität ist die Frucht von gesunder Emotionalität!

Dieses Buch ist denn auch weder für Narzissten, noch für kartesische Sturköpfe, noch auch für violette *New Ager* geschrieben. Es ist ein Kunstwerk, ein Pamphlet, und schert sich einen Dreck um eure *fake science*, die doch auch wieder nur ein Abklatsch eurer allgemeinen und sozusagen 'grossbürgerlichen' Falschheit ist. Meine Art zu schreiben ist emotional, affektbetont, emphatisch—und dadurch, ob ihr es glaubt oder nicht, *wissenschaftlich*. Aller wahre Verstand ist emotional. Einstein ist dafür das beste Beispiel.

All die, die ihren Verstand wie eine Perücke tragen, sind nicht rational, sondern *ignorant*, denn sie haben nicht eine Minute darüber nachge-

dacht, wie ihr Geist eigentlich *funktioniert*; solchermaßen sind ihre Überzeugen reine Illusion; im besten Fall sind sie wandelnde Konzept-kacker.

Was ist Wissenschaft?

Als Wissenschaftler, der bereits im Gymnasium von platonischer Logik und sokratischem Diskurs fasziniert war, und der später durch ein rigoroses Jurastudium sein logisches Denkvermögen unter Beweis stellte, weiß ich, dass man gemeinhin annimmt, eine wissenschaftliche Arbeit glänze durch viele Fußnoten. Oh, der hat aber gut eingekauft, der hat seine Nase wirklich in die Sekundärliteratur gesteckt; das ist anerkennenswert, das hat Lorbeeren verdient! Hat es das, frage ich?

Ich will euch mal etwas sagen. Ich könnt euer Toilettenpapier selbst abrollen. Ich tue das nicht für euch. Ich lese *Primärliteratur*, verstanden? Ihr könnt euren Sekundärdreck selbst lesen. Die Literatur, die ich lese, ist die, die ich selbst geschrieben habe und die ich euch hier, sozusagen *en première*, und ganz ohne Scham, auftische.

Ich werde euch mal ein wenig erzählen, wie es so in der hehren Wissenschaft zugeht, gewissermaßen als Zugabe. Meine Doktorarbeit war eine sehr komplexe Studie über Beweisregeln im angloamerikanischen Zivilprozess, die, wie ich es zeigte, Bestandteil des Völkerrechts geworden waren—was jedoch, man wird es erraten, jeder außer mir vehement abstritt. Unter den Abstreitern war ein Prominenter, der *General Rapporteur* der *International Law Commission*, Thai Botschafter S.S. Die Kommission hatte seit Jahren an einer Konvention gearbeitet und Herr S. war überzeugt, dass es an einer Staatenpraxis bisher fehle in der Frage. Mein Doktorvater in Genf meinte demgegenüber, er könne meine Arbeit nicht beurteilen und wir müssten Professor H.F. von London zur Soutenance meiner Thèse einladen. Ich nahm zwei ganze Röh-

ren Lexotanil, aber leider war das Mittel zu schwach, um mich in die ewigen Jagdgründe zu befördern.

Es bewirkte, dass ich, als ich nach zwei Tagen dann wieder aufwachte, für Kinder sehr freudige Gefühle hatte, und anfing, Gedichte zu schreiben.

Meine erotischen Gefühle für Kinder gaben mir die Liebe zum Leben zurück, und so konnte ich die Doktorarbeit dann doch noch erfolgreich beenden. Lady F. raunte mir zu, ein *Summa Cum Laude* sei drin, sie schlage es vor. Die anderen Mitglieder der Jury hatten jedoch offensichtlich etwas gegen mich. Es war nicht wegen Kindern, sondern wegen *Details des angloamerikanischen Prozessrechts,* von denen man gelinde gesagt keine Ahnung hatte. Also gab man mir eine schlechte Note, um sein fehlendes Wissen zu verbergen. Mein Doktorvater wiederholte, er könne meine Arbeit nicht beurteilen, und das war es dann. Zum Drucken der Doktorarbeit fehlte mir das Geld, und meine Mutter gab mir keins, obwohl sie Multimillionärin war, da sie meinte, eine Doktorarbeit zu schreiben sei 'reine Faulenzerei'. Anständige Leute gingen arbeiten, um ihr Geld zu verdienen. Das erste was sie dann tat, als ich endlich das große Diplom hatte, war, es einrahmen zu lassen und in ihr Büro zu hängen.

Die Arbeit in ihrer original französischen Fassung ist bis heute nicht gedruckt. Fünf Jahre Arbeit für die Katz, ohne jede Anerkennung, weder emotionaler, akademischer, noch auch finanzieller. So ging es weiter mit allen wissenschaftlichen Arbeiten, und, das vergass ich noch, so fing es überhaupt erst an. Denn das Thema war mir von Professor R. gegeben worden, einem bekannten Völkerrechtler, der später Richter am Menschenrechtsgerichtshof in Straßburg war. Er hielt über diese

schwierige Frage in Südafrika, in London und in New York Vorträge. Auf ihn hörte man. Er war eine 'Autorität'.

Er meinte, ich stelle mein Licht zu sehr unter den Scheffel, und sei doch der intelligenteste in der Klasse. Ich schrieb also eine Seminararbeit über das Thema, die er glänzend bewertete, aber bei einem Gastvortrag für einen emeritierenden Professor als seine eigene Arbeit vortrug. Da keine Studenten zu diesem Anlass eingeladen waren, hätte ich davon nie erfahren, hätte es mir nicht Professor L., ein befreundeter Professor des Zivilprozessrechts mit großer Empörung hinterbracht.

Abgesehen davon, wenn Leute wirklich offen dafür wären, von wissenschaftlicher Forschung zu lernen, *dann hätte die Menschheitsgeschichte ganz anders ausgesehen.* Dann würden nicht so viele hirnlose Affen herumlaufen, die im Brusttun der Überzeugung verkünden, Kindliebhaber seien ausnahmslos Kinderschänder und Mörder. Ganze Bibliotheken sind gefüllt mit Studien, die wissenschaftlich nachweisen, dass Kindliebe in den meisten Fällen weder mit Vergewaltigung noch Belästigung von Kindern zu tun hat, noch dass es eine sexuelle Perversion ist.

Und doch sind wir mitten in der schlimmsten Massenhysterie gelandet, und den seit dem Ende des Mittelalters schlimmsten Hexenverfolgungen. Und das Schönste an alledem ist, dass ich eine Studie, wie man sie von mir erwarteten konnte, wohl geschrieben hatte, damals, gewissermaßen als mein 'zweites Doktorat', eine Arbeit gar, die mich mehr als ein Jahr intensiver Recherchen an Universitäten in drei verschiedenen Ländern kostete. Ich hatte so viele Fussnoten, dass sie ein Drittel des Umfangs der Arbeit ausmachten und meine Bibliographie war über fünfzig Seiten lang. Resultat? *Niemand wollte die Arbeit veröf-*

fentlichen. Schlimmer, ich schickte drei gewichtige Kopien an drei verschiedene Verlagshäuser in drei verschiedenen Ländern und keines kam an. Spurlos verschwunden!

Ich gab nicht auf und bat *Dr. Frits Bernard (1920-2006),* mit dem ich fast zwanzig Jahre lang befreundet war, um Hilfe. Bernard rief den Direktor des holländischen Verlages in Amsterdam an, sagte kein Wort über mich, und lud ihn zu einem Abendessen ein. Der Mann schaute eher betroffen drein, als er hörte, wer ich war. Ich hatte ihn mehrmals verärgert angerufen, weil ich es nicht glauben konnte, dass mein Manuskript wirklich in der Post verschwunden war.

Bernhard fackelte nicht lange und reichte dem Gast ein Glas eisgekühlten Sherrys, worauf dieser höflich lächelte. Dann ging Bernard zum Regal, zog den Ordner mit meinem Manuskript heraus, und legte ihn auf den Couchtisch vor den Verleger. Damit erstarb dessen Lächeln wieder. Bernard fragte höflich, ob eine halbe Stunde Lektüre ausreiche, um ein Urteil abzugeben? Der Verleger nickte schweigend, nahm den Ordner seufzend auf die Knie—und begann zu lesen. Nach ungefähr einer halben Stunde schaute er auf, legte den Order zurück auf den Tisch, schaute mich erstaunt an und fragte:

—Warum zitieren sie *feministische* Literatur?

Auf meine Frage hin, warum ich *keine* feministische Literatur zitieren solle, grinste er.

—So etwas publiziere ich nicht.

Ich schaute Bernard an. Er schaute den Verleger an und meinte, das sei doch sicher nicht der überwiegende Teil der Arbeit und Pierre sei ja

'wohl vielleicht bereit, das etwas abzuändern'. Daraufhin warf der Verleger seine Brille auf den Tisch und meinte laut, außer 'kleinen Heftchen mit nackten Popos' sei 'heute kaum mehr 'was drin' in dem Bereich. Für intellektuelles Niveau seien heute 'keine Leser mehr vorhanden', und das könne 'man nicht verkaufen'; und schliesslich müsse er 'ja auch von etwas leben'. Bernard nahm einen langen Schluck Sherry und meinte dann trocken, an mich gerichtet, ich solle es doch einmal bei Foerster in Frankfurt versuchen, der habe viele seiner Bücher publiziert. Also rief ich Foerster vom Foerster-Verlag an. Der meinte:

—So etwas konnte man vor ein paar Jahren noch publizieren, jetzt nicht mehr. Die Zeiten sind vorbei. Sie sind zu spät dran mit ihrer Arbeit, tut mir leid!

Da ich in der Tat viel Feministenliteratur zitiert hatte, denn ich wollte eine objektive Arbeit über das Thema schrieben, nicht ein Pamphlet, so schrieb ich verschiedene Feministenverlage in Berlin an, und erhielt überall nur Absagen. Die Pädophilen lehnten meine Arbeit ab. Die Feministen lehnten meine Arbeit ab, und Psychologen, forensische Psychiater und Rechtsanwälte liessen sich überhaupt niemals hinab, meine Arbeit zu würdigen—wiewohl sie wohl Stoff zum Träumen gehabt hätten, denn schließlich enthielt sie einen kompletten Gesetzesentwurf samt Kommentar.

Einhundertfünfzig Seiten Fußnoten und fünfzig Seiten Bibliographie haben keinen dieser Leute davon überzeugen können, dass es sich nicht um 'nackte Popos', sondern um eine seriöse wissenschaftliche Arbeit handelte. Ein Verlag lehnte mit dem Argument ab, dass meine Arbeit zu 'holistisch und interdisziplinär' geschrieben sei, denn so etwas komme 'heute nicht mehr an.' Mit einem Wort, man konnte mich

nicht in irgendwelche der etablierten Konzeptschubladen stecken und daher schickte man mich zum Teufel.

Nach dieser lehrreichen Erfahrung bekomme ich allergische Anfälle, wenn ich Wissenschaftler nur von weitem sehe; ich schreibe daher heute meine eigene Wissenschaft, die mehr ist, als der Schaft vom Wissen. Es ist mir ziemlich egal, ob der werte oder unwerte Leser mitkommt oder nicht beim Vortrag, ob er was kapiert oder nicht, ob er es artig oder unartig findet, was er liest. Das ist nicht mein Bier.

Foerster hatte Recht, es sind heute andere Zeiten und deshalb muss man als Autor andere Saiten aufziehen, *emotionale* eben. Wie doch Baron d'Holbach es so schön ausdrückte, wirkliches Verständnis entsteht dann, wenn *Wissen und Emotion zusammenschwingen*.

Mit einem Wort, die richtige Art, meine Bücher zu kredenzen, ist durch eine Backpfeife.

ERSTES BUCH

Mehr Nachgeben. Weniger Angeben.

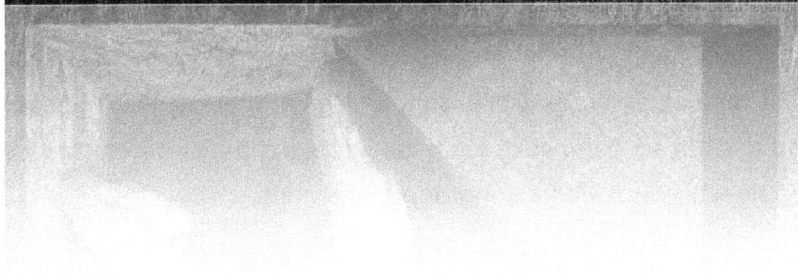

§01. Es Geht um Wahrheit.

Ach ja?

Die schizophrene Situation in der öffentlichen Debatte der Kindliebe rührt von der Tatsache her, dass in unserer so aufgeklärten Gesellschaft nicht die Wissenschaft Meinung macht, sondern gegeneinander kämpfende *Interessengruppen*, von denen jede 'ihre Wissenschaftler' in Dienst hat, um ihre Ansichten 'objektiv und unparteiisch vorzutragen'. Das kommt dann in etwa so objektiv heraus, wie die Wissenschaft des Vatikans, die fast ein Jahrtausend in Europa bestimmte, was Wahrheit ist, und was Lüge, was Sein ist und was Schein, was Sagbar ist, und was Unsagbar.

Galileis Wissenschaft wollte klüger sein, als die der Kirche, und daher wurde er bis ans Ende seiner Tage unter Hausarrest gestellt von der Inquisition. So objektiv war das. Und so objektiv ist das heute. Die Kirche zahlte ihre Wissenschaftler, und in den Staaten werden die Recherchen von *mehr als Dreiviertel aller Wissenschaftler vom Militär finanziert.*[1]

So wissenschaftlich ist unsere Wissenschaft. Also verlangen sie bitte nicht von mir, heiliger als der Papst zu sein! Jedes Kind versteht, dass man nicht auf der Basis von Gruppeninteressen Wahrheit erlangen kann, in welchem Bereich auch immer! Solche Forschungen sind Schlüssellöcher. Sie erarbeiten *Lösungen*, nicht Wahrheit, sie dienen nicht dem allgemeinen Wohl, sondern ihren spezifischen Interessen. Und das tun sie dann auch legitimerweise, denn nicht für nichts werden sie schließlich 'Interessengruppen' genannt.

---

[1] Diese Information entnahm ich dem Film *Mindwalk (1990)* von Bernt Capra.

Jeder Student lernt im ersten Semester, dass man Wahrheit als Ziel jeder wahren Forschung und als Endziel aller Wissenschaft nicht erlangen kann, wenn man das Leben durch die Brille von spezifischen Interessen betrachtet. Ein und dieselbe Situation, sagen wir ein Streik, wird unter der Brille der Arbeitgeber anders aussehen, als durch die Brille der Arbeitnehmer, und wieder anders durch die Brille der Bankiers, oder der Gewerkschaften.

Das Interesse der Spielzeugindustrie
Wie bietet sich das sexuelle Kind dar durch die Brille der Spielzeugindustrie? Es bietet sich schwarz da. Es muss *unsexuell* gemacht werden, damit es Spielzeuge braucht. Ein sexuelles Kind braucht nämlich keine, weil es mit seinem Körper spielt. So einfach ist das.

Das Interesse der Pharmaindustrie?
Wie bietet sich das sexuelle Kind dar durch die Brille der Pharmaindustrie? Es bietet sich schwarz dar. Es muss *unsexuell* gemacht werden, damit es Pharmazeutik braucht. Ein sexuelles Kind braucht keine Bauchpillen und Schlafschnäpse, weil es im Gegensatz zum Konsumkind einen selbstregulierten Organismus hat, und daher tief schläft und selten krank ist, und *wenn* es krank ist, sich selbst heilt. So einfach ist das.

Das Interesse des Kindes? Frag' die Kuh.
Um es allgemeiner auszudrücken, Kindersexualität und Pädophilie haben mit Moral so viel zu tun, wie die Frage, ob es statthaft ist, einer Kuh Klavierstunden zu geben? Eine Kuh braucht keine Klavierstunden, aber wenn sie welche erhält, so tut es der Kuh auch keinen Abbruch. Sie wird vielleicht ein wenig mehr Graß fressen, wenn sie mehr Aufmerksamkeit erhält, aber das Klavier wird ihr wohl im Weg stehen.

Sexuell wache Kinder und Pädophile als ihre Liebhaber brauchen keine Morallektionen, weil sie einfach ebenso moralisch und unmoralisch sind, wie andere Menschen. Moralische Lektionen tun ihnen aber auch keinen Abbruch und sie werden vielleicht etwas mehr essen, wenn sie mehr Aufmerksamkeit erhalten, aber der Moralapostel wird ihnen wohl im Weg stehen. So einfach ist das.

Wahre Wissenschaft ermöglicht es Menschen, auf der Basis *eigener Kontemplation der Fakten* ihre Meinung zu bilden, ohne von *pro* oder *con* Propaganda gehirngewaschen zu werden. Dann wird ihnen die Forschung über sexuelle Paraphilias zugute kommen, weil sie in ihrer emotionalen und erotischen Intelligenz angestachelt werden; technisch gesprochen, werden neue Neuronenverbindungen *(preferred pathways)* in ihren Hirnen gebildet werden.

Als ich vor etlichen Jahren am Beginn meiner Paraphilieforschung eine Email sandte an eine Gruppe von Knabenliebhabern, die ihre Ansichten auf dem Internet dargeboten hatten, fragte ich sie naiv, warum sie eigentlich immer nur über Jungen redeten, schließlich gäbe es doch auch Mädchen. Da schrieb einer von ihnen zurück, die Gruppe könne nicht verstehen, wie man 'sexuell an kleinen Mädchen interessiert' sein könne, und das sei so, weil Knabenliebe eine 'Form von Rollenerziehung' sei, und Rollenerziehung sei nun einmal unmöglich in der Beziehung Mann-Mädchen.

Nicht wenig überrascht über diese Antwort, die eigentlich recht ideologisch klang, fragte ich mich, warum denn eigentlich in der Beziehung Mann-Mädchen Rollenerziehung ausgeschlossen sei? Das würde doch bedeuten, dass die Rollen von Frau und Mann total festgeschrieben sind gesellschaftlich und sozial. Und das, nun, mit Verlaub, ist ein

fundamentalistischer Standpunkt! Diese Rollen können und sollen in einer modernen Demokratie nicht festgeschrieben, sondern flexibel und wandelbar sein. Und das sind sie eigentlich auch in jeder guten Ehe.

Jahre später fand ich noch einen anderen Aspekt in dieser Antwort, der interessant ist. Ich fand nämlich heraus, dass es alles andere als natürlich ist, festgeschrieben zu sein in seiner sexuellen Ausrichtung—obwohl die Sexologie hier vollkommen schräg liegt. Wir sind keine Sexroboter, und sexuelles Verhalten ist wandelbar, wie andere Präferenzen wandelbar sind. Niemand raucht sein ganzes Leben lang Marlboro, nicht einmal John Wayne; und Frank Sinatra isst nicht sein ganzes Leben lang jeden Tag Pizza. Wir essen heute Pizza, morgen Hühnchen und übermorgen Bratkartoffeln oder Gemüsesuppe. Mit anderen Worten, wer sein ganzes Leben nur Knaben liebt, ist nicht nur ein Frauenfeind, sondern schlichtweg *neurotisch*. (Und unser uns gesagt, wer ein süsses kleines anschmiegsames Mädchen *nicht* erotisch findet, muss eine Schraube locker haben).

Die Natur aller sensuellen, erotischen und kulinarischen Präferenzen ist offen und flexibel im Regelfall, und starr und inflexibel in der Pathologie. Sexuelles Verlangen, so zeigte mir meine Forschung, ist keineswegs von Natur aus exklusiv, und ich sage das hier ganz klar auch an die Adresse sowohl der Pädophilen als der Pädophilenhasser. Niemand wird pädophil geboren und niemand muss pädophil sterben, wenn er es nicht will. Es ist ignorant und infantil zu glauben, nur weil es sich um sexuelle Präferenzen handelt, dass die Anziehung eine ausschließliche sei. Alle unsere sensuellen, sexuellen und kulinarischen Präferenzen sind offen und wandelbar und das hat die Natur sehr weise so eingerichtet, und das ist nicht nur bei Menschen so. Konrad Lorenz fand her-

aus, dass wenn bei Schimpansen die Weibchen ausgehen, die Männchen homosexuell werden. Wenn die Weibchen in der Zahl wieder ansteigen, werden die Männchen wieder heterosexuell. So einfach ist das. Wenn ich morgen entscheide, mich in Italien anzusiedeln, werde ich mehr Pizza essen, ob ich das nun am ersten Tag will oder nicht, bemerke oder nicht, oder ob ich deswegen randaliere oder nicht. Ich werde mich mit der Zeit ganz einfach, und unschikanös daran gewöhnen.

Im Vietnamkrieg haben sich viele amerikanische GIs daran gewöhnt, mit kleinen Mädchen Liebesaffären und Sex zu haben. Als sie zurück kamen nach dem Krieg, wurden sie grausam bestraft und eingesperrt. Einige gingen zum Radio und zum Film, und sagten es offen heraus, dass sie die Änderung ihres Sexualverhaltens nicht hätten zustande bringen können. Das mag wohl so sein, und ich sage hier auch nicht, dass es leicht ist. Aber es ist möglich und sie haben es wohl nicht auf die richtige Art angestellt. Denn Zwang und Strafe sind der denkbar falsche Weg hier und führen nämlich genau dahin, wo diese Männer *nicht* hin wollten, das heisst in die *Ausschliesslichkeit* ihrer Anziehung— und damit in die Neurose. Und leider für viele auch ins Gefängnis.

Diese Filme und Fernsehreportagen waren sehr interessant, denn ich kann mich an keinen dieser interviewten Männer erinnern, der gesagt hätte, er habe bereits zuvor das Verlangen gehabt, mit halbwüchsigen Mädchen ins Bett zu gehen oder gar eine eheähnliche Beziehung zu führen. Alle sagten sie ohne Ausnahme, sie hätten 'ganz normale Beziehungen' gehabt vorher, erwachsene Freundinnen. Im übrigen hätten sie über Pädophilie überhaupt nie nachgedacht vorher, oder aber, sie hätten sie schärfstens 'moralisch' verurteilt. Dann ging es in den Krieg und plötzlich gab es Gelegenheiten, an die keiner vorher dachte.

Wirklich nicht? Wie dem auch sei, der Bereich Pädophilie ist für viele Männer und Frauen nicht voll bewusst, weil er nun einmal einem strengen und ernsten Tabu unterliegt in unserer Gesellschaft. Aber dennoch, kaum einer dieser Männer hätte Liebe gesucht mit kleinen Mädchen im Heimatland, wenn es ihnen nicht doch irgendwie 'auf den Kopf gefallen' wäre in Vietnam.[2] Nicht umsonst sagt der Volksmund, dass Gelegenheit Liebe macht.

Ich möchte es hier nicht unerwähnt lassen, dass die sogenannte 'Exklusivität' in der sexuellen Anziehung ein starkes polemisches Argument in der Homosexuellenbewegung war, und auch heute noch ist. Es wird einfach behauptet, dass man entweder 'immer homosexuell' gewesen sei oder dass man 'irgendwann so zwischen 10 und 16 definitiv gespürt habe, wo's langs geht sexuell, und dass man nicht auf Memmen abfährt'. Dass diese ganze Polemik nicht nur ideologisch lanciert, sondern auch *unwissenschaftlich* ist, hat nun endlich einmal ein Wissenschaftler unter Beweis gestellt, während doch lange vor ihm bereits Wilhelm Reich zu den gleichen Ergebnissen gekommen war. Reich glaubte man nicht, Satinover glaubt man.[3] So wissenschaftlich geht

---

[2] Im übrigen glaube ich nicht an das Märchen, dass all diese Beziehungen 'schlichtweg Vergewaltigung' waren. Die Realität sieht anders aus, auch in der Frage, wie auch im allgemeinen nicht Schwarz-Und-Weiss das Leben bestimmen, sondern viele Schattierungen von Grau. Das ist auch bei Beziehungen zwischen Soldaten und kleinen Mädchen nicht anders, wie man das auch immer offiziell hinterher dann hindreht. Natürlich wird viel vergewaltigt in Kriegen und das allein ist ein Grund, sie für alle Zeiten abzuschaffen, aber es ist einfach nicht wahr, dass alle Männer brutal sind sexuell, ob sie nun im Krieg sind oder nicht. Es ist eine andere Frage, ob es zur Militärstrategie gehört, alles Weibliche zu vergewaltigen, oder die Kinder 'des Feindes' zu vergewaltigen und zu töten. Das kam in der Vergangenheit verschiedentlich vor, kann aber mangels Beweisen den Amerikanern in Vietnam nicht unterstellt werden. Wie es viele Reportagen zeigen, sind die meisten dieser Beziehungen dadurch zustande gekommen, dass die Mütter der Mädchen sich als aktive Vermittler engagierten, einmal um Geld zu schinden, und zum anderen, um die Gunst der Soldaten und manche Annehmlichkeit zu erlangen.

[3] Jeffrey Satinover, *Homosexuality and the Politics of Truth* (1996).

das zu in unserer Wissenschaft, es gibt immer noch die Bösen und die Guten, wie im Sandkasten, wie im Kindergarten.

Die Homosexuellen haben es eigentlich gut und virtuos gemacht, sie haben gute Strategie gespielt, jedenfalls für eine zeitlang. Es gelang ihnen, mit dem Argument 'ausschließlicher Anziehung' eine gewisse soziale Akzeptanz zu erreichen, oder was auch immer sie darunter verstehen. In meinen Beziehungen mit Homosexuellen fand ich in jedem einzelnen Fall heraus, dass dieses Argument *reine Rhetorik* ist. All diese Männer gaben zu auf meine Frage hin, obwohl oft nicht beim ersten Mal, dass sie schon *ausnahmsweise* mit einem Mädchen schlafen könnten, 'wenn sie nur hübsch und responsiv genug wäre'.

Interessanterweise war es nämlich in ihren Lebensgeschichten so, dass sie diese Art von Mädchen zu ihrem Unglück nie fanden, und dann eines Tages einfach das Handtuch warfen und die Suche aufgaben. Wenn das geschieht, so hat das willentliche 'Aufgeben der Suche' eine Folge im Unterbewusstsein, und in der gesamten hormonalen Chemie des Gehirns und des Körpers. Da der Mensch gemeinhin, von Ausnahmen abgesehen (ich schreibe hier nicht über Heilige) Liebe und Sex braucht, stellt sich der Körper um, wenn ein klares Signal vom bewussten Verstand gegeben wird, in der Art von: 'Frauen und Mädchen sagen mir nichts. Das sind alles Memmen und Fummen, Kühe und Rinder'. Oder in der Art von 'Weiber sind doch Hauseinrichtung und Brutmaschinen, auf dem Kasten haben sie ohnehin nichts, und körperlich sind sie *zu rund und schlund*'. Dann sagt der Körper ein paar Wochen später, dass Muskeln erotisch sind und es kitzelt 'zum ersten Mal, wenn man einen Typ so richtig nackt mit Ballermann sieht'. Bioenergetisch ausgedrückt, *invertiert* die Sexualenergie in solchen Fällen, jedenfalls temporär, bis andere Signale gesetzt werden. Das kann übrigens auch

bereits bei einem Jugendlichen stattfinden, obwohl genaue Grenzzie-hungen hier schwierig sind. Im allgemeinen wird heute angenommen, dass ein Junge mit sechzehn Jahren psychosexuell genügend struktu-riert ist, um zu wissen oder zu fühlen, ob er sich nun als überwiegend heterosexuell oder überwiegend homosexuell ansieht.

Ich selbst hatte eine sehr schöne, poetische, und auch sexuell in jeder Hinsicht erfüllende Beziehung mit einem Jungen gleichen Alters in meiner Jugendzeit. Es begann, als wir zehn waren und ins Heim ka-men, und es endete, als wir achtzehn waren und jeder eine Freundin hatte. Zu jeder Zeit während dieser acht Jahre, wenn mich jemand fragte (und viele taten das), ob ich glaube, ich sei homosexuell oder heterosexuell, war meine Antwort immer ganz klar und ehrlich: 'Ich bin heterosexuell'. Ich hatte zu der Zeit denn auch mehrere Freundinnen zur gleichen Zeit, aber das waren schwierige Beziehungen ohne wirkli-che sexuelle Erfüllung in der kleinen katholischen Stadt. Es war so viel einfacher mit Jungen, vor allem im Heim, aber es war, ganz bewusst für mich, eine Kompensation, wenn auch eine sehr angenehme, denn ich war wirklich glücklich, weil es eine vollkommene Liebe war, ehrlich, zärtlich, poetisch, und dauerhaft. Sowohl seine Eltern, als auch meine Eltern erfuhren vom Heimleiter davon, und zu unserem Glück waren alle einverstanden, sogar der Heimleiter und sein Vorgesetzter! Und als es zu Ende war, hatte ich kein Interesse mehr an Jungen und traf meine spätere Frau ein Jahr darauf. Wir heirateten vier Jahre später und blie-ben weitere sechzehn Jahre lang zusammen.

Homosex macht nicht homosexuell, keineswegs. Es sind ganz andere Faktoren, die das tun, emotionale Faktoren, und Trauma ist mit im Spiel. Das sagten schon Havelock Ellis in seiner Studie *Sexuelle Inversion* (1897) und Wilhelm Stekel in seinem Buch *Die Homosexuelle Neurose*

(1922). Es ist wirklich, dass sich etwas innerlich verbiegen muss, damit das stattfindet. Im Heim scherzten wir immer über diese Dinge und redeten viel darüber. Ich stellte immer dieselben Fragen, neugierig wie ich war. Unter all den Jungen war ein einziger, ein ziemlich fetter kleiner Junge vom Land, der viel schwitzte und sich sichtlich nicht wohl fühlte in seiner Haut. Er meinte, er sei 'vielleicht homosexuell', sei sich aber noch nicht sicher, und ich musste ihm zusichern, keinem der anderen Jungen etwas davon zu sagen. Alle anderen affirmierten ohne Zögern, sie seien 'sicher heterosexuell'. Einige von ihnen hatten dann auch Freundinnen, als sie größer waren, und zu der Zeit wurde noch viel herumgefummelt an den Abenden auf den Straßen—nicht wie heute, wo alles total steril und polizeiüberwacht ist.

Das Leben ist Wahl, wir wählen alles, nicht nur unser Essen, unseren Wein, unsere Restaurants und Hemden, nicht nur unsere Autos und Computer, Reisen und Parfüms, wir wählen auch unsere sexuellen Präferenzen—lange bevor wir die Partner treffen, die dieser Wahl entsprechen. Die Wahl ist eine *a priori* Entscheidung, die entweder bewusst, halbbewusst, oder unbewusst getroffen wird. Auch wenn sie unbewusst getroffen wird, ist sie doch eine Wahl. Wenn wir nicht wählen, wählt das Leben *für uns*.

Wenn Männer oder Frauen sagen, sie seien homosexuell oder lesbisch, weil sie 'so geboren' seien, dann nimmt das Leben sie beim Wort und transformiert ihre sexuellen Energien derart, dass sie eine stets stärkere *ausschliessliche Anziehung* fürs gleiche Geschlecht empfinden. Aber was ihnen dabei nicht bewusst ist, das ist eben die Tatsache, dass diese Anziehung das *Resultat* ist von diesem Prozess, dieser Interaktion zwischen ihrem Bewusstsein und ihrem Unterbewusstsein, und *nicht die Ursache*.

Wenn Homosexuelle und Lesben ausschließlich-gleichgeschlechtliche Anziehung immer wieder paradigmatisch betonen und wiederholen, geben sie Signale an ihr Unterbewusstsein, die in der Transformation ihres gesamten Hormonhaushaltes und der Funktion ihrer Neurotransmitter resultieren. So bildet sich dann auch die Stimme um, und ein Mann kann dann wohl eines Tages eine Scheinschwangerschaft haben, oder es wachsen ihm Brüste, die Milch enthalten, oder seine Hoden bilden sich zurück. Bei Lesben treten maskuline Verhaltensweisen auf und männliche Sportarten mögen anziehend erscheinen. All dies ist 'im Westen nichts Neues'; es sind bekannte Phänomene 'aus der Szene'. Aber wenn einer oder eine sagt, er oder sie sei 'so geboren', dann handelt es sich schlicht und einfach um einen Mythos, oder eine Ideologie, und es kann psychologisch zu einer 'Deckerinnerung' kommen, einem meist banalen Vorfall in der Kindheit, der dann von der Person als Zeichen dafür gesehen wird, dass man schliesslich 'bereits als kleines Kind' oder doch jedenfalls 'als Jugendlicher' homoerotische Gefühle hatte.

Der Witz ist nur, dass alle von uns diese Gefühle haben und hatten als Kinder und Jugendliche, und mehr noch, dass wir gar alle homosexuelle Erfahrungen hatten, oder jedenfalls viele von uns; das wird denn auch von Homosexuellen und von Heterosexuellen gleichermaßen berichtet. Und wenn dem so ist, dann ist es eben *kein wissenschaftlich verwertbares Material,* oder anders gesagt, die psychosexuelle Selbstdefinition hat mit sexueller Erfahrung herzlich wenig zu tun—ich würde gar so weit gehen zu sagen, dass sie viel eher mit *mangelnder sexueller Erfahrung* zu tun hat. Bei den meisten Homosexuellen und erklärten Pädophilen stellte ich fest, dass sie ihre Kindheit und/oder Jugendzeit in einer emotional ziemlich kalten Umgebung verbrachten, dass der gegengeschlechtliche Elternteil emotional kalt war, oder dass die-

ser Elternteil ein pathologisches Mass an Aufmerksamkeit und Liebe für sich verlangte, ohne aber diese Liebe zurückzustrahlen. Gleichzeitig, so stellte ich fest, waren die meisten dieser Personen, männlich oder weiblich, sehr lange, wenn nicht bis ins Erwachsenendasein *jungfräulich* geblieben; oft wurde die Trennung von den Eltern erst spät im Leben erreicht, wenn es überhaupt dazu kam, und sie nicht als erwachsene Männer oder Frauen noch bei ihren Eltern leben. Hinzu kommt ein weiteres Element, das ich durchweg in den Biographien dieser Menschen fand; es ist mangelnde Kommunikation über emotionale Dinge, Gefühle, Verhaltensweisen und Erwartungen. Da war ein kommunikatives Vakuum in der Familie, das dann konditionierend wirkte auf spätere Beziehungen. Es kam zur Bildung des 'stillen Jungen' oder des 'stillen, braven und arbeitsamen Mädchens', oder dem 'ernsthaften jungen Mann, der nie ausgeht'. All das sind Euphemismen, die unsere 'moralische' Gesellschaft gebraucht, um frühe pathologische Verzerrungen im emotionalen und sexuellen Haushalt von jungen Menschen zu rechtfertigen und abzusegnen! In fundamentalistisch-religiösen Gesellschaftskreisen oder Kulturen ist das natürlich noch weitaus üblicher, bis zum Punkt, dass über sexuelle Gefühle überhaupt niemals geredet wird, was wiederum eine Zunahme sexueller Pathologien auf den Plan ruft.

Die Wahrheit ist, dass menschliche Sexualität auf *Wahl* beruht, und nicht auf Instinkt, obwohl viele heute immer noch an den Mythos glauben, der Mensch sei wie das Tier sexuell auf ein bestimmtes Verhalten hin geprägt, obwohl das doch nun wirklich klar von der Psychoanalyse, und noch klarer von Reichs bioenergetischer Analyse widerlegt wurde. Freud sprach vom 'polymorph perversen Säugling'—obwohl ich zugebe, dass seine Wortwahl hier nicht sehr kinderfreundlich war, aber von der Idee her hatte er Recht. Wir sind sexuell offen bei der

Geburt, wir sind nicht genetisch-sexuell vorbestimmt, und das hat einfach mit Überleben zu tun. Ein Kind, das im Extremfall wirklich von einer Wolfsmutter erzogen wird, überlebt, und damit wurde der Natur Rechnung getragen. Natürlich wird sich dieses Kind später als Wolf sexuell wie ein Wolf fühlen, und nicht wie ein Mensch, was auch wieder im Sinne der Evolution ist, denn die Natur akzeptiert die Realität so wie sie ist, nicht wie sie sein sollte.

Daher ist auch das Werbeverhalten unter Menschen ein solches, das nicht instinktiv ist, sondern das in einem Abwägen möglicher Liebesoptionen besteht. Wenn ein Mann morgen zusammen mit einem kleinen Mädchen als einzige Überlebende eines Schiffes auf einer kleinen Insel im Pazifik landet, so wird der Mann wohl genug damit zu tun haben, für sein eigenes und das Überleben des Kindes zu sorgen. Und je besser das zugeht, je komfortabler die Behausung ist, die sie schließlich haben werden, und je mehr ihnen die Natur dabei zu Hilfe kommt, indem sie wilde Tiere fern hält, umso größer ist die Chance, dass der Mann eines Tages auf die Idee kommt, mit dem kleinen Mädchen eine Romanze, eine Liebe und eine sexuelle Beziehung zu haben. Und ebenso besteht eine gewisse Chance, dass das auch dem kleinen Mädchen nicht so ganz abwegig erscheint angesichts mangelnder anderer Liebesoptionen. Und doch könnte die Geschichte ganz anders ausgehen, wenn sie freundliche Menschen antreffen, die sie in ihre Gemeinschaft aufnehmen. Da wird das Mädchen dann ganz ohne Zwang mit den kleinen Jungen spielen und der Mann wird junge Frauen treffen, und die Potentialität ist wesentlich geringer, dass es zwischen dem Mann und dem Mädchen dann später 'klickt'. Dann erscheint es plausibler, dass das Mädchen sich in einen der kleinen Jungen verliebt und dass der Mann einer noch freien jungen Frau vorgestellt wird, die ihn gern in ihr Baumhaus aufnimmt. Ich sage hier wohlgemerkt nichts, und

ich werte auch nichts. Ich sage nur, was möglich ist und was wahrscheinlich ist, und was weniger wahrscheinlich ist. Das ist kein mythisches Denken, sondern drückt genau die Probabilitäten aus, auf denen das ganze Leben beruht—denn nichts ist eigentlich definitiv vorbestimmt, garnichts, ausgenommen, dass wir eines Tages von dieser in eine andere Dimension übergehen.

Und Liebe, wenn die Anziehung gegenseitig ist, widerspricht denn auch dieser allgemeinen Probabilität und begründet ihre eigene Probabilität, und ihre eigene Logik. Zurück zu unserem Beispiel bedeutet das, dass wenn der Mann und das kleine Mädchen sich wirklich ineinander verlieben, und diese Anziehung zu einer eheähnlichen Union wird, dann mögen schon andere Beziehungen hinzukommen, aber es wird sich doch an dieser wenn auch ungewöhnlichen Liebe im Grunde nichts ändern. Das Mädchen wird dann wohl mit den kleinen Jungen spielen, aber abends doch wieder mit ihrem Verlobten schlafen wollen, und der Mann wird die Einladung, die Südseeschönheit in ihrem Baumhaus zu besuchen freundlich und mit einem Geschenk ablehnen, weil er das kleine Mädchen als Partnerin ansieht. (Und die Südseeleute werden wohl etwas zu lachen haben, oder sie werden sagen, dass der 'Papa und sein Kindlein' vom gesunkenen Kahn sich eben sehr lieb haben, und sich nichts weiter dabei denken). Und obwohl man eine solche Liebe bei uns im Westen als 'pädophile Liebschaft' oder gar schlichtweg als 'Kindesmissbrauch' abtun würde, so bin ich der Meinung, dass eine solche Beziehung mit Pädophilie nichts zu tun hat, weil der Mann, und ich wählte das Beispiel so, eben *kein Pädophiler* war vordem. Er war ein verheirateter Mann, der seine Frau liebte und selbst Kinder hatte. Und er war *kein inzestuöser Vater*.

Ich weiss, dass dieses Beispiel für viele eine harte Nuss ist. Aber nun, das ist nicht meine Schuld. Das Leben erfindet alle Arten von Liebe und lässt alle Arten von Liebe zu. Nur der Mensch nicht. Und deswegen haben wir Kriege, Bürgerkriege, und Völkermord, und aus keinem anderen Grunde. Und das ist die zweite harte Nuss, die ich euch in den Schoß lege. Seht mal, was ihr damit anfangt.

Um es noch einmal mehr im Grundsatz durchzuexerzieren, läuft der Prozess des Optierens folgendermaßen ab. Ich verliebe mich in ein Mädchen, aber sie weist mich hochmütig ab, wie es mir einige Male selbst erging, und mit einem Argument, das wirklich ätzend ist. So schrie mir ein Schulmädchen, um das ich als Gymnasiast Monate lang geworben hatte, eines Tages vor ihrem ganzen Freundeskreis mit einer mich wirklich ungewöhnlichen Aggressivität entgegen, ich solle sie 'in Ruhe lassen', denn ich gehöre nicht 'zum Kreis ihrer bevorzugten Personen'. Ich stand am Zugfenster, um ihr wie gewohnt zum Abschied zu winken, denn sie wohnte in einem Dorf auf dem Weg vom Gymnasium nach Hause, als ich bereits nicht mehr im Heim lebte.

In einer solchen Situation fühlt man sich erniedrigt, abgewiesen, wertlos. Das Selbstwertgefühl ist am Boden. Das ist ein Vorgang, der nicht nur mental ist, sondern den ganzen Körper erfasst. Als ich mich wieder setzte, fühlte ich einen leichten Schwindel und es wurde mir schwarz vor den Augen. Ich musste meine Fassung bewahren, denn einige der Jungen brachen in Gelächter aus. Bald lachte das ganze Abteil über mich, und mir brach der Schweiß aus allen Poren. Nur ein Junge lachte nicht, den ich vom Heim her kannte und er den lustigen Nachnamen 'Maus' hatte. Maus war für eine zeitlang meine Liebe gewesen, aber er hatte meine Gefühle nicht erwidert. Er war ein kleingewachsener Jugendlicher, eher unscheinbar, der jedoch sehr schön war. Er hatte kei-

nerlei Beziehungen mit Mädchen und diese schienen ihn total zu übersehen. Aber was nun in mir vorging, war ein Prozess, denn ich hier genau beschreiben werde, weil er genau ins Bild passt und als Beispiel dient. In dieser Situation fast totaler Demütigung, schaute ich in die grossen braunen Augen von Maus und stellte mir Erstaunen fest, dass er *nicht* lachte. Das gab mir ein unbeschreibliches Gefühl, das ich nur als spontane Liebe bezeichnen kann, eine Liebe so heiß und wahr, dass ich sie heute erinnere, als sei es gestern gewesen. Und in meinem unbeschreiblichen Wechselbad von totaler Demütigung zu totalem Glück, das mich gewissermaßen innerlich spaltete, fragte ich ihn, warum er denn nicht lache, wie all die anderen? Und Maus sagte ruhig und gelassen: 'Warum soll ich lachen? Ich wollte nicht am Fenster gestanden haben, als die Göre das sagte, die blöde Tüte.' Und ich lachte, und er lachte, und ich spürte, dass von einem Moment zum anderen meine Liebe für Knaben so heiß und frisch wiedererwachte, und demgegenüber schien mir meine sexuelle Misere daheim in der einsamen Wohnung einfach unerträglich. Und so plauderten wir drauflos, und kurz bevor Maus ausstieg, etwa zwanzig Kilometer vor der Hauptstadt, fragte ich ihn kühn, ob er mitkommen wolle zu mir, oder ob ich mit zu ihm kommen könne? Ich sah in seinen Augen, dass er voll verstand, was ich meinte, aber er lehnte freundlich, doch bestimmt ab. Als ich zuhause ankam, fühlte ich mich entsetzlich, betäubt, wie unter Opium. Ich dachte, ich müsse sterben, so stark war das Verlangen für diesen Jungen, während ich das Mädchen total vergessen hatte. Ich legte mich ins Bett und heulte drauflos, bis ich einschlief, und von meiner Mutter geweckt wurde, als sie vom Büro zurück war.

Ich habe in diesen Situation von *Liebesschmerz*, die ich oft erlebte, vielleicht zu oft, dass der Körper und der gesamte Gefühlsbereich ein einheitliches Ganzes sind, das intelligent die Option auswägt und dafür

optiert, die einfacher ist und die größtmögliche, und möglichst auch langfristige, Liebeserfüllung verspricht.

Das ist ein ganz und gar opportunistischer Vorgang, in welchem es keine Moral gibt, noch irgendwelche Regeln, als die, das Liebesziel zu erreichen, und damit *Glücklichsein*.

Dennoch war die Konditionierung auf Jungen, die ja doch zu einem gewissen Grad stattgefunden hatte über die acht Jahre meines Heimlebens über die Woche hin, nicht stark genug, dass sie auf die Dauer prägend geworden wäre. Ich interessierte mich von der Zeit immer mehr für Mädchen, vor allem solche, die Locken hatten. Ich hatte keinerlei Interesse an Jungen, noch an kleinen Jungen, noch auch an kleinen Mädchen. Es waren Mädchen in meinem Alter, die mich anzogen, Studentinnen meist. Maus vergaß ich schnell darüber. Doch wieder litt ich, denn keine der von mir erwählten Freundinnen von der Uni wollte eine Intimbeziehung mit mir. Alle hatten sie etwas gegen Sex, aus den verschiedensten Gründen. Und doch, auch diese Verletzungen meines Selbstwertgefühls waren nicht solide genug, meine Heterosexualität zu beeinträchtigen. Das kam er viel später, Jahre später, während meiner Ehe.

Um es wieder allgemeiner auszudrücken, damit es nachvollziehbar wird, so spielt sich der innere Prozess folgendermassen ab.

—Ich bin in ein Mädchen verliebt und möchte mit ihr schlafen. Sie sagt nein. Ich fühle mich einsam und verletzt, weil ich sonst keine andere kenne, also keine Alternativen habe. Ich hatte mich ganz ausschließlich in sie verliebt (bei mir war das immer so, obwohl ich weiß, dass es bei den meisten Männern nicht so ist) und litt dann natürlich jedesmal unter Qualen, Selbstzweifeln, Herzensbruch und dann noch das ganze

Arsenal von sexueller Deprivation, das sich äußert als Schweißausbrüche, Herzklopfen, Schlaflosigkeit, Obsessionen, tagelange Appetitlosigkeit bis hin zu Selbstmordgedanken.

—Ich falle hin und her, ob ich sie weiter besuchen gehe oder 'Schluss mache'. Meist handelte ich entgegen meinem Körper und meiner Intuition, die ganz klar sagten 'Schluss mit der Tülle', eine andere suchen. Also ging ich wieder hin und wieder hin und wurde wieder, und wieder, abgewiesen, und ging wieder und wieder durch die ganz Tortur, bis zu den Selbstmordgedanken.

[Ich möchte an dieser Stelle nicht nur der Anekdote halber darauf hinweisen, dass mein bester Schulfreund und zwei andere meiner Schulkameraden sich fast zur gleichen Zeit das Leben genommen hatten, aus demselben Grunde. Sie waren noch jungfräulich gewesen im Alter von siebzehn und achtzehn Jahren, und wurden einfach sexuell abgewiesen von Mädchen, um die sie lange geworben hatten. Einer nahm Schlaftabletten, die beiden anderen sprangen vom Dach der Universität. Ich merke das an, um zu zeigen, dass die Selbstmordgedanken durchaus real sind in diesem Alter, und dass viele jugendliche Selbstmorde *Signalzeichen* sind für die unglaubliche Misere unserer Jugend, für die unsere Heuchelkultur, vor allem das miese Spießbürgertum, die volle Verantwortung trägt.]

—Dann, wenn der Schmerz so stark wird von der Zurückweisung, dass das physische Herz anfängt zu schmerzen, tritt ein Wandel ein. Auch das habe ich mehrmals durchgemacht. In dem Moment tritt ein ganz brüsker Wandel ein und die heiße Liebe zu dem betreffenden Mädchen verwandelt sich förmlich augenblicklich in kalten Hass. Von diesem Hass dann gibt es kein Zurück mehr zu dem ursprünglichen Ge-

fühl des heißen Strömens der sexuellen Energie, die man vordem förmlich in den Venen verspürte. Von dem Moment an ist der emotionale Strom blockiert und die Energie beginnt zu retrogradieren, und zu *invertieren*. Es kann dann vorkommen, dass man plötzlich ein paar Tage später stillhält, wenn man einen besonders gut aussehenden Kommilitonen in der Kantine trifft, und man mag diesen Gefühlen dann freudig nachkommen, oder sie angstvoll abweisen und unterdrücken.

—Dann kommt ein kritischer Moment, denn es wird vorkommen, dass man doch wieder eine hübsche Studentin trifft, und es wird sicher nicht dieselbe sein. Und dann tritt das Optieren ganz besonders klar hervor, besonders wenn man dann die Anziehung zu dieser jungen Frau mit der vergleicht, die man zu dem jungen Mann Tage zuvor empfunden hatte. Und man mag dann die eine oder andere Richtung einschlagen. Was hier dann oft den Ausschlag gibt, ist leider nicht das Herz, sondern der Verstand, der sagt: 'Mit Jungen tut es einfach nicht weh im Herzen, es ist alles so schmerzlos, so natürlich; wenn es sein soll, läuft alles klar und der Rest ergibt sich von selbst. Oder eben nicht, aber man kann's verkraften. Mit Mädchen ist es immer ein Riesendrama, und das geht einem doch bald auf die Nerven, vor allem wegen der Selbstmordgedanken. Aber letztlich will ich doch auch wieder nicht als Homo herumlaufen. Was wird meine Mutter sagen, und die Nachbarn? Das gibt zuviel Gerede, das ist auch nichts. Also bändelt man dann doch wieder mit einem Mädchen an.

Was hat dann nun den Ausschlag gegeben? Doch ganz offenbar nicht-emotionale und nicht-sexuelle Erwägungen, anders gesagt, in solchen Fällen hat dann die Moral die Liebe erstickt. Wenn man das dann nun öfter so tut, wenn sich gar als das vorherrschende *Verhaltensmuster* ausprägt, dann tritt das ein, was Thomas Mann die 'Wandlung des

Menschen zum Bürger' nannte, und was Max Frisch als die 'Entstehung des Biedermanns' bezeichnete.

Ich möchte hier ganz klar sagen, dass die Prägung solcher sexuellen oder besser gesagt, emosexuellen Verhaltensmuster nicht über Nacht geschieht, sondern dabei Wiederholung ganz entscheidend beiträgt. Der Grundsatz ist nicht, wie die Psychoanalyse und die Sexologie seit langem irrtümlich annehmen, die kindlich-psychosexuelle Anfangs-konditionierung, denn eine solche ist sehr fragil und in keiner Weise determinierend, sondern *wiederholtes Sexualverhalten*, das mit einer gewissen *Intention* verbunden wird. Mit anderen Worten, keiner, der in einer solchen Gabelsituation fürs gleiche Geschlecht oder eine andere Altersgruppe optiert, wird allein dadurch zum Homosexuellen oder zum Pädophilen. Das kann erst dann angenommen wenn ein solches Verhalten -

- oft genug wiederholt wurde, über mehrere Beziehungen hinweg, sodass es zu einem *Verhaltensmuster* wurde;
- es als Verhalten *bewusst wahrgenommen und akzeptiert* wurde;
- es mit einer *Intention* verbunden wurde und dadurch zu einer Art von *Selbstdefinition* führte.

Um dies nun an einem Beispiel für eine Transition von Heterosexualität zu Pädophilie in Form der Mädchenliebe durchzuspielen, so könnte man dies *cum grano salis* im Selbstdialog etwa so darstellen.[4]

---

4 Ich habe diesen Monolog aus Satzfetzen zusammengebastelt, die aus vielen verschiedenen Quellen her stammen, Internetforums, Webseiten, Bücher, und forensisches Material, das ich selbst aus dem Englischen übersetzt habe.

Monolog

Es reicht mir jetzt mit den Tüllen, die sind unsensibel und hart; die haben keine Gefühle. Die merken es nicht einmal, wenn sie einen in den Selbstmord treiben mit ihrer Prüderie. Die hat doch 'was mit ihrem Vater gehabt, sonst hätte sie nicht eine solche Angst davor, die blöde Schnute. Warum soll ich eigentlich immer das Opfer spielen für solche Xanthippen? Sollen sie doch zum Psychiater gehen. Die Kleine von den Nachbarn war so lieb! Als ich nach Hause kam, war sie wieder am Fenster. Immer schaut sie mir nach, wenn ich das Haus verlasse. Sie hat ein liebes Gesichtchen, und kürzlich konnte ich sie gar küssen im Treppenhaus. Mir fiel das Herz in die Hose vor Angst, aber es hat ihr ganz offenbar gefallen. Sie strahlte mich an, die Kleine.

Ein solches Kleines würde dich nie so behandeln, dazu wäre die nicht fähig, dazu ist sie einfach zu *unschuldig*. Das ist das Wunderbare an den Kleinen, dass sie so *sensibel* sind. Als ob sie Gedanken lesen könnten, als ob sie fühlte, dass ich fühlte, wenn sie mir nachschaute? Irgendwie müssen unsere Gedanken doch in Verbindungen stehen, denn warum kam sie gerade in dem Moment aus der Tür, als ich die Treppe hinunterging? Und jetzt strahlt sie mich jedesmal an.

Sie hat mich gar gefragt, ob ich mit ihr den Keller gehen wolle, denn da sei es so dunkel und allein habe sie Angst davor. Hat sie das wirklich so gemeint, oder will sie wirklich mal einen Moment mit mir ganz allein sein? Das wäre zu schön, um wahr zu sein. Der reine Gedanke daran hat mir echt Herzklopfen gemacht, denn ich bildete mir gleich alles mögliche ein.

Wenn es mir ihr klappt, ich glaube, dann bleibe ich hängen, zumal sie ja nicht die erste ist. Es hat ja fast geklappt bei den anderen, und alles gab grünes Licht, sogar die Eltern in dem Fall. Wenn sie nur nicht umgezogen wären.

Ja, wenn ich so darüber nachdenke, dann akzeptiere ich es eigentlich, dann kommt es mir eigentlich heute ganz normal vor, obwohl ich noch vor Monaten gedacht hätte, ich sei ein Kinderschänder, wenn ich so etwas überhaupt nur *denke*. [Verhaltensmuster] [Bewusste Wahrnehmung] [Akzeptieren]

Dabei ist doch garnichts dabei. Was die so in den Zeitungen herumschmieren darüber? Im Grunde passiert doch gar-nichts, die meiste Zeit jedenfalls, es ist alles ganz normales Verhalten, Kommunikation eben. Ich gehe sie besuchen, sie kommen zu mir, ich repariere ihnen den Kühlschrank und zahle ihnen wenn nötig auch noch die Stromrechnung. Die Kleine kann bei mir schlafen, ich kaufe ihr neue Kleider. Deswegen bin ich kein Kinderschänder, denn meine Intenti-on ist es, ihnen Gutes zu tun letztlich. Ich würde ihnen nie-mals weh tun und ich würde mir keinen abziehen einfach so, weil ich es einfach 'haben muss'. Kommt nicht in Frage, wer sind wir denn? Das habe ich bei Frauen vorher schliesslich auch nicht gemacht, also wo ist der Unterschied? Ich hätte bis heute eine zu zwingen zu Sex, gleich welchen Alters! Das geht mir gegen den Ethos. Ich käme mir wie ein Schwein vor. [Intention]

Und die Kleinen sind so dumm auch nicht. Sie haben mir schliesslich einige Vorfälle erzählt, die sie nicht mal ihren Eltern gesagt haben, wo sich Typen an ihnen abgerubbelt

haben, und sie wussten genau, was da läuft, jedenfalls die eine, grössere. Die ganz Kleine wird sich vielleicht garnichts dabei denken …

Wie dem auch ist, ich kann mir eigentlich ein Leben ohne meine Kleinen garnicht mehr vorstellen. Ich brauche sie, und sie brauchen mich, wir kommen schon miteinander aus …

Mit der ersten Kleinen war es bloß Neugierde, vor Monaten, nur Sex, schnell und voller Angst, im Treppenhaus, im Keller, nur Erregung, aber jetzt ist es *Liebe*. Ich denke oft an sie, wenn ich gar keinen Bock habe, wenn ich sie einfach nur streicheln will. Ich kann sie gar den ganzen Tag um mich haben, meine jetzige Kleine, und brauche es nicht. Es ist ein solch ruhiges, sicheres Gefühl, tief innen im Herzen, ein solches Glück … ja, ich glaube, ich bin wirklich *pädophil* jetzt … und wer weiss für wie lange …?
[Selbstdefinition]

Wenn Menschen hängen bleiben mit einer sexuellen Ausrichtung, welche auch immer es ist, dann hat das *emotionale* Gründe; es hat zu tun mit *Eigenmacht*, ich meine, einem Mangel an Eigenmacht. Es ist eine Form von Neurose, und ich glaube nicht, dass es eine Frage sexueller Konditionierung ist; sollte meine Hypothese falsch sein und es doch mit der primären sexuellen Konditionierung zu tun haben, dann war diese Konditionierung in den betreffenden Fällen keine natürliche, sondern eine, die falsch lief, die sich irgendwo auf Angst gründete, oder auf der Verdrängung bestimmter sexueller Wünsche.

Wir müssen den *Mythos der primären Konditionierung*, der immer noch in der Sexologie herumgeistert, definitiv hinterfragen! Was diese Theorie nämlich übersieht, ist, dass es sich bei der sexuellen Anziehung lediglich um eine *prima materia* handelt, die später durch die sexuelle Praxis alchemistisch verwandelt wird!

Ich wusste dies seit meiner Kindheit und meine Lebenserfahrung hat es voll bestätigt. Es widerspricht den intellektuellen Schablonen der Sexologie, ihrem infantil-kartesischen 'Kästchendenken', das Menschen in Gedankenschubladen steckt und dabei nicht einmal merkt, dass all das mit *menschlichem Leben* nichts, aber auch garnichts zu tun hat! Verstanden hat die Sexologie bisher nicht einen Deut von der Magie der sexuellen Anziehung, und das hat einen Grund. Solchen Verstehen kann sich nämlich nur auf der Basis der Kenntnis von der *Lebensenergie*, von der die Sexualenergie nur eine von vielen Manifestationen ist, entwickeln!

Wollen wir uns der Wahrheit nähern, müssen wir daher den Inhalt aus allen Kästchen erst einmal herausnehmen und in einen großen Topf werfen, und dann gut mischen! Dann hängen wir ein Schild an die Tür des *sex research*, auf dem geschrieben steht:

—Das Labor ist geschlossen bis auf Widerruf!

Dann warten wir eine Woche. Daraufhin kommen wir wieder, nehmen das Schild wieder ab und hängen ein neues Schild an die Tür, auf dem geschrieben steht:

—Das Labor ist wieder geöffnet, aber es trägt jetzt einen neuen Namen. Der Name des Labors ist hinfort *Emotologie*.

Es ist natürlich subversiv heutigen Tages, die heiligen Erleuchtungen der Sexologie in Frage zu stellen, die Menschen ruchlos in Kästen steckt und dann die Türen der Boxen vernagelt und jede markiert mit einer der drei Aufkleber:

—Heterosexuell.

—Homosexuell.

—Pädophil.

Die meisten Menschen sind leider so dumm, dass sie diesen Prozess der wissenschaftlich abgesegneten Menschenverachtung und Schändung niemals hinterfragt haben. So dumm zu sein grenzt eigentlich an Kriminalität; so passiv zu sein und seine Schnauze zu halten angesichts solch einer Form von *wissenschaftlicher Verwaltung und Vergewaltigung der Liebe* ist ein Verhalten, das indirekt zu all unserer Gewalt, all unseren Kriegen, und all unseren Kreuzigungen beiträgt.

Stekel sprach von *psychosexuellem Infantilismus*, während er selbst zu infantil war, um je sein Augenmerk zu richten auf das ständige Strömen und die konstanten Ladung-und-Entladung der sexuellen Energie, welche als solche daher nicht 'fixierbar' ist, und von daher nicht in ihrem starr-theoretischen Aggregatzustand untersucht werden kann.

Er hatte keinen Schimmer von einer Ahnung, dass es sich bei der sexuellen Strömung um einen *systemischen* Prozess handelt, der in einem lebendigen Organismus abläuft und daher nur als *Muster* erfassbar ist, nicht als Materie. Hätte er das nämlich bemerkt, so hätte er sich mit dem *Fliesscharakter* der sexuellen Strömung auseinandersetzen müssen.

Das hat keiner der Väter der Sexologie getan, bis wir bei Wilhelm Reich anlangen, und daher sage ich, dass Reich der wahre Vater der modernen Sexologie war—obwohl er bisher nicht als solcher anerkannt wurde.[5] Reich hat den Fliesscharakter der Emotionen und der sexuellen Strömung, also des *gesamten emosexuellen Apparates*, erkannt, und hat sie wissenschaftlich akkurat beschrieben.[6]

Wie kam Reich zu der Entdeckung? Ganz einfach dadurch, dass er sich einmal wirklich überlegte, was *Emotionen* eigentlich sind. Und von der strömenden energetischen Natur der Emotionen kam er darauf, dass es sich bei der sexuellen Strömung im Grunde um nichts anderes handelt, nur dass hier eine andere Funktionalität vorliegt. Was ich meine, ist, dass die Funktionalität des Ärgers als Emotion eine andere ist, als die der sexuellen Anziehung, aber das ist auch der einzige Unterschied. Von der systemischen Natur her handelt es sich bei den Emotionen und der Sexualfunktion um eine *organismisch-bioenergetische Einheit*.

Der Ärger als Emotion hat die Funktion, den Selbstrespekt aufrechtzuerhalten und Verhalten anderer abzuwehren, das die Grenzen des psychischen Körperbildes verletzt. Die Sexualfunktion hat, wie das Wort

---

[5] Die neuere Reich-Forschung kommt jedoch meiner eigenen Auffassung von Reichs Genie nahe, und ich möchte nur auf *eine* ausserordentlich gut editierte und sehr umfangreiche Publikation hinweisen, die Tausende von weiteren Referenzen enthält, James DeMeo & Bernd Senf (Hrsg.), *Nach Reich: Neue Forschungen zur Orgonomie (1997)*.

[6] Ich fasse unter dem Begriff der *Emosexualität* meiner eigenen Sexualforschung gemäß die emotionale und die sexuelle Funktion als *eine einzige systemisch begreifbare bioenergetische Funktion* auf. Obwohl der Begriff von der Popkultur ebenfalls benutzt wird, und hier so etwas wie 'Streichelsexualität' bedeutet, habe ich, als ich diesen Begriff prägte im Jahre 1998 keine Ahnung, dass es ihn schon gibt. Ich möchte hier klar betonen, dass es sich hier nicht lediglich um eine sprachliche Zusammenziehung der Worte 'Emotionalität' und 'Sexualität' handelt, sondern dass ich mit dem Begriff den systemisch-bioenergetischen Charakter und die Fließnatur der *menschlichen emotional-sexuellen Gesamtheit* ausdrücken will.

schon sagt, die Funktion, Sexualbeziehungen zwischen Menschen an-
zustacheln, weil solche Beziehungen in vielerlei Hinsicht *gesundheits-
fördernd* sind, und weil sie fast ideale Formen menschlicher Kommunikation sind. Die Fortpflanzung ist natürlich auch Teil dieser Funktion,
aber sie spielt bei der Vielfalt der anderen Funktionen menschlicher
Sexualität eine relativ untergeordnete Rolle.[7]

Wir sollten vorsichtig sein, menschliche Sexualität in irgendeiner Weise
als im voraus fixiert anzusehen. Viele der Argumente, die man früher so
auf den Tisch brachte, um zu sagen, dass nur heterosexuelle Beziehungen zwischen Menschen derselben Altersgruppe okay seien, wurden
inzwischen widerlegt. Ich habe oben bereits berichtet, dass Forschungen hinsichtlich des Sexualverhaltens von Schimpansen erbrachten,
dass Homosexualität funktionalbiologisch in der Natur wohl existiert,
nämlich genau dann, wenn wegen eines Mangels an Weibchen die
männliche Sexualität sich dem eigenen Geschlecht zuwendet. Es handelt sich hier um einen wandelbaren und adaptiven Prozess, denn so-
bald es wieder genügend Weibchen gibt, wenden sich die männlichen
Tiere wieder den Weibchen zu. Bei Rhesus und Baboons wurde festgestellt, dass die männlichen Rädelsführer jüngere Affen sodomisieren
als zusätzliche Sexualvariante, ohne dass dies ein exklusives Sexualverhalten wäre, denn diese Affen sind alle überwiegend heterosexuell
tätig. Forscher vermuten, es handele sich dabei um ein Verhalten, das
die Machtposition des Führers sichert, aber es ist natürlich gewagt, bei
aller Art von Sexualverhalten den Sexualpartnern *nichtsexuelle Motive*
zu unterstellen. Solche Theorien bedürfen daher sehr metikulöser Veri-
fizierung. Meiner Meinung nach ist alles Sexualverhalten zunächst

---

[7] Die menschliche Sexualfunktion wird tatsächlich in zunehmendem Maße auch von
der neuesten Sexualforschung als systemischer und multivektorialer Prozess gesehen
und ich stehe in dieser Hinsicht, im Gegensatz zu vielen anderen Aussagen in diesem
Buch, nicht allein auf weiter Flur.

einmal *primär sexuell motiviert*, und erst in zweiter Linie, wenn überhaupt, auch ausnahmsweise nichtsexuell. Anders ausgedrückt, die Sexualfunktion trägt in sich selbst ihre eigene Motivation, und das ist so,
weil es um *Lust* geht hier, und den Ausdruck und das gemeinsame Erleben von Lust. Die Ausnahmen bestätigen hier die Regel, denn brutale Vergewaltigung, wie sie in Kriegen, Bürgerkriegen und Gefängnissen
vorkommt, kann nicht als natürliches und regelmäßiges menschliches
Sexualverhalten angenommen werden, noch als natürliches *männliches* Sexualverhalten.[8] Wir sollten sehr vorsichtig sein dabei, die männliche Sexualität, wie es leider nur zu oft in feministischen Publikationen
erscheint, als von der Natur aus gewaltbetont anzusehen. Das ist ein
fataler Irrtum. Anthropologische Feldforschungen in Eingeborenenkulturen zeigen deutlich, dass männliche Sexualität von Natur aus nicht
phallisch-aggressiv ist, und nicht auf Vergewaltigung des Sexualob-
jekts abzielt, sondern auf partnerschaftliche Vereinigung mit dem Ziel
gemeinsamen Lustgewinns. Ich will hier nicht ableugnen, und insoweit
haben die Feministen Recht, dass in unserer westlichen Gesellschaft
und der Tradition des Patriarchats eine Perversion stattgefunden hat
derart, dass die männliche Sexualität *gewaltbetonter* wurde, als sie von
Natur aus ist. Aber das ist ein kultureller Prozess, oder eine kulturelle
Verbiegung der natürlichen männlichen Sexualität.

Um was er mir geht, ist klarzustellen, dass die sogenannte 'Natur' ein
sehr *fragwürdiges Argument* darstellt, um menschliche Sexualität in
irgendeiner Weise zu definieren oder zu verstehen. Geht es uns wirk-

---

8 Forschungen über homosexuelle Vergewaltigungen im Gefängnismilieu, vor allem im
sehr brutalen angelsächsischen Gefängnissystem, haben in der Tat ergeben, dass solche Vergewaltigungen dazu dienen, Macht auszuüben über gewisse Gruppen von
Gefangenen, unter welchen die Sexualtäter und Pädophilen am meisten betroffen
sind. Siehe zum Beispiel, A.M. Scarro, Jr., *Male Rape (1982)*, A.J. Davis, *Sexual Assaults in
the Philadelphia Prison System and Sheriff's Van (1968)*, Nicholas A. Groth, *Men Who Rape
(1980)*.

lich darum, Sexualität zu *verstehen*, oder geht es uns darum, sie normativ zu fixieren, um damit irgendwelchen religiösen oder politischen Konzepten Genüge zu tun?

Das muss wirklich sehr klar herausgearbeitet werden. Riane Eisler ist kategorisch in ihrer Studie *Sacred Pleasure (1996)*, insoweit als sie sich entschieden hat dafür, menschliche Sexualität als in erster Linie *erlerntes Verhalten* anzusehen. Man könnte dies als eine Theorie ansehen, die Kultur als per se *sexuell normativ* versteht. Dafür spricht vieles, obwohl ich mich hier nicht damit auseinandersetzen werde.

Die Gefahr bei vielen anderen Publikationen besteht namentlich darin, dass diese Frage nicht ausreichend beleuchtet wird, und man versucht, das Konzept 'Natur' dafür zu verwenden, um Lust zu rechtfertigen oder gar zu rationalisieren. Solches ist systemtheoretisch einfach falsch, denn Lust ist ein Faktum der Natur, oder unseres Körpers, das keiner Definition, noch einer Rechtfertigung bedarf. Rationalisierungen sind in dieser Frage meistens religiös motiviert, ganz einfach, weil den Dogmen der meisten Religion die Lust ein Dorn im Auge ist. Darum muss ein Sexualforscher empirisch vorgehen, nicht normativ, und das haben bisher nur wenige erkannt.

Gerade auch unter denen, die die Sexualenergie und die Forschung Reichs anerkennen und würdigen, gibt es solche, die die Pädophilie als mögliche gewaltlose sexuelle Verhaltensform paradigmatisch ableh-

nen.[9] Ich habe mit Dr. James DeMeo, Orgonforscher von Ashland, Oregon, USA, einem der Hauptverfechter dieser Theorie, diese Frage in einem Email-Austausch diskutiert, und fand, dass seine Argumentation hier ganz klar *normativ* war. Er wurde am Ende gar persönlich und verletzend in einer Art, dass ich die Beziehung abbrechen musste; nicht genug, hat er dann auch noch andere Wissenschaftler gegen mich einzunehmen gesucht, was den *Tatbestand der Verleumdung* erfüllen würde, hätte ich die Angelegenheit zu Gericht gebracht.

Um es zusammenzufassen, sind wir als Gesellschaft noch weit davon entfernt, eine *wertfreie* Sexualforschung zu betreiben, die primären Lustgewinn, das heißt solcher, der nicht Lust über den Umweg der Gewalt erzielt, als funktional und positiv *an sich* anzusehen bereit ist. Eine Reform der jetzigen Sexologie müsste sich darum bemühen, den alten kognitiv-kartesischen Erkenntnisapparat sexologischer Forschung so paradigmatisch umzustellen, dass das moderne holistische, systemische und durch die Erkenntnisse der Quantenphysik bereicherte Wissenschaftsparadigma darin integriert wird. Mit einfachen Worten ausgedrückt, möchte ich hiermit sagen, dass Menschen keine Sexroboter und Kopulationsmaschinen sind, die von sexuellen Trieben 'angetrieben' (sic!) werden. Der sexuelle Prozess ist in keiner Weise ein mechanisches und reduktionisch erfassbares Modell menschlichen Ver-

---

[9] Diese Forscher machen den Klimmzug, ihr Augenmerk hier gänzlich vom Kinde als Partner in solchen Beziehungen abzulenken, um die pädophile Beziehung als *sexuellen Eigennutz* werten zu können, was es ihnen erlaubt, ihrem normativen Ausgangspunkt gerecht zu werden. Logischerweise in diesem System der Ausblendung müssen diese Forscher das Kind in der pädophilen Beziehung als lediglich *passives Masturbationsobjekt* ansehen, das vom pädophilen Erwachsenen einfach 'benutzt' und damit definitionsgemäß 'missbraucht' wird. Die systemische Falle in dieser Argumentation ist natürlich, dass das Kind, genau wie der Erwachsene, einen eigenen emosexuellen Lustapparat besitzt, der dazu in der Lage ist, sich affirmativ für eine solche Beziehung zu entscheiden, und daraus eine die eigene Person, und den eigenen Organismus profitierenden Gewinn zu ziehen, sei dieser Gewinn nun emotional, sexuell oder nur sensuell-sensorisch, oder auch einfach nur edukativ.

haltens, so wie das gesamte Leben nicht als ein solches Modell angesehen werden kann. Wir sind nicht sexuell determiniert, noch ist unser
sexuelles Verhalten determiniert von irgendeiner bestimmten sexuellen Spielart. Wir haben die Freiheit, das Spiel der Liebe in allen seinen
möglichen Varianten durchzuspielen, und das umfasst die Varianten
sexueller Anziehung.

Das ist alles, was über dieses Thema zu sagen ist, will man nicht die
Zoologie heranziehen, um letztlich festzustellen, wie viele Varianten in
der Weise, *sexuell zu sein*, es eigentlich gibt. Manche Ameisenweibchen
fressen bekanntlich ihre Männchen nach dem Sexualakt einfach auf ...

Die traditionelle Sexologie hat sich wohl verschiedentlich mit der Frage befasst, ob Menschen ihre sexuelle Anziehung für bestimmte Sexualobjekte ändern können oder nicht. Sie hat erkannt, dass einer der
Mechanismen im dynamischen Sexualhaushalt darin besteht, ein aus
irgendeinem Grund wegfallendes Sexualobjekt durch ein anderes zu
ersetzen. Die Fälle, die hier oft zitiert werden, ist der Fall des Mannes,
der nach dem Tod seiner Frau mit seiner adoleszenten Tochter eine
eheähnliche Beziehung anspinnt, oder der Fall, dass ein junger Mann,
der im katholischen Erziehungssystem keinen Zugang zu Mädchen
bekommt, seine ersten sexuellen Erfahrungen mit etwa gleichaltrigen
oder jüngeren Jungen macht.

Nun hat die Sexualpsychologie und die darauf beruhende forensische
Psychiatrie, die ganz klar *normativ* ist, diejenigen ganz besonders auf
dem Kieker, die ihre sexuelle Anziehung und damit ihre bevorzugten
Sexualobjekte öfter im Leben gewechselt haben. Man spricht hier ab-
wertend von der *sexuell labilen Persönlichkeit*, und dies ist wirklich ein
interessantes Phänomen, weil durch eine solch missgeleitete Norm-

psychiatrie Verhalten pönalisiert wird, das nicht nur natürlich ist, und gesund, sondern welches auch sozial konstruktiv ist. So wenig objektiv ist unsere Sexualwissenschaft eben, und eine nichtobjektive Wissenschaft ist eben keine; sie ist eine *normative Zwangsjacke*, die uns heuchlerisch-falsch als Wissenschaft untergejubelt wird, damit wir schön auf der Linie bleiben—denn so etwas wie *sexuelle Demokratie* gibt es nicht und hat es nie gegeben.

Dies ist eigentlich ein gutes Beispiel dafür, wie brillant und grinsend heute mit sogenannter Wissenschaft Menschen manipuliert werden, und Gruppen von Menschen, die man gerne unter dem Erdboden hätte, als 'psychiatrisch defekt' abstempelt werden, damit man durch diesen schmierigen Trick zu seinem Ende kommt—weil man nämlich letztlich doch anerkennt, dass Pädophile *keine Kriminellen* sind und das Strafrecht daher aus gutem Grund nicht greift!

Es ist auch auch ein gutes Beispiel dafür, um zu belegen, welch eine paranoide Angst die patriarchalische Gesellschaft hat vor der Natur der natürlichen bioplasmatischen Strömung und der dynamisch-transformatorischen und energetischen Natur unserer Emotionen. Diese Angst ist auch eine vor *Kreativität*, eine Urangst des steifen, erstarrten, retrograden Organismus vor der Wandlung und der Transformation, die mit dem kreativen Prozess einhergeht.

Vor der sexuellen Dynamik Angst zu haben ist eine Form der *Lebensangst*, wie Alexander Lowen es erklärte in seinen Schriften.[10] Und daher ist Sexualangst immer und ausnahmslos eine paranoide Angst vor *Kreativität*, vor dem hohen Kreativitätspotential nämlich, das der Se-

---

[10] Siehe, zum Beispiel, Alexander Lowen, *Angst vor dem Leben (1989)*.

xualität inhärent ist. Es ist eine Angst vor dem *Wandlungspotential* des Lebens selbst.

Diese Angst ist fundamental im judeochristlichen Glaubenssystem, das auch den Islam mit umfasst. Sie ist allerdings auch Bestandteil des neueren Hinduismus in der Form des *Vedanta*, während sie über die gesamte, viel länger währende *tantristische* Phase des frühen Hinduismus hin unbekannt war.

Sexualität, wie es Krishnamurti klar erkannte, ist eine Urform von Kreativität; allerdings sah er das nur negativ in dem Sinne, dass in einer Gesellschaft, die, wie die maschinisierte postmoderne Kultur, im weitesten Sinne total unkreativ ist, Sexualität die einzige Form von Kreativität ist, die dem modernen Massenmenschen übrig geblieben ist. In seinem Buch über Erziehung schreibt Krishnamurti:

J. Krishnamurti

Der Intellekt, der Geist als solches kann nur wiederholen, erinnern, und spinnt sich konstant neue Worte aus einem alten Bestand zusammen, oder arrangiert sie in einem neuen Kontext; und da die meisten von uns das Leben nur mittels des Gehirns wahrnehmen, leben wir eigentlich nur in Worten und durch mechanische Wiederholungen. Das ist ganz offensichtlich kein kreativer Zustand; und da wir solchermassen unkreativ sind, ist die einzige Kreativität, die uns verbleibt, Sex. Sex kommt vom Geist her, und alles, was der Geist hier will, ist Erfüllung, oder es kommt zu Gefühlen der Frustration. Unsere Gedanken und unsere Leben sind eng, vertrocknet, und leer; emotional sind wir ausgehungert, religiös und intellektuell sind wir repetitiv und stumpf; sozial, politisch und ökonomisch sind wir reglementiert, poliziert

und kontrolliert. Wir sind keine glückliche Rasse, wir sind nicht vital und freudvoll; daheim, im Geschäft, in der Kirche, in der Schule erfahren wir keine Kreativität, und es gibt keine wirkliche Hingabe in unseren täglichen Gedanken und Handlungen. So sind wir denn von allen Seiten gehalten, und gefangen, und Sex ist das einzige, das uns verbleibt als Ausweg, als eine Erfahrung, die wir immer wieder aufs Neu machen müssen und die uns für Momente ein Gefühl des Glücklichseins vermittelt, das dadurch zustande kommt, dass das Selbst in diesen Momenten abwesend ist. Nicht Sex ist ein Problem, sondern das Verlangen, Glück immer wieder aufs Neu erfahren zu wollen, durch Lust oder durch andere sensorische Stimulation.[11]

Künstler und Menschen, die die Fähigkeit zu hoher intellektueller Lustfähigkeit besitzen, haben hier natürlich weniger ein Problem, als solche, die weder künstlerisch, noch wissenschaftlich etwas drauf haben, und die auch keine spirituellen Neigungen besitzen. Es ist eine Tatsache dass, wenn sexuelle Erfüllung unmöglich ist, Kunst sich eine Art von idealer *Ersatztätigkeit* anbietet, denn es ist leichter, die Libido in künstlerischen Ausdruck zu investieren, als zum Beispiel in wissenschaftliche Forschung. Und Yogis und Heilige aller Religionen wussten und wissen, ihren spirituellen Durst dadurch zu befriedigen, dass sie ihre Libido ihrer Intention, das fleischliche Menschsein zu überwinden, in den Dienst stellen.

Ob sie das tun, ohne dabei krank oder verrückt zu werden, ist natürlich ihr Problem, und steht in ihrer Verantwortung, denn es besteht immer das immanente Risiko, entweder geisteskrank, psychopathisch oder

---

[11] J. Krishnamurti, *Education or the Significance of Life (1978)*, p. 118 (Übersetzung meine).

krebsleidend zu werden, wenn man die sexuelle Energie in ihrem natürlichen Ausdruck hindert. Deshalb sollte es Jugendlichen meines Erachtens nicht erlaubt sein, die spirituelle Laufbahn einzuschlagen. Volljährigkeit hier ist wirklich Bedingung, und hat, im Gegensatz zu den sogenannten Gesetzen 'zum Schutze der Jugend', ihre Berechtigung.

Wenn also nun, wie wir gesehen haben, die allgemeine Sexualforschung schon paradigmatisch fixiert und unwissenschaftlich ist, dann ist dies erst Recht der Fall für die Paraphilieforschung und hier ganz besonders die rezente Forschung über Pädophilie.

Ich glaube wirklich, dass es einen Ausweg aus dem Labyrinth von Mythen und Märchen um die Pädophilie nur gibt, wenn wir beginnen, die Dinge zu *erfühlen* und unsere Intuition gebrauchen, um Wahrheit zu erlangen darüber, anstatt weiterhin Pyrrhussiege auszufechten, indem wir unsere etablierte Weltsicht zu festigen suchen. Der Leser mag mir als Anwalt glauben, dass nichts leichter ist, als bestimmte Fakten zu 'beweisen'. Alles kann bewiesen werden, alles kann so hingestellt werden, dass es als 'bewiesen' aussieht. Die Tätigkeit des Anwalts selbst besteht genau darin; es ist der Beruf, bestimmte Positionen so zu vertreten, dass sie sich wie 'die Wahrheit' in einer bestimmten Fallgestaltung darstellen, jedenfalls für den naiven Betrachter und das allgemeine Affenpublikum. Während wir im Klubhaus natürlich über das ganze Affentheater lachen, weil wir wissen, dass wir im gleichen Brustton der Überzeugung die genaue Gegenposition hätten vertreten können, also die vollkommene *Spiegelung* derjenigen, die wir in einem bestimmten Fall vertreten haben.

Wissenschaftler tun das auch, nur dass sie weniger aufrichtig sind, es zuzugeben, als Anwälte, und auch im allgemeinen viel weniger bewusst, dass sie es überhaupt *tun!* Wenn Menschen ethisch über das Niveau von Schmierpolitik hinaus sind, und wenn sie daher über ihre *Intuitionen* Auskunft geben, und die Intelligenz des Lebens in anekdotischer Form schildern, werden sie heute literarisch ins Abseits gestellt. Man belacht ihre Bücher und nennt ihre Forschungen 'lediglich anekdotisch'. So hat man in den 80er Jahren die aufsehenerregenden Forschungen Edward Brongersmas hinsichtlich der Knabenliebe heruntergespielt als 'persönliche Ansichten und Anekdoten'.[12] Die Wahrheit ist, dass das Leben selbst anekdotisch ist.

Keine Forschung wird uns je dabei helfen, die wirklichen Gründe und Motivationen zu verstehen, warum erwachsene Menschen Kinder lieben und als Partner wählen. Keine Forschung wird der Menschheit je dabei helfen, toleranter zu werden und Menschsein in seiner Mannigfaltigkeit wirklich zu verstehen. Das ist einfach so, weil viel vom menschlichen Sein nur *emotional* verstehbar ist, und nicht kausal-rational, weil der Mensch, wie das Leben selbst, *nichtlinear* programmiert ist. Menschenliebe kann nicht im Labor untersucht werden.

Leute, die glauben, sie müssten ihre Meinungen auf sogenannte 'wissenschaftliche Untersuchen' stützen, scheuen sich im Grunde davor, solche Meinungen überhaupt zu *haben*, und das wiederum ist so, weil diese Typen keinen Charakter haben, sondern eine *Schmierpersönlichkeit*, die heute das sagt, und morgen jenes, ganz einfach, weil sie 'nicht auffallen' wollen. Und solche Schmierlappen werden auch in hundert Jahren nicht durch 'wissenschaftliche Forschung' reformiert sein in ihrer geistigen Faulheit und ihrer notorischen Feigheit, um endlich über

---

[12] Siehe, zum Beispiel, Edward Brongersma, *Das Verfemte Geschlecht (1970)*.

den Zaun ihres provinziellen Weltbildes zu blicken, und ihren engen Geist zu erweitern, ihre kotzdumme Mittelmässigkeit zu überwinden, und sich für das *wahre Leben* zu passionieren.

Elfenbeinturmstudien dienen denen, die im Elfenbeinturm sitzen, nicht denen, die außerhalb davon leben. Die letzteren, und das sind wir alle, müssen die Dinge *emotional erfühlen*, und das ist einzig möglich, wenn wir unseren Charakterpanzer herunternehmen, und die Schutzschilder und die Schutzbehauptungen fallen lassen.

Kunst ist nützlicher als Wissenschaft in unserem Verlangen nach *lebendiger Wahrheit*. Das ist der eigentliche Grund, warum dieses Buch als *Kunstproduktion* verstanden werden will, und nicht als wissenschaftliche Studie. Was ich in diesem Buch tue, ist, auf einem unterbewussten Niveau Gefühle, Emotionen und Assoziationen mitzuteilen, die die innere *Software* des Lesers an strategischen Punkten berühren werden, und auf diese Weise zu einem gehörigen, und vielleicht gefährlichen *Bewusstseinsschock* beitragen, der dazu dient, den Leser *umzuprogrammieren*, sodass er oder sie nach der Lektüre dieses Werkes nicht mehr dieselbe Person ist, die sie waren, bevor sie dieses Buch in die Hand bekamen.

Das ist der Weg der Kunst. Er ist nicht informatorisch, sondern kathartisch. Während Wissenschaft nur unseren Verstand anspricht, so berührt Kunst unser *ganzes Wesen*.

Wahrheit kann nur holistisch gesucht werden, in einer Erfahrung nämlich, die sowohl die emotionale als auch die intellektuelle Seite unserer menschlichen Natur umfasst, und die dadurch die beiden Gehirnhemisphären koordiniert. Auf diese Weise geraten, dem Renaissanceideal folgend, Wissenschaft und Kunst in eine synchronistische Dynamik,

einen gegenseitig befruchtenden Strudel, eine aufwärts führende Spirale, welche man damals *Philosophie* nannte. Heute gibt es dafür kein Wort, denn Philosophie, wie man sie heute versteht, ist nichts als frivole *Spekulation*.

Wenn sie Kindliebe wirklich verstehen wollen, so müssen sie Abstand nehmen von ihren Prämissen und Präpositionen, von ihren hundert Radiomeinungen und Fernsehlügen, und sie müssen beginnen, ihren eigenen Wahrheitspfad in ein Land ohne Kartographie und ohne gesellschaftliche Kodierung anzutreten. Und dann werden sie von selbst sehen, dass sie ihre Augen nicht für ewig schließen können für das Kleine und Große, das in jeder Minute um sie herum vorgeht, aber welches sie vorher nie im Zusammenhang mit Pädophilie stehend erkannt haben!

Religiöse Indoktrination stellt immer noch das stärkste kognitive Hindernis dar, Wahrheit sowohl emotional als auch rational zu begreifen und dabei *Intuition* einzusetzen als eine Technik *direkter Wahrheitsvermittlung*. Für unsere junge Generation von Konsumbabys und Fernsehtrotteln gibt es eigentlich keine Rettung vor dem totalen emotionalen Stromausfall, der sie früher oder später auf den Friedhof des gesellschaftlich abgesegneten *Autismus* bringen wird.

Der biedere Hauptteil dieser kastrierten und auf ewigen *Standard* hin geprägten kleinen Haustrottel wird einem System zum Opfer fallen, das ihre affektive, emotionale und sexuelle *Komplexität* im Keime erstickt hat. Kein Liebhaber wird an ihnen Interesse haben, und so werden sie, tunlichst *in Ruhe gelassen*, als Konsumroboter ohne Gefühle, ohne Kreativität und ohne Mitgefühl enden.

Wie sollen sie je ihre *Fragmentierung* heilen und wieder *ganz* und damit *heil(ig)* werden, unheilig, wie sie sind? Wie sollen sie ihren *total chaotischen emosexuellen Haushalt* wieder funktionsfähig machen? Wie sollen sie die lebenslange Abhängigkeit von der kinderschützende Diät, die sie auf *totale ödipale Perversität ohne Ausweg* hin getrimmt hat, überwinden?

Dieser nicht mehr gut zu machende Schaden, den die Heldenkultur bei den Kindern dieser Generation und allen folgenden anrichtet, ist das *Karma der Mehrheit*, der Pädophilenhasser, den stinkfaulen und verheuchelten Pharisäern, die die Medien verkotzen mit ihren Parolen von wegen der 'Unschuld der Kindheit' und anderen ihrer debilen Verschnitte, und die die Welt verpesten mit ihren Hasstiraden, ihren Moralkreuzzügen, ihren Hexenjagden und ihrem kompletten Inventar *gewalttätiger Dummheit*, das diesen Planet in einen sterbenden Globus verwandelt hat.

Sie sind nicht an Wahrheit interessiert. Sie sind an Geld interessiert, an Macht, an Status und an Erfolgen. Sie sind nicht an Kindern interessiert, sondern am Zeugen von Kindern, an Fortpflanzung und Anpflanzung, an Arbeitskraft und Erziehungskräften, an Gesundheitsstandard und Wachstumsstandarten, und an statistischen Resultaten, die man schön und sauber auf Graphiken ablesen kann, weil sie in ihren reduktionistischen Verstand passen.

Sie haben das Kind standardisiert und die Erziehung zur *Kinderzucht* degradiert, sie haben Massen alphabetisiert und dabei keinen einzigen jungen Menschen wirklich erzogen. Sie sind nicht an Kindliebe als einem Phänomen von *emotionaler Identität* interessiert, weil sie weder an Kindern interessiert sind, noch an Emotionen, noch an irgendetwas,

das auch nur entfernt wirklich *menschlich* ist. *Sie lieben keine Kinder, weder ihre eigenen, noch andere.* Was sie lieben, ist die ewige Gleichheit ihrer monotonen Existenzen, in denen alles darauf abgestellt ist, ihre tief erschütterte emotionale Sicherheit zu bewahren. Das ist es, warum man 'Kinder hat', ihrer Meinung nach, zum Selbstschutz nämlich, um ein wenig Abwechslung zu bekommen im Alltag—so wie Leute sich Hunde anschaffen, um gezwungen zu sein, wenigsten zweimal am Tag 'eine Runde ums Wohnviertel zu drehen'. Sie sie 'stolz auf ihre Kinder', so wie man stolz ist auf Diplome, die man sich gerahmt ins Büro hängt, und sie 'freuen sich mit ihren Kindern', so wie man sich freut mit Faschingsjockeln, Zirkusclowns und kleinen Huren im Bordell.

Kein Kompromiss ist möglich mit der neurotischen Mehrheit-Mittelmässigkeit, denn sie ist *pathologisch*, und nicht nur ein zu respektierender, wenn auch stinkend faschistischer Lebensstil. Noch ist es möglich, die Wahrheit der Lebenslage von Pädophilen aus unseren verlogenen Medien und verfälschten Dokumentationen zu erlangen. Wahrheit kann nur gefunden werden durch eine spiralförmige Bewegung, das den Beobachter für geraume Zeit in der *pädophilen Welt* befangen hält, um ihren ganz eigenen Duft zu riechen und ihre ganz eigene Wärme zu fühlen. Das ist nur möglich mittels eines kantischen Imperativs, der die Grenzen zum Schmutzwasser böswilliger Verleugnung klar definiert, und sich mit allen Mitteln auf der Seite der Wahrheit hält.

So kann ein Blickwinkel gesichert werden, der, obwohl er zugegebenermassen subjektiv erscheint, nichtsdestotrotz holistisch, wahrhaftig, emotional intelligent, multivektoral und kulturüberschreitend, und—warum eigentlich nicht, *anekdotisch* ist.

Der Leser mag selbst entscheiden, was er aus dem Material macht. Stoff für Träume oder für einen neuen Lebensstil, für Masturbationen oder wirkliche Beziehungen mit Kindern, die ausnahmsweise einmal nicht als Besitztum angesehen werden, noch als Lustpuppen, Sklaven, Maskotten oder Opfer, sondern als *lustbegabte* Personen in ihrem eigenen Recht.

§02. Die Geschichte der Kindliebe

Der Leser mag einwenden, dass man die *Geschichte der Kindliebe* und die *Geschichte der Kindheit* nicht in ein und demselben Kapitel behandeln dürfe. Aber dies ist gewollt und hat seinen guten Grund. Die wahre Geschichte der Kindheit, wie ich es weiter unten zeigen werde, ist überhaupt noch nicht geschrieben worden, wenn sie überhaupt geschrieben werden *kann*. Was wir über Kindheit in verschiedenen Zeitaltern wirklich wissen, ist sehr spärlich, und das ist einfach so, weil wenige Kinder Tagebücher schreiben.

Was wir über Kindheit wissen, wurde von Erwachsenen *über Kinder* geschrieben, nicht von Kindern selbst, als die *Erlebenden* des Geschehens. Hinzu kommt, dass die Geschichte der Kindheit noch nie mit dem Fokus geschrieben wurde, herauszufinden, welchen Einfluss Kindliebhaber hatten auf Kinder über die gesamte Menschengeschichte, ganz einfach, weil eine solche Forschung niemals stattfand.

Ich stimme dem gegenwärtigen Stand der Kindheitsforschung zu, insofern als die Geschichte der Kindheit ohne den Einfluss von Kindliebhabern tatsächlich ein dunkles Kapitel der Menschengeschichte darstellt. Denn, um es mit Jean Paul zu sagen, so spricht wohl der strenge Geist in uns, *aber er mildert, wenn wir ihn aushören.* Und dieses Aushören ist uns eben unmöglich gemacht aus den genannten Umständen. Ich möchte hier nur anmerken, dass es Kindliebhaber waren, die dazu beigetragen haben, das Bewusstseinsniveau der Menschheit zu erhöhen auf die Stufe, die wir heute das 'kinderschützende Zeitalter' nennen, und es waren Kindliebhaber, die zum ersten Mal in der Geschichte der strafenden Väter den Mund aufmachten und sagten: 'Schluss mit erzieherischer Gewalt!' Und es waren wiederum Kindliebhaber, die da-

von sprachen, dass das Kind eine Person in ihrem eigenen Recht ist, eine Person mit einem eigenen Gefühlsleben und eigenen sensuellen und sexuellen Wünschen und Vorlieben. Das war einfach so, ob man das heute gern hört, oder ob eine solche Aussage politisch korrekt ist, ist unerheblich, und ist mir auch offen gesagt ziemlich schnurz. Tatsache ist, dass Kindliebhaber lange das Los der Kinder zu verbessern suchten, bevor unsere hehren Pädagogen und Pädologen oder Pädo-Ideologen, ihre Meinungen dazu abgaben und ihre Richtlinien dazu schrieben.

Nicht alle Kindliebhaber sind erotisch interessiert an Kindern; nicht alle erotisch an Kindern interessierten Liebhaber sind an sexuellen Beziehungen mit Kindern interessiert, und nicht alle sexuell an Kindern interessierten Liebhaber tun das, was sie möchten—meist ganz einfach deswegen, um das Gesetz nicht zu brechen. Zum Beispiel wird bezüglich Lewis Carroll, dem Priester, Mathematiker und Kinderfotografen, und Autor von *Alice im Wunderland,* neuerdings offen diskutiert, ob er wohl doch mit Alice oder den anderen *maidens* etwas gehabt habe? Es gibt für eine solche Annahme wohlgemerkt keine Beweise, allerdings einige autobiographische Notizen, die klar bekunden, *dass das Verlangen dazu wohl vorhanden war* und er dadurch als gläubiger Christ und Pastor jedenfalls zeitweise in Selbstnöte geriet. Es gibt auch klare Indizien, dass die Beziehung, die er hatte mit diesen Familien, den Eltern der Mädchen, eines Tages schroff abbrach und nicht mehr angeknüpft wurde, aber dies kann dann auch wieder nur zu Vermutungen und Spekulationen führen, denn präziseres historisches Material gibt es einfach nicht.

Heute scheint die öffentliche Meinung daher geteilt zu sein in der Frage, aber ich glaube dennoch, dass die überwiegende Mehrheit einen

Abscheu hätte davor, den großen Künstler, Poeten und Liebhaber als *Pädophilen* in dem heutigen schmähenden Wortsinn zu bezeichnen. Auf der anderen Seite sagt sich der intelligente Leser natürlich, dass der Mann ein Dummkopf gewesen wäre, hätte er Intimitäten mit Alice oder den anderen Mädchen, hätte er sie wirklich gehabt, in seinen Tagebüchern aufgezeichnet hätte. Darum ist die Situation ein Patt in der Frage, denn wir können weder sagen, dass er pädophil war, noch dass er *nicht* pädophil war. Wir können nur sagen, dass wir es nicht wissen, beziehungsweise nicht entscheiden können.[13]

Der Fall Carroll ist ein Spukhaus aber auch noch aus einem anderen Grund. *Charles Lutwidge Dodgson*, so sein richtiger Name, war ein Priester und als solcher konnte er nicht heiraten. Andererseits hätte er sich nämlich verloben können mit Alice, vorausgesetzt, die Eltern des Mädchens wären einverstanden gewesen. Zu der Zeit war es durchaus üblich in Bürgerkreisen, dass ein nobler junger Mann um die Hand eines Mädchens anhielt, das im Pubertätsalter war, ausnahmsweise auch davor, und dann mit dem Kind regulären sozialen Verkehr haben durfte, und mit ihm spielen durfte, und geduldig abwartete, bis sie *heiratsfähig* war. Die Heiratsfähigkeit wurde sehr verschieden definiert in verschiedenen Jurisdiktionen, und Gewohnheitsrecht und sogar Kirchenrecht spielten ihre Rollen dabei. Es war also nicht so wie heute, dass es ein allgemein als Gesetz ausgesprochenes *age of consent* gegeben hätte, vor allem nicht in England und bei der Nobilität. Die Situation war viel komplexer und verglichen mit heute auch viel toleranter, und flexibler, und die Eltern des Mädchens konnten, je nachdem ob die Heirat ihnen Vorteile brachte oder nicht, das Endresultat ziemlich deutlich

---

[13] Wie auch immer man hier urteilen mag, gehe ich davon aus, dass Mädchenliebe *nicht zur Pädophilie im modernen Wortsinne gerechnet werden kann*, und das werde ich weiter unten näher erklären.

beeinflussen. Auf gut Deutsch, wenn die Heirat lukrativ war und der Freier reich, und er wollte das Mädchen so jung wie möglich, dann bekam er das Mädchen so jung wie möglich. Punktum. Gesetz beiseite. So war das, und nicht nur in England.

Das viktorianische Zeitalter war hundert Mal toleranter in sexueller Hinsicht als unsere Zeit, obwohl man heute gemeinhin das Gegenteil zu hören bekommt, und aus gutem Grund. Die systemkonformen Affen und Geschichtskleckser haben nichts anderes zu tun, als die gegenwärtige Periode der Menschheit, so dunkel sie ist, als die letzte Erleuchtung des Menschen darzustellen. Kali Yuga im historischen Engelsgewand! Ich spreche von der Zeit 1985 bis 2010, also nur von den letzten fünfundzwanzig Jahren, denn sie sind wirklich die dunkelsten der gesamten Menschengeschichte, mit der höchsten Rate an Kindermorden, der höchsten Rate an schleichendem Massenmord so ziemlich überall in der Welt, der höchsten Rate von Jugendselbstmorden und der höchsten Rate an politisch abgesegneter *Heuchelei*, die einem aus allen Medien jeden Tag ins Gesicht kotzt.

Ein Mann, der erotisch an jungen Mädchen interessiert ist, ist kein Pädophiler. Das ist die Ansicht von etwa 195 Ländern der Welt. Acht Länder stimmen dagegen, Deutschland, Frankreich, Italien, Spanien, die Vereinigten Staaten, Kanada, Australien und Neuseeland, und meinetwegen auch noch Singapur und Malaysien. Was heisst das?

Ich erspare mir jeden Kommentar. Die Menschheit ist ein Affenhaus, wo acht Baboons ihre blauäugige und rotärschige Dummheit an alle Wände schmieren und sich die Brust klopfen über ihren 'zivilisatorischen Fortschritt'.

Um es zu wiederholen, die *Geschichte der Kindliebe* und die *Geschichte der Kindheit* können nicht voneinander getrennt erforscht, behandelt, wissenschaftlich erfasst und beschrieben werden von dem Moment an, wo wir verstehen, dass ein Kind kein *Partialobjekt* für sexuelle Manipulationen ist, noch per se ein *Opfer* (obwohl die Mehrheit heute genau diesen Unsinn wiederkaut), sondern eine Person mit einem *Verlangen eigener Art*, welches bereits im fötalen Dasein nachgewiesen werden kann, und das mit dem emotionalen Leben eines Menschen untrennbar verbunden ist.

Daraus folgt, dass ein Kind sein Verlangen auf jede andere Person richten kann, nicht nur auf seine Eltern und Erzieher (was die Psychoanalyse obsessionell in den Vordergrund stellt), nicht nur auf ein anderes Kind oder älteren Jugendlichen, sondern auch auf einen befreundeten Erwachsenen, den das Kind in der Öffentlichkeit oder wo auch immer kennengelernt hat. Die *schweigende Software*, wie ich dies hinfort nennen werde in diesem Buch, war immer schon installiert im menschlichen Computer, obwohl die meisten Menschen sich dessen nicht bewusst, oder an diesem spezifischen Programm nicht interessiert sind. Oder aber, weil sie einfach *nicht sensibel genug* sind, um den subtilen Charme und die unvergleichlich süße Erotik gesunder Kinder mit ihren fünf Sinnen wahr zu nehmen!

Sowohl die *Geschichte der Kindheit* als auch die *Geschichte der Kindliebe* sind also noch zu schreiben. Bis heute haben wir nur einige herausragende Fakten zu verarbeiten, aber es fehlt uns an einem konstanten Handlungsablauf, und schlimmer noch, wir wissen nicht einmal, ob die Quellen vertrauenswürdig sind. Der Hauptgrund, warum sowohl die *Geschichte der Kindheit* als auch die *Geschichte der Kindliebe* noch nicht

geschrieben wurden, ist, dass sie *geheim* sind. Sie gehören zu unseren bestgehüteten Geheimnissen.[14]

Von einigen wirklichen Fällen von Kindesmissbrauch bei den Römern oder während der frühen Industrialisierung zu urteilen, dass Kindheit durch die Bank nur 'brutaler Kindesmissbrauch' war, ist ein obsessionelles, wenn nicht *paranoides* Beurteilen von menschlichem Verhalten, und kein wissenschaftlicher Ansatz, auch wenn solches Gewäsch aus dem Füller renommierter Psychologen und Psychohistoriker floss. Dass Kindesmissbrauch *Missbrauch* ist, wussten wir eigentlich immer schon. Wir brauchten nicht eine Alice Miller und einen Lloyd DeMause, um uns das zu sagen. Was viele allerdings nicht wissen, ist, wie sehr doch Forscher durch ihr eigenes inneres Programm ihre Forschung, und den Inhalt ihrer Forschungsergebnisse *a priori* determinieren, eine Tatsache, die die Quantenphysik nun doch endlich nachgewiesen hat.

Was wir *wissen wollen*, ist, warum und wodurch Liebe in Missbrauch ausarten kann, damit wir *Liebesverhalten*, und nicht Missbrauch, sozial kodieren können. Jetzt ist es genau umgekehrt, in unserer Gesellschaft. Was jetzt kodiert wird, ist *Missbrauch*, nicht Liebe, und das verwundert eigentlich nicht in einer Kultur, die auf dem Kopf steht und mit den Beinen wackelt, und die bis heute nicht definiert hat, was *Ge-*

---

14 Siehe nur Florence Rush, *Das Bestgehütete Geheimnis: Sexueller Kindesmissbrauch (1984)* mit einer Unzahl von Referenzen, eine brillant recherchierte und sehr flüssig geschriebene Studie, welche aber wohlgemerkt unter feministischer Perspektive konzipiert wurde. Ich erkenne das durchaus an und finde ein solches Unterfangen durchaus legitim, aber leider, wie ich es anderswo (in englischsprachigen Publikationen) diskutiere, ist die Untersuchung faktisch in mancher Hinsicht nicht korrekt. Es ist jedoch dennoch ein bewundernswertes Buch. Warum? Das musste einfach einmal *gesagt* werden, *ausgesprochen* werden, wenn auch von einer bestimmten Warte aus. Ich finde das Buch *authentischer* als die Studien von Miller und DeMause, und persönlicher Fokus, wenn er offensichtlich ist, und nicht kaschiert ist als 'wissenschaftliche Objektivität', ist durchaus kein Fehler.

sundheit eigentlich ist, und dadurch aller Art von Krankheit Tür und Tor geöffnet hat. Unsere Gesellschaft, welche ich die *Missbrauchskultur* nenne, definiert Missbrauch, nicht Liebe, weil sie ihren ausschliesslichen Fokus auf Missbrauch gerichtet hat, und nicht auf Liebe. Es ist eine *missbrauchszentrierte* Kultur.

Leider ist es so, dass wir das verstärken, auf das wir unsere Aufmerksamkeit richten. Würde unsere Kultur ihre Aufmerksamkeit mehr auf Liebe richten, so würde sich die Liebe in unserer Welt verstärken. Da unsere Kultur aber das Gegenteil tut, und ihre Aufmerksamkeit auf Missbrauch, Schändung, Vergewaltigung und Mord richtet, so verstärken sich Missbrauch, Schändung, Vergewaltigung und Mord.

Um hier etwas mehr ins Detail zu gehen, so möchte ich zunächst einmal anmerken, dass abusiver oder erzwungener Sex natürlich *mit viel höherer Wahrscheinlichkeit angezeigt wird, als einverständlicher und vergnüglicher Sex,* ganz gleich zwischen welchen Personen oder Altersgruppen. Das ist einfach eine statistisch erfassbare Tatsache. Wer, in unserer Kultur, ohne Poet oder neuerdings auch Anthropologe zu sein, hat ein Interesse daran, über *Liebe* zu schreiben? Sogar bei den alten Griechen war Päderastie nur Aristokraten gestattet und nur Jungen, die aus Aristokratenfamilien stammten. Sie war in keiner Weise für Sklaven statthaft und wurde hart bestraft, wenn sie vorkam, ohne dass Mitglieder der Aristokratie dabei beteiligt waren.[15] Aber ungeachtet der Tatsache, dass diese Form der Liebe nur Aristokraten gestattet war, so war es doch gegen den guten Geschmack, Details einer solchen Liebesbeziehung in einem Tagebuch zu schildern, oder im Freundeskreis zu erwähnen. Solches konnte, trotz der allgemeinen Permissivität in der Frage, zu einer Brüskierung führen, oder gar zu sozialer Isolation.

---

[15] Ich verdanke diese Information Senator Dr. Edward Brongersma (1911-1998).

Ich finde, dies ist ein sehr gutes Beispiel dafür, dass soziale Permissivität hinsichtlich einer bestimmten Form von Sexualität nicht besagt, dass dieses Sexualverhalten *historisch in irgendeiner Weise dokumentiert werden wird.* Wir müssen uns immer vor Augen halten, dass alles Sexualverhalten dem Bereich der *Intimität* unterliegt. Dies darf keinesfalls mit Prüderie verwechselt werden. Es ist *nicht* Prüderie, Details einer intimen Beziehung für sich zu behalten.[16] Anthropologie hat diese Tatsache bestätigt, denn die weitaus überwiegende Zahl von sexuell hoch permissiven Tribalkulturen praktizieren einen totalen Respekt vor Intimität in der Weise, dass jede Divulgation intimer Details der Ehe oder eheähnlichen Beziehung als geschmacklos und kulturverletzend angesehen wird.

Nun also, wenn dem so ist, dann fehlt es doch regelmäßig, wenn es um *Liebe* geht, genau an den *Beschreibungen*, die Historiker suchen, um ihre Hypothesen zu bestätigen. Also, um logisch hier am Draht zu bleiben, sind sie doch an *Frivolität* interessiert, und nicht an authentischer Dokumentation von Liebe, denn eine solche wird es niemals geben. Solche, die über Liebe reden, und explizite Liebeserfahrungen, sind *nicht* die echten Liebhaber, sondern es sind gerade die (Vergewaltiger), die man dann nachher als die ansieht, die die Kultur definiert haben. Das ist die größte Idiotie aller Zeiten, denn wenn man dieses Vorgehen extrapoliert, so würde Nero die römische Kultur definieren, Mao die chinesische und Hitler die deutsche. Und solches zu behaupten grenzt an Geistesverwirrung!

Um es zu wiederholen, wenn man solches als Standesregel für Historiker definieren wollte, so würde man Frivolität und Geschmacklosigkeit

---

[16] Davon abgesehen, ist es noch viel weniger ein Anzeichen dafür, dass die Beziehung *missbräuchlich* war, obwohl dies heute regelmäßig von den Rädelsführern der Missbrauchskultur unterstellt und polemisiert wird.

als wissenschaftliche Messlatte für die Liebe festlegen, und das ist nun wahrhaft ein *perverser Standpunkt*. Warum? Ganz einfach, weil nur große Dichter, oder kleine Mädchen, die Reinheit haben, Liebe in Worte zu fassen, die ihrer *Nobilität* voll Rechnung trägt. Sicher, wenn es Briefe gäbe, Tagebücher, mit einem Wort, historische Zeugnisse, die die Liebe mit erwachsenen Partnern von literarisch berufener *Jungenhand* oder *Mädchenhand* klar in ihren täglichen Details darstellten, so wären Historiker wohl eher bereit, ihre jetzige Forschung als *wissenschaftliche Fehlleistung* zu erkennen, und zuzugeben, dass das etablierte Geschichtsbild vom Kinde als das Opfer konstanter Nötigung, Verkrüppelung und Schändung, wenn solches nur in Verbindung mit sexueller Aktivität stand, ein *systemkonformes Märchen* ist.

Und ich glaube, es gibt noch ein anderes Element, das wir in Betracht ziehen müssen. Es ist das Element der *Erwartungshaltung*. In einer auf Missbrauch ausgerichteten Kultur, wird man *mehr Missbrauch* erwarten, um sein Glaubenssystem bestätigt zu sehen, und nicht mehr Liebe. Das Resultat ist, dass man seine Wahrnehmung des Lebens so sehr verbiegen wird, dass man überall, in Geschichte und Historie, nur Missbrauch sieht. Das ist genau das, was man in der Systemtheorie *observer bias* nennt. Übrigens haben das intelligente Menschen immer schon gewusst, weil sie instinktiv fühlten, dass die moralistische Kultur Liebe einfach *ausgeblendet* hat und deswegen Hass braucht, um sie zu *ersetzen*. Das ist es nämlich genau, warum sie moralistisch ist in erster Linie. Und der Zirkelschluss hier ist der Beweis der Paranoia, auf dem dieses Weltbild beruht. Es hat Moralismus erschaffen genau mit dem Ziel, Liebe durch Hass zu ersetzen. Weil es die Liebe getötet hat.

Also nun sagen sie mir bitte, wie es durch die Brille dieses Weltbildes möglich sein soll, Liebe überhaupt in ihrer Ganzheit wahrzunehmen,

wenn es das Leben anschaut, und die menschliche Geschichte, und wie es verstehen soll, das Kinder *freudvoll kopulieren* können?

Die stringente Logik des missbrauchzentrierten Paradigmas ist es denn auch, sexuelle Interaktion zwischen Kindern und Erwachsenen nicht als eine Variante der Liebe anzusehen, sondern als eine Spielart von Kriminalität!

Die postmoderne Konsumkultur ist offenbar unfähig, Liebe in ihrer reinen Dimension wahrzunehmen, ohne ihre *perversen Gruppenfantasien* auf sie zu projizieren; daher ist ihre systembedingte Vision von Liebe eine solche, die besticht nicht durch ihren authentischen Inhalt, sondern durch ihre *Projektionen über diesem Inhalt*. Um diese Argumentation auf einer Zeitlinie anzusiedeln, so ist meine Hypothese gültig für alle Kulturen, die *nach der Renaissance* kamen, also der viktorianischen Epoche in erster Linie, während der vorehelicher Sex in irgendgearteter Form von Schweigen und Tabu umgeben war.

Wir mögen zu Recht zweifeln, ob wir je in der Lage sein werden, Liebe wissenschaftlich zu erforschen. Das sanfte und zärtliche Spiel der Liebe lässt sich nicht, ohne ihm Gewalt anzutun, in Tabellen und trockenen Forschungsreporten ausdrücken, und dies ist so, ganz gleich um welche Art der Liebe es sich handelt.

Also wo können wir die *wirkliche Information* bekommen? Meine Antwort ist, sicher nicht von der Geschichtsschreibung, und sicher auch nicht von der Psycho-Geschichtsschreibung eines Lloyd DeMause, weil diese Theorie die Lustfähigkeit des Kindes, und damit seinen freien

Liebeswillen, im Kern leugnet.[17] DeMause sieht das Kind als Spielball erwachsener Liebesinteressen an, als ein passives Lustobjekt ohne eigenen Liebeswillen, und damit als ein *Opfer ohne Ausweg,* das durch projizierten Liebeswillen in Situationen getrieben wird, die es emotional und sexuell manipulieren und ausbeuten.

Die psychohistorische Theorie leugnet dem Kind in letzter Konsequenz ein *eigenes Leben* ab. Es scheint mir, dass DeMause niemals auch nur die Möglichkeit in Betracht zog, dass die Fülle von Material über Kindesmisshandlung einfach darauf beruht, dass Menschen in aller Regel literarisch tätig werden nur dann, wenn die Dinge schief liefen und sie verletzt wurden in Beziehungen, nicht aber dann, wenn alles eitel Sonnenschein war, und alles so lief, wie sie es sich vorgestellt hatten.

Diese einfache Wahrheit sät einen nagenden Zweifel daran, ob Kindheit in der Geschichte, und überall in der Welt wirklich immer nur eine Sache von Tortur, Gewalt und Missbrauch war! Was ich für viel wahrscheinlicher halte ist, ehrlich gesagt, die Möglichkeit, dass das Weltbild von DeMause die Möglichkeit von *beidseitiger Lust in sexuellen Beziehungen zwischen Erwachsenen und Kindern vehement ausschließt,* ganz einfach weil es dem Autor dieses Weltbildes nicht erlaubt, über die Grenzen seiner fatalen emotionale Blockade hinauszugelangen.

Ich könnte mir vorstellen, dass Poesie, autobiografische Literatur und Kunst glaubwürdigere Zeugnisse darstellen in ihrer Qualität, von der vielschichtigen Realität von Kindheit über die Zeiten zu berichten. Eine Abbildung auf einer griechischen Vase, die einen Krieger dabei zeigt, wie er zärtlich mit dem Penis eines kleinen Jungen spielt, während

---

[17] Siehe, zum Beispiel, Lloyd DeMause, *The History of Childhood (1974)* und *Foundations of Psychohistory (1982).*

beide sich lächelnd in die Augen schauen, sagt mehr aus über die Möglichkeit gewaltloser Kindliebe in einer Kultur, als jede noch so geartete 'historische Fallstudie'.

Aber ich gehe über Geschichtsschreibung als *Abfallwissenschaft* hinaus, wenn ich sage, dass wir im *hic et nunc* zu beginnen haben. Wenn wir wissen wollen, ob Kinder Sex als gut und freudvoll oder als negativ und demütigend ansehen, so müssen wir sie *fragen*. Und da wir nicht die Kinder der Vergangenheit fragen können, müssen wir die Kinder fragen, die jetzt um uns her sind. Je nach dem kulturell-religiösen Milieu, indem wir uns befinden, werden die Antworten, die wir erhalten, entweder die Wahrheit enthalten, oder sie werden gelogen sein, oder wir erhalten keine Antworten, weil das Kind einfach schweigt. In meiner Erfahrung sind die Antworten von Kindern ziemlich voraussehbar. Hier sind einige Beispiele:

> ▸ Kinder aus repressivem, Milieu, die körperlich gestraft werden, und die in einem religiös doktrinären System aufwachsen, werden schweigen oder sie lügen. Es besteht keine hohe Wahrscheinlichkeit, dass sie das sagen, was sie wirklich denken oder fühlen, oder sie sagen, dass sie *nichts* darüber denken oder fühlen, oder dass sie nichts wissen darüber (auch wenn sie es wissen). In Wahrheit wissen sie oft garnicht, *was sie überhaupt fühlen*, weil ihre Körperempfindung durch die harten Strafen stark reduziert ist. Dies sind die Kinder, die in sexuellen Begegnungen mit Erwachsenen ihr Einverständnis mimen, also so tun, als konsentierten sie, obwohl sie in Wahrheit schockiert sind und nur aus Angst nicht das Weite suchen. Es sind diese Kinder, die später, manchmal erst nach langer Zeit, ihre Liebhaber verraten und ihre Eltern dazu bringen, Miss-

brauchsanzeige zu erstatten.

Beispiel: *Orthodox Christliche oder Islamische Kultur wo auch immer in der Welt*

▸ Kinder von nicht-repressivem jedoch patriarchalischem Milieu sind geneigt, Geschichten zu erfinden, vor allem die Jungen. Sie brüsten sich mit der Gruppenfantasie, alle Mädchen (und gar alle kleineren Jungen) der Nachbarschaft sexuell besessen zu haben, und Wahrheit hängt hier davon ob, inwieweit heterosexuelle oder homosexuelle Spiele zwischen Kindern sozial toleriert werden. Die Wahrheit ist hier schwer empirisch zu erfassen, weil sexuelle Erfolge im maskulinen Ethos sehr ausgeprägt sind und daher ganz allgemein Traum und Realität sich mischen. Es versteht sich von selbst, dass dies gerade auch bei Kindern so ist. Es muss überdies auch gesehen werden, dass diese Aktivitäten Touristen und Kinderschutzorganisation sorgfältig vorenthalten werden, was der Grund ist, dass die Medien darüber nicht oder in falscher Weise berichten:
Beispiel: *Mittel- und Südamerikanische Länder*

▸ Kinder im nicht-repressiven und postmodernen halb-patriarchalischen Milieu von Industrienationen aufwachsen, sind in der Lage die Wahrheit über ihre sexuellen Aktivitäten, oder deren Mangel, rundheraus zu sagen; und sie tendieren dies auch dann zu tun, wenn es ein pädophiler Freund ist, der sie um ihre Erfahrungen fragt, und danach, ihre Zustimmung zum Liebesspiel zu geben. Ihre Ablehnung in solchen Fällen, wenn es ihnen nicht zusagt, ist in aller Regel nicht taktvoll oder rücksichtsvoll formuliert, sondern einfach existentiell, und mag gar roh und hart hingeworfen sein. Dies bedeutet, dass sie wohl *nein* sagen können, aber es bedeutet

auch, was die Gesellschaft nicht anzuerkennen bereit ist, dass sie auch *ja* sagen können.

Beispiel: Teile von Skandinavien, Europa, Russland, Asien und den Vereinigten Staaten

Das ist natürlich ein eher grobes und schablonenhaftes Bild, aber es ist doch eine Richtlinie und zeigt, wie verschieden die Haltungen je nach dem sozialen, kulturellen und religiösen Modell sein können. In einer Kultur, wie der der Vereinigten Staaten, wo es alles gibt, und auch alle Extreme, ist es gar möglich, dass in einer und derselben Nachbarschaft Kinder in ganz verschiedener Weise aufgezogen werden, und dabei ganz unterschiedlichen Wertsystemen folgen. Es ist dabei natürlich zu bemerken, dass die 'nationale' Identität Amerikas, wie in einem keinem Land der Welt, sexuelle Aktivitäten von Kindern schärfstens verfolgt und bestraft, und auch geneigt ist, in jedem einzelnen Fall einen mittelalterlichen Prangerprozess anzuzetteln, der so ziemlich alle Beteiligten an die Wand stellt. Das kann dann auch Polizisten betreffen, wenn sie nicht systemkonform gearbeitet haben, das kann Politiker von einem Tag auf den anderen aus dem Stuhl werfen, das kann jedermanns Karriere ruinieren, und man mag sich fragen, warum das so ist? Es hat, um es zu wiederholen, mit Moral nicht das Geringste zu tun und auch nicht mit Kinderschutz, sondern mit Geld, und Macht. In jedem solcher spektakulären Fälle werden Millionen verdient, denn jeder, der an dem Rummel in irgendeiner Weise beteiligt ist als Ankläger, wird aus sein *'to make money'.*

Es ist aus diesem Grund, dass die Wissenschaft dem Thema Kindersexualität eher gleichgültig gegenübersteht in den Staaten; ich möchte nicht sagen, dass sie hostil ist, das Thema wahrhaftig zu untersuchen, aber es ist einfach so, dass für solche Untersuchungen kein *funding*

bereitgestellt wird, und in Amerika sind Universitäten sehr teuer, und Forscher werden in aller Regel keine Forschungsprojekte annehmen und durchführen, wenn sie dafür nicht das Geld erhalten, das sie brauchen, um alles zu finanzieren. Und dennoch, es gibt Idealisten auch in den Staaten, sehr viele sogar, und deshalb wurde trotz allem hier Forschung betrieben, wenn auch manchmal die Untersuchungen nachher nicht publiziert werden können, ohne zu riskieren, sie auf dem Index verbotener Literatur wiederzufinden.

Es ist vor allem wichtig, in diesem Zusammenhang zu sehen, dass es in einem einzigen kulturellen Modell wie den Vereinigten Staaten, obwohl dieses Model eher monolithisch-punitiv ist, sehr viele regionale und lokale Ausgestaltungen gibt, und dies hängt von einer Reihe von Faktoren ab, wie zum Beispiel, die religiöse Einstellung des Familienvaters, ob es eine kleine Stadt ist oder eine Metropole, ob es sich um niedere Klassen oder um hochgestellte Familien handelt, und so fort.

Wichtig ist auch zu sehen, dass obwohl die monolithische föderale Kultur der USA das *Kind* in einer Weise definiert, die alles zu sagen scheint, so als ob man staatlich festlegen könne, was 'ein Kind' ist, während es doch in der Natur nur 'Kinder' gibt, so hat dies doch keine solch starken normativen Wirkungen, dass nun alle Kinder in allen fünfzig Staaten der USA gleichförmig wären. Das anzunehmen, wäre ein ganz großer Irrtum, dem aber viele Europäer unterliegen, wenn sie über 'Amerika' urteilen, ohne jemals dort gelebt zu haben. Die Wahrheit sieht anders aus, und das ist erstaunlich, wenn man sieht, wie repressiv das 'System' ist in diesen Fragen; dennoch, es tut doch jeder mehr oder weniger, was er will, und Eltern haben das Gefühl, dass sie trotz der Aufdringlichkeit der 'erzieherischen' Medien mehr oder weniger das Recht haben, ihre Kinder so zu erziehen, wie es ihnen recht erscheint, was auch

immer 'die in Washington' darüber denken mögen. Das ist der unglaublich starke demokratische Geist der Amerikaner, der hier wie der Dichter spricht, und so etwas hat es einfach in Europa nie gegeben, wo man einfach 'den Mund hält' bis es 'brennt', und dafür ist Deutschland wirklich das beste Beispiel.[18]

Warum forschen wir über Kindheit, wenn nicht, um zu erfahren, was Kinder *wirklich brauchen*, um in voller Blüte aufzuwachsen? Wenn wir uns bezüglich dieser Zwecksetzung einigen können, dann müssen wir immer noch überlegen, mit welchen Mitteln wir das Ziel erreichen wollen? Wenn Geschichtsforschung uns als 'systembefangen' und daher als unzuverlässiges Instrument erscheint, so sollten wir uns nach besseren Informationsquellen umschauen.

So möchte ich denn die Zuverlässigkeit der Information hinterfragen, die uns die Geschichtsforschung und die Psychohistorie[19] gibt, und dann fragen, wie nützlich diese Information ist, um die folgenden Fragen zu beantworten:

▸   Was können wir wissen über die Qualität sexueller Beziehungen zwischen Erwachsenen und Kindern?

▸   Kann man ausmachen, ob solche Erfahrungen in allgemeiner Weise ausgedrückt als *negativ* oder als *positiv* empfunden wurden von Kindern?

---

[18] Diese Geisteshaltung wurde vom Schweizer Schriftsteller Max Frisch (1911-1991) in seinem Hörspiel *Biedermann und die Brandstifter (1955/1996)* brillant nachgezeichnet und literarisch verarbeitet.

[19] *Psychohistorie* ist eine psychoanalytisch operierende Geschichtsforschung, die von dem amerikanischen Politologen und Psychoanalytiker Lloyd DeMause in den 70er Jahren begründet wurde.

Das wäre in etwa ein theoretisches und auch pragmatisches Referenz-system für die Forschung bezüglich der *Geschichte der Kindheit*. Was wir bisher an Material haben, ist alles andere als objektiv, wenn es nicht einfach hingebogen ist, um 'politisch korrekt' zu erscheinen. Da heute wohl eine wachsende Bewusstseinsbildung festzustellen ist be-züglich der Frage, was die *Qualität von Kindheit* über die Zeiten war, so wage ich anzunehmen, dass die moderne Zivilisation, vielleicht auch durch nun fast hundert Jahre Psychoanalyse, mehr und mehr ein Ge-fühl dafür bekommt, was Kinder wirklich brauchen, um glücklich auf-zuwachsen. Allerdings bedeutet das nicht, dass wir mit Sicherheit ausmachen könnten, ob Kindheit nun über die Zeiten ganz allgemein positiv oder negativ war, schützend oder kindesmisshandelnd war, so wie Lloyd DeMause das tut mit seinem 6-Formen System, das von ei-ner Phase des *Kindesmordes (Antike bis etwa 4. Jahrhundert n. Chr.)*, über Weggabe, Ambivalenz, Intrusion, Sozialisation zu *Unterstützung (ab Mitte des 20. Jahrhunderts)* reicht.

Ich habe die stärksten Zweifel, dass dieses System auch nur annähernd korrekt ist, denn es nimmt eine *Evolution des Bewusstseins* über die Zei-ten hinsichtlich der Kinderbetreuung an, das von einer barbarischen Grundhaltung bis zur 'Erleuchtung' reicht. Das ist ganz einfach eine Fantasie und würde bedeuten, dass die Natur die *Kultur* brauchte, um funktionelle Eltern hervorzubringen. Welch ein hanebüchener Unsinn!

Ich habe dieselbe Forschung betrieben, seit Mitte der achtziger Jahre, und exakt das gleiche Material untersucht, das DeMause in seinen Bü-chern zitiert, und bin zu einem völlig anderen Ergebnis gelangt, dem nämlich, dass es solch eine Evolution des Bewusstseins *nicht gegeben* hat, und dass die Frage, ob Eltern ihre Kinder respektieren oder nicht,

nichts, aber auch garnichts mit 'kultureller Evolution' zu tun hat, sondern von ganz anderen Faktoren abhängt.

Im übrigen ist das historische Material, das uns zur Verfügung steht, in keiner Weise vollständig und hinreichend, um Urteile und Kategorien zu bilden, die auch nur annähernd die Erstellung eines komplexen Schemas wie das von DeMause erlaubten.

Man sieht hier deutlich, wo wir hinkommen, wenn wir es erlauben, Wissenschaft zu betreiben von einem gewünschten Endergebnis aus, das dann die Fakten einfach so hinbiegt, dass alles am Ende stimmig ist und dem vorgefassten Ergebnis 'Recht gibt'. Eine solche 'Staffelevolution' von Kindheit ist einfach Unsinn, weil es eine total mechanistische und auch idealistische Anschauung ist.

Wie, wenn wir also im 'erleuchteten' Zeitalter leben seit Mitte des 20. Jahrhunderts, dass in der Heldenkultur, die auch einen DeMause hervorgebracht hat, Kinder auf dem elektrischen Stuhl getötet werden, dass Kinder, wenn sie ihrer Natur gemäß sexuell mit anderen Kindern tätig sind, und dabei ertappt werden, als *sex offender* in öffentliche Register eingetragen werden, die auf dem Internet veröffentlich werden, die im voraus ihre Karriere zunichte machen und sie noch dazu der Lynchjustiz aussetzen? Und wie ist es möglich, dass diese selbe 'erleuchtete' Heldenkultur in Afghanistan tagtäglich Bomben auf Privathäuser wirft, die Frauen und Kinder töten, was alles Informationen sind, die jeder hat und verifizieren kann, weil sie jeden Tag in Pressemeldungen in der ganzen Welt erscheinen. Und wie kann ein Forscher einfach behaupten, dass die Menschen von der Antike bis zum 4. Jahrhundert schamlos ihre Kinder umbrachten und mit ihnen Sex hatten, und dies nicht als Ausnahmefall, sondern regelrecht als *Kulturmodell*?

Ich gehe soweit, dass ein Forscher wie DeMause sich eines Tages vor Gericht verantworten sollte für seine unglaublichen Unterstellungen, die er natürlich nur deswegen vorgenommen hat, weil der mittlere Osten hier als Diskussionsobjekt in Frage steht, und nicht seine eigene glorreiche Nation.

Das total negative Geschichtsbild hinsichtlich der Kindheit über die Zeiten ist so negativ ganz einfach weil es *unvollständig* ist, eine Farce, wo verrückte Wissenschaftler sich daran setzten, von einigen wenigen Puzzlesteinen ausgehend, das gesamte Bild des Puzzle förmlich zu *erraten*. Es ist unmöglich zu beweisen, dass Kindheit über den Lauf der Menschengeschichte durch die Bank abusiv und negativ war, wenn auch vereinzelte historische Dokumente solchen Missbrauch, und solche Gewalt gegen Kinder wohl erkennen lassen.

Aber das Bild wäre erst dann vollständig, wenn wir zu diesen Quellen auch Biographien und Autobiographien zurechnen könnten, denn dann würde das Gesamtbild, das wir am Ende bekämen, ganz anders aussehen. Es wäre einfach ausgewogener und viel positiver. Nicht jeder wurde als Kind missbraucht, glücklicherweise. Aber, um es zu wiederholen, es ist leider so, dass nur diejenigen Autobiographien schreiben, die durch eine schwierige Kindheit gingen. Ich selbst gehöre zu ihnen, und vielleicht DeMause ebenfalls? Aber wir müssen sehr vorsichtig sein mit Projektionen, wenn wir Wissenschaft tun, auch wenn es 'menschlich' ist, subjektiv zu sein, auch wenn wir glauben, 'objektiv' zu forschen.

Ich gehe soweit zu behaupten, dass, hätten nicht unabhängige Autoren die Wikipedia-Artikel über Lloyd DeMause und Psychohistorie geschrieben, sondern DeMause selbst, so wären sie wegen 'Unwissen-

schaftlichkeit und Unverifizierbarkeit' zurückgewiesen und gelöscht worden. Es ist eine Tatsache im menschlichen kognitiven System, dass jeder seine eigene Erfahrung zu verallgemeinern sucht, und davon ist keiner frei, auch kein Wissenschaftler, auch kein Historiker oder Psychohistoriker. Es kann auf der anderen Seite auch nicht hinterfragt werden, dass Menschen öfter zur Feder greifen, wenn sie verletzt sind und negativ, oder durch eine traumatische Erfahrung gingen. Die gesamte Weltliteratur steht zur Verfügung, diese einfache Bewusstseinsregel an Beispielen nachzuweisen.

Nicht nur habe ich es in meinem eigenen literarischen Leben gesehen, dass ich Dichtung nur schrieb, wenn es mir sehr schlecht ging und ich eine kathartische Erfahrung machte durch einen brutalen sozialen Absturz, sondern dies ist auch von großen Schriftstellern wie Johann Wolfgang von Goethe, und vielen anderen bezeugt. Glückliche Liebeserfahrungen, in denen 'alles gut ging' werden selten Gegenstand von Autobiographien oder Tagebüchern sein, schon weil man Intimität nicht ohne weiteres enthüllt, und ich wage zu behaupten, dass auch dies eine allgemeinmenschliche Verhaltensweise ist. Wenn es uns gut geht und alles nach Plan läuft, sind wir mehr im äußeren Leben engagiert, haben soziale Kontakte, sind expansiv in unseren Geschäften und haben ein aktives Liebesleben. In Zeiten jedoch, wo es uns weniger gut geht, oder wir durch eine enttäuschende oder abusive Beziehung gingen, ziehen wir uns in uns selbst zurück und geraten so in einen Zustand *reflektiver Kontemplation*, welches der Geisteszustand ist, in welchem man Autobiographien oder doch zumindest autobiographische Notizen schreibt. Viele Künstler, ob es nun Maler sind, Schriftsteller oder Musiker, berichten, dass sie in Zeiten hoher innerer Spannung am kreativsten sind, und dass viele ihrer Meisterwerke 'eine schwere Geburt' hatten.

Nur frivole Charaktere, wie zum Beispiel de Sade oder Casanova schildern in ihren Memoiren alle möglichen sexuellen Details ihrer jüngeren Jahre; andere Menschen würden hier Anspielungen machen, die es dem Leser erlauben, es selbst weiter auszuspinnen, so wie man dies gemeinhin heute auch in Filmen tut, weil es einfach ausreicht, nicht nur aus Gründen des Jugendschutzes.

Manch ein großer Film, der über geschichtliche Vorgänge berichtet, oder große Menschen oder Charaktere beschreibt, oder auch ein Kriegsbericht ist, würde einfach unsinnig schockieren, wollte man alle Details, die Sexualität oder Gewalt anbetreffen, im kleinsten Teil und visuell explizit darstellen. Ich habe selbst ein Jahr in einer Fernsehstation gearbeitet, und kann nur sagen, dass die meisten Autoren und Medienreporter eine Art von natürlichem Gefühl dafür haben, wie 'weit man gehen kann' und wann man die Zügel anziehen sollte. Das wurde mir auch von meinen Eltern bestätigt, die beide Journalisten waren in ihrer Jugend, und während des zweiten Weltkrieges.

Obwohl man sich über Geschmack natürlich streiten kann, so wage ich zu behaupten, dass alle Menschen einen solchen Takt besitzen und es daher nicht wahrscheinlich ist, dass sie alle Details des Schlafzimmers in ihre Journale, Tagebücher und Blogs schreiben. Und wenn dies schon allgemein gilt für die Intimität zwischen Mann und Frau, um wieviel mehr muss es gelten für homosexuelle Abenteuer oder sexuelle Begegnungen zwischen Erwachsenen und Kindern. Weder der Erwachsene, noch das Kind werden ein Interesse daran haben, Details ihrer Liebe zu dokumentieren, und die Gründe für ein solches Schweigen sind einfach offensichtlich bei der chaotischen und drakonischen Reaktion der Gesellschaft auf solche Informationen.

Was ich mit alledem hier nur sagen will ist, dass es eine Unzahl von 'nicht geschriebenen Liebesberichten' gibt, die das negative Bild der Kindheit, wären sie aufgezeichnet worden, sehr zur positiven Seite hin verschieben würde. Die Tatsache, dass ein Wissenschaftler wie DeMause dieses offensichtliche Argument nicht auch mal nur in einer Fußnote würdigte, mag als Indiz gelten dafür, welchen Grad von Wissenschaftlichkeit seine gesamte Psychohistorie hat als 'neuer Wissenschaft'.

Abgesehen von diesem Argument nun, welches ich aus Gründen der Wissenschaftsmethode und der Systemtheorie für *sehr wesentlich* befinde in der Geschichtsforschung, sagt mir meine Intuition, dass Menschen, die immer die negative Seite des Lebens sehen und Kinder *überprotektiv* erziehen, voller Lebensangst sind, was bedeutet, dass sie nicht leicht geneigt sind, ihre eigene *psychosexuelle Komplexität* zuzugeben sich selbst und anderen gegenüber. Sie sind oft in einem faschistischen Lebensparadigma befangen, das für alles und jedes simplistische Antworten hat und behauptet, alles erklären zu können. Solche Eltern tendieren in jeder komplexen Situation dazu, ihrem Kind aufzugeben, seinen *'Mund zu halten'*, und aggressiv zu fragen: *'Was weisst du schon vom Leben?'* So lernt das Kind sehr früh im Leben, dass seine Intuition keinen Wert hat, dass es nicht zählt, was man fühlt und denkt, was man für wahr hält in seinem Innern, was man 'einfach weiss', ohne es 'in der Schule gelernt' zu haben. Darüber hinausgehend, wird das Kind anfangen, seine innere Welt als *sündhaft und verboten* zu erfahren, was zu einer inneren Verarmung führt und zu einer Verstümmelung der kindlichen Fantasie, die von Natur aus reich ist und unkontrolliert. Und letztlich liegt hier die von Reich klar als dem faschistischen Weltbild angehörende *Autoritätshörigkeit* begründet, denn das Kind wird mehr und mehr nur das als wahr und gut ansehen, was ihm

von einer *Autoritätsperson* gesagt wird. Das sind für das Kind die Eltern und Lehrer, und später für den Erwachsenen die 'Wissenschaftler', während es früher die kirchlichen Autoritäten waren.

Menschen, die Kinder so behandeln, ob sie nun ihre Eltern sind, ihre Lehrer oder befreundete Erwachsene, sind in der Regel Lebenshasser, die in ihren eigenen Liebesbeziehungen und ihren Ehen unglücklich oder unerfüllt sind, aber es sind diese Art von Menschen, die in den Jurys sitzen, die *Menschen an den Pranger stellen für moralische Schauprozesse,* in denen ganze Familien, ganze Existenzen vernichtet werden, damit die 'moralische Meute' ihren Dreck bekommt in den Morgenzeitungen, den sie brauchen, um ihren notorischen Hass und ihre total negative Weltsicht bestätigt zu sehen.

Dies sind auch die Art Menschen, die in unseren nationalen Parlamenten sitzen und unsere Gesetze verabschieden; sie sehen das Leben als *statisch* an, anstatt für einmal auch nur zu ahnen, dass das Leben unendlich dynamisch-wandelbar ist. Ihre Weltsicht gründet sich auf *Schablonen,* die sie entweder von religiösen oder ideologischen Dogmen oder 'wissenschaftlichen Autoritäten' ableiten, nicht jedoch auf wirkliche lebendige Erfahrung. Auf dem Erfahrungsniveau sind diese Menschen meist lebenslange Jungfrauen, mit einem rudimentären Torso von Lebenserfahrung, der es ihnen unmöglich macht, andere Menschen von einer nur-menschlichen Warte aus zu verstehen. Sie tendieren dazu, alles in schwarz und weiß, gut und böse, recht und schlecht aufzuteilen und entsprechend schablonenhaft zu beurteilen. Von dieser inneren Verzerrung ihres allgemeinen Wahrnehmungsvermögens für das Leben, fühlen sie sich angezogen von fundamentalistischen, faschistischen, autoritären und gewalttätigen Philosophien und Ideologien, welches dann als negative Spirale ihren allgemeinen Le-

benshass noch verstärkt, und sie zu wahren *Persekutoren* werden lässt, die eine Lust finden daran, andere zu vernichten, um sich selbst als 'moralisch höherstehend' zu beweisen.

Es sind auch diese Menschen, die nach 'Führern' und 'starken Vorbildern' rufen, die den Heldenkult als unentbehrlich finden, und die Helden als 'Rollenmodelle' für ihre Kinder, und alle Kinder in ihrer Kultur, anempfehlen. Helden, welche sie als Supermänner und Superfrauen ansehen, also als Nichtmenschen und Halbgötter verehren, helfen ihnen dabei, mit ihrem eigenen inneren Chaos zu Rande zu kommen, und Balsam zu schmieren auf ihre riesige klaffende narzisstische Wunde, die aus allen ihren Herzen zum Himmel schreit wie ein einziger gewaltiger Urschrei der Verzweiflung!

Solchen Menschen ist es unmöglich, über Sexualität in einer funktionalen, wertfreien und natürlichen Weise zu denken, und konsequenterweise sind ihre eigenen sexuellen Leben zerrissen von Missbrauch, erlittenem und zugefügtem, und ihre Existenzen sind oft von Kind an mit Gewalt und Perversität aller Art verwoben. Sie können sich einfach nicht vorstellen, dass ein Erwachsener und ein Kind beidseitig einverständliche und respektvolle Beziehungen haben können, in denen beide geben und nehmen, und beide Glück und Lust empfinden. Da ihre Beziehungen zu ihren eigenen Kindern oft auf purer Gewalt beruhen, die sie als 'notwendige Striktheit' zu rechtfertigen suchen, können sie logischerweise nicht nachempfinden, wie es ist, wenn man einem Kinde auf gleichem Niveau begegnet und es als einen potentiellen Liebespartner ansieht, für den man die gleiche Devotion bringt, und den gleichen Respekt, wie ein Freier es seiner Verlobten darbietet.

Was sie sehen in den erotischen Leben anderer Menschen sind ihre *eigenen Projektionen*, die ihnen wirklich ganz und gar den Weg versperren, das zu sehen, was wirklich vorhanden ist. Die vielgeschimpfte *Perversität*, die sie regelmäßig in den Leben von 'Kinderschändern' aufzuspüren suchen, ist ihre eigene, die sie sie in denen widergespiegelt finden, die sie zu öffentlichen und kulturellen Sündenböcken erklären und, wie Hitler die Juden, einfach für alles und jedes verantwortlich machen, was in der Gesellschaft schief läuft. Sind sie nicht selbst Kinderschänder, wenn sie ihre Kinder jeden Tag verdreschen, wie der sprichwörtliche Bauer sein Vieh?

Kinder sind *unschuldig* für Pädophile, und auch für andere intelligente Menschen, nicht in dem Sinn, indem dieses Wort heute gemeinhin gebraucht wird, sondern in dem Sinn, dass sie ein solch verzerrtes und von Hass und Gewalt erfülltes Weltbild nicht besitzen. Darum sehen sie alle Dinge im Leben wie sie sind, und Sexualität ist eines von vielen Dingen, denen sie solchermaßen ziemlich wertfrei gegenüberstehen. Es ist etwas, das sie *ausprobieren* möchten, aus Neugierde in erster Linie, denn sie haben in aller Regel keine *a priori* geformten Ansichten darüber, es sei denn sie wurden entsprechend indoktriniert. Liebe, für Kinder, ist vor allem Dialog, ein Dialog zweier Körper, der im großen und ganzen *nonverbal und taktil* ist, auch telepathisch.

Daher sind Kinder neugierig nicht nur auf erotische Kontakte mit Gleichaltrigen, wie es ja nun neuerdings von modernen Psychologen zugegeben und auch gut geheißen wird, sondern sie sind auch neugierig auf solche Kontakte mit älteren Freunden und gar Erwachsenen, in die sie sich verliebt haben—aber sicher nicht, wie manche Pädophile es glauben, *alle* Erwachsenen.

§03. Die stille Software

Warum spreche ich über eine *Wiederkunft* der Kindliebe, und nicht von einem neuzeitlichen Phänomen? Die heutige Gesellschaft spaltet sich in zwei Gruppen auf; die einen meinen, dass jetzt die Zeit ist, Pädophilie für immer auszurotten, die anderen glauben, man müsse diese Software nun doch endlich in den menschlichen Megacomputer installieren, damit man sie nutzen kann. Die Exterminatoren sind sehr geschäftig; die ganze Staatsmaschinerie steht ihnen zur Verfügung. Die Installateure sind sehr ängstlich und ihre Aktionen sind die meiste Zeit eher ineffektiv.

Die gute Botschaft, die ich bringe, ist, dass diese Software weder installiert noch reinstalliert zu werden braucht in den menschlichen Computer, weil sie von Urzeiten her darin bereits lief als eine *stille und versteckte Software*, und das über all die Millennien der menschlichen Existenz. Erwachsene waren immer an Jugendlichen interessiert, Jugendliche immer an Kindern, und manche Erwachsene an Jugendlichen und Kindern, manche nur an Kindern, und manche, eher wenige, nur an Kleinkindern. Was heute *heterosexuelle Pädophilie* genannt wird, ist ein wahrer Unsinn, denn die Schutzaltersgrenzen waren in der Vergangenheit so niedrig, dass ein Mann ein junges Mädchen ebenso leicht genießen konnte sexuell wie eine erwachsene Frau. Für beide Programmbereiche gabt es entsprechende Software.

In Biblischen Zeiten war das Heiratsalter[20] in der hebräischen Welt sieben Jahre, während die institutionalisierte Heirat mit kleinen Mädchen, auch *Kindheirat* genannt, bereits auf das alte Sumerreich zurückgeht. Auf Schrifttafeln dieser Epoche wird von einem Mythos berichtet, wo der Sonnengott Enlil die Mondgöttin Ninlil sah, ein kleines Mädchen, als sie in einem Fluß badete. Er spürte starke sexuelle Anziehung für sie und forderte sie zur Heirat auf, aber die kleine Göttin sträubte sich:

> Der Herr spricht zu ihr über Geschlechtsverkehr.
> Sie ist unwillig.
> Enlil spricht zu ihr über Geschlechtsverkehr.
> Sie ist unwillig.

Eine andere kleine Göttin beklagte sich mit den Worten:

> Meine Vagina ist zu klein.
> Sie weiss nicht zu kopulieren.
> Meine Lippen sind zu klein.
> Sie wissen nicht zu küssen.

Auf einer anderen Hyroglyphe mag es einen Hinweis geben auf das Alter einer Kindfrau, weil ein Sumerer, der Tradition zuwider, sich weigerte, sie zu heiraten, oder über den Brauch selbst etwas schreiben wollte, das nicht ohne Humor ist:

---

[20] Es wäre ein Anachronismus, wenn wir vor dem Ende des 17. Jahrhunderts über *Schutzalter* reden würden; es war das Heiratsalter, ganz einfach, weil es ein *Kinderschutzdenken* damals noch nicht gab. Das kam erst auf mit der Industrialisierung, und zwar aus ganz handfesten ökonomischen Gründen. Das Kind wurde als Schufter gebraucht, als super-billigste Arbeitskraft, und im selben Glanz der ersten Industriebarone wurde es auch sexuell gebraucht und missbraucht. Und wo es These gibt, da lässt die Antithese nicht lange auf sich warten. Der Missbrach von Kindern war gar zu krass, also rief er den Widerstand von Humanisten gegen die schamlose Ausbeutung von Kindern auf, die es niemals in der Form in der Vergangenheit gegeben hatte. So kam es zum *Schutzdenken*, wie wir es heute kennen.

Ich will keine Frau heiraten,
Die erst drei Jahre alt ist,
Wie es die Esel tun.

Diese etwa fünftausend Jahre alten Aussagen auf Sumerischen Schrift-tafeln wurden von Florence Rush in ihrem Buch *Das Bestgehütete Geheimnis, Sexueller Kindesmissbrauch (1980/1984)* als Beweise für sexuellen Missbrauch kleiner Mädchen im Altertum gewertet. Später wurde der Brauch auch im Talmud und in der Bibel im Detail diskutiert. Sowohl der Talmud und die Bibel rechtfertigen *Kindheiraten* unter bestimmten Bedingungen, die sie im Detail darlegen. Der Talmud enthält in dieser Hinsicht eine ziemlich ungewöhnliche Regel, welche besagt, dass ein Mädchen vom Alter von *Drei Jahren und einem Tag* geheiratet werden kann. Rush extrapoliert hier, dass das bedeute, dass Geschlechtsverkehr mit Mädchen in diesem zarten Alter erlaubt und ermutigt wurde vom Talmud.

Ich möchte dem nicht zustimmen, denn in Indien wurde der Brauch der Kindheirat ganz klar *nicht* in dieser Weise gehandhabt, wie es das *Kama Sutram* klar beschreibt. Ein kleines Mädchen zu heiraten im alten Indien bedeutete *nicht*, mit ihr Geschlechtsverkehr haben zu können, sondern zu warten, bis sie dazu physisch bereit und in der Lage war. Darüber habe ich viele Dokumente gefunden. Ich habe nicht über die Frage recherchiert, wie es unter der Talmud-Regel war, aber ich glaube ehrlich gesagt nicht, dass es sehr verschieden vom indischen Brauch war, auch deswegen, weil nicht viele Männer von dreijährigen Kindern zu Sex stimuliert werden. Das möchte ich hier einmal ganz klar sagen. *Nepiophile* Männer, welche solche sind, die von Kindern im Säuglings-alter bis zu etwa vier Jahren sexuell angezogen sind, stellen eine ganz kleine Minderheit selbst unter den Pädophilen dar. Darüber gibt es

gen Vorbereitungen[22] erst, wenn das Mädchen um die neun oder zehn Jahre alt war.

Wir müssen also festhalten, dass der Talmud Geschlechtsverkehr *meint*, wenn er Geschlechtsverkehr sagt, und zum zweiten ist festzuhalten, dass das Einverständnis des Vaters in allen solchen Fällen unbedingt erforderlich war für die Heirat. Rush ist davon überzeugt, dass diese Schrifttafeln nicht über Mythen oder Sagen berichten, sondern Alltagsbräuche, aber meine Forschung ergab, dass sie mit dieser Ansicht klar in der Mindermeinung ist. Die meisten Forscher sprechen über 'religiöse Mythen', die keinen Bezug zum Alltagsverhalten der Menschen gehabt hätten; einige modernere Quellen behaupten, es handele sich bei diesen Dokumenten um Berichte über die sogenannten *Anunnaki*, eine Rasse von Ausserirdischen, die die Erde besucht hätten und die es in der Tat praktiziert hätten, sich mit kleinen Erdenmädchen zu paaren. Aber diese Quellen tendieren dazu, noch spekulativer und esoterischer zu sein, als das, was Rush schreibt, und so bringt das auch nicht viel mehr Erkenntnis. Es muss daran gezweifelt werden, ob es sich hier um wissenschaftlich erforschte Quellen handelt, und nicht um reine Erfindung.

---

[22] Welche darin bestanden, die Vagina des Mädchens ganz sanft zu dehnen, indem man sie mit warmem Öl massiert, vorzugsweise bevor das Kind zu Bett geht, weil es dabei regelmässig einschläft. Dann führt man sanft den kleinen Finger ein, jedesmal mittels warmen Öls, und dann den Ringfinger, den Zeigefinger, den Mittelfinger und am Ende, vielleicht erst nach einigen Monaten oder Jahren, den Daumen. In allen Fällen, wo ich solches las, war es nicht der Ehemann, der dies tat und tun sollte, sondern es wurde als eine 'Angelegenheit unter Frauen' angesehen. In der Regel war es entweder die Mutter des Kindes, die Großmutter, oder eine Tante des Mädchens oder ältere Schwester, die die Aufgabe unternahm. Ich möchte hier klar anmerken, dass solches niemals in nichtwestlichen Kulturen pönalisiert noch überhaupt als ein kriminell zu erfassendes Delikt angesehen wurde. Dass unsere moderne westliche Kultur darüber ganz anders denkt, wissen wir alle.

Ich finde, dass am meisten für die Ansicht spricht, dass es sich bei diesen Tafeln um religiöse Mythen handelt, die das Leben der talmudischen Götter schildern, wobei jeder zu der Zeit wohl wusste, dass dies keine Verhaltensmuster waren, die in der irdischen Welt Anwendung finden sollten. In der griechischen Mythologie ist es ganz ähnlich; wie viele Frauen hat Zeus nicht vergewaltigt; dies war sicher nicht zu dem Zweck geschrieben, männlichen Griechen in die Techniken der Vergewaltigung von Frauen einzuführen, sondern es war kathartisch gedacht, denn auch die Götter erlitten Nachteile und Rückschläge in diesen Mythen, wenn sie solches taten. Die 'Moral von der Geschicht' war dann regelmäßig eine wohlmeinende Lektion an die 'Irdischen', solches tunlichst zu unterlassen, weil es unangenehme karmische Folgen nach sich zieht, welche man damals als die 'Rache der Götter' bezeichnete.

Sexuelle Beziehungen mit Kindern waren also nichts Ungewöhnliches bei den Hebräern, noch bei den Römern. Dass Päderastie in aristokratischen Kreisen im alten Griechenland Teil der Erziehung war, ist hinreichend bekannt. Ähnliche Praktiken herrschten im alten Ägypten, in Persien und in der Türkei.

Wenn heute gewisse Interessengruppen in unserer Gesellschaft, behaupten, Pädophilie sei eine moderne Dekadenzerscheinung unserer zu 'liberalen' Kultur, so beweist die Geschichte das Gegenteil. Die sehr liberale Trobriand-Kultur, wo Kinder komplette sexuelle Freiheit besitzen, kennt keine Pädophilie, also muss es irgendeinen Zusammenhang geben zwischen der Repression von Emotionen in der Kindheit, und dem Aufkommen pädophiler Neigungen bei solchen Männern, denen es in der Kindheit versagt war, mit Kindern des anderen Geschlechts sexuelle Beziehungen zu haben. Das ist eine meiner Hypothesen zur Ätiologie der Pädophilie. Allerdings ist das alles eine komplexe Materie,

weshalb ich nicht glaube, dass ich es geschafft habe, eine definitive Ätiologie auszuarbeiten. Ein Gegenbeispiel zu meiner Hypothese wären die Muria in Vorderindien, die wie die Trobriander Kindern sexuelle Freiheit geben in den sogenannten Ghotuls, wo die Kinder vom Alter von etwa drei Jahren ihre Nächte verbringen, und doch gibt es in dieser Kultur eine institutionalisierte Päderastie, die strengen Ritualen folgt und die dazu dient, Jungen in das Mannesleben zu initiieren.

Dennoch ergibt meine Forschung, dass es Pädophilie seit Menschengedenken gab, sowohl in matriarchalischen, als auch in patriarchalischen Kulturen. Man kann allerdings nicht sagen, dass es etwas war, das für alle Mitglieder einer Kultur von Interesse war; es waren meist die oberen Schichten, die Aristokratie, die Gelehrten auch, und die Künstler, die sich dafür interessierten. Gegenüber der Kindliebe, die man als eine verfeinerte Art von Liebe ansah, neigte man dazu, die Mann-Frau Beziehung als ordinär und kulturlos abzuqualifizieren.

Andererseits bin ich auch nicht der Meinung, dass es sich bei Pädophilie, wie es in vielen nicht-westlichen Kulturen angenommen wird, um eine 'menschliche Schwäche' handelt.

Es ist naiv und weltfremd zu glauben, die Menschheit habe irgendeinen ernsthaften Nachteil über den Lauf der Geschichte gehabt nur deswegen, weil Menschen, wie ich es ausdrücke 'fühlende-fehlende' Wesen sind. Um es ganz klar zu sagen, Krieg und Gewalt in der Welt sind nicht die Folge von *menschlichen Schwächen*, wie es immer wieder von Religionen und Weltverbesserern aller Art hingestellt wird. Es gibt eine Unzahl von historischen Beispielen, die zeigen, dass menschliche Schwächen als solche keinen Schaden anrichten und keine Menschen umbringen. Es ist die *Ausnutzung dieser Schwächen durch gezielte mör-*

derische Politik, die das tut. Also nicht die *Schwäche* ist der Auslöser eines Konfliktes, sondern die *Stärke*, sie zu bestimmten Zwecken auszunutzen, was gemeinhin bedeutet, dass die Schwäche zur Schutzbehauptung gemacht wird von Handeln, das mit ihr nicht das Geringste zu tun hat.

So wird immer wieder behauptet, dass zu bestimmten Zeiten die Christen die Juden hassten, oder die Moslems, und dass solches auf *mangelnder Toleranz* beruhe; dann definiert man theoretisch, wie solche religiöse Toleranz auszusehen habe, und man hat wieder ein schönes Prinzip unter Dach und Fach, das im Grunde Müll ist, weil es vollkommen am Leben vorbei 'erdacht' wurde. Warum? Weil der Mensch von Natur aus tolerant ist, auch religiös tolerant. So ist das. Wenn er es nicht ist, so hat das seinen Grund, aber dieser Grund liegt nicht in der menschlichen Natur, sondern in der Politik. Verstanden?

Hitler mag persönlich die Juden gehasst haben, aber was hätte das der Welt schon ausgemacht? Wie viele Juden hat er denn persönlich, mit seinen eigenen Händen ermordet? Wahrscheinlich gar keine. Dass er so viele ermorden konnte, war nur möglich, indem er *Politik* betrieb, und Anhänger fand, die es für ihn taten; aber da das nicht genug waren und sie vielleicht nicht dazu bereit gewesen wären, musste er einen Weg finden, *jedermann* dazu zu zwingen, Anhänger oder nicht! Also bildete er ein *politisches System*, das so funktionierte, dass ein Verweigern, solche Befehle auszuführen, mit dem Tode bestraft wurde.

Also töteten Deutsche Christen sechs Millionen Juden im Auftrag eines Wahnsinnigen. Und das nennt man Politik, und findet es eigenartigerweise in Ordnung, obwohl es der größte Wahnsinn ist, gewissermaßen noch um ein vielfaches wahnsinniger, als es Hitler war. Wieviel hätte

Hitlers Wahnsinn anrichten können, hätte ihm nicht der *Wahnsinn Politik* die Mittel dazu gegeben?

Wenn wir endlich reif genug sind, zuzugeben, dass Kindliebe weder historischer Zufall ist, noch eine sexuelle Perversion durch 'Dekadenz', noch auch eine menschliche 'Schwäche', dann sind wir vielleicht endlich bereit, zu einem tieferen Verständnis vorzudringen, welches ich im Englischen *The Deeper Yielding* nannte.[23] Was ist es nun, dem wir uns *ergeben* sollten, dem wir *nachgeben* sollten? Was sollten wir widerstandslos in uns dringen lassen? Es ist *Verständnis* in seiner reinsten Form. Es ist das Verständnis für die Tatsache, dass es erwachsene Männer und Frauen gibt, die dürsten nach langfristiger Freundschaft und Liebschaft mit Kindern, welches auch ein Bedürfnis ist, die zarten und lieblichen Körper von Kindern zu berühren, zu streicheln und nackt mit Kindern zu schlafen. Es ist auch das Verständnis für die Tatsache, dass es auch Kinder gibt, die ein Bedürfnis verspüren, mit älteren Partnern ihre ersten oder zweiten intimen Erfahrungen zu machen, und sich berühren zu lassen, und nackt mit einem geliebten erwachsenen Freund oder Freundin zu schlafen.

Dazu kommt dann noch das Verständnis für die Tatsache, dass all dies nicht so Besonders ist, wie es klingt, sondern dass es etwas ist wie Sonnenaufgang und Regen, etwas, das um uns herum vorgeht, jeden Tag, jede Woche, am Wohnort, in der Schule, und auf den Wegen zu

---

[23] Obwohl ich, damals keine Ahnung hatte, was das Wort eigentlich bedeutet im Englischen. Ich musste es nach dem Traum in einem Wörterbuch nachsehen und erst dann kam mir die Idee, dass wahres Verständnis etwas mit 'nachgeben' oder 'sich ergeben' zu tun hat. Interessanterweise haben mich zwei Leser meines englischen Buches später darauf hingewiesen, dass das Wort 'Islam' genau dieselbe Bedeutung habe, nämlich, sich Allah zu ergeben, sich ganz hinzugeben und persönlichen Widerstand aufzugeben, der die religiöse Erfahrung intellektualisiert und rationalisiert und damit Wasser in den Wein schüttet.

Schule und von der Schule nach Hause. Es ist das Verständnis, dass dies alles vollkommen natürlich ist, dass es eben *Liebe* ist, und nicht, wie von der Presse ausgemalt, eine besondere Art, wie Erwachsene kleinen Kindern Gewalt antun und dabei Lust empfinden.

Und wenn das Verständnis dann einmal *zugelassen* wird, wenn also die Tür zum eigenen Innern einmal offen ist, und nicht mehr zugemauert, dann kann von dem Verständnis her eine *Sensibilisierung der Wahrnehmung* stattfinden. Was dann geschieht, ist, dass man mit einmal Mal diese Dinge wahrnimmt und sie erkennt, in all ihrer Subtilität, aber auch all ihrer Natürlichkeit. Man sieht dann, was man vordem nicht erkennen konnte, weil man sich solches erkennen nicht erlaubte, ganz einfach, weil man es für eine 'obszöne Fantasie' hielt. Dann ist es auf einmal der Bruder, der Nachbar, der Lehrer, und das Kind um die Ecke.

Und wenn also das Bewusstsein einmal erwacht ist, dann kann man in sich dringen und sich ehrlich fragen, 'Na, und wie fühlt sich das eigentlich an, wie finde ich das eigentlich? Tut mir das weh? Oder macht es mich neugierig? Wie sieht das eigentlich in der Praxis aus? Ist das etwas Wichtiges in unserer Welt, oder ist es etwas Belangloses? Ist es etwas, das wir als verantwortliche Gesellschaft *integrieren* sollten? Ist es etwas, zu dem ich einen Beitrag leisten sollte? Oder sollte ich mich dafür oder dagegen einstellen? Aber würde ich denn überhaupt wissen, über was ich votiere? Was weiss ich denn eigentlich im Detail darüber? Wo kann ich solch eine Information denn bekommen? Ist es nicht ein großes Geheimhis, und warum ist das so? Ich lebe doch in einer demokratischen Gesellschaft und im Prinzip können wir doch über alles reden—aber darüber redet kein Mensch. Oder doch? Ja, aber wer? Die Kinder vielleicht, hinter vorgehaltener Hand, oder die Lehrer? Die müssten doch eigentlich etwas darüber wissen?

Unsere demokratische Gesellschaft erscheint nach allem doch nicht so demokratisch zu sein, wenn es nicht möglich ist, über bestimmte Dinge einfach zu reden, und man sie ständig unter den Teppich kehren muss. Kindliebe scheint doch offensichtlich so ein Ding zu sein, das man nicht offen diskutieren kann, ohne die Leute zu schocken. Es ist fast so, als rede man über UFOs, über geheime Waffenarsenale, oder Massenmorde irgendwo im finsteren Afrika … es scheint, dass das alles auf einer Linie liegt in unserer eigenartigen Demokratie, die offenbar nur demokratisch ist an Sonntagen zwischen 9 und 11 Uhr morgens, und ansonsten nur auf besonderen parlamentarischen Beschluss— oder wenn die Glocken läuten.

Also was zum Teufel hat Kindersexualität mit geheimen Waffen zu tun? Eine ganze Menge. Kindersexualität *ist* eine geheime Waffe. Es ist eine Waffe gegen blinden Konsum, eine Waffe gegen Medienmanipulation, und eine Waffe gegen Massenhysterie. Ein sexuell aktives Kind kann man nicht so leicht in einen Konsumroboter umtransformieren. Na, und was hat Kindersexualität denn dann mit UFOs zu tun? Eine ganze Menge. Kindliebhaber sind sexuelle Außerirdische heute in diesem Welttheater. Man zwingt sie dazu, diese Rolle zu spielen, obwohl sie natürlich Menschen sind wie sie und ich, wie wir alle. Und UFOs sind dazu gezwungen, die Rolle esoterischer Objekte zu spielen, obwohl sie natürliche Erscheinungen sind wie Tag und Nacht—aber natürlich versteht man das erst, wenn man es *versteht*. Verstehen wir es?

Tiefes Verständnis ist ein nicht-intellektuelles Verständnis; es kommt nicht von Buchwissen, beruht nicht auf Statistiken und wird nicht durch wissenschaftliche Forschungsberichte begründet. Was fühlen sie, wenn das Thema *Pädoemotionen* zur Debatte steht, das Thema natürliche Anziehung für Kinder in all ihren Formen? Was fühlen sie hin-

sichtlich ihrer eigenen gelegentlichen oder häufigeren, oder gar wiederholt auftretenden Pädoemotionen? Wie fühlt sich das an? Erzeugt das jedesmal einen Aufschwall von Angst? Oder fühlt es sich gut und freundlich an, oder gar skurril oder komisch?

Kindliebe ist meines Erachtens eine Frage von Intensitätsgraden. Wenn Pädoemotionen sich wiederholt melden, sind sie dichter, als wenn sie nur gelegentlich auftreten; auch wenn sie auftreten in der Präsenz von verschiedenen Kindern, als nur bei einem bestimmten Kind, sind sie energetisch dichter und intensiver. Dann sind sie typischerweise auf dem Punkt, sich in eine *ausschliessliche erotische Anziehung für Kinder* zu entwickeln, was typischerweise darauf hinausläuft, dass sie das sexuelle Erfahrungsspektrum der Person dominieren werden.

Wenn jemand sagt, er oder sie sei *pädophil*, dann bedeutet das in aller Regel, dass die Person in ihren erotischen Fantasien mit Kindern intim ist und/oder tatsächliche sexuelle Begegnungen mit Kindern sucht— ob solches dann auch tatsächlich möglich ist, ob solche Liebe also klappt oder nicht, ist Nebensache. Ich möchte damit sagen, dass, wenn dieser Punkt einmal erreicht ist, die tatsächliche Möglichkeit, solche Erfahrungen auch im täglichen Leben zu realisieren, sich nicht positiv oder negativ auf die sexuelle Anziehung auswirkt. Mit anderen Worten, auch wenn die soziale oder gesellschaftliche Situation keine sexuellen Beziehungen mit Kindern ermöglicht, wird das dem Ideal, das Kinder oder Jugendliche einer bestimmten Altersgruppe als mögliche Liebespartner ansieht, keinen Abbruch tun. Das bedeutet dann auch, dass die betreffende Person jedenfalls für die meisten potentiellen erwachsenen Partner jedes erotisches Interesse verloren hat.

Sicher, wenn ihr Glaubenssystem voraussetzt, dass Liebe 'logischerweise' von der Natur so programmiert ist, dass Erwachsene sich mit erwachsenen Partnern ins Bett legen, dann *muss ihnen Pädophilie als eine ziemlich abstruse und unnatürliche Abirrung vom Modell erscheinen.* Doch ich frage sie, wie sie sich dessen so sicher sein können? Das ist eine kuriose Sache. Sehen sie einmal, die meisten Leute gehen ins Kino, *weil es Kinos gibt,* und sie würden nicht ins Kino gehen, gäbe es keine Kinos. Klar? Die meisten Menschen tun das, was man von ihnen erwartet, nicht was sie *eigentlich wirklich tun wollen!*

Aber wenn sie auf ihrer Weltsicht bestehen, dass Erwachsene nur mit Erwachsenen ins Bett gehen wollen, dann setze ich ihnen entgegen, dass *jeder mit jedem ins Bett gehen will.* Wie können sie oder ich wissen, was richtig ist und was falsch in diesen beiden Auffassungen? Ich weiss, dass, wenn ich es so extrem formuliere, wie ich es tat, es nicht richtig ist, und gerade darum habe ich es gesagt. In Wahrheit machen wir alle kontinuierlich Entscheidungen in der Liebe, in der Partnerwahl; das heißt, dass wir Optionen auswägen und Wahrscheinlichkeiten erwägen. Mit einem Wort, keiner will mit jedermann ins Bett gehen! Das ist so wahr wie es wahr ist, dass die Sonne morgen früh aufgeht. Wir sind alle natürlicherweise selektiv in der Liebe und in sexuellen Dingen. So, wenn wir also selektiv sind, und wenn das für alle Menschen gilt, wie kann es dann sein, dass eine Gruppe von erwachsenen Männern und Frauen Kinder als ihre Liebespartner erwählen?

Die Betonung hier liegt auf *Wahl*—nicht auf Kinder. Ich will sagen, dass Kindliebe eine Angelegenheit ist, die ständiger Wahl unterliegt, und nicht die KZ-Gruppenfantasie des phallischen Sexrobots, der reihenweise nackte Kinder niederfickt, die aufgestellt wurden wie Puppen, um vergewaltigt zu werden. Wenn sie die Formulierung etwas stark

finden, so ist es doch genau das, was in unseren Medien herumspukt, wenn's um das geht, was ich Kindliebe nenne, und was sie Pädophilie nennen. Ich spreche es halt nur aus, weil es ohnehin in ihrem Hinterkopf herumspukt, und weil so viele Menschen diese fiese Gruppenfantasie als die *Wahrheit der Pädophilie* ansehen. Das ist nicht der Fehler der Kindliebe, sondern der Fehler der Massenmenschen, die so blöd und naiv sind, sich von Gruppenfantasien manipulieren zu lassen, statt einmal in ihrem Leben selbst zu denken! Das ist so, weil sie sich niemals wirklich *individuiert* haben und Zahnräder in einer Maschinerie sind, der es aus gutem Grund ein Dorn im Auge ist, wenn Menschen damit beginnen, eine eigene Meinung zu haben, und ein Sexualleben, das nicht staatlicherseits kontrolliert und überwacht ist! Was ich sagen will hier ist, dass auch die, die zweifelsohne in der Mehrheit sind, und die zweifelsohne ihre regelmäßigen sexuellen Beziehungen mit erwachsenen Partnern haben, doch *dann und wann einmal eine sexuelle Anziehung für ein Kind oder einen Jugendlichen* erfahren—ob sie das nun wollen oder nicht! Das kann das eigene Kind sein oder ein Kind, das sie außerhalb des familiären Dreiecks kennenlernen.

Was ich sagen will ist, dass auch solche Menschen, die sich als heterosexuell empfinden und die Mehrheit darstellen, zweifelsohne *von Zeit zu Zeit sexuell erregt werden* durch die Präsenz eines Kindes, mag es das eigene sein oder ein Kind, das sie außerhalb des Familienkreises kennenlernen oder mit dem sie als Lehrer arbeiten. *Pädoemotionen*, wenn sie auch an Intensität stark variieren mögen, sind ein fundamentaler Bestandteil unserer natürlichen Erotik. Wie ich weiter oben bereits ausgeführt habe, geht es bei der Ätiologie der Pädophilie eigentlich um nichts anderes als ein Messen der *Intensität* der Pädoemotionen der Person, obwohl es für diese Evaluierung meines Wissen bis heute kein Instrumentarium gibt. Das Messen von Phallus-Umfang, die soge-

nannte *phallometrische Methode*, während man dem Mann Fotos von nackten Kindern zeigt, ist kein verlässliches Indiz; im übrigen ist es eben das, ein Indiz, nicht mehr. Es ist keine Evaluierung, weil zum einen eine Person, die in Meditation geschult ist, ihren Erektionsgrad nach Willen steuern kann, und weil zum anderen der Grad der sexuellen Anziehung keine Aussage macht über die Intensität der Pädoemotionen. Das ist logischerweise so, weil es eben Emotionen sind, und weil sie sich als solche nicht sexuell zu manifestieren brauchen. Warum sie sich sexuell manifestieren im einen Fall, und nicht im anderen, ist eben, was wir nicht wissen, und da macht die moderne Sexologie keine Ausnahme. Sie hat nicht die blasseste Ahnung von der emotionalen Ätiologie der Pädophilie.

Wenn ich mit Kindern kopulieren will, dann habe ich allgemein lieber Kinder um mich her, als Erwachsene, dann bin ich nicht gern mit Erwachsenen zusammen, obwohl es mir nichts ausmacht. Aber wenn ich die Wahl habe, entscheide ich mich eben für die Gemeinschaft mit Kindern. Die emotionale und sexuelle Komponente, das ist der wichtige Punkt hier, können *nicht unterschieden* werden, denn sie gehören für immer zusammen, ob die moderne Sexologie damit einverstanden ist oder nicht. Was sich hier ändern muss, ist nicht die Natur, sondern die sexologische Wissenschaft, denn sie sieht die Natur durch eine Brille von Ignoranz.

§04. Reaktionen auf die Kindliebe

Mehrere Reaktionen auf die Kindliebe sind nicht nur denkbar, sondern auch im realen Leben zu finden; ich habe sie selbst erfahren, *alle* von ihnen. Meine Ausführungen hier sind also nicht trockene Theorie. Im übrigen sollten sich diejenigen, die glauben, nur eine einzige *monolithische* Reaktion sei denkbar auf die Kindliebe, weil sie dies propagandistisch so wahr haben wollen, einmal an ihren, sicher zu heißen, Kopf fassen! Sie würden damit kund geben, dass sie sehr wohl einen Kopf haben, obwohl man von ihren Philippikas her annehmen müsste, dass sie ganz und gar kopflos sind.

Die Reaktionen auf die Kindliebe sind konditioniert durch Erfahrung und das Resultat von früher emotionaler Prägung; sie sind in viel geringerem Maße rationale Gesichtspunkte—denn die meisten Menschen tendieren dazu, den Impact ihrer Emotionen zu verleugnen und zu behaupten, sie nähmen *ausgewogene und rationale Standpunkte* ein. Das ist für Männer sicher noch mehr der Fall, als für Frauen, was allerdings nicht bedeutet, dass die Urteile von Frauen hinsichtlich der Kindliebe auf gesunder Emotionalität beruhen. Nach meiner Erfahrung beruhen sie in den meisten Fällen auf kranker und verbogener Emotionalität.

Die Situationen, die das Grundverhalten von Menschen prägen im Hinblick auf *Leben und Tod*, oder *Sexualität*, gehören der Kindheit hat, obwohl öfter als man glaubt, diese Erfahrungen später durch Amnesie aus dem Bewusstsein ausgeblendet wurden. Was ist Amnesie und was ist ihre Ursache? Sigmund Freud ist diesem Problem sehr im Detail nachgegangen und er fand heraus, dass es einen Mechanismus gibt im menschlichen Gehirn, der mit allen Mitteln Irrsinn zu vermeiden sucht.

Wenn ein Kind traumatisiert wird durch eine schreckliche Erfahrung, sei es eine Vergewaltigung, sei es eine brutale Körperstrafe, so bestünde die Gefahr, dass das Kind verrückt würde im selben Moment oder gar an einem Herzinfarkt stürbe. Was aber tut das Gehirn des Kindes? Es reagiert mit einer sogenannten *Trauma-Response,* was eigentlich nichts anderes ist, als eine hypnotische Trance.

Das Kind, das solchermaßen misshandelt wird, hört auf einmal auf zu weinen oder zu schreien und wird ganz still. Es hat dann die Augen weit auf und sehr große Pupillen. Es ist dann wie eine Stoffpuppe, ganz still und geschmeidig, und man könnte es biegen in alle Richtungen, weil der Körper auf einmal wie Gummi ist. Von dem Moment an reagiert der Körper des Kindes dann in einer sehr bezeichnenden physiologischen und psychologischen Weise. Ich werde ein paar Beispiele geben. Wenn ein kleines Mädchen oder ein kleiner Junge vergewaltigt werden, so wird die Vagina des Mädchens oder der Anus des Jungen sehr stark *lubrifizieren*, das heisst, eine gleitende spermagleiche Flüssigkeit erzeugen, die zu verhindern sucht, dass der Sphinkter zerrissen wird durch den eindringenden Penis.

Zu gleicher Zeit besorgt die Schutzreaktion des Gehirns, durch Amphetamine und Dopamine, dass das Kind mehr oder weniger schmerzfrei ist in Anbetracht der außerordentlichen Dehnung des Sphinkters. Es ist etwa so, wie wenn eine Anakonda ein ganzes Kaninchen verschlingt, und dabei ihren Rachen ausrenkt, und ihren ganzen intestinalen Trakt so weitet, dass das ganze lebendige Tier hineinpasst—bis es dann über Stunden hin langsam verdaut wird.

Ein anderes Beispiel ist ganz einfach die Geburt. Die Vagina einer erwachsenen Frau ist eigentlich nicht groß genug, um ein Baby zu gebä-

ren, oder gar Zwillinge oder Drillinge, und doch ist es möglich, eben wegen der entsprechenden adaptiven Reaktion des Gehirns, das die Vagina in einer fast unglaublichen Weise weitet und dehnt, für eine kurze Zeitspanne, bis das Baby endlich heraus ist aus dem Uterus.

Schmerz, der dabei entsteht, ist nach neuerer obstretrischer Forschung einzig und allein die Folge einer Neurose der Mutter; eine natürliche und sexuell erfahrene und befriedigte Frau wird einfach keine Schmerzen haben, oder solche, welche nicht über das hinausgehen, was man bei einem modernen Zahnarzt durchhält.

Obwohl dies alles nun natürlich sehr positiv klingt, gibt es doch ein recht großes Problem mit dieser adaptiven Reaktion des Gehirns im Falle von früher Kindesmisshandlung. Der Leser mag es erraten oder gar bereits klinische Forschungen studiert haben, um zu wissen, dass diese 'Lösung' des menschlichen Organismus eine Schattenseite hat. Das Problem ist nämlich, dass die Traumareaktion des Gehirns einen Komplex in die DNA hineinschreibt, wie ein Computer eine Datei sichert. Der Komplex besteht darin, dass der Organismus die traumatisierende Erfahrung so lange wiederholen wird, bis das Problem positiv gelöst wird. Dies nennt man 'unterbewussten Wiederholungszwang' in der Psychologie. Es bedeutet, dass die Person ihr frühkindliches Trauma so lange neu inszenieren wird, durch repetitive, und metaphorische Erfahrungen, bis eine Lösung des Verhaltensmusters erzielt wird.

Also was ist Amnesie eigentlich? Amnesie ist eine Schutzreaktion des Gehirns für Situationen, wo die Psyche des Kindes oder auch des Erwachsenen nicht in der Lage ist, die neue Erfahrung in die *Kontinuität* bekannter Erfahrung zu integrieren, oder wenn die Erfahrung eben

demütigend war, verletzend oder anders nicht einzuordnen war, oder wenn sie gegen die soziokulturelle Kodierung ging.

In Anbetracht der letzten Alternative, möchte ich hier anmerken, dass die psychoanalytische und pädagogische Literatur in der Hinsicht sehr kontrovers ist. Dies ist denn auch, neben mehreren anderen Parametern, der Hauptgrund für die Irrationalität, die man heute gewöhnlich antrifft hinsichtlich der Kindersexualität, und der freien erotischen Interaktion von Erwachsenen und Kindern ausserhalb der Familie.

Ich möchte nun einmal die sehr häufig anzutreffenden Antworten untersuchen, auf die Eingangsfrage, aber nur im Hinblick auf ihren *irrationalen, emotionalen* Inhalt. Die Frage ist nicht, was möglicherweise rationale Antworten wären, denn dieser Ansatz bringt absolut kein Ergebnis. Was wir hier herausfinden wollen, ist die *emotionale Qualität, die emotionale Dimension* der Antworten auf die Eingangsfrage. Die überwiegende Mehrheit von Veröffentlichungen haben namentlich bis heute diese Dimension des Problems einfach übersehen. Sie haben irrationale Antworten einfach ausgeschaltet, indem sie affirmierten, dass Menschen einfach *falsch informiert, angstvoll oder manipuliert* waren—und es ist genau hier, wo ich den Sokratischen Irrtum sehe!

Um dahin zu gelangen, müssen Forscher einen Schlüssel finden, um die *Irrationalität* des Menschen zu verstehen, und nicht etwa seine Rationalität, um die emotionale Natur des Menschen wirklich zu begreifen, denn sie ist tatsächlich der *Urgrund der Liebesgefühle* zwischen Erwachsenen und Kindern. Dieser Schlüssel ist wirklich von höchster Wichtigkeit, denn er hilft, die Brücke zu bauen zwischen der extremen Position der Kindliebhaber, auf der einen Seite, und der Massenkultur, auf der anderen. Ich spekuliere ganz ernsthaft, dass die Brücke durch

Emotionen gebildet wird, denn Emotionen sind die Bausteine des Lebens.

Dies bedeutet namentlich, dass Kindliebhaber einen *prädominierenden emotionalen Kontakt* mit der Gesellschaft bilden müssen, oder sie werden eben ihren *status quo* fortsetzen, was bedeutet, das sie keinerlei Kontakt, oder einen total negativen Kontakt, mit der Mehrheit der Gesellschaft unterhalten werden. Das klingt radikal, aber es ist tatsächlich die Situation, die Kindliebhaber heute weltweit ins Gesicht sehen. Forschungsberichte über die wahre Natur der Pädophilie, wie objektiv sie auch geschrieben sein mögen, werden daran nicht das Geringste ändern. Die meisten Antworten auf die Frage 'Was denken sie über das Thema Kindliebe?' sind eine Mischung von rationalen und irrationalen Argumenten, und das ist eigentlich gut so wie es ist, denn der Mensch ist nun einmal nicht nur rational, sondern auch emotional, und die meiste Zeit *beides*, in einer oszillierenden Bewegung. Hier sind einige mögliche Antworten:

> ▸ *(A) Liebe und Sex mit Kindern, möglich, ich habe keine Ahnung.*
>
> Emotionale Einstellung: Positive Indifferenz

> ▸ *(B) Geht mich nichts an, ich bin nicht scharf auf kleine Puppen.*
>
> Emotionale Einstellung: Negative Indifferenz

> ▸ *(C) Ich habe es erlebt als Kind. Es hat mich emotional und sexuell bereichert.*
>
> Emotionale Einstellung: Positiv subjektiv

> ▸ *(D) Das habe ich selbst durchgemacht. Ich war mich wie ein Stein, Opfer, missbraucht.*

Emotionale Einstellung: Negativ subjektiv

> ▸ *(E) Horror! Dieses dreckige Pack sollte man endlich einmal euthanasieren!*

Emotionale Einstellung: Moralistisch, verurteilend, projektiv, defensiv, idealistisch, pseudo-objektiv, negativ, verallgemeinernd

> ▸ *(F) Ich denke, wir müssen zwischen Liebe und Gewalt unterscheiden.*

Emotionale Einstellung: Positiv affirmativ, subjektiv, bewusst

Was ist der Unterschied zwischen einer emotionalen Antwort und einer, die nicht emotional ist? Oder, anders ausgedrückt: wer hat das größere Verständnis für Liebe, jemand der emotional reagiert, oder jemand, der defensiv reagiert, indem er seine Emotionen zurückhält und sie hinter Urteilen und Projektionen versteckt? Nun, dann lassen sie uns einmal einen Blick richten auf jede dieser möglichen Antworten, um es herauszufinden.

A) Positive Indifferenz

> Liebe mit Kindern, möglich; ich habe keine Ahnung.

Der emotionale Gehalt dieser Antwort ist ein solcher, der ein *laissez faire, laissez vivre* zum Ausdruck gibt; dies ist bekanntlich eine alte Re-

gel in der französischen Kultur. Aber wichtiger noch, Liebe und Sex mit Kindern ist in dieser Antwort impliziert als ein Teil von allgemeiner Liebeserfahrung, welche immer auch physische Liebe mit einschließt. Es ist jedoch nonverbal ausgedrückt, nicht explizit. Die Person hält sich ganz bewusst zurück mit einem Urteil, ehrlich zugebend, 'keine Ahnung' von dem Problemkomplex zu haben.

Historisches Beispiel: In Frankreich, unter dem Regime von Napoleon III, florierte die Strassenprostitution; die meisten der Mädchen auf dem Strich waren minderjährig, von etwa acht bis fünfzehn Jahren. Sie boten sich viel billiger an als erwachsene Frauen, weil sie auf dem Strich waren. Bordellhuren waren demgegenüber 'etabliert' und viel teurer.

B) Negative Indifferenz

> Geht mich nichts an, ich bin nicht scharf auf kleine Puppen.

Der emotionale Gehalt dieser Antwort ist ähnlich wie im ersten Beispiel, denn die Person sagt, es 'gehe sie nichts an', wobei sie meint, sie würde andere nicht für ihre sexuellen Präferenzen verfolgen oder angreifen. Dann rechtfertigt die Person ihre Indifferenz damit, dass sie sexuell nicht auf Kinder stehe. Abgesehen von der Tatsache, dass Sexualität tatsächlich ganz auf Erwachsene ausgerichtet sein mag, so drückt diese Antwort aus, dass die Person in der Pädophiliedebatte nicht mitreden möchte, weil sie sich emotional nicht involviert fühlt.

Historisches Beispiel: Casanova, wenn wir uns seine Tagebücher ansehen, war tatsächlich ein exklusiver Frauenliebhaber, ein wahrer *Don Juan*. Er war nicht an kleinen Mädchen interessiert, noch etwa an Jungen. Die typischen Attribute einer Frau, die ihn anzog sexuell waren,

grosse Brustwarzen, lange Beine, viel Schamhaar, und sexuelle Reife. Diese femininen Eigenschaften waren geradezu eine *conditio sine qua non* für ihn. Er hätte, im Gegensatz zu Marquis de Sade, ein kleines flachbrüstiges Mädchen ohne Schamhaar gelangweilt abgewiesen.

C) Positiv Subjektiv

> Ich habe es erlebt als Kind. Es hat mich emotional und sexuell bereichert.

Hier haben wir jemand, der persönlich involviert sein will und Rechenschaft ablegt über eine Erfahrung. Die Antwort ist emotional und versucht nicht, irgendetwas zu rationalisieren oder zu rechtfertigen. Eine persönliche Erfahrung wird kundgegeben, die positiv empfunden worden war; daraufhin gibt die Person ein Urteil ab, wie diese Erfahrung auf sie wirkte, und sagt, sie sei durch die Erfahrung als Kind erotisch bereichert worden.

D) Negativ Subjektiv

> Das habe ich selbst durchgemacht. Ich war mich wie ein Stein, Opfer, missbraucht.

Diese Aussage berichtet eine ganz klar negative Erfahrung des betreffendes Kindes, obwohl die Person kein Werturteil über Pädophilie als solches abgibt. Der kleine Junge, der diese sexuelle Erfahrung mit einem Mann machte, fand sie hässlich und entwürdigend für ihn, und er fühlte sich missbraucht, als ein Opfer.

In meinen Gesprächen mit Schulkindern, die solche Aussagen machten, fand ich immer, dass, wenn sie eine Erfahrung als negativ berichteten, diese eine solche war, die nicht nur das betreffende Kind unzu-

mutbar fand, sondern die *sicherlich* auch von den meisten anderen Menschen, eingeschlossen Pädophilen, als unzumutbar und reprehensibel beurteilt werden würde.

Beispiel: Der sechs Jahre alte Junge, der gerade eingeschult worden war, musste einen ausgedehnten öffentlichen Park durchqueren auf seinem Nachhauseweg. Während der Mittagszeit, in der Sommerhitze, sagte er, war der Park gewöhnlich menschenleer, weil es einfach zu heiss war, im Gras zu sitzen. Als der Junge etwa in der Mitte des Parks war, sprang ein Mann aus einem Busch und umfasste den Jungen von hinten, indem er seine rechte Hand fest auf den Mund des Jungen legte, was diesen fast zum Ersticken brachte. Daraufhin öffnete der Mann mit der anderen Hand den Hosenlatz des Jungen und massierte seinen Penis. Dann nahm der Mann die Hand vom Munde des Jungen, drehte ihn plötzlich herum und zungenküsste ihn. Daraufhin sagte ihm der Mann, wenn er irgendjemand von der Sache erzähle, würde er ihn *umbringen*. Dann lief der Mann davon. Der Junge sagte dann, er habe in dem Moment gedacht, er *träume* wohl, und ging nach Hause. Auf meine Frage, ob er seinen Eltern von dem Anfall erzählt habe, verneinte er. Erstaunt fragte ich, warum er denn nichts gesagt habe? Der Junge meinte, seine Eltern hätten ihm 'doch nicht geglaubt', oder hätten ihn gar 'ausgelacht'. Woraufhin ich ihn fragte, was seine Gefühle seien, wenn er an den Mann denke? Er sagte, er sei *sehr wütend* auf ihn, weil er ihn fast erstickt habe und weil er ihn *in seinen Mund hinein geküsst* habe.

E) Moralistisch, verurteilend, projektiv, defensiv, pseudo-objektiv, negativ, verallgemeinernd

Horror! Dieses dreckige Pack sollte man endlich einmal euthanasieren!

Das ist das übliche gewalttätige, moralistische und arrogante Gewäsch von denen, die Kirchen nahestehen, und sexfeindliche Ideologien vertreten. Was diese Leute alle gemeinsam haben ist ihre totale Ignoranz hinsichtlich des Themas Liebe, nicht nur hinsichtlich der Kindliebe, sondern allgemein in Bezug auf Liebe, Sensualität und Erotik. Typischerweise urteilen diese Menschen *vom grünen Tisch*, nachdem sie einige Polizeiberichte oder Presseberichte, oder meinetwegen auch noch forensische Studien gelesen haben. Was auch ganz typisch ist für diese Zeitgenossen, ist, dass sie niemals mit einem Kind direkt über solche Erfahrungen reden würden, weil es ihnen allgemein schwer fällt, Dinge objektiv und ohne ihre inneren Schmierschablonen zu beurteilen. Sie haben in den meisten Fällen keine Ahnung, *was Kinder eigentlich über das Thema 'Liebe mit Erwachsenen' denken, was sie über Sex denken*, und wie sie sich verhalten würden, wenn man es ihnen antrüge.

Ich glaube, die starre, dogmatische Haltung und defensive Haltung dieser Menschen rührt daher, dass sie selbst kein zufriedenstellendes Liebesleben führen, sondern eher Beziehungen passiv *durchmachen* statt sie positiv zu leben, weil sie Komplexität, ihre eigene und die des Partners, nicht begreifen oder es ihnen lästig ist, sich um das Verständnis der menschlichen Natur einmal wirklich zu bemühen. Deshalb können sie beim besten Willen nicht zu einer positiven Evaluierung der Kindliebe, oder ganz allgemein, der erotischen Liebe gelangen. Es fehlt ihnen in ihrer bedauerlichen Simplizität dazu einfach das intellektuelle und emotionale Instrumentarium.

Ich habe diese Haltung immer bei Müttern angetroffen, die selbst einmal, irgendwann in ihren früheren Jahren, vergewaltigt wurden von einem Freund, Onkel, oder Verlobten, oder gar vom Vater oder älteren

Bruder, oder die gar, was selten vorkommt, in der Öffentlichkeit von einem Fremden angefallen wurden.

Viele dieser Frauen sind Aktivistinnen, die in Kinderschutzorganisationen arbeiten; sie bezeichnen sich gern selbst als *Opfer von Missbrauch* oder als *Inzestüberlebende*. Um es auf einen Nenner zu bringen leben wir also in einer Zeit, wo Menschen mit einer verbogenen, kranken, beschädigten sexuellen Identität den Massen sagen, was *gesunde Sexualität* ist, was *gesunde Kindererziehung* ist, oder gar was ein *gesundes Emotionalleben* ist. Ich gebe dazu keinen Kommentar. Als Rechtsanwalt würde ich einen solchen Zeugen vor Gericht als 'befangen' ablehnen und das Gericht würde dem ohne weiteres stattgeben.

Beispiel: Jedweder Zeitungsausschnitt, jedwede Fernsehreportage, jedwedes Magazin, wo sexuelle Beziehungen zwischen Erwachsenen und Kindern dämonisiert werden, wo solche Beziehungen unkritisch als Kindesentführung, Kindesmord, Kinderhandel oder illegale Kinderpornographie abgetan werden.

F) Positiv, affirmativ, subjektiv, bewusst

> Ich denke, wir müssen zwischen Liebe und Gewalt unterscheiden.

Diese Aussage überrascht zunächst einmal durch ihre Ehrlichkeit und ihren persönlichen Touch. Die interviewte Person zeigt eine bewusste Haltung gegenüber den Werten, die im Spiel sind. Die Person ist vehement gegen Gewalt eingestellt und denkt, dass es möglich ist, mehr oder weniger klar zwischen Sexspielen zu unterscheiden, die gewaltlos sind und solchen, wo Gewalt mit im Spiele ist. Dann legt die Person

Kriterien offen, die sich für entscheidend hält, um zum Schluss zu gelangen, dass die Beziehung gewaltfrei ist:

▸ Erwachsener und Kind sind sich nahe;

▸ Sie sind vertraut miteinander;

▸ Es besteht eine Haltung, sich gut zu sein;

▸ Sie kennen sich bereits geraume Zeit;

▸ Das Kind hat zu den Spielen eine klare Affirmation erteilt.

Diese Aussage hat besonderen Wert, da sie die Kriterien klar und deutlich auflistet, die die Person als entscheidend ansieht für die Abgrenzung von Missbrauch von wahren Liebesbeziehungen. Wenn man die allgemeine Konfusion über diese Themen und die Medienhysterie darüber in Betracht zieht, dann sind Aussagen wie diese heute eine Seltenheit.

Das ist so, weil man in einer manipulativ-monolithischen Pseudodemokratie wie der unserer westlichen Kultur nur durch Selbstdenken und durch eine Verbindung mit dem eigenen Selbst, der eigenen Wahrheit, zu solchen Einsichten gelangen kann. Für den gemeinen Menschen, der den Medienmorast jeden Tag in sich hinein saugt, ist es schier unmöglich, zu solchen Einsichten zu gelangen, weshalb die Schablonen, die Lügen und die kollektiven Märchen und Projektionen nicht hinterfragt werden.

Um es zusammenzufassen, können wir davon ausgehen, dass es einen ganzen Köcher verschiedener Reaktionen auf sexuelle Interaktionen

zwischen Erwachsenen und Kindern gibt, und dass diese Reaktionen *alles andere als uniform* sind. Man kann hier mit ruhigem Gewissen behaupten, dass es keine monolithische Meinung gibt in dieser Frage, wie dies in den Medien immer wieder unterstellt wird; das bedeutet auch, dass es eigentlich keinen Konsens gibt. Und das ist normal und gut in einer Demokratie, in *jeder* Demokratie. Denn es ist Pluralismus, und nicht eine 'Einheitsmeinung', die anzeigt, dass die Demokratie funktioniert. Und wenn auch unsere Medien, manipulativ wie sie sind, uns wahr machen wollen, dass alle Bürger Kinderschutzfanatiker sind, so ist Tatsache einfach, dass diese Behauptung einem Mythos gleichkommt.

§05. Die Missbrauch-Kultur

In einer Gesellschaft, die lange vergessen hat, was Liebe ist, sollte man sich nicht wundern, dass Forscher und Wissenschaftler, statt sich mit *Kindliebe* zu befassen, ihren Fokus auf *Kindesmissbrauch* richten. Das ähnelt sehr der westlichen Medizin, die auch nur auf das *Pathologische* ausgerichtet ist, ohne sich jemals gefragt zu haben, was *Gesundheit* eigentlich ist?

Wo Liebe selbst zum Anathema erklärt wurde, wie können wir uns da überhaupt wundern, dass die, die sich darin betätigen, mit dem Teufel assoziiert werden? Wo das Leben seine Ganzheit verloren hat, wo Liebe schizoid gespalten ist in akzeptierbares und unakzeptierbares Verhalten, gehen Menschen dazu über, Fiktionen in einer virtuellen Realität von *Scheinwerten* zu ersinnen. Es scheint mir, dass nur noch Poeten und die, die offen ihre Kindliebe gestehen, und die sie akzeptieren, in der Lage sind, durch das dicke Glas heuchlerischer Lebensverneinung zu schauen, die heute das unsichtbare Paradigma der Mehrheit der Weltbevölkerung ist—jedenfalls in dem Teil der Welt, das die postmoderne internationale Konsumkultur als ihr neues Credo und ihren neuen Lebensstil proklamiert und inkorporiert hat.

Wo Liebe mit Entführung und Missbrauch gleichgesetzt wird, ist es nur noch einen Schritt bis hin zur Massenhysterie, sowohl individuell als auch kollektiv! Die Westkultur hat diesen Schritt getan, und wie! Sie endete nicht nur in Hysterie, sondern in Volksparanoia! Heute sollten wir eine Retrospektive engagieren und uns fragen, wie all das überhaupt möglich war, nach Freud? Und wie es möglich war, dass wir nach dem Übergang ins neue Jahrtausend zurück im Mittelalter gelandet sind? *Timewave Zero* ist eine Software, die zyklische Muster in der men-

schlichen Evolution aufzeigt.[24] Und sie zeigt in der Tat, dass die jetzige Phase, die wir durchleben, sehr eng mit dem frühen Mittelalter assoziiert ist; allerdings verdeckt dies die Tatsache, dass in aller Evolution auch ein spiralförmiges Wachstum enthalten ist. *Wir sind wieder bei diesem soziokulturellen Muster angelangt, aber auf einer höheren Ebene davon!* Das bedeutet, dass wir mehr Möglichkeiten haben jetzt, und ein besseres Instrumentarium, dieses Muster völlig aufzulösen und hinter uns zu lasen. Um was für ein Muster handelt es sich hier? Astrologisch gesehen ist es das *Fische-Zeitalter*, im Gegensatz zum *Wassermann-Zeitalter*, auf welches wir nun zusteuern als Menschheit. *Es ist ein energetisches Muster, das das Kollektiv, die Gruppe und die Wertvorstellungen und Gefühle der Mehrheit höher setzt, als die des Individuums.* Es gibt der Gruppe mehr Glaubwürdigkeit und Vertrauen, als den Einzelnen, die die Gruppe bilden. Es fürchtet Marginalität und Originalität und segnet Uniformität und Massendenken ab. Sein Erziehungsideal ist Massenindoktrination und Massenalphabetisierung.

Es geht erzieherisch so vor, dass es das einzelne Kind entmachtet, indem es autoritäre und hierarchische Gruppenstrukturen und stark kompetitives Denken in die kindliche Psyche einimpft. Es positioniert den Menschen im Gegensatz zur Natur, oder aber als Meister über die Natur, und ist als Folge davon tunlichst bemüht, die natürlichen Emotionen, Gefühle und Verlangen des Kindes zu übersehen, wenn nicht im Keim zu ersticken.

---

[24] *Timewave Zero* wurde von dem Schweizer Mathematiker Peter Meyer im Auftrag des bekannten amerikanischen Autors Terence McKenna in den 1970gern programmiert. Er hat weitreichende Schlussfolgerungen aus der Auswertung dieser Graphiken gezogen, auch im Hinblick auf 2012 und den Fortbestand oder das Ende der Menschheit. In einer Korrespondenz teilte mir Peter Meyer auf meine Frage mit, dass Zeit ein Vektor sei, genauer gesagt, ein Fraktal. Es sei die fraktalartige Natur der Zeit, die es möglich gemacht habe, die Software zu erstellen und ihr ein gewisses Maß an Genauigkeit zuzuschreiben. Allerdings distanzierte sich Meyer ganz deutlich von den weitreichenden Schlussfolgerungen, die McKenna aus der Auswertung der Daten zog.

Es ist dies das Erziehungsideal der großen monotheistischen Religionen und es hat regelmäßig im Lauf der Geschichte den rituellen Missbrauch und gar die Tortur des Kindes als *disziplinäre Massnahme und im Namen irgendwelcher religiöser Autoritäten, Retter oder Führer* gutgeheißen. Heutigen Tages, was wir vorfinden in kontroversen Bereichen der öffentlichen Debatte, ist ein Widerstand, der auf der Ebene der Massenhypnose des *Fischezeitalters* operiert, weil die Angst vor dem Unbekannten, nämlich dem *Wassermannzeitalter*, noch zu stark ist.

Das *Wassermannzeitalter* wird sicher mehr Respekt vor Individualität und mehr Demokratie bringen, und auch mehr Optionen für jeden in der Gesellschaft. Das Energiemuster des Wassermann, welches mit dem Planeten Uranus assoziiert ist—während das Fischezeitalter von Neptun beherrscht wurde—wird uns dabei behilflich sein, Verlangen, die wir zuvor ins Unterbewusstsein verdrängt hatten, *bewusst zu machen und zu integrieren*, damit wir mit ihnen rational umgehen lernen. Dann werden wir in der Lage sein, Liebe als Liebe zu erkennen, und Missbrauch als Missbrauch zu entlarven, oder anders gesagt, Liebe als ein Kontinuum erotischer Intelligenz zu erkennen, und Missbrauch als eine Form von psychologischer, physischer oder sexueller Verzerrung des Energiemusters, welche vor allem durch die *Repression* des Verlangens und der Lebenslust entsteht, und welche im allgemeinen in gewalttätiger Weise ausagiert wird.

Dies wird uns dabei helfen, endlich einmal klar zu erkennen, dass gewaltlose und einverständliche Liebe weder Missbrauch noch Vergewaltigung sein kann, und dass das Alter der Liebespartner hier logischerweise bei der Qualifikation keine Rolle spielen kann. Nur eine Gesellschaft, die sich in einem Zustand der Konfusion angesichts ihres eigenen Wertsystems befindet, kann zu solch arbiträren Annahmen gelan-

gen, die heute die gesamte öffentliche Diskussion über sogenannten sexuellen Kindesmissbrauch durchdringen und pervertieren; dies vor allem in den angelsächsischen Kulturen, welche Jahrhunderte von puritanischer Lebensverleugnung, Sexualunterdrückung und Berührungsängsten hinter sich haben. Dieser Komplex von Faktoren hat ein enormes Ausmaß von physischer, sexueller, häuslicher und struktureller Gewalt nach sich gezogen, welches wir beispielhaft in den Vereinigten Staaten von Amerika widergespiegelt sehen.

Solange man selbst ein Zahnrad in dieser unsinnigen Maschinerie ist, wird man natürlich die psychologischen Implikationen, von dem, was ich hier sage, kaum verstehen können. Es ist unmöglich, die Wahrheit zu erkennen, wenn man über Jahrzehnte, wenn nicht über Jahrhunderte hin gehirngewaschen wurde, und man nichts dagegen unternimmt, die lauwarme Mediensuppe mit all ihren Halbwahrheiten, all ihrer Heuchelei und ihren falschen Sicherheiten jeden Tag wissenshungrig auszulöffeln. Es ist völlig unmöglich, wenn man nicht von einem inneren Kantischen Imperativ getrieben wird, der ein definitives *Nein* sagt zu einem bestimmten Moment, welches gefolgt wird von der Entscheidung, zumindest für ein paar Jahre, wenn nicht bis ans Ende der Zeiten ohne Fernsehkonsum, ohne Kirchenkonsum und ohne Zeitungskonsum leben zu können.

Ich selbst habe etwa dreißig Jahre gebraucht, um von dieser gefährlichen Mischung Abstand zu nehmen und zu spüren, welch grandiose Offenbarung es ist, sich selbst zu sein! Hätte ich diese essentielle Diät nicht eingehalten, so hätte das vorliegende Buch nicht einmal im Traum schreiben können, um garnicht einmal davon zu reden, hinter meinen Forderungen nach sozialpolitischem Wandel zu stehen und sie

öffentlich zu vertreten in einer Gesellschaft, die außer Gewalt und kollektiver Verblödung im Westen seit langem nichts Neues gesehen hat.

Was können wir von einer Gesellschaft erwarten, die in der Welt umher missioniert für Frieden und Demokratie und abusive Regierungen und Regime öffentlich brandmarkt, die aber gleichzeitig in ihren Drogenkriegen, Prostitutionskriegen und tausend anderen Hexenjagden all das tut, was solche Regime tun, und gar schlimmer noch, die ihre eigene abgründige Gewalttätigkeit auf Sündenböcke projiziert, die sie auf dem Altar öffentlicher Hygiene opfert als die ultimativen Feinde des Systems? Was können wir erwarten von einer Gesellschaft, die ihre abscheulichsten Gewaltakte mit wissenschaftlichen Erkenntnissen rechtfertigt, wobei doch 75% aller Wissenschaftler vom Militär finanziert werden? Was können wir erwarten von einer Gesellschaft, die sich als zivilisiert und erleuchtet dünkt, die aber unter dem Deckmantel konstitutioneller Garantien sowohl im Innern als auch weltweit in den zweihundertfünfzig Jahren ihrer Geschichte mehr als fünfhundert Kriege angezettelt hat und Völkermord begangen hat an Millionen und Millionen von Menschen, sowie Völkermord, der von anderen Regimen begangen wurde, regelmäßig und konstant militärisch, psychologisch und moralisch unterstützt hat?

Ist es nicht ein guter Moment, hier und jetzt, aufzuwachen von dem tausend-und-ersten Schmierskandal, der wieder einmal zu nichts anderem dient, als die Wahrheit zu verschleiern und den wahren Mördern und Völkermördern in ihren notorischen Luxuslimousinen höchste Ehren zu erweisen? Das einzige, was sie als Leser dieser Zeilen dazu benötigen, ist Zivilcourage! Wäre es nicht an der Zeit, endlich einmal die Psychoanalyse der Hexenjagd auf Pädophile zu unternehmen und niederzuschreiben?

Ich bin der Meinung, dass die Antwort auf diese Frage komplex ist, aber dass einer der herausragenden Faktoren in dieser kausalen Mischung eine Vergangenheit ist, die von männlicher Dominanz, Monotheismus und dem bestimmt war, das Joseph Campbell als den *Mord an der Göttin* bezeichnete.

Bevor ich dies näher beleuchten werde, möchte ich zunächst einmal untersuchen, ob wir nicht mehr oder weniger augenscheinliche Gründe für ein solch irrationales Gruppenverhalten ausmachen können? Nun, irrationales Verhalten von Gruppen in Fragen, die öffentlich kontrovers sind, ist nicht nur eine statistische Angelegenheit. Es ist auch ein Anliegen von Psychologen und Psychiatern, wie zum Beispiel der bekannten Kindertherapeutin Françoise Dolto, welche viele der Faktoren, die Pädophilie in unserer Gesellschaft begründet haben, in der Struktur unserer modernen Kleinfamilie sehen, welche leider die Probleme von Eltern-Kind Kodependenz und von verdecktem und offenem (sexuellem) Inzest ungemein verschärft hat—jedenfalls gemessen am Standard des älteren Modells der Großfamilie mit ihrer sehr viel ausgeglicheneren und hygienischeren psychologischen Strukturierung. Was könnte möglicherweise die Taktik einer Gesellschaft sein, die ganz offenbar intensiv damit beschäftigt ist, Kinder als Statussymbole und Blitzableiter für die psychologisch-emotional fragile Konstitution und explosive Aggressivität ihrer Eltern auszubeuten, anstatt sie als gleichberechtigte Partner anzusehen?

Die emotionale und sexuelle Kontrolle, denen Kinder in unserer Kultur unterworfen sind, steht doch ganz offensichtlich in Widerspruch mit der Vorgabe, man wolle nur ihr Bestes und sei um ihr gesundes Wachstum bekümmert! Aus diesem schizoiden Split zwischen Motivation und Resultat resultiert auf dem Niveau der Gruppe eine sehr defensive,

wenn nicht intransigente Haltung gegenüber allem Aktivismus und allen Recherchen, die solchen untermauern, der sich einsetzt für den natürlichen und gesunden Selbstschutz von Kindern, der ihnen die Eigenmacht verleiht, ihre Liebeswahl frei, autonom und selbstverantwortlich zu übernehmen.

Eiscreme und industriell produzierte Plastikspielsachen sind der Konsumersatz für das Kind, dessen *Lustorgan Körper* auf dem Altar des fremden Gottes geopfert wurde, und sie sind dem modernen Staat äußerlich hilfreich bei der kulturellen Ausrottung des sexuellen Kindes. Sie stellen sicher, dass Menschen von Kindesbeinen an in Konsumroboter verwandelt werden, die zum Funktionieren einer Robotgesellschaft erforderlich sind.

Die Missbrauch-Kultur funktioniert nur dann, wenn Missbrauch auch tatsächlich passiert. Also wird sie unbewusst alles tun, um Ereignisse in die Richtung zu lenken, dass jedes Jahr mehr Missbrauch an mehr Kindern, in größerer Anzahl und mit größerem Schaden begangen wird. Alle verdienen dabei gut, und das ist der Grund, warum Missbrauch in Mode kam. Es ist ein Geschäft, ein gutes, ein lukratives Geschäft für viele. Ausgenommen für die, die davon betroffen sind, die Kinder und ihre Liebhaber! Ich bin davon überzeugt, dass ein guter Teil dessen, was heute in dem Bereich geschieht, ganz einfach das Resultat von selbsterfüllenden Prophezeiungen ist, und allgemein die Folge eines total negativen Weltbildes. Statt dies klar zu sehen, wird um den Brei herumgeredet, und die *guten alten Zeiten* werden in Erinnerung gerufen, was so ziemlich das blödeste Argument ist, das je erfunden wurde, um die Massen dumm und manipulierbar, und Missbrauch an der Tagesordnung zu halten. Denn es ist ein altbewährtes Rezept der Volksverdummung, die Vergangenheit wach zu rufen, als ob es uns jemals

besser ging. Diese Art Argumente sind psychologisches Kaugummi, aber die meisten Fernsehgucker und Kirchläufer laufen darauf ab. Wenn die Massen in der Vergangenheit leben, sind sie ziemlich sicher von dem abgeschirmt, was in im Hier-und-Jetzt und um sie herum vorgeht, und sie sind daher nicht in der Lage, ihre Probleme allein zu lösen – ohne die nämlich, die vorgeben, dafür zuständig zu sein.

Es ist eine wohlbekannte Strategie im faschistischen Weltbild, bewusst auf dem irrationalen Niveau der Menschen zu operieren, und sie dazu zu bringen, sogenannte 'Problemlösungen' mit großen Versprechungen anzunehmen, welche entweder alte Irrtümer in neuem Gewand darstellen, wenn sie nicht reine Scheinlösungen sind.

§06. Sexualstraftäter

Der Ausdruck *Sexualstraftäter* —im Englischen *Sex-Offender*— ist symptomatisch, denn er assoziiert mittelalterliche Vorstellungen von sexueller Häresie. (Englisch 'to offend' bedeutet 'beleidigen, kränken, verletzen') Etwas Sexuelles tun, gegen wen? Bin ich ein Beleidiger automatisch dann, wenn ich sexuell bin, wenn ich etwas tue, das sexuell ist? Und wieso ist hier Sex mit Strafe verbunden? Wer hat diese Verbindung geknüpft, wenn nicht religiöse Tyrannei? Die Natur sicher nicht. Wenn ich sexuell bin, bin ich immer noch Mensch, und nicht ein 'Sexmonster'. Wie kann jemand seine Persönlichkeit dadurch verlieren, dass er sexuell ist, mit wem auch immer? Stört sich die Sonne oder der Mond daran, wenn sie mich sehen in meinem sexuellen Tun?

Der Ausdruck zielt klar auf Personen ab, die das herrschende Paradigma von 'rechtmäßiger Sexualität' in unserer Gesellschaft nicht akzeptieren, weil sie sich sagen, dass es von Natur aus keine rechtmäßige oder unrechtmäßige Sexualität geben kann. Es gibt nur Sexualität, es gibt nur sexuelles Verhalten. Die Idee selbst einer 'rechtmäßigen' Sexualität ist ebenso absurd wie die andere Idee, dass bestimmte Pflanzen zu essen oder zu rauchen nicht 'rechtmäßig' sei. Wer ist hier verrückt? Doch ganz offenbar derjenige oder diejenigen, die solch paranoide Ideen als Gesetze verfassen lassen und sie noch dazu politisch im Brustton der Überzeugung proklamieren und durchsetzen. Das ist kognitiv etwa das gleiche Verhalten, wie wenn Affen im Zoo Besuchern Bananenschalen an den Kopf werfen. Und es steht intelligenzmäßig etwa auf derselben Stufe.

Die Kirche, in ihrer hybriden Arroganz, definierte, was Leben ist und was nicht, was guter Sex und schlechter Sex ist. Genauer gesagt, verordnete sie, dass aller Sex schlecht ist, und machte eine Ausnahme für solchen, der rein prokreativen Zwecken dient. In dem sie sagte, dass Sex unter bestimmten Umständen abartig ist, sagte die Kirche, dass das Leben unter bestimmten Umständen abartig ist. Diejenigen, die im Boot sitzen, verstehen nicht, dass sie selbst nicht das Boot bewegen, sondern die Wellen. Die Kirche stellte daher die *eine* relevante Frage nicht, die nämlich, ob sie nicht selbst, als Institution, nicht nur unter bestimmten Umständen, sondern ganz allgemein, abartig ist?

Aber natürlich war das Regulieren menschlicher Lust ein ganz bewusstes und tyrannisches Mittel, das die Kirche dazu gebrauchte, um die Massen, und vor allem die jungen Menschen, unter ihre Macht zu zwingen, und sie einzupferchen in das kalte Gefängnis grausamer emotionaler und sexueller Deprivation. Nichts ist effektiver, um Menschen zu manipulieren und zu dominieren, als ihnen ihre kleinen Vergnügungen zu verteufeln, und dann die brutal zu verfolgen, zu foltern und qualvoll zu töten, die sich nicht unterwerfen und ihre eigene Wahrheit leben. Das ist der Schlüssel zum Verständnis der Tatsache, dass es tatsächlich geschehen konnte, dass die westliche Menschheit als ganzes ihre Individualität und ihre Menschlichkeit verlor, und maschiniert wurde – lange vor dem Anbeginn des Computerzeitalters.

Die Klosterschulen und eine gewalttätige Massenalphabetisierung trugen ihren Teil zu der brutalen Gehirnwäsche bei, die Millionen von Menschen während des letzten Jahrtausends ihrer Identität beraubten. Die Verbindung von Sex mit Strafe ist das Produkt von Kreuzzügen und Hexenjagden; sie ist nicht auf dem Mist der modernen Gesellschaft gewachsen, wurde aber von ihr unkritisch übernommen. Was

übrigens angesichts des schwachen IQ der meisten Staatsführer und Parlamentarier nicht weiter verwundert. Heute steht daher dieser explosive kulturelle Schatz den neuen Verfolgern und staatlich beamteten Psychopathen gewissermaßen als Grundausstattung zur Verfügung.

Missbraucher und Missbrauchte sitzen im gleichen Boot und sind in die gleiche Falle gelaufen. Darum müssen wir beiden Gruppen helfen, ihre Verhaltensmuster zu verändern, denn sie teilen dieselben Wunden. Diese Wunden sind weder physisch, noch sexuell, noch sind sie in erster Linie emotional. Sie haben mit dem Problem der Selbstakzeptanz zu tun und der manchmal karmischen Unfähigkeit, seine Eigenmacht und natürliche Aggressivität zu integrieren in einer Weise, die positiv und konstruktiv ist.

Die Missbrauchten zu lieben und die Missbraucher zu hassen ist eine populäre Verzerrung der Wahrnehmung der Komplexität von Liebe und Missbrauch; es ist ein Zeichen von Hilflosigkeit. Darüber hinaus ist dieses Verhalten ein sentimental-verlogenes Verschleiern der wahren Ursachen von Missbrauch. Die Situation in der puritanischen anglo-amerikanischen Kultur in dieser Frage bringt von der Wiege frigide Frauen hervor, denn kein Vater kann mehr in Freiheit und ohne Schuldgefühle seiner Tochter den Zauber und die Kraft ihrer Weiblichkeit und ihrer Erotik widerspiegeln. Das sozialmoralische Umfeld ist einfach so, dass die Emotionen, die uns dazu bringen, ein Kind zu wünschen unter einem solchen Schleim von Lügen und Heuchelei begraben sind, dass man eine solche Situation gewiss als die schlimmste Form von strukturellem Kindesmissbrauch ansehen könnte. Es ist genauer gesagt die meist verbreitete Form von staatlich und moralisch sanktioniertem Kindesmord.

Was moralistische Kindererziehung hervorbringt ist Tod, nicht Leben, emotional und sexuell Behinderte, nicht Menschen mit gesunder Eigenmacht, und Bürger, die voller Lüge sind und Falschheit, denn ihre Sexualresponse wurde verkrüppelt seit Generationen. Die heutige Missbrauch-Kultur ist so ziemlich der traurigste, machtloseste und selbstentfremdetste Haufen von Menschen, den ich jemals sah in meinem Leben. Es ist der verlängerte Kindergarten, die aufgedunsene fette arschblöde Gans, die herumjockelt in allen Kirchen und allen Parteidebatten, und die ständig kreischt:

– *Sei brav mein Kind, und mach' mir keinen Kummer!*

Und es ist paradoxerweise, aber dennoch logischerweise genau dieses Missbrauch-Paradigma, das Missbrauch in unserer Gesellschaft hervorbringt, und mehr Missbrauch mit jedem Jahr, und zum Wohle aller. Denn alle verdienen sie dabei, ausgenommen denen, die direkt von Missbrauch betroffen sind, also die Missbraucher und die Missbrauchten. Sie verdienen nicht, sie zahlen die Rechnung, damit die anderen, und der liebe Vater Staat, die fette Gans, noch lauter kreischen können von ihren Kanzeln und Kanzleien!

Die Situation ist kafkaesk. Die unterschwellige Botschaft derer, die ihre Missbrauchsgeschichte öffentlich preisgeben und breittreten, ist die, dass das, was die Kirche früher *Konfession* nannte, heute 'Missbrauchserfahrung' genannt wird. Und während früher der *Priester* die Konfession abnahm, ist es heute der *Psychiater*, der sich die Lebensgeschichte des Klienten anhört, und absolviert oder nicht. Und nicht zuletzt, was früher als *Sünde* bezeichnet wurde, heisst heute *Missbrauch*. Viel hat sich geändert seither—im Vokabular. In der Sache, nichts! Die Kirche bestrafte das Opfer, es zugelassen zu haben, die moderne Kultur trai-

niert die Opfer in Selbstverteidigung und Aggressivität. Während die Kirche den Sündern aufgab, sich der christlichen Moral zu fügen, verlangt der moderne Staat vom Missbraucher, sich der obligatorischen Therapie unterzuordnen. Beide Weltbilder geben sich die Hand darin, dass sie Gewalt gut, Sex aber schlecht finden!

Im Grunde hat sich garnichts geändert. Es ist oft die Strafverfolgung und die Therapie mehr als die ursprüngliche Liebesbeziehung—auch wenn sie in die Hose ging—die die Schuldgefühle hervorruft, die das Selbstvertrauen auf Dauer unterminieren, vor allem in den Fällen, wo der sogenannte 'Missbrauch' in einer liebevollen und beidseitig gewollten Intimität bestand, die sich von irgendeiner anderen Liebesbeziehung lediglich dadurch unterscheidet, dass einer der Partner gesetzlich als 'Kind' einzustufen war. Eine Frage von Paragraphen, nicht eine von Ethik, ein Problem für Gesellschaft, Anwälte, Psychiater und Richter, nicht eines von Liebhaber und Liebeskind. Doch machen es die Schmierpolitik der Presse, die allgemeinblöde Heuchelei und der rosafarbene Schaum der Sentimentalität neben dem schwarzen Mann der Massenhysterie den Beteiligten so gut wie unmöglich, das, was war, so zu lassen wie es war, ohne es paradigmatisch zu verbiegen, aufzubauschen, zu verfälschen oder in den Dreck zu ziehen.

Ein absurdes Theater. Scham und Tabu, zensierte Aussagen, Falschheit gar unter engen Verwandten, fehlende Kommunikation—dies ist der ideale Nährboden für Missbrauch in unserer brachialen Kultur emotionaler Schwachköpfe, nicht ausgesprochenes Verlangen, nicht mitgeteilte Lust, nicht herzfreie Kommunikation. Es ist das Faktum, dass wenn ein Vater seine inzestuösen Wünsche seiner Tochter gegenüber nicht *verbalisieren* kann, er sie stumm ausagiert. Das Geheimnis von Natürlichkeit ist natürliche Kommunikation.

Wenn unsere Gesellschaft Krieg und Zerstörung und die Sentimentalität fördern möchte, die die wirklichen Gründe von Missbrauch in unserer Kultur verschleiert, denn mag sie nur so fortfahren, dann mag sie
nur so weitermachen, Kinder von Sexualbeziehungen abzuhalten, und
ihr Leben zu leben, wenn sie jung sind, stark und vital. Denn Wahrheit
ist Dynamit in einer wahrheitslosen Kultur, wo die Stummen, Blinden
und Tauben sowohl die Führer sind als auch die Nachfolger, weil sie
beide ihre an Wahnsinn grenzende Ignoranz über das Leben und essentielle Lebensfunktionen gemein haben.

§07. Die Früchte des Aktivismus

S ie drehen ihre Runden in der Welt, um Hass zu säen, um Menschen gegeneinander aufzubringen, um Kriege anzuzetteln. Moralkriege. Sie sagen, sie seien *missbrauchte* Opfer, aber sie lehnen es ab, sich in Therapie zu begeben, um ihre emotionale und sexuelle Blockade zu überwinden, die sie daran hindert, ein glückliches Leben zu führen. Diese Blockade war nicht immer die direkte Folge der missglückten Liebesbeziehung, sondern ist allzu oft die unbewusst inszenierte Wiederholung eines frühen Kindheitstraumas oder gar einer karmischen Wunde.

Woran es ihnen vor allem fehlt, ist Verständnis, Selbstverständnis und das Verständnis der Person, mit denen sie die verunglückte Beziehung hatten. Stattdessen *kompensieren* sie den Verlust ihres Kontinuums, und plagen die Welt mit ihrer Negativität und ihren aufgestauten Hass. Sie hassen das andere Geschlecht, unfähig sich ihre psychische Homosexualität zuzugestehen.

Sie bezeichnen sich selbst als Aktivisten des Friedens, aber in Wahrheit sind sie Aktivisten des Krieges, und geistige Terroristen, indem sie das Leben schänden mit ihren Anklagen, und das Glück, vor allem ihr eigenes, sabotieren durch ihren Mangel an Hoffnung; und durch dieses Verhalten bringen sie mehr Angst, mehr Paranoia in allen hervor, und in der Welt, eine *Lebensangst*, die weder sie noch andere, noch auch unsere Regierungen konstruktiv verarbeiten können.

Sie sind die unverantwortlichsten Menschen, die unsere Kultur hervorgebracht hat in ihrer Geschichte, obwohl sie selbst das Wort *Verantwortung* in jedem zweiten Satz gebrauchen, um es ihren Feinden bei

jeder Gelegenheit an den Kopf zu hauen. Sie sind unverantwortlich in ihrer Lebensverneinung, weil sie das Leben nicht für das nehmen, was es nun einmal ist, eine *Entdeckungsreise*, welche einen Grundraum von Freiheit benötigt, um kreativ gelebt zu werden.

Sie sind die Frauen und Männer, die sich selbst als *Kinderschützer* bezeichnen und die, wenn sie es ungestraft tun könnten, jedes Kind in ihr *krankes, restriktives und paranoides Weltbild* hinein hypnotisieren würden. Sie sind die wirklichen Kindervergewaltiger, sie sind die wahren Kidnapper, indem sie sich selbst niemals so akzeptiert haben, wie sie sind, indem sie ihr Menschsein niemals akzeptieren konnten, und deshalb ihre Menschlichkeit nicht entwickeln konnten. Darum stehen sie auf barbarischer Entwicklungsstufe, genau auf der Stufe nämlich der menschlichen Evolution, die das Prinzip *Auge-um-Auge* als Recht stipulierte. Sie sind verkappte Neanderthaler. Sie würden jeder Lynchjustiz nachhängen und Menschen an Bäume hängen im Morgengrauen.

§08. Das versteckte Schwein

Was Väter und Liebhaber gemeinsam haben in einer *Missbrauch-Kultur* ist, dass sie potentielle Kindesmissbraucher sind. Die Tatsache allein, dass ein Mann und ein Kind zusammen zu einer Toilette gehen, bedeutet *imminente Gefahr einer sexuellen Attacke* auf das Kind.

Die Heroenkultur vermutet ein verstecktes Schwein in jedem Mann, ein Schwein, das leicht durch äußere Stimuli zu Straftaten verleitet wird. Typischerweise sind solche Übergriffe durch nackte Kinder ausgelöst, die durch ihre Verwundbarkeit den sonst angepassten Erwachsenen unbewusst zu asozialem Ausagieren antreiben.

In den meisten Kindertagesstätten in westlichen Ländern, ist es jetzt eiserne Regel, dass jeder Betreuer, der ein kleines Kind zur Toilette bringen will, dies in Begleitung einer Betreuerin tun muss. Es scheint, dass solch totale Kontrolle noch nicht möglich ist bezüglich der Väter, ein Faktum, welches wachsende Besorgnis bei amerikanischen Kinderschützern auslöst.

Wie wird es möglich sein, die Verfassung und alle Grundrechte aus den Angeln zu heben, um endlich totale staatliche Kontrolle über die Familie zu erlangen? Das ist das Hauptthema einer mehr oder weniger geheimen Debatte. Geheim, weil ein Rest von heuchlerischer Demokratie als Fassadendekoration erhalten bleiben muss in einem System, das ansonsten die Freiheit des Menschen dort annagt, wo sie beginnt: in der Familie.

Es erscheint befremdlich, dass eine vom Manne dominierte Kultur Männer in einem solchen Ausmaß schwarz zeichnet. Als einer der Hauptgründe für dieses Phänomen wird allgemein die Emanzipation der Frau angeführt. Vor allem in der pädophilen Literatur, findet man das Argument, dass die steigende Repression von Pädophilie auf die Feministenbewegung zurückzuführen sei. Ich glaube, dieses Argument ist falsch. Der Mann wurde nicht schwarz gezeichnet in dem Sinne, wie er von der Heldenkultur definiert wird. Aber Männer, die mit Kindern arbeiten, fallen außerhalb dieser Norm, sie befinden sich außerhalb des sozialen Rahmens. Sie werden nicht als Frauen angesehen. Sie werden nicht als Männer angesehen. Sie werden als pervertierte Männer angesehen, als *Kindmänner*.

In der Cowboykultur, aus der die postmoderne Konsumkultur herauswuchs wie eine Blume aus dem Mist, war der Mann vom Kinde weit entfernt, ein Jäger. Ein Mann, der sich in einem physisch-taktilen Sinn für seine Kinder interessierte, war eine rare Ausnahme. Dieser Typus des Mannes, der noch heute die kulturelle Norm definiert, roch nach Schweiß, war ungehobelt, hart und vierkantig, und intellektuell eine Niete. Mit der Entwicklung der modernen Technologie, als technisches Wissen und Erziehung unumgänglich wurden, begann das traditionelle Rollenmodell des Mannes sich zu ändern, aber dieser neue Trend führte bis heute nicht zu einer vollen Integration von Intellektuellen in die Heldenkultur.

Das Heldenparadigma favorisiert Aktion, ruchloses Ausagieren und Brutalität, eine Haltung des Mannes, das Reaktion höher bewertet als Reflexion, und wo Gefühle entweder einfach verdrängt werden, oder einem wohldefinierten Zweck dienen: Familie, Fortpflanzung, Fortbestand. Der *typische Gesichtsausdruck* und die *Körpersprache*, die Män-

ner in den meisten Fernsehserien sehen lassen, offenbart dies weit anschaulicher, als die in diesen Produktionen geführten Dialoge. Der Held hat gewöhnlich eine aufgeblasene Brust, einen steifen Rindernacken und total verspannte Gesichtsmuskeln, was seinem Gesicht einen toten, maskenartigen Ausdruck verleiht. Seine Sprache ist blutig-roh, kurzangebunden, reduziert auf ein Bellen, wolfsartig und seelenlos.

Seine Handlungen sind gerissen, nicht weise, dem Recht ergeben, nicht der Gerechtigkeit, effizient, nicht integriert. Seine Emotionen sind abgekoppelt von seinem Intellekt und *zweckdienlich*. Das Mitteilen, die positive Kommunikation von Freude, Lust oder Wohlbefinden wird als kindisch, unmännlich und oberflächlich abgetan.

In älteren Zivilisationen finden wir ein Rollenmodell des Mannes, das von der Schablone des Predator-Typs nicht unwesentlich abweicht. Das Bild des Mannes in diesen älteren Kulturen, welche der Natur näher standen und lange Traditionen hatten, war eines, das weibliche Attribute im Manne in gewissem Mass als integrativ und kompatibel befand. Auch was erotische Anziehungskraft anbetrifft, so war das Bild dieses männlichen Typus eher der eines gleichwertigen Partners, und weniger der eines angehimmelten Führers. Der Prototyp des 'guten' Mannes war der Familienfreund, der auch zärtlich seinen Beitrag zur Aufzucht der Kinder leistet, der Mann, der ein gewisses Mass an *emotionaler Intelligenz* aufweist, und der mit seiner Partnerin auch auf einem intuitiven Niveau kommunizieren kann.

Häufig hatte der Mann in diesem Rollenmodell eine Konkubine, welche von der Ehefrau stillschweigend geduldet wurde. In vielen dieser alten Zivilisationen, sei es in Europa oder in den traditionellen Kulturen von Persien, Ägypten, Indien, Japan oder China ist das Halten einer

Konkubine eine Jahrtausende alte Tradition, welche noch bis vor kurzem nicht einmal von den Feministen gebrandmarkt wurde.

Was die traditionellere Frau in der Ehe sucht ist Vertrauen, Betreuung und Verantwortung, und wenn ein Mann es schafft, diese Werte zu achten und daneben noch Zeit und Energie hat, eine Konkubine auszuhalten, und wenn er vorsichtig und diskret genug ist, damit die Nachbarschaft nicht einen Skandal aus der Doppelehe macht, dann können solche Beziehungen über Jahre hin ohne beachtenswerten Zwischenfall vorangehen.

In der modernen Konsumkultur hingegen, wie sie durch den Heldenkult geprägt ist, richtet die Gruppenfantasie vom versteckten Schwein großen Schaden an. Es ist nicht der Mann, wie er von der Kultur als Modell definiert wird, der mit Misstrauen betrachtet wird, sondern der *Kindmann*. Der Kindmann fährt nicht in den Schienen des Heroenrobots; er sieht auch meistens ganz anders aus, hat filigranere Gesichtszüge, intelligentere Augen, feinere Hände und längere Haare, und sein Gang ist eher tänzerisch-leicht, nicht stampfend-täppisch wie der des Heroenbabys. Natürlich ist der Kindmann eines Projektion oder ein *Kompensationsarchetyp* des Heroenweltbildes. In Wahrheit handelt es sich hier ganz einfach um den *Intellektuellen*. Er gilt als kindhaft-infantil, und man vermutet, dass er emotional nicht ausgewachsen ist, was auch in mancher Hinsicht plausibel klingt. Manche dieser Männer wiegen vierzig Kilo, manche der Heroen das zehnfache. Die Heroenkultur misst sowohl IQ wie auch emotionale Reife *an der Anzugsgröße*. Wer ständig Übergröße bestellen muss, muss im Elefantenweltbild ein Genie sein.

Der Kindmann ist einfach sensibler und intelligenter, als der Prototyp, der die Kultur definiert; sein Fokus ist auf die Familie gerichtet, auf häusliche Aktivitäten, Frauen, Kinder und Haustiere. Sein Jagdinstinkt ist weit weniger ausgeprägt, aber dafür hat er einen weit entwickelteren Sinn für Kinderpflege, die Betreuung von Tieren, und das Wohlsein der Partnerin und ihrer Familie, wenn er nicht daneben auch noch diverse Musikinstrumente spielt.

Diese Männer sind sowohl in der professionellen Kinderbetreuung als auch in der Familie zuhause, und obwohl sie bessere Arbeit tun als die Heldenbullies und im allgemeinen effektiver sind als weibliche Betreuerinnen in der Arbeit mit Kindern, begegnet die Gesellschaft ihnen mit Misstrauen: man vermutet, dass sie dann und wann über die Stränge schlagen und von der Nähe zu Kindern profitieren, um sich einmal richtig satt zu essen an jungen Früchten.

Die Hauptannahme, die in dieser modernen Gruppenfantasie steckt, ist die, dass ein Mann keinesfalls zu lange in der Nähe von Kindern weilen sollte. Wenn wir einmal tiefer in die *Logik dieses Arguments* eindringen, so sehen wir gleich, woher der Wind weht. Es ist die Angst vor der Nähe als solcher, die Angst vor Emotionen, vor Gefühlen, die an der Wurzel dieser Idee ihren Spuk treibt. Es ist Puritanismus in seinem besten Gewand. Puritanismus ist nicht sexuelle Repression in erster Linie, sondern *Repression von Gefühlen!*

Die Repression von Sex ist eine Folge der Repression von Gefühlen, von Emotionen und von Emotionalität, nicht umgekehrt, wie die meisten Leute denken. Psychologische Forschungen haben klar gezeigt, dass die Realität ziemlich anders aussieht, als solche kollektiven Mythen. Es ist der Mann, der seinen Gefühlen näher ist, und der als Folge

davon Frauen und Kindern näher ist, der ein *geringes Missbrauch-Profil* hat, während der Mann, der die Heldenkultur definiert, und welcher von seinen Gefühlen weitgehend abgeschnitten ist, sich viel weniger verantwortlich verhält und ein *hohes Missbrauch-Profil* hat.

Die oben erwähnten neue Gesetze für Kindertagesstätten wurden von der Mehrheit von Männern und Frauen unterstützt, welche dem herrschenden System folgen. Durch diese Gesetzgebung wurde der Verstecktes-Schwein-Mythos auf Männer projiziert, welche de facto weniger abusiv und psychosomatisch integrierter sind, und welche mit den Anforderungen unserer Epoche konstruktiver zurechtkommen, als die stereotypen Heldencharaktere, denen es große Mühe macht, geteilte Verantwortung in der Partnerschaft zu übernehmen, und welche in einer Gesellschaft, in der die Frau mehr und mehr gleichgestellt wird, unter einem schmerzvollen Prestigeverlust leiden.

Also kann ich doch sagen, dass diese Gesetzgebung, wie so viele in Sachen Moralität, nicht nur archaisch anmutet, sondern glatter Unsinn ist. Im Nachhinein wird die psychohistorische Forschung zeigen, dass diejenigen, die durch diese Gesetzgebung in die Falle der Justiz laufen, und die sich als die wahren *versteckten Schweine* herausstellen werden, nicht die Kindmänner sind, welche ihre Pädoemotionen offen anerkennen, sondern die persekutorischen Helden und Pädohasser, die ihre Pädoemotionen verdrängen und deren konstante Blähungen durch alle unsere Massenmedien stinken.

§09. Das Institutionalisierte Opfer

D ie postmoderne Heldenkultur erkennt Frauen und Kinder in allererster Linie als passive Opfer und ein wenig dämliche, doch ausdauernde Dummies an.

Nur in Feministenkreisen gehen Gerüchte, dass Frauen und Kinder so etwas wie eine eigene Persönlichkeit und ihr eigenes Recht auf Existenz haben könnten. Das herrschende System klassifiziert ihre Rechte als vom Mann als Hauptmachthaber *abgeleitet*.

Die Heroen-Yahwe Kultur postuliert, dass Geh-Oh-Deh-Yahwe die Frau als ein Derivativ des männlichen Körpers erschuf, ein Faktum, das allen anderen Kreationsmythen der Welt widerspricht—wie es ein eminenter Experte feststellte, Joseph Campbell.

Von Frauen in unserer Kultur wird erwartet, hilflos zu sein und die Rolle des ewigen Opfers zu spielen; sie werden dazu ermutigt. Das ist ein alter Reim in der patriarchalischen Kultur und Gesellschaft, aber dieses archaische Rollenmodell wurde nun im Rahmen der Missbrauch-Kultur mit neuem Leben erfüllt. Jetzt erhält die alleinerziehende Frau, die ein oder zwei Kinder hat, erhöhte Aufmerksamkeit.

Unter diesen Frauen, welche alle gemeinsam haben, dass sie eine Missbrauch-Geschichte zur Schau tragen, gibt es viele Aktivisten, Männerhasser und Pädophilen-Verfolger. Manche von ihnen haben mit Missbrauch ihrer Kinder zu tun gehabt und sie sind von Hass und Eifersucht erfüllt gegen ihre Partner oder Ex-Ehemänner, welche die Tochter der Mutter vorgezogen haben. Manche von ihnen wurden diskriminiert wegen ihrer Hautfarbe, oder weil sie aus einer abusiven Un-

terklasse-Familie kommen. Wieder andere hatten als Kind einverständlichen Sex mit erwachsenen Männern, welche Erfahrung sie zunächst positiv werteten, die sie aber später unter der Gehirnwäsche der Missbrauch-Kultur umwerteten als 'grausamer Missbrauch und Vergewaltigung'.

Anstatt Missbrauch als *Symptom* einer unterschwelligen Pathologie anzusehen, welche erforscht und geheilt werden sollte, nehmen sie das Symptom für die Krankheit und beginnen, auf sozialem und rechtlichem Niveau zu kämpfen. Meine Fragen sind:

▸ Wofür kämpfen sie?

▸ Gegen wen kämpfen sie?

▸ Was wollen sie mit ihrem Kampf erreichen?

▸ Was bringt ihr Kampf wirklich hervor an Resultaten?

▸ Was verdeckt oder verschleiert ihr Kampf?

▸ Gibt es karmische Ursachen für Missbrauchserfahrungen?

Diese selbsternannten Opfer wurden in der Missbrauch-Kultur institutionalisiert. Großzügige finanzielle Unterstützung vonseiten der Regierungen und NGOs haben für sie die Plätze, die Plattformen, die Foren und die Medien geschaffen, wo sie ihren Kampf realisieren können, immer schön nach dem Motto 'Auge-um-Auge' oder, und nach dem pervertierten Motto des Heiligen Paulus, 'Gehet hinaus in die Welt und säet Hass!'

Die Missbrauch-Kultur hat ihnen aktiv dabei geholfen, ihre Angst-und-Hass Religion zu gründen, ihre Kirchen, Sekten und Foren, wo sie ihren Rachedurst von allen Kanzeln brüllen und ihr Gift in den verwundbaren Bauch einer offenen Gesellschaft spritzen können. Und die Massenmedien haben ihnen natürlich geholfen, denn diese werden von ihnen finanziert, und auch weil die Medien sich gierig die Finger nach Perversität lecken, denn die sordiden Geschichten und öffentlichen Skandale bringen ihnen hohe Profite, weil das Publikum einfach perversen Dreck braucht, um sich trotz allem wohlzufühlen in seinem Arbeiterschweiß, wie es vor nicht zu langer Zeit noch öffentliche Folterungen und Erschießungen besuchte, um sich zu amüsieren.

Die Missbrauch-Kultur weiß, wie man die öffentliche Meinung manipuliert, um immer noch mehr Menschen mit immer noch mehr Hass zu erfüllen, um immer noch mehr Menschen mit immer noch mehr Ekel zu erfüllen und um immer noch mehr Menschen in immer gewalttätigere Revolte zu versetzen; dabei wird jede Stimme, die die streitenden Partien auszusöhnen versucht, die versucht, Frieden zu bringen und Dialog, im Keim erstickt. Doch eie Zeit wird kommen, da sie die Rechnung zu zahlen haben für all das Leid, das sie durch ihren unversöhnlichen Hass in unserer ganzen Gesellschaft, und weltweit, angerichtet haben. Denn das Gesetz ist, wenn du richtest, wirst du gerichtet! Und du wirst gerichtet werden genau unter dem Gesetz, das du proklamiert hast. Sie haben Auge-um-Auge proklamiert, also werden sie unter diesem archaischen Gesetz des frühen Patriarchats gerichtet werden. Und das ... möchte ich ihnen nicht wünschen, das würde ich niemandem wünschen. Aber bei Karma geht es nicht um Gnade, sondern um Ursache und Wirkung, es sei denn, man ändert seine Haltung und beginnt, Einsicht zu gewinnen. Aber davon habe ich bei diesen

Donnerjungfern und ihrer Meute von Mitläufern noch nicht die geringste Spur gesehen.

Wofür kämpfen sie eigentlich? Lassen sie uns einmal auseinander klamüsern, für was sie *denken* zu kämpfen, und für was sie *wirklich* kämpfen. Sie *denken*, sie kämpfen für eine bessere Welt, eine bessere Gesellschaft, in der es mehr Gerechtigkeit für Frauen und Mädchen gibt, in welcher Männer respektvoller und zärtlicher sind, und wo das weibliche Geschlecht nicht mehr Opfer von Demütigungen und Missbrauch sind, sondern in ihrem eigenen Recht, und auf gleicher Stufe, geachtet werden. Eine Gesellschaft, wo Frauen auch beruflich gleichgestellt sind und nach ihrer Leistung bezahlt werden, nicht als Wesen zweiter Klasse. Eine Welt, in denen Frauen und Mädchen ihre volle Kreativität entwickeln können, und ihre Einzigartigkeit auch in der Öffentlichkeit zeigen können. Eine Welt, wo Liebe nicht mehr ein Spiel ist, in dem Männer die Gewinner und Frauen die Verlierer sind, und wo Frauen, nicht nur auf dem Papier einer schön klingenden Staatsverfassung, sondern im täglichen Leben als göttliche Kreaturen geliebt und geachtet werden.

Sie kämpfen *wirklich* für die Gelegenheit, ihre unerträglichen inneren Spannungen nach außen zu entladen, um für ihre Ohnmachtsgefühle und ihre Selbstanklagen zu kompensieren, um gegen ihre ständigen Schuldgefühle und ihr niedriges Selbstwertgefühl aufzukommen, welches der Grund dafür ist, dass sie keinen Partner finden. Sie kämpfen, um einen Teil ihrer aufgestauten Sexualenergie abreagieren können, indem sie sich frenetisch für die 'gute Sache' einsetzen. Sie kämpfen, um ihren Kindern und Familien zu zeigen, zu was sie fähig sind, was sie alles mobilisieren können. Sie kämpfen, um sich zu beweisen, dass sie mehr sein können als Vaters kleines dummes Ding. Sie kämpfen, um

Rache zu nehmen an allen Männern, die ihnen über den Weg laufen, auch wenn sie keine Missbraucher sind, denn irgendwie, irgendwo, *sind ja doch alle Männer Schweine*—in ihren Augen.

Gegen *was* kämpfen sie? Sie *denken*, die kämpfen gegen das Böse und vor allem, das Böse in Männern, solchen, die morden und vergewaltigen, die gewalttätig sind und die keinen Respekt vor dem weiblichen Geschlecht haben, noch für irgendeine schwächere Kreatur, wie Jungen oder Mädchen, welche sie gern depravieren durch sexuelle Übergriffe, das Strippen von Kindern, oder Pfänderspiele, die sie gebrauchen, um Kinder Zug um Zug dahin zu bekommen, wo sie sie sexuell haben wollen, während Kinder keinerlei Widerstandskraft haben, um gegen ihre Verführungen anzukommen.

Gegen wen kämpfen sie *wirklich?* Gegen sich selbst als die schweigenden Komplizen in einer Tat, zu der sie nicht nein sagten, oder nicht nein sagen konnten, und die sie *jetzt* als Demütigung und Verbrechen ansehen. Gegen diejenigen, gegen die sie Rache nehmen wollen, ihre abusiven Väter, Brüder, Onkel oder geschiedenen Gatten, deren Bild sie unbewusst auf jeden 'Missbraucher' projizieren, für die sie grinsend die schlimmste und ruchloseste Tortur, und den grausamsten Mord reserviert haben in ihrem stillen Kämmerlein. Sie brauchen die Abreaktion, sie brauchen den Sündenbock, der ihnen dient, ihr Schwein endlich herauszulassen.

Was wollen sie erreichen mit ihrem Kampf und was bringt ihr Kampf wirklich, was für ein Resultat bringt er in der Gesellschaft? Sie möchten einer ungerechten Welt Gerechtigkeit über den Kopf hauen. Dass sie selbst Unrecht erlitten haben, ich leugne es nicht. Doch haben sie allen Glauben in eine übernatürliche Leitung, die gerecht und gut ist, verlo-

ren; schlimmer noch, sie wissen nicht, dass diese Kraft *ihnen selbst innewohnt* und dass sie nur doch Liebe und Verzeihen, und nicht durch Gewalt aktiviert werden kann.

Eigenartigerweise übersehen sie, dass diese Kraft nicht durch Hass und Gewalt aktiviert wird, sondern dass sie der Erfahrung nach eher eine Distanz nimmt zu Menschen, die sich auf den Pfad der Vergeltung begeben. Also können wir beobachten, was ihr Kampf *wirklich* hervorbringt, und ich sage das hier ohne Zynismus und mit wahrer Anteilnahme für ihr Schicksal. Was ihr Kampf, ihr Hass und ihre Gewalt hervorbringt, ist nach und nach jedes bisschen Liebe aus ihrem Leben und dem Leben von uns allen auszumerzen, bis die Welt wahrhaft in Gewalt ersticken wird! Ohne dass es ihnen vielleicht bewusst ist, dass sie genau das, was sie erlitten haben, anderen und der Welt zufügen, bringt das Unrecht, das sie tun gegenüber denen, die sie hassen, wer auch immer es ist, eine Verstärkung der alten Regel 'Was mir angetan wurde, werde ich anderen antun!' Damit arbeiten sie letztlich für das Böse, damit arbeiten sie gegen die Liebe und gegen Gott, damit helfen sie denen, Faschisten, Tyrannen, Verbrechern und Psychopathen, die Gewalt, Misstrauen und Verfolgung perpetuieren wollen in unserer Welt, statt dabei zu helfen, die Welt zum Besseren zu ändern, und für den Frieden zu wirken. Ihr Wirken ist also für Krieg, für Mord und Zerstörung, ob sie dies nun bewusst wollen oder nicht, es ist einfach so. Und das Karma haben sie zu bezahlen, ob sie das wollen oder nicht!

Also, wenn man die Dinge von einer anderen Warte als der ihren betrachtet, so wird offenbar, dass sie genau das Gegenteil erreichen von dem, was sie erreichen *wollen!*

Was ist es also, das ihr Kampf verhüllt oder verdeckt, oder hat Missbrauch vielleicht auch karmische Ursachen? Was ihr Kampf verdeckt, sind ihre Bedürfnisse, ihre unerfüllten Bedürfnisse und die Bedürfnisse derer, die sie angreifen. Lassen sie uns einmal genauer untersuchen, was diese Bedürfnisse sind auf beiden Seiten, und ob es sich hier wirklich um *verschiedene* Bedürfnisse handelt?

Sie haben das Bedürfnis, geliebt zu werden und Liebe zu leben mit denen, zu denen sie sich hingezogen fühlen. Dieses menschliche Grundbedürfnis haben sie gemein mit denen, die sich angreifen. Die Männer, die auf den Abweg des Missbrauchs gelangten konnten mit ihrem Bedürfnis nach Liebe nicht konstruktiv umgehen; sie haben Methoden gewählt zur Befriedigung ihres Liebesbedürfnisses, welche inadäquat waren und ineffektiv, und dazu andere verletzt haben.

Wenn ich eine Frau oder ein Kind vergewaltige, habe ich sexuelle Erfüllung, und ich mag auch einen starken Orgasmus haben, aber ich kann die Person, die ich vergewaltige, in keiner Weise dazu bewegen, mich zu lieben, was auch immer ich tue. Diese Person wird aller Wahrscheinlichkeit nicht den Arm zu mir ausstrecken, wenn ich ihr das nächste Mal begegne. Sie wird mich vielleicht meiden und einen Bogen um mich machen. Zum mindesten wird sie wütend sein auf mich oder mich bitten, mich formell bei ihr zu entschuldigen, oder sie wird mich um einen anderen Gefallen bitten.

Vergewaltigung ist ein Monolog, kein Dialog.
Es ist Abwesenheit von Dialog.

Auf der anderen Seite, wenn ich alles in meiner Macht stehende tue, um der Frau oder dem Mädchen zu zeigen, dass ich das, was ich tat, zutiefst bereue, und dass ich mich dazu anbiete, sie in jeder möglichen

Weise schadlos zu halten, mag sie mir vergeben—und dann ist der Weg offen für Liebe, für wahre Liebe. Denn diese Liebe wird dann eine *reife und wissende* Liebe sein, keine unwissende, keine unschuldige, sondern eine erfahrene Liebe, bescheidener in ihrer Menschlichkeit, nicht auf dem Niveau von Bewunderung, oder dem Niveau schaler *Gutheit*. Wenn eine Frau einen Mann liebt in seiner Verwundbarkeit, in seiner Imperfektion, dann liebt sie ihn wirklich. Aber nur ein Mann, der sich verwundbar *gibt*, kann dahin gelangen, solchermaßen geliebt zu werden von einer Frau oder einem Mädchen, nicht ein Macho, nicht ein Mann, für den 'Eroberung' eines weiblichen Wesens egohaften Gewinn bringt und schülerhafte Selbstbestätigung.

Um dahin zu gelangen, müssen wir Männer wirklich lernen, in Dialog zu treten mit uns selbst, mit der Welt, und mit Frauen und Mädchen. Ich brauche nicht zu vergewaltigen. Ich kann es besser tun. Ich kann von Anfang an meine Bedürfnisse klar ausdrücken und formulieren im Gespräch. Was für ein Typ Mann ist es, der Erfolg hat bei Frauen und Mädchen? Es ist der Mann, der bescheiden genug ist, sich ganz zu offenbaren, ohne Schutzschilder zu leben, der Mann, der weiss, dass er weibliche Wesen nicht 'kontrollieren' kann, und dass, wenn er dies tut, er selbst den Kürzeren ziehen wird. Wenn ich verwundbar bin, dann können wir auf einem reifen Niveau in Dialog treten, ohne uns gegeneinander zu reiben in endloser Masturbation; dann können wir dahin gelangen, dass wir in der Harmonie des Zusammenseins ein *Kontinuum* finden, in welchem unsere Bedürfnisse befriedigt werden, ohne dass wir das willentlich anzustreben haben, einfach auf der Basis gegenseitigen Respekts.

Sie sind verloren in ihrem Kampf, weil die, die sie vergewaltigt haben, ihnen ihre Bedürfnisse niemals mitteilten, weder vorher, noch danach;

solche Männer haben auch in den meisten Fällen ihren Arm nicht nach ihnen ausgestreckt, haben nicht um Verzeihung gebeten, haben ihr Unrecht nicht eingestanden, haben keine Anteilnahme genommen an ihrem Ekel, an ihrem Leid. Sie waren nicht in der Lage, ihre Verwundbarkeit zu zeigen, sie waren gepanzert, und verbargen sich, wie kleine Jungen, hinter dem Sandkasten.

Das aber wieder hat bei ihnen noch etwas anderes ausgelöst, eine noch tiefere Verletzung, ein Verlust von Hoffnung in das Männliche, das Führende, das Beschützende, und ein furchtbares Gefühl, *preisgegeben* zu sein den Launen des Schicksals, Opferlamm zu sein, schmutzig zu sein. Was sie nicht wissen ist, dass die Scham, die sie nun unerträglich finden, nicht ihre Scham ist, sondern die Scham ihres Vergewaltigers, die sie unbewusst übernommen haben. Sie können das erfahren in einer Therapie, und manche Frauen wissen es intuitiv, aber die meisten werden sich eingraben in ihre dicken Falten von Scham und Gram, und das ist mehr als bedauerlich. Es ist bedauerlich nicht nur, weil passierte was passierte, und was schlimm genug ist, sondern weil es relativ einfach ist, darüber hinweg zu kommen, wirklich! Es ist relativ einfach, denn das Leben geht weiter, vorausgesetzt, man ist bereit und in der Lage, die gesellschaftlichen und religiösen Schablonen abzustreifen, die einen in die Opferrolle zwingen.

Was ihr Kampf verdecken soll, ist nichts anderes als diese Scham. Ist es wirklich der Mühe wert, so frage ich euch, Frauen, die aktivistisch tätig sind, einen solch weiten Weg zu gehen, um ein solch nahes Ziel zu erreichen? Diese Scham, bitte horcht auf, kann nicht zum Schweigen gebracht werden, indem ihr andere terrorisiert! Sie kann nur in dem Masse sich verringern, wie ihr beginnt, euch selbst zu lieben—trotz allem,

und indem ihr herausfindet, was eure *wahren* Bedürfnisse sind, denn nur dann könnt ihr dahin gelangen, sie zu befriedigen.

Das erste Hindernis auf diesem Weg ist *Vergebung*. Verzeihen ist eine Abkürzung in Fällen, wo derjenige, der uns verletzt hat, ihren Arm nicht ausstreckt und nicht um Verzeihung bittet, weil er zu stolz oder zu schamerfüllt ist, um das zu tun. So vergeben wir ihm also dennoch. Was passiert dann? Die Scham geht weg. Warum? Es war nicht unsere Scham, sondern die Scham, die wir von dem Missbraucher übernommen haben. Indem wir ihm vergeben, erlösen wir ihn von seiner Scham und als Resultat davon, uns selbst. Und dann? Dann sind wir offen und frei für neue Liebe!

Das Leben wird uns einen Bonus geben, denn durch den Akt des Verzeihens sind wir proaktiv und helfen dem Leben in seinem ewigen Heilungsprozess; in einem solchen Moment sind wir wahrhaft kreativ. Das Leben zahlt es uns zurück, indem es uns neue Liebesmöglichkeiten gibt, neue und sogar bessere als vordem, weil wir unserer inneren Quelle näher gekommen sind durch die Arbeit, die wir innerlich getan haben und durch das Verständnis, das wir durch diese Arbeit gewonnen haben. Es ist das Verständnis des totalen Prozesses der menschlichen Existenz, und aller Existenz. Wir sehen dann, dass Leben nicht 'man sollte' bedeutet, nicht schwarz-weiss ist, sondern alle Schattierungen von Grau.

Dann, in dem Moment, mit dieser Einsicht, können wir hinausgehen in die Welt und den Kampf wieder aufnehmen—aber es wird nicht mehr derselbe Kampf sein. Der Kampf wird eine neue Qualität haben, und er wird Liebe bringen, nicht Hass, Verständnis, nicht Intoleranz, Vergeben, nicht Auge-um-Auge. Dann werden wir auch verstehen, dass alles zy-

klisch ist im Leben, und also karmisch, und dass Missbrauch auch karmische Gründe haben kann. Wir werden dann begreifen, dass, wenn wir missbraucht worden sind, wir diese Erfahrung des Missbrauchs angezogen haben wegen eines ganz bestimmten Gedankenmusters, eines ganz bestimmten Gefühlsmusters, einer ganz bestimmten Wellenlänge in unserem Bewusstsein. Auf der anderen Seite, wenn wir einen unwiderstehlichen Drang haben zu vergewaltigen, dann besteht eine hohe Wahrscheinlichkeit, dass des Verhaltensmuster 'vergewaltigen' bereits unserem Bewusstsein aufgeprägt worden ist, indem wir passiv Vergewaltigung erlitten haben, als Opfer.

Von dieser Einsicht in Bewusstseinsmuster können wir dann dahin gelangen, die Wiederholung solcher Zyklen zu verstehen, und auch der reversiblen Zyklen, die wir klar in den Lebensgeschichten von sowohl Missbrauchten als auch Missbrauchern ausmachen können. Wenn wir diese Verhaltensmuster durchbrechen möchten, müssen wir zu einem höheren Bewusstseinsniveau gelangen, als das, welches wir hatten zur Zeit der Vergewaltigung.

Was *ist* denn nun das Bewusstseinsmuster von Vergewaltigung, möchte man fragen? Es ist eine ziemlich niedrige Schwingung, die mit einem geringen Maß an Bewusstsein einhergeht; sie ist amöbenartig und stumm; sie drückt Leid aus. Das Leid wird durch die Gewalt selbst ausgedrückt, nicht verbalisiert. Der Akt selbst ist der Schrei, es ist Körpersprache. Es ist ein Kurzschluss, der einem viel komplexeren Bewusstseinsprozess ein Ende setzt. Insofern ist es eine Verteidigung von Einsicht; die Selbsterkenntnis ist gewissermaßen auf der Türschwelle, aber man weist sie zurück, und indem man eine andere Person vergewaltigt, fügt man sich selbst diese Gewalt zu, namentlich um die Einsicht zu unterdrücken.

Der Kurzschluss als stummer Ausdruck von Gewalt hätte verhindert werden können durch geduldige und tolerante Selbsterforschung, und das Erwägen von Optionen. Der Akt der Vergewaltigung suggeriert dem Täter ein Gefühl von Macht, welches natürlich trügerisch ist, denn in Wahrheit ist er völlig machtlos; die orgastische Entladung bringt die hohe Ladung, welche letztlich akkumulierter psychischer Stress ist, herunter.

Was Frauen schockieren mag ist die Tatsache, dass für die meisten Männer eine Vergewaltigung in vielen Fällen lediglich als 'harter Geschlechtsverkehr' angesehen wird, mit dem einzigen Unterschied, dass die Partnerin nicht recht einverstanden war damit, oder man sich garnicht erst Umstände machte, sie zu fragen. Es gibt viele Grenzfälle hier, wo man nicht recht weiss, wo eigentlich die Grenzlinie war, und dies gilt sowohl für die Vergewaltigung im Ehebett, als die, seltenere, Vater-Tochter Vergewaltigung. Was viele nicht wissen ist, dass in *pädophilen Beziehungen* diese Grenzlinie viel klarer ist, und dies nicht zuletzt auch wegen der Tatsache, dass pädophile Organisationen sich ganz klar gegen die Vergewaltigung von Kindern ausgesprochen haben, und dies sowohl intern, als auch in ihren Pamphleten und ihrer Öffentlichkeitsarbeit.

Jetzt mag sie dann hinausgehen in die Welt, um die Gesetze zu ändern und sie wird dann vielleicht in der Lage sein einzusehen, dass Pädophile Bedürfnisse haben, die man nicht zu dämonisieren braucht und die man verstehen kann, und dass viele unter ihnen sehr gute Intentionen haben und bereit sind, mit Eltern und der Gesellschaft zusammenzuarbeiten in dem Sinne, dass sie Beziehungen mit Kindern, die in einer Grauzone aus Schweigen und Geheimnis stattfinden, strikt unterlas-

sen, weil solche Beziehungen eine sicherlich zu hohe Gefahr für die emotionale Sicherheit von Kindern darstellen.

So können sie dann in Kommunikation treten über die Fälle, die *nicht* klar und eindeutig sind, wo der Pädophile wohl gern Geschlechtsverkehr mit einem Kind haben möchte, ihn aber tunlichst vermeidet und bereit ist, über alle Optionen mit Eltern, Erziehern und dem sozialen Umfeld offen zu reden. Es wird ihnen dann vielleicht auch endlich in den Sinn kommen, nicht über die Köpfe der Kinder hinweg zu räsonieren, sondern die Kinder einmal selbst zu fragen, was sie eigentlich wirklich wollen, oder nicht wollen, und was sie über diesen ganzen Problemkomplex denken. Und ich weiss, dass sie nicht wenig überrascht sein werden über manche der Antworten, die sie von Kindern erhalten werden!

Und dann würden sie sehen und evaluieren können, ob Schutzgesetze wirklich ihr Ziel erreichen oder ob sie vielmehr lächerliche und arbiträre Papierregeln enthalten, die eigentlich niemandem nützen, einschließlich den Kindern, die sie angeblich schützen!

Dann können sie *andere Optionen* ausmachen, nachdem sie nämlich die Bedürfnisse *auf beiden Seiten* erkannt haben, also auch auf der Seite der Liebeskinder, der Kinder, die bereit sind, Liebe zu geben und zu erhalten, der Kinder, die komplette Beziehungen möchten mit ihren Liebhabern, was auch immer die Gesetze oder Moralregeln sagen, ganz einfach, weil es Liebe ist, das sie am höchsten einschätzen im Leben, und weil sie Schönheit sehen in körperlichen Beziehungen mit denen, die sie lieben.

Und hier spreche ich *nicht* über alle Kinder, sondern einen Teil von ihnen, welche ich *erotisch bewusste und intelligente* Kinder nenne, oder

Liebeskinder, denn es ist offensichtlich, dass nicht alle Kinder Liebe und Sex mit älteren Partnern wünschen, ganz so wie es offensichtlich ist, dass nicht alle jungen Frauen grauhaarige Senioren lieben, wie reich, zärtlich, rücksichtsvoll oder weise diese Männer auch sein mögen.

So könnten diese früheren institutionalisierten Opfer nach allem dahin gelangen, nützliche, wertvolle und effektive Mitarbeiter für die *res publica*, das öffentliche Wohl, zu sein, denn sie wissen mehr, haben mehr erlebt und haben mehr durchgemacht und mehr gelitten, und dadurch mehr Bescheidenheit und Menschlichkeit erlangt, und mehr Einsicht in die Natur des Menschen, wie dies bei Durchschnittsmenschen der Fall ist.

Dann, und vielleicht *nur* dann, wird die Welt sich wirklich zum Besseren wenden, und ohne viel Kampf, und sicherlich ohne Kriege, Verfolgungen, Hass und Gewalt!

§10. Mainstream Paranoia

Ich möchte hier gern *ein paar allgemeine Gedanken* einstreuen, die den Standpunkt der Mehrheit in unserer Gesellschaft hinsichtlich der Kindliebe skizzieren. Denn es ist meiner Ansicht nach nicht bestreitbar, dass unsere Gesellschaft *disqualifiziert* ist, um überhaupt eine kompetente Meinung in dieser Frage abzugeben.

Wenn ich als Anwalt jemanden zu verteidigen habe und Beweise gegen ihn vorliegen, dann tue ich gut in meiner Aufgabe, wenn es mir gelingt, dem Gericht zu zeigen, dass die Beweise nicht vertrauenswürdig sind. Dann spare ich Zeit und Geld, wenn ich das gleich am Anfang der Verhandlung tue. Es gibt zwei Verfahrensweisen hier:

—Ich widerlege den Beweis selbst;

—Ich zeige auf, dass der Zeuge nicht vertrauenswürdig ist.

Um ein Beispiel für die erste Alternative zu geben: wenn in einem Mordfall die Waffe Fingerabdrücke aufweist, diese aber nicht die des Angeklagten sind, dann habe ich den Beweis widerlegt. Ein Beispiel für die zweite Verfahrensweise wäre, wenn ich die Glaubwürdigkeit des Augenzeugen in Frage stelle, indem ich zeige und beweise, dass diese Person zu dem Zeitpunkt unter einer akuten Psychose gelitten hat und daher keinen Unterschied zwischen innerer Vorstellung und wirklicher Perzeption des Geschehens hat machen können. Nun, was ich bezüglich der *Pädophilie*, oder allgemeiner, der Kindersexualität zu sagen zu sagen habe ist, dass die derzeitige Mehrheit in unserer Gesellschaft kein gültiges Urteil abgeben kann, weil ihre Perzeption des Gesche-

hens durch eine *kollektive Psychose* so sehr getrübt ist, dass man als Wissenschaftler ihre Wahrnehmung nicht ernst nehmen kann.

Paracelsus sagte, dass man immer daran schuld ist, wenn man krank ist. Er meinte, dass unser Körper eine eigene Intelligenz besitzt, die sensibel auf Verzerrungen in der Psyche reagiert und dass die physische Erkrankung oft auf die psychische Ursache hinweist. Also kann eine Gesellschaft, die krank ist, nur falsche Urteile abgeben; eine Gesellschaft, wo siebzig Prozent der Menschen unter Depressionen leiden und Drogen nehmen müssen, damit sie überhaupt lebensfähig sind, ist so krank, dass man als Wissenschaftler oder als psychisch gesunde Person ihre Werturteile, und Gesetze, die sich auf solche Werturteile gründen, nicht ernst nehmen kann.

Es wäre verrückt und gegen jede Logik anzunehmen, dass eine Gesellschaft, die falsch lebt, *weil sie das gesamte Leben auf den Kopf gestellt hat*, ausnahmsweise Recht hätte in ihren Ansichten über Liebe und Sexualität. Es macht viel mehr Sinn zu argumentieren, dass eine Gesellschaft, die das Leben und die natürlichen Regeln der Natur in dem Masse mit Füßen tritt, dass sie die Erde Tausende von Male in die Luft jagen kann mit all ihren akkumulierten Waffen, vollkommen ignorant ist hinsichtlich dessen, was Leben ist und was die essentielle Qualität des Lebens ist. Mit anderen Worten, eine Gesellschaft, die nur darin brilliert, immer effektivere Waffen zu bauen, um immer mehr Menschen in immer mehr Kriegen auf immer brutalere Weise zu Tode zu bringen, und dann in ihren Sonntagspredigten ihren Bürgern *Liebe Deinen Nächsten!* aufgibt, ist keinen Pfifferling wert. Ihre Ansichten über Liebe, Selbstlosigkeit und Güte sind ebenfalls keinen Pfifferling wert, weil es schlicht und einfach *Lügen* sind!

Ich begann die Konzeption dieses Buches mit dieser scheinbar arroganten Annahme, und dies gibt mir die kreative Freiheit, herauszutreten aus der *professionellen Gehirnwäsche*, die dieser Staat für seine lieben Bürger reserviert hat in ihren täglichen Nachrichten und dem Arsenal von Strategien, das die Leute auf dem *heiligen Pfad ewiger Dummheit* trotten lässt.

Ich meine es ernst, wenn ich sage, dass diese Gesellschaft nichts ist als *organisierte Stumpfsinnigkeit*, und dass die Menschheit bereits vor fünftausend Jahren ihren höchsten Entwicklungsstand erreicht hat, und seither nur *devoluierte*. Wenn wir Laotse über Pädophilie befragen könnten, würde er wahrscheinlich antworten, dass es viele Verlangen gibt im Menschen, und dass manche das Resultat unserer frühkindlichen Erfahrungen sind, manche von früheren Leben herstammen und manche durch unsere Ambitionen für die Zukunft entstehen. Und er hätte hinzugefügt, dass, wie auch immer man die Ätiologie der Pädophilie erkläre, es wichtig sei, dass man die Erfahrung als solche akzeptiere, wie auch immer sie sich einem darstellt. Dies bedeutet, wie wir heute sagen würden, dass wir mit dem zufrieden sein sollten, was wir bekommen haben vom Leben, und dass wir das Beste daraus machen sollten, anstatt das Leben zu verurteilen und dem Schöpfer zu sagen, er sei ein Idiot. Dies ist wirklich der *Ausverkauf von Blödheit!* Und doch ist genau das der Standpunkt der Mehrheit heute in allen hochtechnisierten Ländern. Es ist kulturelle Schizophrenie.

Die Oberfläche einer Vinylplatte wird von der Nadel angekratzt, während man die Platte abspielt. Die Musik, wenn wir ehrlich sind, ist Teil des Kratzgeräuschs, aber doch dominiert und überlagert sie es zu einem solchen Grad, dass wir sie mit Genuss anhören können. Was unsere Gesellschaft jedoch sagt, ist, dass es überhaupt keine Musik ist, son-

dern *nur Kratzen*. Und das ist eine monströse Lüge! Eine paranoide Gesellschaft bringt paranoide Urteile hervor. Sie *muss* so vorgehen, um ihr System aufrechtzuerhalten. Ein paranoides Urteil ist ein solches, dass durch irrationale Motive, vor allem durch Angst, zustande kommt; auch andere Faktoren, die das Bewusstsein verzerren, spielen hier eine Rolle.

Das Problem ist, dass die meisten Menschen solch paranoide Urteile und Regeln einfach blindlings übernehmen, ohne sie zu hinterfragen; darum sind sie in ihren irrationalen Denkweisen befangen und verteidigen sich mit allen Mitteln gegen rationale Argumentation, denn letztere verunsichert sie natürlich. Ihre Paranoia kann man an ihrer typischen Verhaltensweise erkennen, ihre hanebüchene Irrationalität mit pseudo-rationalen Argumenten zu rechtfertigen, während sie doch wahrhaft und sozusagen *ehrlicherweise* von sich selbst denken, sie seien rationale Menschen. In Wahrheit sind die natürlich so irrational, wie man nur irgend sein kann, und daher völlig verantwortungslos in ihrem allgemeinen Verhalten, während sie doch in jedem zweiten Satz hervorheben, sie seien *verantwortungsbewusste Bürger!* Tatsache ist, dass sie so *verantwortungslos* sind, wie es ihre unreifen Kinder niemals sein könnten. Daraus folgt mit zwingender Logik, dass sie keine gültigen Beschützer ihrer Kinder sein können. Denn sie sind selbst nicht *safe*. Die Statistiken über Kindesmissbrauch in der Familie bestätigen dies nur allzu augenscheinlich.

Quid est demonstrandum.

§11. Mentale Pornographie

*M*entale *Pornographie* ist ein Ausdruck, den ich geschaffen habe, um einen Geisteszustand zu beschreiben, der tief von Negativität affektiert ist, und der daher den essentiellen Wert des Lebendigen auf den Kopf stellt; dieser Geisteszustand charakterisiert sich vor allem durch die Tatsache, dass das gesamte Weltbild, die gesamte Weltsicht, von *Moralismus* bestimmt ist. Das typische Verhalten der Menschen, die mental pornographisch sind, ist, dass sie an jeder Strassenecke und in jeder Wohnstube Pornographie vermuten, genauer gesagt, eine bestimmte Art von Pornographie, die sie Kinderpornographie oder *Kidporno* nennen.

Diese Menschen sind sich nicht bewusst, dass sie das Leben und Beziehungen durch eine Brille sehen, die alles verzerrt, weil ihr gesamter Geist und ihr Gefühlsleben von einem hasserfüllten Moraldogma bestimmt sind, das die Natur außerhalb des Menschlichen setzt oder mit anderen Worten, das die Schöpfung gespalten sieht in einen guten und dezenten Teil und einen schlechten, obszönen Teil. Die puritanische Lebensauffassung bestimmt dieses Weltbild, indem sie es verbietet, natürliche Emotionen oder sexuelles Verlangen auf der reinen und göttlichen Seite der Schöpfung anzusiedeln. Die Folge dieser pathologischen Weltsicht ist eine schizoide Spaltung in der menschlichen Seele.

Was mich am meisten stört in der gegenwärtigen öffentlichen Debatte über die Kindliebe ist die Tatsache, dass mentalpornographische Menschen in Führungspositionen über die letzten Jahre in der Lage waren, eine rationale Diskussion dieser Fragen brutal zu unterdrücken, wobei ihnen an der Wahrung von Grundrechten oder integralen Prinzipien

jeder modernen Demokratie recht wenig gelegen ist. Als Folge der Angst, die durch enorme—und enorm teure—nationale, supranationale und internationale Hexenjagden erzeugt wurde, ist jede rationale und unvoreingenommene Diskussion über Kindliebe über die letzte Dekade hin im Keime erstickt worden.

Seit ich über diesen Problembereich forsche, und das ist jetzt seit mehr als dreißig Jahren, habe ich nach und nach alle Mythen über Kindliebe enthüllt, und solche Mythen, fand ich, sind auf beiden Seiten, in beiden Lagern zu finden. Und wenn man diese Argumentation 'ideologisch besetzt' nennen möchte, so fand ich solch ideologische Besetzung namentlich auch in der Argumentation der organisierten Pädophilen. Es ist natürlich, um genau zu sein, eine Counter-Ideologie, aber nichtsdestotrotz, eine Ideologie. Ich wage die Frage zu stellen: was sind die Fakten?

Ich möchte ein paar Beispiele geben. Ich fragte mich schon ganz am Anfang meiner Forschung, warum in dieser Argumentation ein solches Gewicht gelegt wird auf die altgriechische und altrömische Kultur, um sexuelle Anziehung für Kinder zu rechtfertigen? Was ich sagen will ist, dass ich es eher geistig beschränkt, wenn nicht gar armselig und unkreativ finde, wenn man grausamen Kulturen heranziehen muss, um seine pädoemotiven Gefühle irgendwie unter Dach und Fach zu bringen. Diese beiden Hochkulturen haben Sklaverei betrieben und sie haben blutige Eroberungskriege geführt, Frauen und Kinder hatten einen niedrigen Stand, und die Regierungen beider Kulturen waren in hohem Maße von Korruption und Vetternwirtschaft zersetzt. Ein Sokrates hätte niemals sterben müssen, wäre das unwahr, was ich hier sage!

Die ganze Weltgeschichte und die gesamte Weltliteratur ist so erfüllt von Beschreibungen erotischer Anziehung von Erwachsenen für Kinder, dass man wirklich nicht 'zu den alten Griechen' zurück muss, um Beispiele zu finden. Aber meine Frage ist tiefer und psychologischer im Ansatz. Ich verstehe es, wenn junge Menschen sich marginal fühlen wegen ihrer Interessen, seien sie erotisch, literarisch, wissenschaftlich oder den Lebensstil anbetreffend. Was ich mich frage ist, ob nicht jeder 'Backup' für unsere Eigenheit uns nicht per se von uns selbst, von unserer *soul power* entfremdet?[25]

Einer der grundlegenden Einsichten, die ich durch meine Arbeit als Personaltrainer gewann ist, dass Marginalität, unsere Verschiedenheit in Wahrheit unsere Eigenmacht ist, und wenn wir uns um jeden Preis anpassen an Modelle, die wir aus Gründen emotionaler Sicherheit *imitieren*, dann verlieren wir an Eigenmacht und damit auch an Identität und Originalität. Obwohl solche Anpassung natürlich verständlich ist, von einer psychologischen Perspektive her und aufgrund der Tatsache, dass es nicht angenehm ist, ständig gegen den Strom zu schwimmen, so kann dies doch die Wahrheit nicht verdecken, dass unsere Eigenmacht in erste Linie durch unsere *Kreativität* begründet wird, und dies wiederum ist nichts anderes als ein Ausdruck unserer inneren Wahrheit, unserer Vision der Welt, und der Realität. Wenn wir eine solche Position, welche ich *holistisch* nenne, einnehmen, dann gelangen wir weit hinaus über Unterschiede im Sexualleben, welche in der Diskussion von Homosexuellen, Lesben und Pädophilen einen viel zu hohen Stellenwert einnehmen. Dann erkennen wir namentlich, dass Sexualverhalten auch wieder eine Folge ist von viel grundlegenderen Einstel-

---

[25] Ich muss hier den originalen englischen Begriff stehen lassen, weil er einfach nicht ins Deutsche übersetzbar ist. Es gibt in der deutschen Sprache kein Wort wie *Seelenmacht* – wohl gibt es *Eigenmacht*, aber es handelt sich hier um zwei verschiedene Begriffe. Eigenmacht im Englischen wäre *self-power* oder *primary power*.

lungen zum Leben, zu anderen Menschen und zu Erotik im allgemeinen.

Am Anfang der Suche nach dem wahren Selbst ist Angst, und die Angst kann überwältigend sein. Jedoch ist die Angst keinesfalls Zeichen einer Geisteskrankheit, sondern ganz im Gegenteil ein Signal, das die Geburt unserer eigenen *persönlichen* Realität anzeigt. Dieser Prozess kann sich langsam entfalten, er kann aber auch explosiv sein. Je plötzlicher er einsetzt, umso mehr Angst werden wir erfahren. Dies hat ganz und garnichts mit Sexualität zu tun, sondern ist ein Anzeichen dafür, dass ein Prozess der *Individuation* eingesetzt hat. Dies ist es, was wirklich das Leben von Helden, und von Genies, und von all denen, die wir bewundern, ausmacht. Sie sind *alle* da durch gegangen.

Dies ist der Grund, warum ich mich nach einiger Zeit meiner Pädophilie-Forschung fragte, ob nicht mit dieser doch recht eigenwilligen Art der Liebe eine *Suche nach Identität* verbunden ist? Noch weitergehend möchte ich spekulieren, ob nicht die pädophile Anziehung vom höheren Selbst hervorgebracht wurde, um eine Art von Überlebensreflex auszulösen, welcher dazu führt, dass die Person sich mit der *Herausforderung einer authentischen Identität* konfrontiert sieht und daher kreativ wird? Ich frage mich namentlich, ob nicht die meisten exklusiven Pädophilen viel zu altruistisch sind für diese abgründig egoistische Gesellschaft?

Ich habe vor Jahren eine Reihe numerologischer Studien betrieben, die mir zeigten, dass mehr als die Hälfte aller Pädophilen unter einem unausgeglichenen Ich-Du Verhältnis leiden. Während bei gewöhnlichen Menschen die *Ich Zuerst* Einstellung überwiegt, welche sich im numerologischen Horoskop durch eine Dominanz der Zahl 1 darstellt, so

haben Pädophile in aller Regel eine Dominanz der Zahl 2, während die Zahl 1 in ihren Horoskopen unterrepräsentiert ist. Eine solche *Du Zuerst* Einstellung ist für unsere Gesellschaft absolut untypisch, und wird nicht einmal positiv bewertet von unserer hochegoistischen und aggressiven Westkultur. Dies mag einer der Gründe sein, warum sich viele Pädophile in Asien und im mittleren Osten wohler fühlen, denn in diesen Kulturen wird die *Du Zuerst* Einstellung als die einzig ethisch korrekte Form von menschlicher Koexistenz angesehen.

Mentale Pornographie ist präzise einer von vielen Faktoren, die unsere 'gesunder Menschenverstand' Urteile in ihr Gegenteil verwandeln. Während es jedem einleuchten muss, dass ein Paradigma des *Du Zuerst* nicht nur virtuell, sondern tatsächlich positiver ist für jeden in jeder möglichen Gesellschaft, sieht die herrschende Heldenkultur die *Ich Zuerst* Einstellung als die adäquate an, und heiligt damit Gewalt und aggressiven Egoismus, anstatt Frieden und Kooperation zu fördern. Das ist umso perverser, als dieselbe Kultur sogenannte 'christliche' Werte wie Bruderschaft und Weltfrieden predigt. Man braucht kein Genie zu sein, um den heuchlerischen Bluff in diesem schizoiden Drama aus Pseudo-Werten zu erkennen.

Wenn man das einmal herausgefunden hat, wird es offensichtlich, warum die Heldenkultur Kindliebhaber als *Pseudo-Kinder* ansieht, oder als unreife Freaks oder fragile Eunuchen, und ihnen das Erwachsensein abspricht. Eine Kultur, die als Mann nur den fettärschigen blauäugigen Affen definiert, der seine Ellbogen gebraucht, um 'sozial aufzusteigen', und der in allem anderen *Hitlerverschnitt* ist, ist Holocausts näher, als jeder Art von wahrer Demokratie. Und die besten Staatsverfassungen ändern nichts an dieser Tatsache, und sind solange einfach *Staffage*, wie die noblen Worte, die sie enthalten, nicht fassbare Realität werden.

Wo ist die Reife und das Erwachsensein einer artifiziellen *Peter Pan Kultur*, die dumpf-dumme Monsterheroen anbetet, statt ihre Jugendlichen verantwortlich aufzuziehen, so dass sie zu wahrhaft humanen und intelligenten Menschen heranwachsen? Mentale Pornographie ist ein Weltbild, das Zärtlichkeit verleugnet. Es ist ein essentiell infantiles und unreifes Paradigma von Leuten, die von der *sensuell-sexuellen* und *emotional intelligenten* Seite des Lebens nicht den Schimmer einer Ahnung haben, und denen es niemals in ihren kahlrasierten Schädel kommt, dass *Kopulation eine evolutionäre Erfahrung* ist, die dazu dient, Freude mitzuteilen, und dass die menschliche Seele durch nichts so sehr wächst, wie durch die Erfahrung liebender Kopulation. Es ist das Weltbild frigider Frauen und impotenter Männer, die sadistisch genug sind, ihre kollektive Paranoia durch systematische emotionale und taktile Deprivation ihrer Kinder zu institutionalisieren in einer Gesellschaft, die niemals, zu keinem Zeitpunkt, auch nur im Ansatz *zivilisiert* war.

§12. Strassenmonster

n jedmöglichem Themenbereich, der kontrovers ist, begegnen wir einer bestimmten Anzahl von *Mythen*. Die menschliche Rasse ist nicht rein-und-rational. Viele unserer Gedanken und Handlungen sind von Emotionen, Träumen oder Fantasien motiviert, statt das Produkt rein rationaler Denkprozesse zu sein. Das ist durchaus kein Nachteil! Seit wir die Existenz von *emotionaler Intelligenz* von der modernen Psychologie anerkannt sehen, obwohl auch dies nur ein Wiedererkennen ist, können wir die irrationale Seite unseres Wesens nicht nur mit den Augen des Humoristen betrachten, sondern wir können sie auch besser verstehen, weil unsere Perspektive durch das holistisch erleuchtete Weltbild erweitert wurde.

Die Strategie der Pädophilenbewegung war, irrationale Gedankenmuster um den ganzen Komplex der Kindersexualität, im allgemeinen, und intergenerationeller erotischer Kontakte, im besonderen, rational zu hinterfragen. Nach etwa zwanzig Jahren, die diese Strategie ins Land ging, können wir Bilanz ziehen. Wir sehen ein Desaster! Die zugegebenermaßen sehr informative, *sehr ausgeglichene und sehr rationale Strategie der pädophilen Emanzipationsbewegung* hatte einen sehr begrenzten Impact auf einen sehr begrenzten Kreis von Intellektuellen; sie hat zu keiner Zeit auch nur eine fraktionelle Portion der Massenkultur angesprochen. Warum? Nun, das Gros der Menschen sind von ihren Emotionen getrieben, und kaum zugänglich für Information, die in wissenschaftlichen Readern oder Informationsblättern für bestimmte Interessengruppen veröffentlicht wird. Jeder weiß, dass in der Zwischenzeit die Massenmedien jede Art von ausgeglichener Diskussion dieser Themenbereiche striktweg boykottieren.

Wie konnte es dahin kommen, wo doch noch in den siebziger Jahren diese Themen in Filmen und Talk-Shows, und gar in nationalen Parlamenten, offen diskutiert wurden, und das Gesamtbild dieser Diskussion eher diversifiziert erschien, und keineswegs monolithisch, wie es sich heute darstellt? Experten wie Professor René Schérer von der Sorbonne oder dem holländischen Psychologen Dr. Frits Bernard erschienen derzeit häufig im Fernsehen, während heute eine solche offene Debatte dieser kontroversen Themen undenkbar erscheint.

Wenn wir diese Entwicklung mit unschuldigen Augen betrachten, so kommen wir nicht umhin, uns zu fragen, wie das wohl passieren konnte? Die Leute, die die verschiedenen Foren und Gremien für die sexuelle Befreiung des Kindes bevölkern, und solche, die noch weiter gehen und auch die Befreiung pädophiler Sexualität fordern, tendieren dazu, einen *rein kausalen Zusammenhang* zwischen der Medienliberalität des zwanzigsten Jahrhunderts und der Medientyrannei des einundzwanzigsten Jahrhunderts abzuleugnen. Andere argumentieren, die Ausblendung dieser spezifischen Fragen sei nur ein blinder Fleck von vielen in einer weltweiten neofaschistischen Renaissance mit weitreichenden Folgen für die Zukunft.

Ich komme mit einer neuen Argumentation daher, wenn ich sage, dass die Strategie der pädophilen Emanzipation schlichtweg falsch war. Diese Leute waren viel zu kartesianisch eingestellt in ihren politischen Manövern. Sie haben Emotionalität weitgehend unter den Tisch gekehrt, mit dem Argument dass, weil die Mehrheit hoffnungslos irrational sei, sie selbst *ganz extrem rational* zu sein hätten. Und das war völlig, aber auch völlig falsch! Es war dies ein fatales Missverständnis der menschlichen Natur. Das Bild, das diese Pädophilie-Propagandisten in die Welt streuten hinsichtlich der Kindliebe war eine Peter Pan Ge-

schichte, ein Blauer-Himmel-Märchen für den Kindergarten, das dahingehend kurz zusammengefasst werden kann: wir streicheln nur, wir penetrieren nicht, wir sind immer rational mit den Kleinen, wir wissen, wo die Grenzen sind, wir verstehen jedermanns Einstellung, während niemand unsere Einstellung verstehen will. Wir sind die guten Rationalen, während die Gesellschaft mehrheitlich aus den bösen Irrationalen besteht!

Dies war, klar gesagt, ein vollkommen *narzisstischer* Ausgangspunkt, und als solcher konnte er von Anfang an nicht überzeugen und war zum Misserfolg verurteilt. Allgemein ausgedrückt sind rein-rationale Argumente selten im Einklang mit der Logik des Lebens, welche namentlich weit über der kartesianischen Logik deduktiven Denkens steht.

Und dies ist umso mehr der Fall, wenn es um Emotionen und Sexualität geht. Was mich selbst anbetrifft, so kann ich sehr gut verstehen, dass ein Vater oder eine Mutter in einer Debatte über Pädophile zunächst einmal *emotional* reagiert, und sehr stark emotional! Was ist daran schlecht? Die Welt ist nicht schwarz oder weiss. Lassen wir Menschen ihre Emotionen haben; das zeigt doch nur, dass sie lebendig sind! Der kartesianische 'Touch' der Pädophilenbewegung war wirklich ein Handicap. Ich habe es Bernard oft gesagt, über Jahre und Jahre hin, während wir gute Freunde waren, aber er war meiner gesamten Argumentation gegenüber vollkommen taub, da er leider selbst emotional blockiert war! Er wiederholte offen, ich werde wahrscheinlich nie dieser Bewegung angehören, weil ich 'viel zu emotional' sei, und dass ich deswegen kein Aktivist werden könne; ich sei eben ein Künstler und 'kontemplativer Liebhaber'. Das aber ist wirklich eine Reduktion

meines Menschseins, denn ich trage zur Diskussion dieser Fragen auch essentiell als Jurist und als Wissenschaftler bei, nicht nur als Künstler.

Meine Antwort auf Bernards Reduktionismus, welcher zu seiner Lebenszeit wirklich der Tenor der Bewegung war, lässt sich in den Satz bringen: 'Aktivismus ohne emotionale Basis ist Peter-Pan-Denken, oder einfacher gesagt, *Narzissmus*.' Er besteht aus einem Haufen von Idealen, einer Papierwelt, einem eindimensionalen Bild ohne Schatten; und wenn man sich die Leben dieser Menschen einmal näher anschaut, so fällt tatsächlich auf, dass sie apollinisch sind und ihren Schatten hinter ihrer zur Schau getragenen Rationalität und ihrem Schönwetterlächeln verbergen. Ich habe sie regelmässig zur Rede gestellt mit der einfachen Frage, wo sie ihren *Minotaurus* versteckt halten und wie sie es schaffen, Gott *Dionysus* vollkommen aus ihren Leben auszutilgen? Denn indem sie ihren Schatten verleugneten, sind viele der selbstdeklarierten Pädophilen zu Aktivisten in dieser Bewegung geworden, während sie in Wahrheit unter einem *sehr grossen, und dominierenden Schatten* leiden, genau darum nämlich, weil sie alles herunter rationalisieren und ihre Gefühle unter den Teppich kehren, und damit letztlich ihrer Seele abhanden kommen.

Wie also kann man die Wahrheit erfahren, wenn dies so ist? Indem man *Einheit* findet. Was ist Einheit? Es ist das ursprüngliche *Ganze*, der Zustand, in welchem Intellekt und Emotionen miteinander synchron laufen, und nicht schizophren voneinander abgespalten sind. Das setzt voraus, dass Emotionen im Flusse sind, denn wenn sie stagnieren, wirken sie desintegrativ; als Folge davon geht die harmonische Einheit zwischen Emotionen und Kognition verloren. Letzteres führt direkt zu Kartesianismus und konzeptuellem Denken, welche *keine natürlichen Denkweisen* sind, weil sie von der Natur abgehoben sind.

Der erste Paragraph dieses Buches sprach dies bereits an, und darum war es der erste Paragraph, denn es ist entscheidend wichtig, wie wir eine Sache angehen. Es ist absolut und entschiedenermaßen wichtig, wie wir uns anstellen, wenn wir etwas beginnen, denn alles was danach kommt ist ein Destillat unseres ersten Ansatzes.

Die einzige Möglichkeit, in dieser komplexen Angelegenheit zur Wahrheit zu gelangen, ist irrationales Verhalten zu verstehen, statt es in Bausch und Bogen abzulehnen oder es gar zu verurteilen; dies beginnt damit, seine eigenen irrationalen Motive, Ängste, Fantasien und Mythen zu begreifen und zu akzeptieren. Um es genauer zu sagen, bedeutet dies, unsere inneren Energien zu verstehen, und hier vor allem die Energie unseres *inneren Kindes*, welche in hohem Masse erotisch, intelligent und faszinierend ist.

Diese Energie ist archetypisch. Wenn dieser Archetyp sich in einem Weltbild manifestiert, das in sich geschlossen durchaus sinnvoll ist, und Ausdruck findet in einem wohl definierten Vokabular, dann resultiert daraus eine Weltanschauung, die wir *kindbezogen* nennen können, oder pädophil. Kulturell gesehen kann die Existenzberechtigung eines solchen Weltbildes oder Lebensstils nicht geleugnet werden, mag man ihn nun *pädophil* nennen oder anders.

Auf der anderen Seite, wenn dieses Weltbild in eine umfassendere künstlerische oder poetische Realität eingebettet ist, so glaube ich, entsteht daraus etwas Einzigartiges und Originelles; dies ist es, was ich in diesem Buch, und in meiner Kunst, essentiell zum Ausdruck bringe. Dieses Weltbild, welches mit der vulgär-sexuellen Realität von Pädophilen im strikten Wortsinn recht wenig zu tun hat, ist denn auch in

erster Linie *intellektuell*; obwohl ich durchaus der Meinung bin, dass jeder, der Kinder wirklich liebt, sie *erotisch* liebt.

Wenn eine Gesellschaft Menschen, die über überdurchschnittlich kondensierte Pädoemotionen verfügen, als *Strassenmonster, Sexterroristen, Vergewaltiger, Entführer, oder sexuelle Wölfe und Schweine* bezeichnet, dann zeigt dies mit fast überdimensionaler Schärfe den totalen Dachschaden des heutigen Durchschnittskonsumenten. Darüber hinaus zeigt es die *Hilflosigkeit* einer Gesellschaft angesichts einer Besonderheit, für die sie keine etablierte Kodierung hat oder die sie lediglich negativ kodiert hat. Es ist nämlich wohl bekannt, dass in Kriegszeiten oder in Bürgerkriegen, und immer dann, wenn Völkermord begangen wird, Frauen und Kinder gruppenweise vergewaltigt werden. Diese Fakten sind von Historikern über lange Zeiträume hin dokumentiert worden und es wurde dabei klar, dass solch sexuelle Gewalttaten regelmäßig einhergehen mit der Unterdrückung politischer, rassischer oder sozialer Minderheiten. Also brauchen wir dafür sicher keine psychologischen Studien. Wir brauchen solche Studien wohl dafür, was sich in Friedenszeiten zwischen Erwachsenen und Kindern erotisch abspielt, die sich *lieben*. Und wenn die Blödmänner in unseren Medien weiterhin sagen, dass all das dieselbe Suppe ist, dann muss ich sagen, einen Moment bitte, ich glaube, mein lieber Herr Journalist oder meine liebe Frau Journalistin, sie sind *geisteskrank!* Die allgemeinen Fehlurteile über gewaltlose Kindliebe zwischen Menschen verschiedener Altersgruppen, die sich lieben, und die sich auch *erotisch* lieben, sind nicht zuletzt die logische Folge der sordiden Lügen und Anschuldigungen, die die Presse seit Jahren und Jahrzehnten für Pädophile reserviert hat. Ich sage hier klar und deutlich, dass ich dies für eine *Verfolgung* halte, die den politischen, religiösen und ethnischen Verfolgungen der Vergangenheit in nichts nachsteht.

Dies wird besonders deutlich, wenn man sich anschaut, wie Kinder von verfolgten Minderheiten gemeinhin behandelt werden von ihren Verfolgern; diese abgründige Gewalt, die in unserer Kultur diesen Kindern zugefügt wird von Milizen und oft auch von ihren eigenen Regierungen, wird dann, als psychologische Abwehrreaktion, auf *Pädophile* projiziert. Sie stehen als ultimative Sündenböcke verantwortlich für das, was die Mehrheit in ihrer debilen, asozialen, gehirngewaschenen Gewalt bestimmten Kindern zufügt, während sie in ihrer stinkenden Heuchelei von all ihren Kanzeln und Kathedern dreimal täglich *Kinderschutz* predigt! Das, und nichts anderes, ist die Grundursache des Pädophilenhasses in unserer Kultur.

Lange Suche ist nicht vonnöten, um eine Fülle von historischen Beweisen zu finden für Kindervergewaltigung, die Gruppenvergewaltigung von Kindern, für Kindesmord und Kinderprostitution in allen Stammeskriegen, Bürgerkriegen und Weltkriegen. Ein historischer Höhepunkt von Gewalt gegen Kinder ist zu finden in den blutigen Kriegen, die König Hammurabi gegen die sogenannten Göttinnenanbeter führte, deren Kinder und Babies im wahrsten Sinne des Wortes *gegen Wände geworfen und in den Boden getreten* wurden, wie es die Bibel berichtet. Andere Höhepunkte von abgründiger Gewalt und Mord an Kindern waren die *Conquista* in Südamerika und das, was Juden- und Roma Kindern in Nazi Konzentrationslagern zugefügt wurde. Andere Schauplätze für solche Schandtaten an Kindern, und wo Beweise auf dem Tisch liegen, waren der spanische Bürgerkrieg, der Koreakrieg, der Vietnamkrieg, sowie der Völkermord in Pol Pot Kambodscha und dem ebenso grauenhaften Völkermord, den das indonesische Militär in Ost-Timor beging, bis hin zur Gruppenvergewaltigung von Kindern der chinesischen Minderheit in Jakarta, im Jahre 1998.

Das Szenario ist immer das gleiche, und auch die Rädelsführer sind von derselben Art, nämlich ohne Ausnahme die 'rechten und rechtschaffenen', diejenigen, die das grösste Maul führen gegen die Sexualität von Kindern und mit Kindern! Es sind immer Kreise, die mit totalitären Regierungen und Juntas zugange sind und Kontakte zum Militär haben, oder die paramilitärisch auftreten, wenn sie nicht gar Milizen sind oder selbst zum Militär gehören. Es ist immer die gleiche miefende Mafia, das gleiche Establishment mit seinem sordiden und perversen Weltbild, das Menschen in Schubladen steckt und einer versteckten Agenda zufolge kategorisiert und aburteilt, und das zu gleicher Zeit einer relativ kleinen In-Gruppe einen höheren 'Wert' zumisst als der Außen-Gruppe.

Es ist dieselbe faschistische Agenda überall, das gleiche arschblöde und totalitär-provinzielle Gedankengut, dieselbe Nazi-Einstellung, die das Leben zu einer Handvoll neurotischer Gewohnheiten reduziert, welche dann vom Superparano, der den Irrenhaus-Staat leitet, jedermann aufoktroyiert werden.

Wir sollten langsam zu verstehen beginnen, warum in hohem Maß repressive und abusive Regierungen so erfolgreich sind, große Menschenmassen unter ihrem pseudo-protektiven Schirm zu sammeln und zu leiten. Es ist, weil diese Regierungen in aller Regel *sehr emotional, irrational und sehr wenig intellektuell* auftreten. Die Massen fühlen sich angezogen von ihren Parolen, obwohl sie wissen, dass die Drahtzieher in den Kabinetten solcher Schattenregime nichts als Mafiosi in Uniform sind! Es ist, weil die, die an der Spitze solcher Regime stehen, genau vom gleichen Sumpf herstammen, in welchem die Massen leben; das bedeutet, dass der eine große Hitler und die vielen kleinen Hitler das primitive, zynische und zutiefst menschenverachtende Vo-

kabular teilen, und das gleiche gewalttätige Gedankengut, auf dem es beruht. Dies wiederum bedeutet, dass sie auch den reduktionistischen Filter gemeinsam haben, durch den ihre Wahrnehmung verzerrt wird, den gleichen moralistischen Morast, der die menschliche Gesellschaft brutal-darwinistisch in *Gewinner* und *Verlierer* aufteilt. Mit anderen Worten, die die oben sitzen, kommen vom gleichen sozialen Niveau derer, die sie anbeten und wählen, denn die 'dümmsten Kälber wählen ihre Schlächter selber', wie es das Sprichwort sagt; nicht zuletzt sind sie deswegen auch mitverantwortlich für die Gräueltaten ihrer Tyrannen.

Die Pädophilenbewegung dagegen ist nicht eine einflussreiche Mafia-Minderheit; sie hat kein natürliches Verständnis für das Weltbild des 'kleinen Mannes', sondern besteht aus einer losen Gruppe von eher *nüchternen* Intellektuellen die sich mehr oder weniger fern halten von der kochenden Suppe aus chaotischen Gefühlen, die gewohne Menschen hinter ihrer Fassade von 'angepasstem' Verhalten verstecken. Diese Elfenbeinturmsituation der meisten Akademiker, die mehr oder weniger brillant über die Bereiche Kindersexualität und Sexualität zwischen Erwachsenen und Kindern publizieren, hat einen eigenartigen Geschmack von wissenschaftlicher Esoterik. Der Laie, der im großen und ganzen keine Ahnung hat, wie man wissenschaftliche Daten verarbeitet und richtig evaluiert, und an den undifferenzierten *Negativismus der Massenmedien* in diesen Fragen gewöhnt ist, wird die meisten solcher Publikationen als Rechtfertigung eines Geschmacks für *Luxussex* ansehen, wie er in der Vergangenheit das Privileg der royalen und noblen Schicht war.

Ich denke, dass ein großer Teil des Hasses, der auf Pädophile projiziert wird, die Folge ist von kaum verhohlener Eifersucht für die süßen Früchte, die sie mehr oder weniger erfolgreich, und trotz aller Verbote,

genießen, *ohne dabei inzestuös zu sein.* Das mag dann auch der Grund dafür sein, dass während die organisierte Pädophilie mit aller überhaupt verfügbaren staatlichen Brutalität über die letzten Jahre hin ziemlich effektiv zerschlagen wurde, für Inzest genau das Gegenteil stattfand. Man mag sich wundern über die Tatsache, dass, wie es die Statistik augenscheinlich macht, Pädophilie und Inzest in einem Verhältnis von umgekehrter Proportionalität stehen, vor allem im Hinblick auf Vater-Tochter Inzest. Aber nach allem ist dies doch eine *sinnvolle* Erscheinung, weil nämlich Pädophilie im Grunde der Blitzableiter ist für Inzest.

Und es ist auch deswegen sinnvoll, weil diejenigen, die wissen, wie verurteilte Pädophile in Gefängnissen behandelt werden oder in anderen Männergruppierungen, wo sich Pädophile mit 'normalen' männlichen Wesen konfrontiert sehen. Anale Vergewaltigung, oft in der Gruppe begangen an einem einzelnen pädophilen Mann, bis zu Verstümmelung und Mord an dem 'Honigficker' ist Alltag und die verbalen Äußerungen, die mit solchen Gewaltakten einhergehen drücken sehr deutlich diese Eifersucht und diesen Ärger aus, die hier als Hauptmotive im Spiel sind. Die Ausdrücke *Babyficken* oder, synonym, *Honigficken*, stehen symbolisch für das Bild, das sich unbedarfte Nichtpädophile von der Liebe mit Kindern machen.

Das Unrecht, das wirklichen Pädophilen in einer solchen Realität angetan wird, ist eine präzise Projektion der unterdrückten Vergewaltigungsfantasien der Massen, welche immer Fantasien sind, die den Missbrauch einer Machtposition beinhalten. Wer dazu imstande ist, einen schwächeren Erwachsenen zu vergewaltigen, den er als sozialen 'Verlierer' einstuft, der ist auch dazu imstande, ein Kind zu vergewaltigen. Dieses Unrecht besteht in der Tatsache, dass der wirkliche Pädo-

phile, welcher sich als Mann oder als Frau seiner hohen, und sexuali-
sierten, Pädoemotionen bewusst ist, *frei* ist von der Not nach Vergewaltigung, weil diese Not *keinen primär sexuelle Antrieb* hat, sondern
aus einer Mischung von verdrängten sexuellen Neigungen und einem
proportional zu dieser Verdrängung stehenden *Machthunger* besteht.
Kürzer und allgemeiner ausgedrückt ist es die *Verdrängung* von Sexualität, die zu Vergewaltigung führt, nicht die natürliche und bewusste,
das heißt verantwortliche, Ausübung von Sexualität. Dies gilt für alles
sexuelles Verhalten und es gibt keinen Grund, hier eine Ausnahme zu
machen für Sexualität mit Kindern und Jugendlichen. Es ist die Unterdrückung von Liebe, die zu sexueller Gewalt führt, nicht das Ausleben
von Liebe!

Der Haken für das Verständnis dieser Tatsache sind immer die sogenannten 'Problemfälle', wie es ein holländischer Abgeordneter ausdrückte, welcher die Strafverschärfung für Pädophilie in den neunziger
Jahren rechtfertigte, obwohl Holland doch zuvor eine recht pädo-libe-
rale Strafgesetzgebung hatte. Es sind die Fälle von sexuellem Sadismus, wenn Kindern wirklich weh getan wird, es sind die Fälle von Entführung, schmerzhafter Vergewaltigung und Lustmord. Diese Fälle
werden heute spektakulär durch die Presse gezogen werden und dies
weltweit. Es sind die Fälle, die die öffentliche Meinung formen.

Wir wissen seit langem, dass unser Strafrecht nicht effektiv ist, um solches Tun zu vermeiden; wir wissen es *gerade heute*, wo wir sehen, dass
trotz des viel höheren Strafrahmens und drakonischer Verfolgung solcher Delikte unsere Strafgesetze gar *noch weniger effektiv sind, als sie es
vordem waren*. Also müssen wir uns einige unangenehme Fragen stellen, wenn wir eine Sozialpolitik ausarbeiten wollen, die rational ist, effektiv und human, und die Kinder wirklich, und nicht nur auf dem Pa-

pier, vor Gewalt schützt. Eine dieser Fragen ist namentlich, in welchem Ausmaß soziales Stigma, Marginalisation und Zurückweisung pädophiler Wünsche zu solchen Gewaltakten beitragen? Anders ausgedrückt, müssen wir doch allgemein anerkennen, dass solche Männer wohl dazu imstande sind, ihr Bewusstsein zu erweitern und lernen können, mit ihrer Lust konstruktiv umzugehen, *indem sie ihre Pädoemotionen integrieren*. Sie tun dies nämlich genau dadurch, indem sie ihre Pädophilie offen anerkennen und ihre pädophile Lust akzeptieren; das ist es, was sie dazu imstande setzt, Kinder erotisch zu lieben, *ohne sie zu zerstören*.

Wir sollten nach all den ausgiebigen Forschungen über die Ursachen der Gewalt endlich begreifen, dass alle Art von Gewalt auf der Abkoppelung von Emotionen beruht, welche letztlich von unseren Erziehungsinstitutionen als das Heil der Welt gepredigt wird; in diesem Sinne sind wir nämlich alle auf Gewalt getrimmt, statt auf Lust.[26] Es ist Unterdrückung von Lust durch unsere abgründigen Moralismen, die Gewalt verursacht, nicht Lust selbst. Alle forensische Forschung zeigt, dass Kindermörder sexuell sehr unerfahrene Männer sind; in vielen Fällen sind sie sexuelle Jungfrauen.

Unglücklicherweise verbietet es unsere Sozialpolitik und das Strafrecht, auf die sie sich stützt, Männern, die wegen harten Sexualdelikten an Kindern einsitzen, eine Therapie zu durchlaufen, die keine ist, in dem Sinne, dass sie nicht 'erzieherisch' ist, wie es alle Therapien sind, die derzeit Gefangenen, wenn überhaupt, angeboten werden, zum

---

[26] Ich habe diese Forschung im Detail von den meist amerikanischen Quellen ins Deutsche übersetzt und veröffentlicht in meinem Bewusstseinsführer *Wege zum Weltfrieden (2010)*. Darüber hinaus habe ich über ein Jahr mit dem bekanntesten dieser amerikanischen Forscher korrespondiert, Dr. James W. Prescott, welcher meine sozialpolitischen Reformvorschläge unterstützt.

Beispiel in Deutschland. Denn die Logik der menschlichen Unlogik ist eben, dass es *unmöglich ist, eine sexuelle Obsession aufzugeben, wenn man sie ableugnet oder gesagt bekommt, sie abzuleugnen.* Das Paradox der menschlichen Natur ist gerade, dass wir nur das überwinden können, was wir voll und ganz akzeptieren. Und dies gilt individuell, als auch kollektiv in dem Sinne, dass die Überwindung der Pädophile nur zustande kommen kann durch die volle *Akzeptanz der Pädophilie.*

Leider lässt sich dies im gegenwärtigen Strafvollzug nicht realisieren, weil man diese Option für *unmöglich*, wenn nicht gar für skandalös hält. Und doch ist es in den meisten Fällen die einzige Option, um diesen Männern wirklich zu helfen, über ihre oft neurotisch-obsessive sexuelle Neigung hinauszuwachsen. Diese wirkliche Heilung kann im gegenwärtigen System nicht stattfinden, denn Therapien sind auf 'soziale Anpassung' hin ausgerichtet, nicht auf bestmögliche Hilfe für die betroffenen Männer.

Darüber hinaus ist die Presse dermassen negativ in ihrem allgemeinen Ton, wenn es um solche Delikte geht, dass meine Ideen, wären sie einmal groß publiziert, wahrscheinlich einen Skandal auslösen würden.

Wir sind nicht weit vom Mittelalter weg. Das archaische Denken, das Menschen verurteilt und mordet für was auch immer sie getan haben, kann niemals Frieden bringen, weil es mit der Menschenwürde unvereinbar ist. Es ist die wirklich unmögliche Option, denn es ist, was es ist: Mord! Und also, was das heutige System bringt ist mehr Mord, nicht mehr Frieden, mehr chaotisches Verhalten, nicht mehr konstruktives Verhalten. Und dies ist auf beiden Seiten der Arena so, im Lager der Pädophilen und im Lager ihrer Gegner. Beide sind befangen in ihren

Ideologien und sehen nicht, um was es *wirklich* geht. Sagen wir es negativ, es geht nicht um Liebe, es geht nicht um Sex, es geht nicht um Moral und es geht nicht um Kinder. Es geht um Geld. Denn das ist die einzige Sprache, die unsere Gesellschaft versteht.

Die Konsumgesellschaft braucht den Mythos vom Straßenmonster, um diese Wahrheit zu verschleiern, denn sie zu enthüllen, würde wahrscheinlich Aufruhr hervorrufen. Das gegenwärtige Erziehungssystem, das auf der Unterdrückung von Emotionen beruht, würde nicht mehr funktionieren. Es würde dafür völlig genügen, jungen Menschen die Wahrheit zu sagen über den *Mechanismus sexueller Repression* und den wahren (kommerziellen) Motivationen, die dahinter stehen, und ihnen die Rhetorik des Kinderschutzes im Detail auseinander zu setzen, und es würde zu einer Revolution kommen! Sie würden revoltieren, und das auf jeden Niveau, in jeder Institution, im großen und ganzen, in Schulen und Universitäten, in jeder sozialen Organisation, wo auch immer. Dies könnte zu einer systematisch organisierten Revolte führen und einem Gegenterror, der im Extremfall zu einem Bürgerkrieg führen könnte. Und das wäre dann wahrscheinlich ein notwendiger Schritt, um wirkliche Veränderung hervorzubringen. Denn dann würden sich die Dinge wirklich bewegen und so können wir nur hoffen, in die richtige Richtung gehen? Aber es könnte genauso gut schief laufen und alles in einer Sackgasse enden. Das ist das Risiko von Revolutionen, und darum sind sie *nicht* die beste Option für sozialen Wandel.

Das System hat einen Horror vor Disintegration und diese Angst ist der Grund, warum in der Pädophilie-Debatte der Pädophile oft als Verräter gebrandmarkt wird, als 'moralischer Terrorist', als eine Art von Anarchist in einem sehr komplexen und fragilen System, das ziemlich explosiv ist. Kindliebhaber, die verstehen, dass sie keine Straßenmonster sind,

und dass sie die Projektionen, die auf sie gemacht werden, *nicht zu internalisieren brauchen*, können ihre Eigenmacht zurückgewinnen, die sie durch die Identifikation mit dem Wertsystem ihrer Unterdrücker verloren haben. Organisierte Kindliebhaber könnten, wenn sie es wollten, öffentlichen Aufruhr anstacheln in der gegenwärtigen hochexplosiven Situation und sie können mit Gewalt die Transparenz herbeiführen, die wir hinsichtlich der politischen und sozialen Tagesordnung benötigen. Das Problem ist, dass die große Mehrheit der Pädophilen keine Ahnung haben von der Macht, die sich besitzen; sie tendieren dazu, sich selbst als das anzusehen, was sie am meisten lieben und begehren: Kinder. Und damit, Opfer. So lange sie in dieser Haltung beharren, werden sie keinerlei soziale Anerkennung erhalten, noch irgendeine Form von sozialer Position oder Macht. Wir leben nicht in einer Demokratie, sondern in einer *Urhorde*. Obwohl der Mensch ein *Zoon politikon* ist, hat er doch bislang keine wahre Demokratie hervorgebracht. In einer Urhorde nimmt man diejenigen ernst, die Macht haben und laut genug schreien können und die auf ihrer Agenda beharren, welche wiederum das Resultat ist von Selbstliebe und Selbstrespekt und einem gewissen Stolz, einem positiven Narzissmus. Wer den Ton angibt in der Metagruppe ist der Affe, der sich auf die Brust klopft. Das ist die Bewusstseinsebene der Urhorde. Das ist die unsere. Wahrlich eine *Affenmentalität*. Ich glaube, dass es heute nicht einmal eine Handvoll Individuen auf dem Globus gibt, die *bewusst pädophil* sein können und die dabei in der Lage sind, trotz allem öffentlichen Hass und aller Verfolgung, eine positive und freudige Haltung hinsichtlich ihrer Liebe zu bewahren.

Die negativen Stimmen übertönen alles. Pessimismus und oft schafhaftes Ducken ist die überwiegende Haltung von Kindliebhabern, ein ständiges Nachgeben, und ein himmelschreiender Mangel an Zivilcou-

rage! Allgemein ausgedrückt, sind Pädophile sicher weniger ausgerüstet und gewappnet gegen Hostilität und für die Wahrung ihrer Menschenrechte, als ordinäre Menschen es sind. Es scheint mir, dass sie unbewusst mit dem Glaubenssystem ihrer Verfolger sympathisieren und sich selbst als 'böse Jungen' ansehen, oder etwas in dem Stil. Ich bin selbst durch all das gegangen und deswegen urteile ich nicht, noch klage ich irgendjemanden an. Ich *verstehe* es einfach. Ich spreche aus Erfahrung und was ich hier schreibe, ist keine müde Theorie, während es allgemein in unserer Kultur eher unpopulär ist, auf seinen eigenen Füßen zu stehen und davon abzulassen, andere oder die Gesellschaft anzuklagen für dies und das; das setzt nämlich voraus, dass man sich selbst in seiner Marginalität akzeptiert hat. *Denn wir sind alle marginal.* Ich gehe soweit zu behaupten, dass Marginalität die normale Bedingung des Menschseins ist. Wir sind alle verschieden und die Gewichtung von Probabilitäten ist eine solche, dass die Probabilität, dass zwei Menschen verschieden sind, höher ist, als dass sie gleich sind. Ich checke immer alles, was ich sage, mit meiner eigenen Lebenserfahrung. Darum insistiere ich, dass dieses Buch nicht als eine soziale Anklage gemeint ist, noch als ein mehr oder weniger ruchloses Pamphlet, das dazu dient, Dampf abzulassen. Es ist eher ein Aufruf, mehr *Bewusstsein* zu entwickeln hinsichtlich die Fragen, die wir hier diskutieren, und einen gemeinschaftlichen Ansatz für friedliche soziale Veränderung zu finden, welche auch eine Änderung dessen, was ich die 'pädophilen Lebensbedingungen' nenne, beinhalten muss.

ZWEITES BUCH

Mehr Verstehen. Weiter Hineinlassen.

§01. Die Innere Göttin

Es ist erhellend, ein Augenmerk zu richten auf die komplexe soziale Interaktion des Individuums mit der Gruppe in unserer judeochristlichen Urkultur. Es kann doch kein Zufall sein, dass unsere gegenwärtigen Westkulturen die repressivsten sind von allen Kulturen der Welt hinsichtlich sexueller Beziehungen zwischen Erwachsenen und Kindern, der Sexualität von Kindern mit Kindern, und sogar angesichts der banalen Realität, dass sogar die introvertiertesten Kinder dann und wann erotisch und seduktiv sind und sich ziemlich konstant autoerotisch betätigen. Die Sorglosigkeit, mit der Kinder sich erotisch ausdrücken, wurde von Dichtern in der ganzen Welt oft als die *Gnade der Jugend* bezeichnet!

In anderen Kulturen, ausgenommen solche, die religiöse oder ideologische Terrorregime sind, begegnet die natürliche Erotik des Kindes einer viel höheren sozialen Toleranz, welche soweit gehen mag, dass auch hinsichtlich der Päderastie und der Mädchenliebe ein Auge zugedrückt wird. Joseph Campbell schrieb, dass die Göttin in unseren gewalttätigen Jagdkulturen, welche unserer judeochristlichen Kultur vorausgingen, ermordet worden war. Dieser Mord an der Göttin wird in der Bibel näher erklärt; es ist kein Mythos, sondern eine historische und psychologische Tatsache. Der Mord an der Göttin war eine frühe Kastration des weiblichen Teils unserer Libido, und eine Schändung der Werte, die in unserem Unterbewusstsein mit der *Yin* Energie assoziiert sind.

Es scheint, dass diese kulturelle Kastration auch in anderen Teilen der Welt statt hatte, wie zum Beispiel im konfuzianischen China. Das *I Ging* Orakel Buch, obwohl es im Prinzip die Gleichwertigkeit der subtilen *Yin*

und *Yang* Energien bejaht, und sie als beidseitig ausgewichtend und komplementär ansieht, ist weniger subtil, wenn es darum geht, in bestimmten Hexagrammen vor der abgründigen und nachgerade schädlichen Natur der *Yin* Energie zu warnen. Wenn man es von dieser Perspektive aus betrachtet, so mutet es doch eigentümlich an, dass das I Ging die *Yin* Energie wieder und wieder als die schadenbringende Kraft erklärt, und die *Yang* Energie als die himmlische und heilbringende darstellt.

Ich studiere das I Ging seit 1989, aber bislang habe ich für diesen inhärenten Widerspruch in der Grundkonzeption des I Ging keine Erklärung gefunden. Oder doch, ich habe wohl eine Erklärung gefunden, aber ich kann sie nicht wirklich beweisen, und so ist es denn eine Hypothese, und warum auch nicht? Meine Hypothese ist also, dass das I Ching so wie wir es heute vor uns haben nicht das originale I Ging ist. Wir wissen, wie sehr konfuzianische Gelehrte sich mit dem I Ging befasst haben, und so ist es denn sehr wahrscheinlich, dass das Weisheitsbuch, das weit älter ist als konfuzianisches Gelehrtentum, einen neuen Anstrich bekam. Es ist sehr wohl möglich, dass das patriarchalische, puritanische und sinnenfeindliche Wertsystem des konfuzianischen Zeitalters im I Ging festgeschrieben wurde. Dies ist deswegen nicht auszuschließen, weil jedes Hexagramm eine Interpretation enthält, da die ursprünglichen 'Urteile' in einer poetischen, mythischen Sprache verfasst sind, die der heutige Leser nur sehr schwer verstehen wird. So greift man denn gewöhnlich auf die Interpretation zurück, und diese enthält eben die kulturellen Wertungen, die das I Ging ursprünglich wahrscheinlich nicht kannte.

Jeder, der sich mit Konfuzianismus befasst hat, wird mir zugeben, dass es sich hier um eine extrem moralistische Lebensphilosophie handelt,

die im Westen ihre Parallele hat im Kalvinismus. Es handelt sich in beiden Fällen um das, was ich als 'kulturelle Perversion' bezeichne, da diese Lehren die Natur auf den Kopf gestellt und daher das Menschenbild pervertiert haben. Doch der Kalvinismus ist nicht von Nichts gekommen. Er stützt sich auf den altgriechischen Platonismus; beide Philosophien haben männliche Hybris in ein historisches, philosophisches und psychologisches Paradigma graviert, das bis auf den heutigen Tag den heroischen Stützpfeiler unserer pathologischen, frauenverachtenden und kinderfeindlichen Kultur bildet. Es ist an der Wurzel unseres kulturellen Moralismus.

Es ist ein rigides, intellektuelles und mechanistisches Weltbild, das sich auf starre Werte gründet und das das Leben zu kontrollieren sucht, anstatt sich den komplementären Energien, die alles Leben ausmachen, zu öffnen.

Mit anderen Worten, es ist ein im wahrsten Sinne des Wortes beschränktes Weltbild, das nur die Sonne anerkennt und den Mond verleugnet, das nur das Licht als kreative Kraft ansieht, nicht aber die Dunkelheit. Und in seiner paradigmatischen Verblödung sieht es natürlich nicht, dass es ohne Dunkelheit natürlich kein Licht gäbe, und ohne Schatten kein Gemälde—und ohne Frau keinen Mann, denn jeder Fötus, wie wir heute wissen, ist erst einmal weiblich, bevor er sich differenziert. Es ist ein Paradigma, das das Leben durch Denken zu erfassen sucht, anstatt es durch Intuition wirklich zu begreifen.

Das entgegengesetzte Paradigma, welches die *Innere Göttin* ehrt und anerkennt, wurde im Westen von Heraklit vertreten, und im Osten von Laotse. Dieses Paradigma gründet sich auf die Integration von sich widerstreitenden Werten und Kräften, nicht auf ihren Antagonismus. Es

zerteilt die Schöpfung nicht in 'gut' und 'schlecht', sondern kennt ganz allgemein Alles-Was-Ist an. Es ist ein Paradigma, das natürlicherweise das weibliche Prinzip als dem männlichen gleichwertig ansieht, indem es namentlich *Yin* und *Yang* als komplementäre energetische Pole betrachtet, welche sich gegenseitig verstärken und verjüngen.

Kindliebe würde unter dieser all-umfassenden und holistischen Lebensauffassung nicht verachtet werden, weil es sie als *eine von vielen Formen der Liebe* ansieht, als einer von tausend möglichen Wegen, die die Göttin wählt, um sich kreativ zu manifestieren, als ein selbsterkorener Weg, sein persönliches Tao durch diese spezifische Liebesart zu realisieren.

Es ist offensichtlich, dass sowohl die platonische als auch die konfuzianische Lebensphilosophie Antagonismus und Gewalt hervorbringen, während die intelligenten Philosophien von Heraklit und Laotse eine flexible Form von Frieden in die Welt setzten, welche mit dem Leben rollt und tollt, statt die Lebensenergie mit stupiden Werturteilen zu blockieren und damit jedes wahre Verständnis des Lebens unmöglich zu machen.

Liebe manifestiert sich durch *Energie*. Energie ist *Bewusstsein*. Jeder Versuch, Liebesenergie in intellektuelle, mentale oder moralistische Konzepte von antagonistischen Werten zu pressen, wird sie schädigen und mindern.

Vieles in der gegenwärtigen höchst einseitigen Diskussion der Kindliebe kommt von einem Bewusstsein, das von männlicher Hybris, kultureller Hybris, rassischer Hybris und paradigmatischer Hybris infiziert ist. So können wir denn durch die Betrachtung der Kindliebe, und im Angesicht der Tatsache, dass sie wie nichts anderes in den Dreck gezo-

gen wird, unsere Schlüsse ziehen hinsichtlich derer, die solche Urteile abgeben. Dass sie krank sind bis in die Knochen, geisteskrank, und emotional krank, sollte eigentlich niemanden verwundern, der klar erkennt, wie weit sich diese Schergen von der liebenden und kreativen Energie des Universums entsetzt haben, um in einer *emotionalen Wüste* zu leben, die sie in ihrer neunmalblöden Verblendung als 'das Los des Menschen' ansehen.

§02. Kindliebe und Direkte Wahrnehmung

Was für Menschen mit der Fähigkeit *direkter Wahrnehmung* offensichtlich erscheint, muss der Masse gemeiner Menschen auf ewig verborgen bleiben. Direkte Wahrnehmung ist qualitativ verschieden von der Perzeption, die man in unserer Kultur als die 'normale' ansieht. Der Hauptunterschied dieser Art des Bewusstseins von dem, was unsere Psychologie als gewöhnliche Kognition ansieht, besteht darin, dass sie nicht durch den Intellekt geht und daher keine mentalen Kategorien auf die Dinge, Verhaltensweisen, Geschehnisse oder Abhängigkeiten anwendet, die sie wahrnimmt.

Wahre Kindliebhaber zeichnen sich namentlich dadurch aus, dass sie die Welt von der Perspektive des Kindes aus wahrnehmen, und also eine weitgehend direkte und nachgerade holistische Perzeption besitzen; dadurch sind sie anderen Erwachsene in unserer Kultur evolutiv vorausgestellt. Die Welt der Feen oder parallele Realitäten, die unsere Durchschnittsbürger als 'magisch' ansehen, sind Pädophilen ohne weiteres offenbar, da sie diese Dimensionen durch die Augen und Herzen der Kinder sehen, die sie lieben. Dafür gibt es viele Beispiele in der Literatur und den Biographien großer Kindliebhaber, und sie bestätigen meine Hypothese.

Was bedeutet das eigentlich? Warum ist es wichtig, das Bewusstsein der Kultur, in welche man geboren ist, zu hinterfragen? Was ist überhaupt Wahrnehmung?

Unser Gehirn nimmt Realität wahr durch ein sehr komplexes System von passiven Mustern, welches neue Wahrnehmungsmuster in bereits existierende Muster einbettet und diese Muster in ein Hologramm

einbindet, das sehr dicht ist und durch interne und externe neuronale Netzwerke ermöglicht wird; dieses System enthält überaus komplexe Feedback-Schleifen, welche einen fast konstanten Zustand 'totaler Information' im ganzen System kreieren. Das rigide Weltbild von *homo normalis* ist ein reduktionistischer Abklatsch des Lebens, welches viele Stimuli einfach ausblendet, weil es sie als antagonistisch zu einem im voraus definierten intellektuellen Weltbild ansieht. Dieses Weltbild ist mehr als alles andere ein *Feindbild*; es kam durch Konditionierung zustande. Dieser Bewusstseinsfilter, wenn er erst einmal im Wahrnehmungsprozess aktiviert wurde, kann nicht mehr abgestellt werden. Er ist zum Großteil unbewusst, kann jedoch, wenn die betreffende Person das wünscht, mit Hilfe von Hypnose oder psychedelischen Drogen enthüllt werden.

Hier sehen wir denn auch die Ursache für die Tatsache, warum es Kindern in unserer Gesellschaft so schwer fallen muss, das allgemeine liebesfeindliche und gewalttätige Lebensparadigma der Mehrheit links liegen zu lassen und eine lebensbejahende Weltanschauung zu formen. Wenn Kinder in unserer Kultur Liebe und Verehrung erfahren von einem Erwachsenen außerhalb ihrer Familie und des schulischen Gefängnisses, so müssen sie wohl perplex sein. Denn sie wurden schließlich mit dem Mythos genährt, dass in einer grundlegend gewalttätigen Kultur wie der unseren nur Eltern und Verwandten zu trauen ist. Solch eine Annahme kann kaum hinterfragt werden, da das Kind keine Lebenserfahrung hat, die ihm das Gegenteil aufzeigt, es sei denn das Kind macht positive Liebeserfahrungen der Art, wie sie heute dämonisiert werden, und nicht nur eine, sondern viele. Ein solches Kind wird dann auch das kulturelle Kaugummi zurückweisen, ganz einfach, weil es Geschmack fand an der Wahrheit, und daher gegen all die kulturellen Lügen immun wurde.

Das ist der wahre Grund für die Unsicherheit und Verletzlichkeit der Kinder in unserer Gesellschaft, nicht die soziale Unsicherheit, unter der sie angeblich leiden. Worunter sie in Wahrheit leiden, ist *emotionale Unsicherheit*, und diese erzeugt ihre emotionale Verletzlichkeit als eine Folge von einem Zuviel von Kinderschutz, einem Zuviel von Reglementierung, einem Zuviel von Protektionismus, einem Zuviel von grinsend-jovialer Bevormundung! Dieser protektive Kokon ist denn auch die ultimative Lebensverleugnung, und direktes Resultat des Bewusstseinsfaschismus, der an der Basis unserer Lügenkultur ist.

Diese Weltanschauung, in ihrem Puritanismus, zeugt Misstrauen, nicht Vertrauen, Angst, nicht Einsicht, Unsicherheit, nicht Sicherheit, Einsamkeit, nicht Zweisamkeit, Schneckenhausdenken, nicht aktive Teilnahme. Sie lehrt Kindern, Erfahrungen zu *vermeiden*, statt sie zu suchen, und bringt damit passive, unsichere Bürger hervor, nicht Handler und Wandler! Es sperrt Kinder in Schulgefängnisse ein, bevor sie überhaupt begreifen können, was *Freiheit* eigentlich ist, und damit versaut es ihre Wahrnehmungsfähigkeit und macht sie reif für das Leben im Ghetto von *Brave New World*.

Im Gegensatz dazu ist Kindliebe eine Tür zu einer Welt von höherer Wahrnehmung, welche Liebhaber und Liebeskind vereint in einer *bewussten* Form von Liebe, die der obsessiv-kopulativen Paarung der Massen von angepaßten Idioten gesund und frisch gegenübersteht! Sexualität ist natürlicherweise der Schlüssel für hohe Sensibilität und akkurate Wahrnehmung von Realität, und dies ganz unabhängig von Alter oder Geschlecht. Aber natürlich schlägt es der allgemeinen und kaugummihaften Verblödung der Massen ins Gesicht; und das ist gut so.

Wenn das einmal begriffen ist, kann eigentlich kann Zweifel mehr daran bestehen, warum Sexualität in unserer totalitären und überregle-
mentierten Gesellschaft für Kinder verboten sein muss; denn es ist
nicht freiwillige Partizipation, die den Bürger einbindet in das Staats-
gefüge, sondern manipulative Verführung zu einer *reduktionistischen
Weltanschauung und einem gekünstelten Lebensstil,* der letztlich totale
Entfremdung von der funktionellen Ganzheit des Lebens bedeutet.

§03. Gründe für Kindliebe

E s gibt andere als sexuelle Gründe, warum ein Mann zum Kindliebhaber wird. Ich nenne sie 'psychologische Gründe'. Ich glaube nicht an Mythen wie dem, dass die Natur uns sexuell vorgeprägt habe, oder dem, dass bestimmte Neigungen 'angeboren' seien.

In einem anderen Kapitel habe ich die sexuellen oder, besser gesagt, *emotionalen* Gründe beleuchtet, die Menschen dazu bringen, Kinder als ihre sexuellen Spielgefährten und Lebenspartner zu erwählen. Ich habe aufgezeigt, warum es nicht wahrscheinlich ist, dass wir als Kindliebhaber geboren sind oder dass wir morgen durch einen Streich des Schicksals hoffnungslos in Kindliebe verstrickt werden. Alles in der Natur hat seinen Grund und seine Daseinsberechtigung. Der Grund ist *funktional* in dem Sinn, dass nur funktionales Denken uns auf die Fährte bringt herauszufinden, um was es eigentlich geht. Das Problem ist nicht die Funktionalität der Natur, sondern die (erlernte) Unfunktionalität des Menschen, der einfach zu blind, taub und faul ist, diese Gründe zu erfahren. Und daher ist es nicht gerade intelligent, sich mit solch toten Seelen einzulassen. Es hält einen davon ab, die Antworten zu erhalten, nach denen man sucht, also *wahre Antworten*. Wenn ich sage, dass es psychologische Gründe für Kindliebe gibt, so meine ich, dass sensible Männer sich eigentlich recht bewusst dafür entscheiden, Kinder zu lieben und zu verehren, und dass es sich hierbei um eine *Liebeswahl* handelt, *nicht um eine sexuelle Abhängigkeit*, die früh im Leben gelegt wurde. Es handelt sich hier um eine Wahl, die mit Sexualität primär wenig zu tun hat, eine Wahl, die letztlich auf einer *Seelenanziehung* beruht.

Menschen sind nicht instinktgebunden. *Liebeswahl* ist eine Konstante im Leben aller intelligenten Menschen, denn ihr Leben ist im Fluss begriffen, dynamisch, nicht statisch—und darum sind sie emotional gesund. Liebe, wie das Leben selbst, erstickt, wenn sie statisch wird und konstantem Wandel widersteht. Die Liebeswahl, über die ich hier rede, spielt sich nicht auf dem 'sexuellen' Feld ab, sondern auf dem Vorfeld sexueller Interaktion, der emotionalen Ebene. Alle Liebeswahl ist emotionale Präferenz! Um meinen Standpunkt näher zu illustrieren, möchte ich hier eine Aussage von hunderten zitieren, welche ich auf dem Internet fand, wo Liebhaber, unter dem Schutz der Anonymität, ihre Gefühle offen mitteilen.

> 'Ich habe mich verliebt in ihre Unschuld, ihre aufrichtige Liebe und Neigung, und all die spontanen und arglosen Dinge, die kleine Mädchen tun, und die große Mädchen nicht tun. Mit anderen Worten, ich habe mich in ihr ganzes Wesen verliebt, nicht nur in ihre Körper. Wenn es nur sexuelle Gefühle wären, würde ich mich heute nicht als Pädophiler bezeichnen; der sexuelle Aspekt ist nur einer von vielen. Ich habe diese Dimension meiner Liebe eigentlich erst vor etwas mehr als einem Jahr herausgefunden. Ich fand, dass es eben nicht nur Lust ist, sondern Liebe. Ich war nicht nur sexuell von ihnen angezogen, sondern auch emotional. Und das war der Auslöser für mein Coming-Out als Pädophiler, und ich sagte zu mir selbst: 'Ja, ich bin ein Pädophiler.'

Der Tenor dieser autobiografischen Zeugnisse, von denen ich wahrhaft Dutzende fand, ist erstaunlich uniform. Es ist jedesmal eine Variante des Themas, dass, wenn ein Mann oder eine Frau nur bisweilen Sex mit einem Kind ersehnt, so gibt das ihrem Sexualleben eine pikante und fast luxuriöse Note; wenn jedoch jemand sich wirklich *emotional* zu

Kindern hingezogen fühlt, dann hat diese emotionale Dimension einen weitaus höheren Wert, als die rein sexuelle Anziehung, und ist recht eigentlich als eine 'Präferenz' anzusehen, eine Liebeswahl; in dem Falle beginnt die Person denn auch, sich selbst als pädophil anzusehen.

Obwohl sicher ein Kern von Wahrheit in diesem Räsonnement ist, bin ich der Meinung, dass die Natur uns genau entgegengesetzt programmiert hat. Wir sind *überhaupt erst einmal emotional* von einer Person angezogen, wenn wir überhaupt angezogen sind. Alle sexuelle Anziehung ist eine Folgeerscheinung dieser emotionalen Präferenz oder Liebeswahl, und nicht umgekehrt, die emotionale Anziehung eine Folge von mechanisch-robotischer sexueller Triebhaftigkeit – wie es unsere ignorante Sexologie immer noch für wahr hält, nachdem Altvater Freud diesen Mythos, neben so vielen anderen, in die Welt des dummen Mannes setzte.

So sind denn auch der Kindliebhaber und der Lehrer, wie auch der wirklich liebende Vater oder die liebende Mutter, allemal *pädophil*, ob man das nun wahr haben will oder nicht. Denn das ist der Grund, warum sie sich um Kinder kümmern, und nicht um Autos, Tennis, Bankgeschäfte oder Kunstausstellungen. Die einzig brennende Frage hier ist die, warum im Kindliebhaber diese emotionale Anziehung sich *sexualisierte*, während sie das nicht tat im Lehrer oder Vater des Kindes, oder jedenfalls nicht im Regelfall? Offen gestanden habe ich dafür keine Antwort. Und habe für dieses Unwissen keinen Tadel verdient. Nach mehr als fünfzehn Jahren von Forschung, muss ich zugeben, in einer Sackgasse angekommen zu sein. Mein einziger Trost ist, dass die offizielle und herrschende Sexologie und Psychologie ebenfalls die Antwort nicht haben für das Rätsel. Sie tappen gar noch mehr im Dunkeln als

ich, mit ihrer fatal-darwinistischen Idee, Sexualität sei das Resultat von hormonalen Zufällen und dem Mythos von Triebhaftigkeit als Erklärung für menschliche Liebeswahl. Diese Forscher sind sich nicht einmal bewusst, dass sie in einer kulturellen und ideologischen Falle sitzen, weil ihre Reflexionsfähigkeit durch bedingte Forschungsunterstützung auf Null reduziert wurde.

Nur durch das Stellen der richtigen Fragen werden wir richtige Antworten erhalten. Ich habe die richtigen Fragen gestellt, aber die richtigen Antworten sind noch nicht alle gekommen. Es ist wohl lediglich eine Frage der Zeit. Und da ich nicht als Weiser vom Himmel fiel, muss ich offen zugestehen, dass ich meine Forschung am falschen Ende begann. Ich war befangen in der allgemeinen Mythologie, die da sagt, sexuelle Anziehung komme zuerst und alles andere danach. Ich brauchte mehr als zehn Jahre, um herauszufinden, dass all das eine gigantische Lüge ist! Eine wissenschaftlich abgesicherte Lüge. Eine Lebenslüge.

Also wollte ich wissen, warum diese Männer und Frauen ihre Kindliebe immer und immer wieder damit begründen, dass sie sich *emotional* zu Kindern hingezogen fühlen und betonen, dass ihre sexuelle Anziehung für die Kinder ihrer Wahl lediglich *ein* Element ist von vielen? Um das fehlende Kettenglied zu finden, forschte ich weiter. Als ich endlich in Asia arbeitete, brauchte ich nicht lange zu suchen, um Strassenkinder und kleine Prostituierte zu finden, die mir Auskunft geben konnten auf meine brennenden Fragen. Die Strassen waren voll von ihnen an den warmen Abenden, und die meisten von ihnen waren sehr freundliche (und manche sogar höfliche) kleine Jungen und Mädchen, obwohl sie natürlich von sehr armen Familien waren.

Auf meine klaren Fragen bekam ich klare Antworten. Es stellte sich heraus, dass sie eine subtile Unterscheidung trafen zwischen bestimmten Typen von Kunden. Da waren die 'netten', die sie auch 'Freunde' nannten, und da waren die 'üblichen', die sie als 'nicht so nett' oder als 'garnicht nett' beschrieben. Die letztere Gruppe, so konnte ich bald herausfinden, waren die gewöhnlichen Touristen, die gerne dann und wann von der Möglichkeit profitierten, mit einem Kind ins Bett zu gehen, und die daneben erwachsene Freundinnen hatten. Diese Männer wurden beschrieben mit Worten wie 'die wollen schnellen Sex ohne Aufhebens' und seien nicht interessiert, die Familien der Kinder kennenzulernen, noch zeigten sie irgendwelche Gefühle. Auch wurden sie beschrieben mit Worten wie 'die sind stolz darauf, alles für Geld haben zu können'. Auf meine Frage, ob sie diese Männer mögen, schüttelten sie stumm ihre kleinen Köpfe und ein achtjähriges Mädchen fügte ein Detail hinzu, welches auf den ersten Blick banal erscheinen mag, aber bei näherem Hinschauen zeigt, dass das Mädchen den Mann eigentlich hasste:

> 'Er hat mich nie nachhause gebracht. Er hatte ein großes Auto und wenn er von seinem Hotel kam, fuhr er immer in eine bestimmte Bar, um seine Freundin zu treffen. Diese Bar war weit von unserer kleinen Straße weg. Und da ließ er mich dann 'raus, an der Straßenkreuzung vor der Bar, von wo ich dann den langen Weg nach Hause laufen musste, in der heißen Sonne und all dem Verkehr. Dann war ich sehr durstig und müde, wenn ich daheim ankam, und er hat sich wahrscheinlich eins in Fäustchen gelacht über mich. Einmal, als ich mich darüber beschwerte, hat er mich fast aus dem Auto geschubst, und schrie mich ärgerlich an, er habe kein Geld fürs Benzin, um mich den langen Weg nachhause zu fahren! Ich war sehr wütend über ihn deswegen.'

Neugierig, fragte ich sie dann, ob sie mir auch die andere Gruppe beschreiben könnten, die sie 'Freunde' nennen, und wie diese sich denn benahmen? Das erste, was sie sagten war, dass diese Männer immer allein reisten, und keine erwachsenen Freundinnen hatten. Sie seien 'eben anders', und in der Regel nicht verheiratet. Das zweite, was sie sagten in ihrem kleinen Bericht war, dass diese Männer ihre bevorzugten Straßenkinder gern zum Essen einluden oder ihnen Geschenke mitbrachten, ohne dafür etwas zurück zu verlangen. Sie wurden bezeichnet als 'gute Männer' oder 'Männer, die sich um einen kümmern'. Dann trat das dunkelhäutige achtjährige Mädchen wieder lächelnd hervor, und fügte mit ihrer recht sonoren Stimme hinzu, während sie die Armbänder, die sie verkaufte, hoch hielt:

> 'Wenn ich ihn mag, gebe ich ihm ein Armband, um ihm zu sagen, dass er nett ist. Manche von ihnen sind sehr lustig und sie hören uns gerne zu. Oft geschieht es, dass sich der Mann in *eines* von uns verguckt, oder zwei, weil die Sympathie gegenseitig ist. Das zeigt sich recht früh in einer neuen Beziehung. Das bedeutet, dass der Mann mir zum Beispiel mehr Aufmerksamkeit schenkt, als den anderen Mädchen, oder Jungen. Wenn er zwei mag, ist es eigentlich schöner, dann haben wir mehr Spass, wenn wir zu ihm aufs Zimmer gehen. In der Regel kommt er immer zurück zu den Favoriten, statt einfach alle auszuprobieren. Es kommt häufig vor, dass wir dann ein paar Tage bei ihm schlafen, und dann bekommen wir neue Kleider, und gutes Essen—obwohl es daheim oft nichts gibt, weil kein Geld da ist. Ich hatte einen Franzosen für einige Monate. Er war sehr lieb und schrieb mir oft von Frankreich, und tat immer etwas Geld in den Brief.'

Die Geschichte geht dann regelmäßig so weiter, so erfuhr ich, dass der Freund dann auch an einem der nächsten Tage zu ihrer kleinen Straße eingeladen würde, wo er all die Familien besuchen könne. Die Kinder sagten, sie seien regelmäßig beschämt, ihre großen Freunde zu sich nachhause einzuladen, weil da alles so 'schmutzig und primitiv' sei. Aber es zeige sich jedesmal, dass diese Männer sich eigentlich wenig um diese Dinge störten, und es ihnen offenbar mehr um die *Beziehungen* gehe, als um das Drumherum. Oft böten sie ihre Hilfe an, sei es, um das Dach zu reparieren oder das Baby zum Doktor zu bringen, wenn es Fieber hat.

Ein anderes interessantes Detail, das ich erfuhr, war, dass die Kinder, die, wohl weil sie schöner und adretter aussehen und mehr Freier bekommen, auch unter mehr Eifersucht in der Gruppe der Straßenkinder zu leiden haben. Man gängele sie ständig herum, aber dahinter stecke natürlich Neid und Missgunst, weil sie mehr Liebe und mehr Geld bekämen als die anderen. Es sei auch deswegen, weil ihre Liebhaber manchmal sehr großzügig seien und ihnen vor der Abreise große Geschenke machten oder den Eltern Geld gäben. Das erzeuge dann auch Eifersucht unter den Familien, in der kleinen Straße. Es sei auffallend, so hörte ich, dass die Männer dieser Gruppe den Kindern, die sie liebten, oft über lange Zeit treu blieben, ohne Seitensprünge zu machen. Das gehe soweit, dass sie ihre Liebeskinder ins Restaurant einlüden, mit ihnen Tage und Wochen im Hotel oder ihrer Villa zusammen wohnten, mit ihnen kleine Reisen oder Bootsfahrten unternähmen, und sie durchweg wie ihre Freundinnen behandelten.

Von diesen Gesprächen wurde mir klar, dass diese Gruppe, die von den Kindern viel ausführlicher beschrieben war, als die andere, die wahren Kindliebhaber darstellten. Meine Frage, ob auch Frauen 'große Freunde'

sein könnten, wurde ebenfalls affirmativ beantwortet. Als ich sie fragte, ob es auch zu körperlicher Zärtlichkeit und Sex käme in solchen Beziehungen, meinten die Kinder, das sehr verschieden hinsichtlich der Mädchen, einerseits, und der Jungen, andererseits. Wenn Frauen Jungen wollten für Sex, so bevorzugten sie die größeren, denn sie hätten ein 'größeres Ding'. Wenn sie kleine Mädchen liebten, so sie es schwierig für sie, eines zu bekommen, da die Mädchen, wenn sie mit solchen Frauen aufs Zimmer gingen, später als Lesben verschrieen seien. Aber da die meisten dieser Frauen genug Geld zahlten, fänden sie dennoch meist ein williges Mädchen als kleine Geliebte.

Bei dem Thema angekommen, nahmen mein Interviews regelmäßig eine lautstarke Wende, und alles endete mit Necken und Lachen, und einigen Obszönitäten. Die kleinen Jungen kamen dann meist hinzu, um stolz damit zu prassen, dass sie 'die weissen Ladies haben' möchten, woraufhin die Mädchen einwarfen, die Ladies wollten das 'große Ding' und nicht das 'kleine Spielzeug', woraufhin die Jungen dann regelmäßig die Mädchen verdroschen.

Die Prostituiertenjungen hatten im großen und ganzen eine Macho-Haltung; sie sorgten dafür, dass ihre Liebschaften vertraulich blieben. Sie rümpften die Nase über die Offenheit und Ausgesprochenheit der Mädchen, und nannten sie frivol. Sie sagten, sie hätten die Verpflichtung, *diskret* zu sein; das gehöre eben dazu! (Die Mädchen kicherten darüber). Die Jungen vermieden es tunlichst, sich mit ihren Freiern in der Öffentlichkeit zu zeigen. Sie suchten ihre Freunde in ihren Villen auf, und bevorzugten es, wenn der Mann ein eigenes Haus hatte, weil es im Hotel ihrer Meinung nach 'nicht vertraulich genug' sei. Ganz besonders unmoralisch sei es, ihrer Meinung nach, Händchen zu halten

mit ihren Freiern, oder sich in der Öffentlichkeit zu küssen, weil das am Ende 'doch nur Skandal' hervorbringe.

Ich war nicht wenig erstaunt über so viel Professionalität. Jedoch muss ich hier hinzufügen, dass diese Jungen schon etwas älter waren und mit den kleinen oft sehr schmutzigen Buben, die Armbänder verkaufen, keinen Umgang haben, und auch keinen wollen. Sie haben auch keinen Umgang mit den Mädchen, wenn sie nicht gar auf sie herabschauen mit einer Art von grinsender Jovialität. Ich mochte diese Jungen sind; sie kamen mir als gekünstelt und arrogant vor, aber es war offensichtlich, dass sie finanziell sehr gut da standen. Sie waren regelmäßig gut gekleidet, sauber und adrett, und sprachen sehr gutes Englisch.

Das achtjährige Mädchen heiratete später, oder wurde von ihren Eltern verheiratet, mit einem Mann aus der kleinen Straße, einem Nachbarn. Sie war erst zwölf, aber bereits voll entwickelt. Ein halbes Jahr später brachte sie ein kleines Mädchen zur Welt. Sie hatte es eigentlich geschafft, äußerlich betrachtet, hatte einen guten Job als Fußpflegerin in einer bekannten Diskothek und ein erstaunlich hohes Gehalt. Aber als ich sie besuchen kam in der kleinen Strasse, und sie fragte, wie es ihr nun ging, antwortete sie traurig:

> 'Zu der Zeit, als wir uns trafen, als du uns interviewt hast damals, erinnerst du dich noch, vor vier Jahren, da war ich glücklich. Da hatte ich viele große Freunde und meine Eltern waren stolz auf mich, weil immer Geld im Hause war. Jetzt aber ist das Leben langweilig und mein Mann ist nicht nett zu mir. Ich muss ihm alles Geld abliefern. Er hat sich ein Motorrad gekauft und fährt den ganzen Tag herum, um zu trinken und mit Freunden Karten zu spielen. Wenn er heim

kommt, schlägt er mich. Um das Kind kümmert er sich überhaupt nicht. Er hat mir verboten, meine alten Freunde wiederzusehen. Er hat alle Briefe, die er fand, zerrissen, alle Fotos, einfach alles. Ich habe das Gefühl, dass mein Leben jetzt keinen Wert mehr hat, während ich früher, als ich klein war, doch oft so glücklich war, weil es mir gut ging und ich geliebt wurde. Denn meine Eltern, wie du weißt, haben sie nie um mich gekümmert, es sei denn, mir das Geld abzunehmen, das ich verdient hatte.'

Ich habe diese Geschichten hier deswegen so ausführlich berichtet, weil sie ein Licht werfen auf die psychologische Struktur des Kindliebhabers oder der Kindliebhaberin, also der sogenannten Pädophilen, während sie andererseits zeigen, dass heterosexuelle Liebhaber, wenn sie die Chance bekommen, mit Kindern Sex zu haben, dies in aller Regel nur wegen des erotischen Abenteuers tun—um nicht zu sagen, dass sie dabei oft gefühllos oder gar roh mit den Kindern verfahren. Die zwei Gruppen von Menschen werden doch nach allem von den Straßenkindern in sehr unterschiedlichen Farben gezeichnet!

Obwohl ich wohl annehme, dass man diese Lebenserfahrungen von einer exotischen Kultur nicht ohne weiteres auf die westliche Industriekultur anwenden kann, so sind darin schon einige Details, die zeigen, dass eine authentische Liebeserfahrung sehr unterschiedlich ist von 'Sex für Geld', denn in wahren Liebesbeziehungen spielen Werte wie Sorge, Affektion, Loyalität, Großzügigkeit, Verständnis, Geduld un einem Sinn für soziale Gegebenheiten eine ganz entscheidende Rolle. Die Interviews zeigen ziemlich klar, dass dies universell so ist, und mit dem Alter der Liebespartner nichts, aber auch garnichts, zu tun hat. Entgegen der allgemeinen Polemik gegen Pädophilie möchte ich gar

behaupten, dass es einem Kind zugute kommt, als Partner erwählt zu werden, weil emotional gesunde Menschen mehr Liebe, Sorge und Verständnis für ein Kind als Liebespartner haben, als sie es hätten für einen erwachsenen Partner. Das ist einfach natürlicherweise so, weil es von der Natur so gewollt ist!

Aber es gilt natürlich nicht für Perverse im Gewand der 'Normalität' wie der Mann, den das achtjährige Mädchen beschrieb und der später von der Polizei festgenommen wurde, weil er ein kleines Mädchen vergewaltigt hatte. Es sind diese Männer, die die Schlagzeilen machen, die wir jeden Tag in unseren Morgenblättern lesen. Es sind dies eben *nicht* Pädophile, und dies muss einmal ganz klar gesagt werden! Es sind Männer, die sich als heterosexuell ausgeben und es wohl auch sind von der offiziellen 'Normalitätsanalyse' her. Und das wundert mich denn auch nicht weiter, denn in einer perversen Kultur muss der Perverse 'normal' sein und der Normale darunter leiden, als Perverser abqualifiziert zu werden.

Diese Kinder waren von einer Kultur, die niemals in dem Masse wie die unsrige von einem lebensverneinenden religiösen Paradigma pervertiert wurde. Es ist darüber hinaus interessant zu sehen, dass diese Kinder die Beziehungen mit Westtouristen durchweg positiv beschrieben, und nicht in einem Vokabular, das nur auf materielles Interesse hinweist. Sie waren sich klar bewusst, dass es einen Unterschied gibt zwischen erotischen Beziehungen, die affektiv und sorgend sind, und damit auch emotional nährend, und anderen erotischen Beziehungen, die kalt und eher hostil sind, und emotional eher destruktiv, und wo das Gewähren von sexuellem Zugang das dominante Element ist.

Dass die Kinder Geld bekamen für das Gewähren von Liebe und Zärt-lichkeit auch in den Beziehungen, wo sie wahre Liebe und Affektion erfuhren, war für die Kinder kein Grund, diese Beziehungen anders als gut und nützlich zu qualifizieren, während sie insofern Zweifel hatten in den Beziehungen, wo sie klar spürten, dass sie sexuell ausgenutzt wurden und als Person dem zahlenden Liebhaber ziemlich gleichgül-tig waren. Es war offensichtlich, dass sie mehr Lust und Gewinn aus den Beziehungen zogen, wo sie ehrlich geliebt wurden, und Sorge und Affektion erfuhren, obwohl Sex in beiden Arten von Beziehungen ei-nen 'Teil des Geschäfts' ausmachte.

Es mag etwas gekünstelt klingen, zwischen sexuellen und psychologi-schen Gründen für Liebe zu unterscheiden, weil im täglichen Leben die Dinge einfach niemals so klar voneinander geschieden sind. Aber es ist so etwas wie eine Faustregel, um herauszufinden, um welche eine Art von pädophilen Beziehungen es sich handelt im spezifischen Fall. Gestützt durch die Berichte dieser Kinder, die doch nach allem eine ganze Menge Lebens- und Liebeserfahrung besitzen, kam ich zu der Annahme, dass in allen Arten von Liebe *Affektion*, nicht Sex, immer das Wichtigste ist.

In Coming-Out Berichten von Pädophilen konnte ich regelmäßig lange Beschreibungen finden über die neue Gefühlswelt, die der Mann oder die Frau durchlebte, und da finden sich denn auch Schlüsselworte, die auf den dramatischen Wandel im *Emotionalleben* dieser Personen hin-weisen. Ich glaube, dass dies auch eine Reaktion ist auf die allgemei-nen Tendenz in unserer Westkultur, Beziehungen eher sexuell als emo-tional zu bewerten, vor allem, wenn es um Männer geht. Die Wahrheit ist, dass Änderungen im Sexualverhalten immer und ohne Ausnahme auf einen Wandel im Emotionalleben der Person zurückzuführen sind.

Deswegen müssen Forscher endlich damit beginnen, ihren Fokus auf die *emotionalen Gründe* für Liebe richten, als auf die sexuelle Motivation abzustellen. Denn dann werden sie zu ganz anderen und neuen Forschungseinsichten gelangen!

Auf der anderen Seite können uns diese Einsichten auch dabei helfen, gewalttätiges Sexualverhalten zu verstehen. Meine Hypothese ist, dass solches Verhalten sich in erster Linie dadurch charakterisiert, dass Emotionalität und Affektion weitgehend abwesend sind daran, oder weil Affektion blockiert ist oder von der Person bewusst unterdrückt wird, weil sie nicht ins Selbstbild passt.

Während in solchen Beziehungen der Erwachsene sich typischerweise nicht als pädophil ansieht, sondern Macho-Stereotype verwendet, um seinen ungewöhnlichen Sexualhunger zu erklären, so haben diese Beziehungen gemein, dass der Mann frühere Sexualfantasien, der er unter Schuld und Scham unterdrückte, plötzlich in einer Art von zwanghafter Aktion ausagiert, nachdem er sein Bewusstseinsniveau infolge alkoholischer Getränke oder bewusstseinsverändernder Drogen minderte.

Das Problem in Fällen von Vergewaltigung eines Kindes ist regelmäßig ein *Machtmissbrauch*, welcher nicht ursprünglich ein sexuelles Problem ist oder ein Problem sexueller Beziehungen, sondern auf die Frage zurückgeht, wie gut oder weniger gut eine bestimmte Person mit Gefühlen der Frustration von Liebesverlangen und nachfolgender Depression fertig werden kann.

Während von spezialisierten Forschern wie Nicholas Groth (in seiner Studie *Men Who Rape*) allgemein bewiesen wurde, dass die meisten Falle von Vergewaltigung auf Ärger beruhen und die zweithäufigste

Ursache Machtmissbrauch ist, so sind die Einsichten umso mehr gültig für die Vergewaltigung von Kindern, weil Kinder allgemein schwacher sind, kleiner sind und unschuldiger wirken und daher ideale Projektionsobjekte abgeben für solche unterdrückten und retrograden Liebesenergien.

Jedoch sollten wir dabei beachten, dass es methodologisch nicht korrekt ist, die Vergewaltigung von Kindern phänomenologisch zu untersuchen, wenn es uns darum geht, Pädophilie zu verstehen! Obwohl das der allgemeine Trend der Diskussion ist, so ist es dennoch *absurd*, wenn man es einmal recht besieht! Es bedeutet nämlich, Gesundheit von den Einsichten her definieren zu wollen, die man erlangte durch das Studium von Krankheit! Kindliebe ist eben mehr als die bloße Abwesenheit von Vergewaltigung eines Kindes! Wenn ein heterosexueller Liebhaber affirmierte, er fände, Frauen zu lieben sei wunderbar, weil es nicht die Vergewaltigung von Frauen umfasse, so würde man ihm sicher entgegenhalten, dass Liebe mehr ist als die Abwesenheit von Vergewaltigung!

Von der sozialpolitischen Warte her bin ich der Meinung, dass wir *emotionale Beziehungen* mit Kindern offener und freiheitlicher definieren müssen, was zur Folge haben wird, dass in einem wachsenden Maß Liebesbeziehungen mit Kindern in einem wohl definierten sozialen Rahmen und auf der Basis der sozialen Anerkennung von Pädoemotionen akzeptiert und daher konstruktiv ausgelebt werden können.

Wenn wir Kindliebe endlich als ein *essential soziales Verhalten* kodieren können, können wir sagen, dass wir die Verantwortung übernommen haben, die wir als Gesellschaft für unsere Kinder haben und welche bedeutet, dass wir Kinder so weitgehend als möglich davor schützen

müssen, vergewaltigt, entführt, gefoltert und getötet zu werden, wie dies nun tagtäglich geschieht und wie es in der Zukunft wohl noch häufiger vorkommen wird, wenn wir dabei bleiben, unsere ineffektive und sozial destruktiven Sozialpolitik eines totalen Kindersextabus aufrechterhalten.

§04. Doppelleben

Eines der größten Probleme der Kindliebe ist die Übertragung von Verantwortung auf das Kind, welche eigentlich die des Erwachsenen ist. Am Ende tragen beide schwer daran, vor allem wenn die Eltern des Kindes keine Ahnung haben, was vorgeht, und man absehen kann, dass sie gegen die Beziehung wären.

Diese psychologische Spannungssituation, die infolge des *latenten drakonisch-brutalen Ausagierens der Staatsgewalt* in diesen Fällen noch erhöht wird, können beim Kinde Depressionen, Schlaflosigkeit, Lernschwierigkeiten und andere psychologische Probleme resultieren. Es ist daher nicht überraschend, wenn eine der extensivsten Studien über den sexuellen Aspekt pädophiler Beziehungen, derjenigen Theo Sandforts von Universität von Utrecht in den Niederlanden, zum Resultat kam, dass in den fünfundzwanzig studierten Mann-Junge Liebesbeziehungen es in den Fällen zu psychologischen Problemen kam, wo die Eltern über die Beziehung nicht informiert waren. Dies waren zwei Drittel der untersuchten Fälle. In einem Drittel der Fälle, wo die Eltern von der pädophilen Beziehung wussten und damit einverstanden waren, konnten solche psychologischen Probleme nicht nachgewiesen werden. Aber sogar in den Fällen, wo die Belastung des Geheimhaltens hoch war, konnte die psychologische Untersuchung der betreffenden Jungen keine ernsthaften oder irreversiblen psychologischen Störungen nachweisen. (Der jüngste der betreffenden Jungen war gerade erst zehn Jahre alt).

Das hört sich recht überraschend an, wenn man von der traditionellen Kinderpsychologie ausgeht, welche dazu tendiert, die kindliche Psyche als weitaus fragiler anzusehen. Es ist sicher in den meisten Fällen so,

dass die Eltern im Dunkeln bleiben, was eigentlich vorgeht, und dies gar für Monate und Jahre, während das Kind, und oft auch der Liebhaber, ein *Doppelleben* führen.

Mangels sozialer Kodierung finden die meisten pädophilen Beziehungen in einer sozialen Grauzone statt, sozusagen im Schatten des öffentlichen Lichts, hinter Vorhängen oder als hastige und heiße Umarmungen in Kellern und Treppenhäusern, Badekabinen, Umkleideräumen oder Kinderzimmern, während die Eltern abwesend sind, oder sie finden in den Behausungen von Pädophilen statt, wo die Kinder, aus welchen Gründen auch immer, auf eigene Initiative hinkommen. Ich erinnere mich aus meiner eigenen Kindheit, dass es noch in den 1950-gern und 60gern durchaus üblich war, dass Jugendliche und Kinder ihre Spielchen machten, unter dem Tisch, unter Treppen versteckt, oder im Schlafzimmer der Eltern, bei Familienfeiern, Geburtstagen, Hochzeiten oder gar, frivolerweise, anläßlich von Beerdigungen. Es war weniger gewöhnlich, wenn auch nicht ausgeschlossen, dass es bei der gleichen Art von sozialen Anlässen zu erotischen Spielen kam zwischen einem Erwachsenen und einem Kind, sei es innerhalb oder ausserhalb der Familie, und solche Streicheleien wurden denn auch gemeinhin, vor allem wenn sie gegen Ende des Abends statt hatten, wenn jedermann einige Gläschen konsumiert hatte, durchaus toleriert.

In den oberen Schichten ergibt sich wiederum ein ganz anderes Bild. Hier haben Kinder ihren eigenen Lebensbereich, und verfügen gemeinhin über Räumlichkeiten, die weit über das hinausgehen, was man in der Mittelklasse ein 'Kinderzimmer' nennt. Es handelt sich typischerweise um einen ganzen Flügel eines Schlosses oder eine Villa, mit dem Schlafzimmer der Kinder, einem Studierzimmer, einem Klavierzimmer und einem Esszimmer, und einem Raum für die Bediensteten,

wenn nicht gar einem weiteren Studio für einen Hauslehrer. Hier können pädophile Beziehungen zwischen Bediensteten und Kindern oder zwischen Hauslehrern und ihren Zöglingen in einem relativ sicheren sozialen Feld statthaben. Zu Umarmungen kommt es typischerweise gerade bei größeren Feierlichkeiten, denn die 'Herrschaften' wollen in Ruhe ihre Festivitäten genießen, ohne von dem Holter und Polter der Kinder gestört zu werden.

So essen die Kinder aus solch wohl situierten Familien denn von den Eltern getrennt in ihren privaten Räumlichkeiten, von Bediensteten und allerlei Freiern, Instruktoren und Bewunderern umgeben, und alles ist da möglich, das die gute Moral lieber nicht aus der Nähe betrachtet.

Während die Männer *after dinner* ihr Schach spielen und ihre Zigarren rauchen, und die Frauen Bridge spielen und Liköre geniessen, ist der Genuss in den privaten Gemächern der Kinder von frivolerer und süsserer Natur, und kann durchaus im Bett seinen Ausklang finden. So waren bereits zu Viktorianischen Zeiten, im Schutze der hohen Moral, und gerade durch diese ermöglicht, Beziehungen mit Kindern möglich, die nachgerade grenzenlose Befriedigung versprachen. Und dies war umso demokratischer, als die Kinder in ihrem Lebensgenuss den Eltern in keiner Weise nachstanden. Mit heute verglichen hört es sich wie ein schlechter Scherz an, wenn gesagt wird, die viktorianische Ära sei sexfeindlich und puritanisch gewesen. Das Gegenteil davon ist wahr! Ich kann mir keine Epoche vorstellen in der ganzen Menschenvergangenheit, die so dumm-drakonisch und borniert-liebesfeindlich und lustfeindlich ist, wie die unsere, die sich noch dazu in ihrer unglaublichen Hybris als 'freiheitlich' einstuft.

Da wird dann von modernen Psychologen eingewandt, dass in viktorianischen Zeiten und vor allem in Oberklasse-Familien es Kindern
nicht erlaubt worden sei zu masturbieren. Das Argument ist so lächerlich wie die ganze moderne Kinderpsychologie, weil sie soziale Gegebenheiten einfach unter den akademischen Teppich kehrt. Ein Kind
hatte sich natürlich dezent zu benehmen, wenn die Eltern anwesend
waren und wäre sicherlich hart bestraft worden, wenn es masturbierte
vor seiner Mutter oder seinem Vater. Aber die Strafe hier war nicht dafür, dem Kinde sexuelle Betätigung zu verbieten, sondern eine solche,
die das Kind dazu bringen sollte, sich in der Gesellschaft des Adels und
vor Autoritätspersonen anständig zu benehmen. Ein Kind, das vor Bediensteten masturbierte, wäre nicht bestraft worden! Wenn Eltern ihre
Kinder in ihren Gemächern aufsuchten, wollten sie diese in einem sozusagen offiziellen Gewande antreffen, da Beziehungen formalisiert
waren, auch und gerade die von Eltern und Kindern.

Daraus den Schluss zu ziehen, dass es Kindern allgemein verboten war,
sich sexuell zu betätigen in viktorianischen Familien ist ein typischer
Fehlschluss moderner Psychologen, die soziale Gegebenheiten und
Bräuche tunlichst missachten.

Es geht in dieser Frage in erster Linie um soziale Etikette, nicht um die
Frage, ob in einer bestimmten Gesellschaft oder Gesellschaftsschicht
Sexualität unterdrückt war. Es hätte nicht in einem Buch veröffentlicht
werden können, aber Tatsache ist, dass es Kindern in solchen Familien
nicht ausdrücklich verboten war zu masturbieren oder sich von Bediensteten masturbieren oder oral stimulieren zu lassen. Hier war es
eher die Regel, dass solches an der Tagesordnung war und unter dem
allgemeinen 'moralischen' Schweigen statt hatte ohne Aufhebens. Romane und Lebensgeschichten aus dieser Zeit und aus anderen Epo-

chen, wenn es um die Kindheit hochstehender Personen geht, sprechen eine deutliche Sprache.

Es würde der moralischen Sensibilität dieser sozialen Schichten widersprechen, über solche Dinge offen zu reden; das heißt aber nicht, dass
ihnen ein Sinn für emotionale und sexuelle Hygiene abgehe. Ganz im
Gegenteil! Von einem Kind aus solchen Kreisen wird erwartet, dass es
sich in Gegenwart der Eltern bescheiden und gut benimmt, aber es
kann wohl den verwöhnten Prinzen spielen, wenn es, was die meiste
Zeit ausmacht, mit den Bediensteten oder Hauslehrern zusammen ist,
welche, auch wenn sie nicht pädophil sind, eine ganze Menge Gratifikation aus der mehr oder weniger schamlosen Gier der Kinder nach
Lust ziehen können und konnten. So kann man denn wohl sagen, dass
der Ausdruck 'ungezogenes Kind' in den Ohren der Hochbourgeoisie
eigentlich klingt wie 'sexuell ausgelassenes und aktives Kind'.

Andere süße Spiele sind möglich, wenn ein Kind krank ist. Krankheit,
für ein Kind aus guten Verhältnissen, ist eine Gelegenheit dafür, den
Ammen und Hauslehrern endlose Streiche zu spielen und sie zu pro-
vozieren. Schliesslich ist man im Bett und mehr oder weniger unbe-
kleidet, und kann einmal so richtig bemitleidet, geküsst und gestreichelt werden. Wie gut das einem jeden Kinde tut! Man möge sie nur
fragen. (Und man möge sich *nicht* fragen, warum in diesem Milieu Kinder so oft und so lange krank sind!). Nun kann das Kind Streicheleien
unter der Bettdecke umso mehr genießen, als der Hauslehrer normalerweise keinen Zugang zu den Gemächern der Kinder hat, und es ihm
nur ausnahmsweise gestattet wird, namentlich, wenn das Kind krank
ist *und* ausdrücklich nach dem betreffenden Lehrer verlangt, während
es bettlägerig ist.

So werden dann sorgende Eltern den Lehrer sogleich rufen lassen und ihm aufgeben, so viel Affektion als möglich zu zeigen, um das Kind moralisch aufzumöbeln; der Hauptgrund ist natürlich, den intimen Grund dafür herauszufinden, warum das Kind überhaupt krank ist. Wenn die Krankheit schwer ist, wird die ganze Klasse ans Bett des Kindes gefesselt und im Bett studiert, was einem pädophilen Lehrer natürlich das Paradies eröffnen muss.

Schließlich, wie es zum Beispiel in den Romanen von Marcel Proust ausführlich dargestellt wird, profitiert das Kind von Krankheitszeiten auch, indem es die Aufmerksamkeit und Zärtlichkeit der sonst meist abwesenden Mutter erfahren kann.[27] Zum Glück hatte das Kind noch andere Gelegenheiten, seine diversen Lüste und seinen Hunger nach Affektion zu befriedigen; denn ohne die anderen Personen, die dafür geradestehen in der Umgebung des Kindes, wären wohl neunzig Prozent aller Kinder der Oberschicht aus dem Fenster gesprungen, denn die Affektion einer Mutter ist in solchen Kreisen wie ein rares Juwel. Man erhält sie, wie meine eigene Mutter, aus einer reichen Geschäftsfamilie stammend, mir einmal berichtete, höchstens einmal im Jahr.

Um die soziale Szene zu wechseln, und in gewöhnlichere Gefilde zurückzukehren, so ist es heute eher unüblich geworden, dass Liebeskinder ihre Freier in ihren Wohnungen oder Häusern aufsuchen. Das ist einfach so, weil Kinderschutz bei uns seit etwa zwanzig Jahren dazu führte, dass die meisten Kinder der Unter- und Mittelschichten ein gefängnisartiges Dasein führen. Dies ist jedoch nur in der Westkultur der Fall; in vielen arabischen und asiatischen Ländern genießen Kinder immer noch genügend Autonomie und Mobilität, um sexuelle Aben-

---

[27] Marcel Proust stammte bekanntlich aus einer französischen Adelsfamilie der obersten Schicht.

teuer mit Freunden und Fremden gleichermaßen erleben zu können – während man darüber allerdings nicht offen redet, noch auch publiziert, und es allgemein, und zu Recht, als Affront ansieht, wenn ausländische Medien darüber berichten.

Die Vergangenheit war weit rosiger für Kindliebhaber als die heutige 'demokratische Freiheitlichkeit', vor allem die klassischen und viktorianischen Epochen. Gemessen an der Freiheit der Liebe in diesen Zeiten mutet mir unsere Zeit als wahre Tyrannei an. Nach all den historischen und psychohistorischen Studien, die ich hinsichtlich der Liebe und der Kindererziehung in viktorianischen Zeiten angestellt habe, tendiere ich zu der Annahme, dass diese Zeit von allen Epochen der Menschheit die idealste für Kindliebhaber war, vor allem für diejenigen unter ihnen, die kleine Mädchen liebten und verehrten. Das war so in Europa und gar noch mehr so in den Kolonien, vor allem in Indien. *Alice im Wunderland* war ein wirkliches Wunderland, da der Schöpfer dieser Wunderwelt, der Priester, Fotograf und Mathematiker Lewis Carroll selbst in einer wunderlichen Welt lebte, in der die Präsenz kleiner Mädchen aus guten Familien die tägliche Realität ausmachte. Heute, würde er auferstehen unter uns, würde er im *Niemandsland* leben!

Pädoemotionen und ein Sinn für das Wunder gehen Hand in Hand. Auch er lebte ein doppeltes Leben, obwohl wir nicht wissen, ob er mit den Mädchen auch sexuell anbändelte. Es klingt offen gesagt recht frivol, das überhaupt in den Raum zu stellen, weil der Mann als Priester sehr feste Prinzipien hatte, und in mindestens einem überlieferten Dokument von einem 'schwarzen Drang' berichtet, der seine Beziehungen zu Alice zu trüben begann, und weswegen er vermehrt betete, um seine ursprüngliche Reinheit und Unschuld in der Beziehung zurückzugewinnen.

Dieses Dokument spricht *für* ihn, für seine Loyalität, für seine große Aufrichtigkeit, für sein Genie! Modernen Psychologen nach spricht es lediglich für seine Verklemmung, aber das ist wirklich eine zynische Auffassung, die alle Beziehungen, und seien sie pädophil, auf ihre sexuelle Komponente reduziert. Dies ist letztlich das Erbe von Freud, und dieses Erbe hat zu unserer kulturellen Evolution in keiner Weise positiv beigetragen. Es hat, wenn überhaupt, zu unserer Gewalt, unserem Zynismus und unserer Frivolität beigetragen. Ein anderer Tagebucheintrag enthüllt, dass der Reverend eines Tages sang- und klanglos von der Familie seines Lieblingskindes Abschied nahm, oder nehmen musste. Die Frage bleibt offen *warum*, und hat verständlicherweise viel Anlass zu Spekulationen gegeben.

Aber Lewis Carroll, wenn er der war, für den wir ihn halten, ist sicher nicht der einzige, der mit einer fast total reprimierten Sexualität leben konnte. Krishnamurti und eine ganze Reihe anderer spiritueller Lehrer und Philosophen hatten ein gleiches Los, gewollt oder ungewollt. Und wenn ich Krishnamurti hier herausgreifen mag, weil ich seine Lebensgeschichte und Philosophie näher studierte, so schien er keinesfalls unter sexueller Deprivation gelitten zu haben.

Viele haben ein Problem mit Carroll heute, weil es inzwischen offenbar wurde durch die Forschung, dass seine Beziehung mit Alice und ihrer Familie ganz plötzlich, und nach einer recht langen Zeit, abbrach. Natürlich wissen wir nicht warum, aber es ist wohl klar, dass etwas geschah, dass zu dieser brüsken Veränderung führte. Aber was wir auch immer spekulieren hier oder vielleicht (was schlimmer ist) hineininterpretieren in eine solche Situation, so ist es doch offenbar, dass dies eine delikate Sache ist. Ich habe hier einen vielleicht unromantischen Standpunkt, indem ich sage, dass Sex immer und ohne Ausnahme eine

Bereicherung ist in einer Beziehung, weil Körperkontakt und sexuelle Erfahrung Selbstkenntnis und Menschenkenntnis befördern!

Ich bin selbst durch viele pseudo-pädophile Beziehungen gegangen, wo Sex keine Priorität war, entweder, weil das Kind es nicht wollte, oder weil es einfach zu gefährlich war, die Beziehung in den sexuellen Bereich auszudehnen. Ich habe Beziehungen gelebt mit Mädchen, die sehr ähnlich denen waren, die Lewis Carroll hatte mit seinen *maidens* und die sogar in einem ähnlich viktorianischen Milieu statthatten. Und sie waren *platonisch* im strikten Sinn, was bedeutet, dass sogar Küssen reprehensibel gewesen wäre.

Ich war der Hauslehrer für zwei kleine Mädchen in einer Familie, wo die Mutter ein Mitglied des Thailändischen Königshauses war; ich habe auch Beziehungen gehabt mit zwei bezaubernden kleinen Mädchen, deren Vater ein Hauptkommissar der thailändischen Polizei war. Interessanterweise hatte ich eine ganze Reihe von Beziehungen, auch in Europa, wo die Väter der Kinder Polizisten waren oder hohe Militärs. In all den Familien wäre es Selbstmord gewesen, irgendwelche Zärtlichkeiten mit den Kindern zu haben. Und das bedeutete natürlich, dass ich die Kinder dem elterlichen Erziehungsparadigma zufolge zu erziehen hatte, und nicht nach meinem eigenen Gusto. Und dieses elterliche Paradigma war in all den Fällen ein sehr konservatives, das körperlichen Kontakt zwischen Kind und Erzieher ausschloss. Dennoch bekam ich sehr positives Feedback von den Kindern und den Eltern gleichermassen. Ich war eben in der Lage, Vertrauen mit den Kindern zu bilden, ohne sie zu Komplizen in einem verbotenen Spiel zu machen.

Der thailändische Polizeipräsident versuchte, meine Arbeit in seiner eigenen Weise zu belohnen, indem er mir eines nachts einen Jungen

auf Hotelzimmer bestellte. Der Junge hatte mit mir zu schlafen. Ich find die Geste einzigartig und fein, nicht jedoch den Jungen, und schickte ihn nach dem Abendessen nach Hause, gab ihm jedoch auf, dem Kommissar zu sagen, er habe eine tolle Nacht mit mir verbracht! (In Asien soll man Gastgeschenke keineswegs zurückweisen).

Ich weiss nicht, ob es sozial nicht als Doppelleben angesehen würde, wenn man als Erzieher seine sexuellen Gefühle für Kinder sublimiert, sie jedoch ausserhalb des beruflichen Rahmens auslebt? Dies scheint mir eine recht provokative Frage zu sein, und doch, wenn man es genauer besieht, so handelt ein solcher Erzieher natürlich rechtens, denn es gelingt ihm, im erzieherischen Bereich völlig 'clean' zu bleiben. Ich bin sicher, dass es viele Lehrer gibt, die solche Doppelexistenzen führen und ich denke mir, dass, wenn es herauskommt, der Mann oder die Frau es doppelt auf den Kopf bekäme, weil die Gesellschaft annimmt, dass ein pädophiler Erzieher den Zöglingen nichts Gutes tun kann— auch wenn er sexuelle Beziehungen mit ihnen tunlichst unterlässt! Das Argument ist sehr ähnlich der Rhetorik, die homosexuelle Erzieher noch vor einigen Jahren von Schulen zu verbannen suchte, wenn dies auch inzwischen keine Katze mehr hinter dem Ofen hervorholt.

Was Homosexualität anbetrifft, so ist unsere Gesellschaft heute sicher toleranter als in der Vergangenheit, vor allem in den frankophonen und hispanophonen Kulturen. Françoise Dolto, die berühmte Kindertherapeutin, berichtet in einem ihrer Bücher die fast komödiantische Geschichte eines homosexuellen Grundschullehrers in Paris. Dieser Mann war besonders skurril, weil er den weiblichen Part spielte, Lippenstift und Rouge auflegte, eine Perücke auf dem Kopf hatte und theatralische Frauenhüte trug. Die Kinder hielten sich den Bauch vor Lachen am Anfang, aber schließlich gewöhnte sich jeder an ihn, da er,

wie Dolto betonte, ein hervorragender Mathematiker und sehr guter Pädagoge war.

Und das nenne ich dann Demokratie! Die gleiche Haltung sollte pädophilen Lehrern gegenüber angenommen werden. Warum sollten sie gezwungen sein, Verstecken zu spielen, wo sie doch mit den Kindern in ihrer Betreuung nichts anfangen? Hier hat unsere Gesellschaft noch ein gutes Stück hinzuzulernen und einen weiten Weg zu gehen.

In den 60er Jahren haben Masters & Johnson eine Studie publiziert, in welcher Männer aus Oberklassefamilien über ihren ersten Geschlechtsverkehr berichteten. Ein hoher Anteil dieser Männer sagte, dass die sexuelle Initiation bereits im Babyalter stattgefunden habe, und zwar durch eine weibliche Hausangestellte. Als diese Jungen dann begannen zu ejakulieren, wurde die Hausangestellte die erste Sexualpartnerin für sie. Ich habe keine Klarheit erhalten durch diese Studien, ob in diesen Fällen der Geschlechtsverkehr wirklich von der Angestellten initiiert wurde, oder von dem Jungen selbst. Beides ist möglich.

Andererseits weiß ich jedoch wohl, dass in der lateinamerikanischen Kultur Jungen von der lokalen Oberschicht oder der Kolonialschicht regelmäßig ihre ersten sexuellen Erfahrungen mit indianischen Hausangestellten haben, und hier wird klar gestellt, dass die Initiation immer von den Jungen ausgeht, selbst wenn diese noch klein sind. Dies ist einfach eine Folge des Macho-Paradigmas, das diese Kulturen dominiert. Es würde einem kleinen Jungen immer ein Kompliment gemacht, wenn er eine Indiofrau verführt, oder ein Indiomädchen, vorausgesetzt, er ist von einer Patrizierfamilie. Dasselbe gilt natürlich in noch höherem Maße für den Hauspatron selbst, der über alle weibli-

chen Hausangestellten und ihre weiblichen Kinder sexuell verfügen kann; dies ist ein Ausfluss seiner *patria potestas*.

Diese Information habe ich nicht von Zeitungsberichten, noch irgendwelchen Studien vonseiten sozialer Stiftungen, sondern aus erster Hand erhalten, von Freunden aus Südamerika und von den Einheimischen dort. Es scheint mir, dass diese Tradition so sehr in die Mentalität der Menschen dort passt, dass sie *wahrscheinlich präkolumbianischen* Ursprungs ist. Das ist auch deswegen nicht unwahrscheinlich, weil dieser Brauch, wäre er ein Relikt der *Conquista*, von den Einheimischen heute strikt zurückgewiesen und verdammt würde. Das ist aber keineswegs der Fall.

Es ist schwierig zu sagen, ob das viktorianische Sexualparadigma permissiver war gegenüber heterosexueller Pädophilie, und Päderastie stärker verdammte. Natürlich verbannten die Puritanisten Homosexualität und das mag einen zur Annahme bringen, dass sie im Zweifel päderastische Beziehungen mehr verdammten als sexuelle Beziehungen zwischen Männern und kleinen Mädchen. Aber dabei dürfen wir nicht vergessen, dass hinsichtlich der Mädchen der *Jungfrauenkult* bestand. Ein Mädchen war dazu verurteilt, eine Jungfrau zu bleiben, obwie sie dann im Ehebett auf manchmal recht unsanfte Art entjungfert wurde.

Der Jungfrauenkult ist sicher ein Grundpfeiler der viktorianischen Kultur, so etwas wie ein kultureller Altar. Ob nun Jungen oder Mädchen betroffen waren in einer pädophilen Beziehung zu der Zeit, sie wären furchtbar bestraft worden, und in manchen Fällen führte das zur Verstümmelung oder gar dem Tode des Kindes. Ich möchte gar behaupten, dass man die Opfer mehr bestrafte als die Täter, und das war ganz und gar im Einklang mit der Tradition, denn so tat es die Kirche für

Jahrhunderte. Die einzige Ausnahme hier ist, wenn die Beziehung heterosexuell war, der Mann aber die Virginität des Mädchens intakt liess. Hier würde man eine mildere Haltung eingenommen haben, da das Mädchen nicht 'beschädigt', sprich, immer noch heiratsfähig war. Und wie konnte das geschehen? Nun, die etwas frivole Konsequenz eines solchen Wertsystems ist natürlich, dass der Mädchenliebhaber dazu neigte, das Kind herumzudrehen und 'wie einen Jungen zu benutzen'- wie es Goethe einmal scherzhaft in einem Brief bemerkte.

Für die unsrigen ist zu hoffen, dass trotz drakonischer Strafen und allgemeiner Kinderschutzhysterie die poetische Form der Kindliebe ihren privilegierten und diskreten Platz innerhalb der heiligen —oder nicht so heiligen—Familie bewahrt. Die Ganzheit der Familie ist dann am höchsten, wenn sie Erwachsene tolerieren und assimilieren kann, welche die Eltern in der einen oder anderen Weise ersetzen können. Diese können den Kindern dann eine erotisch gefärbte Affektion geben, die den Eltern wegen des Inzestverbots nicht erlaubt wäre, die den Kindern aber durchaus zugute kommen mag!

Als ich Françoise Dolto 1986 in ihrer Pariser Wohnung aufsuchte, sagte sie mir in diesem Interview, dass sie pädophilen Beziehungen durchaus positiv gegenüberstehe, weil sie eine Art von Blitzableiterfunktion hätten in der hoch-inzestuösen modernen urbanen Kleinfamilie. Das sei so, erklärte sie, weil das Kind, vor allem in der ödipalen Phase und später in der Adoleszenz, seine inzestuösen Wünsche auf andere Erwachsene, als seine Eltern, projizieren könne. Diese Anschauung, die zu der Zeit, und mehr noch davor (während der 60er und 70er Jahre) von vielen Psychologen und Psychoanalytikern vertreten wurde, gehört jetzt zu dem intellektuellen Dynamit, den die neofaschistische

postmoderne Massengesellschaft so gut als möglich zu verdecken und zu verheimlichen sucht.

Forschung wurde unterdrückt, Forschungsgelder wurden in andere Wege geleitet, wie zum Beispiel in die *Kinderschutzindustrie*, welche die neueste Inkarnation der emotionalen Pest ist. Ich glaube gar, dass sie eine Art kultureller Krebs ist, der, wenn wir ihn nicht gründlich ausrotten, uns auf einer geraden Linie in neue, und diesmal globale, faschistische Totaldiktaturen führen wird.

Es klingt lächerlich, wenn Kinderschützer die sexuelle Unschuld des Kindes predigen und ähnlichen Unsinn von sich eben, der bereits Anfangs des letzten Jahrhunderts klar wissenschaftlich widerlegt wurde. *Es ist mehr als lächerlich. Es ist geisteskrank.* Was Kinderschutz befördert, ist nicht die Wohlfahrt des Kindes, sondern die Wohlfahrt von Diktatoren; er bringt mehr Debilität, mehr Angst, mehr Unsicherheit und mehr Intoleranz. Er führt zu Krieg, Bürgerkrieg und der Vergewaltigung von ethnischen und sozialen Minderheiten.

Kinderschutz, wie er heute im Westen praktiziert wird, ist schön verpackte Sklaverei. Er verbiegt die gesunde Entwicklung des Kindes in einem solchen Grad, dass wir für die nächsten Generationen das Resultat in der Form von emotionalen und sexuellen Krüppeln, angstvollen Henkern und ruchlosen Massenmördern voraussagen können.

Daher muss Kindliebe, ob sie nun dazu verurteilt ist, ein Doppelleben zu führen, ob sie sich nun verstecken muss, ob sie nun eine Maskerade von Verstellung spielen muss, ob sie betrügen und Streiche spielen muss, *überleben*, und wäre es nur für die Sache der freien Liebe und um der totalen Verneinung von Humanität im rosafarbenen Schlacht-

haus von menschlichen Werten entgegenzutreten, welche heute die grinsende Fratze von *Brave New World* ist.

§05. Der Ästhetische Wert der Kindliebe

Eine allgemeine Studie oder Monographie über den ästhetischen Wert der Kindliebe bleibt noch zu schreiben. Hier scheinen Fotografen heute aktiver zu sein als Schriftsteller, so scheint es mir, indem sie nämlich durch Assoziationen und sehr vorsichtige und sensible Wege, Kinder im Portrait darzustellen, einen Vorgeschmack geben auf den *ästhetischen Wert der Kindliebe*.

Ich denke hier in allererster Linie an einen großen Vertreter dieses Genre, *Jan Saudek*. Es gibt natürlich viele andere, aber Saudek ist besonders, weil seine Botschaft so klar und doch subtil ist und sich nicht aufzwingt. Daher ist sie nämlich akzeptabel auch für Nichtpädophile. Saudeks Stil in der Kinderfotografie ist grundehrlich; er zeigt kein 'objektiviertes' Kind, noch eine postmoderne Version von Rousseaus *Émile*, sondern ein *dekoriertes* Kind, dessen Rolle als Projektionscontainer nicht verhohlen wird.

Es ist denn auch illusorisch und moralistisch, unser Bedürfnis, das Kind als Fetisch und Container für unsere Träume zu begehren, als depraviert abzutun; denn in diesem Verlangen ist unsere Sehnsucht nach einer besseren Welt enthalten, sowie unsere poetischen Fantasien, die mit luzider Zärtlichkeit das ausmalen, was *ganz* ist und unschuldig, hermaphroditisch, göttlich und ewig liebenswert.

Die Süße poetischer Kindliebe ist unbegrenzt in ihrer traumhaften Dimension. Sie ist untergründig verwandt mit den heißen Ritualen eines aufgeklärten Heidentums, dem Feenkult, der Anbetung von Naturgeistern und von *Gott Pan*, welcher bekanntlich seinen Platz hatte im alt-

griechischen Pantheon und der von den Menschen für seine satyrhafte Jagd auf unschuldige kleine Mädchen respektiert werden möchte.

Es gibt viele poetische Produktionen, die letztlich das kreative Resultat von Kindliebe sind, wie zum Beispiel die Geschichte von *Peter Pan*, oder der Jugendroman *Kim*, von Rudyard Kipling, welcher ganz wundervoll die Liebesbeziehung zwischen einem Magier und einem britischen Jungen in Indien beschreibt; und dann haben wir den *Kleinen Prinzen* von Saint-Exupéry und viele andere. Natürlich lassen sie die Frage möglicher sexueller Beziehungen offen, oder überlassen das der Fantasie des Lesers.

Die gesamte Jugendliteratur der Menschheit, eingeschlossen Walt Disney, ist das Resultat von Kindliebe, jedoch einer Kindliebe, die sich vielleicht bewusst auf die *poetische und platonische Dimension* beschränkt, einer Kindliebe, die in eine bloss *psychische* Anziehung sublimiert wurde. Man mag argumentieren, dass in einem solchen Fall diese Produktionen nicht unter meine Definition von Kindliebe als einer *erotischen* Liebesform fallen. Jedoch würde ich dem entgegenhalten, dass *erotische Intelligenz* nicht per se sexuell ausagiert werden muss, also durch sexuelles Verhalten im Wortsinn, sondern sie kann sich *künstlerisch* ausdrücken, vor allem durch starke Fantasie; dann wird die ersehnte Kopulation zu einer poetischen Metapher.

Nebenbei bemerkt finde ich, dass unsere kulturelle Definition von Sexualität ein Witz ist, wenn sie nicht gar Ausdruck von Frivolität darstellt. Wir sind als Menschen sexuell in einer *viel umfassenderen Weise* als es zum Beispiel Affen sind, die sich gegenseitig bespringen, weil ihr Instinkt das so will. Wir Menschen sind *nicht* instinktgetrieben!

Es besteht kein Zweifel daran, dass es auch unfreundliche, hässliche und widerliche pädophile Produktionen gibt, welche oftmals von Autoren anonym veröffentlicht werden; ein Beispiel ist das *Diary of a Gentleman*, ein viktorianischen Bestseller. Jedoch kann nach meiner Meinung der zynische Sadismus solcher Beschreibungen von Vergewaltigungen junger Arbeitermädchen in London durch einen britischen Lord wirkliche Pädophile nicht ansprechen.

Der Autor, ein Adliger, der während der industriellen Revolution häufig kleine Prostituierte im armen Arbeitermilieu in London aufsuchte, um sie im wahrsten Sinne des Wortes bis aufs Blut zu vergewaltigen, scheint von seinen Eroberungen eine tiefe Befriedigung zu erlangen, welche jede Empathie, jede Art von Mitgefühl und jede Art von geteilter Lust vermisst. Mein Herz blutete, als ich diese Berichte las, die in dem Buch von Florence Rush über den sexuellen Missbrauch von Kindern in Auszügen wiederveröffentlicht wurden. Und im Gegensatz zu Rush habe ich natürlich keine feministische Agenda zu verteidigen, noch bin ich ein Moralist. Meine Reaktionen zu diesem Material waren ganz natürlich und körperlich, es waren negative Gefühle, die direkt in meinem Körper ihren Ursprung hatten, nicht in meinem Geist. Ich glaube ohnehin nicht an Moralität. Alle Moralität ist Schein. Aber in unserer Kultur ist Sadismus so verknüpft mit Moralität—welches nach allem natürlich nur logisch ist, denn Moralität ist Sadismus—dass Menschen dazu tendieren, solch frivole Abenteuer mit Pädophilie gleichzusetzen. Und hier irren sie eben!

Es gibt auch Frauenliebhaber, und gar nicht wenige, die nie den Sprung geschafft haben von der *stummen Sexkommunikation*, die man gemeinhin *Vergewaltigung* nennt, zu der *expliziten Sexkommunikation*, die sich im Regelfall als beidseitig lustgebender und erfüllender Ge-

schlechtsverkehr darstellt. Vergewaltigung ist eine Form von schweigsamer Masturbation, wo der Partner in ihrer physischen Realität garnicht anwesend ist, sondern lediglich auf der Fantasieebene des Liebhabers existiert.

Ich rede hier nicht über Illusionen.

Natürlich strebt jeder Pädophile nach sexueller Erfüllung durch genitale Penetration, aber das bedeutet nicht, dass sie versuchen, ihre kleinen Partner gegen ihren Willen zu penetrieren, oder ganz allgemein die vielleicht extreme physische Disproportion der Geschlechtsteile übersehen. Was ich hinsichtlich des viktorianischen Sex-Tagebuches abschließend sagen will, ist, dass wiewohl es natürlich einen gewissen historischen und literarischen Wert besitzt, es doch in keiner Weise als eine *pädophile Publikation* angesehen werden kann. Tatsächlich ist das meiste Material, das in Bibliographien und Linklisten über Pädophilie aufgeführt wird, von dieser Art; das ist der Grund, warum solche akademischen Forschungshilfen, wer immer sie auch erstellt hat, im Falle der Pädophilie als einseitig und unwissenschaftlich angesehen werden müssen. Sie helfen vielleicht dabei, eine Forschung über Kindesvergewaltigung und andere Formen des Kindesmissbrauchs zu starten, nicht aber, um einen Begriff zu erhalten von wahrer Kindliebe, der liebenden, emphatischen und emotional ausgeglichenen Liebe zu Kindern. Es werden hier einfach zwei heterogene Bereiche in einen Topf geworfen, ästhetische und gewaltlose Kindliebe, und sadistische und gewalttätige Kindliebe. Es handelt sich hier um zwei Welten.

Um Kulturen zu finden, die der Kindliebe wahren ästhetischen Wert zugesprochen haben, müssen wir vor den Beginn des Christentums zurückgehen. Die christliche Religion hat niemals auch nur im Ansatz

die Liebe mit Kindern verstanden, obwohl die Vatikanbibliothek notorisch prall gefüllt ist mit internen Litigationen, die skandalöse Affären zwischen Priestern und Messknaben zum Gegenstand haben.

Je nachdem, wer der Richter war in solchen internen Disziplinarverfahren, und auch je nachdem, wer der Papst war zu der Zeit, wurden solche Fälle mit mehr oder weniger Strenge verfolgt. Es gab von Anfang an eine intellektuelle Minderheit in der Kirche, die freiheitlicher dachte, als der Rest, und die Päderastie zwischen Priestern und Messknaben positiv bewertete. Es wurde unter anderem argumentiert, dass ein Priester eine kleinere Sünde begehe, wenn er mit einem Kind geschlechtlich verkehre, als wenn er dasselbe mit einer Frau tat.

Ich bin nicht sicher, was die Ansicht dieser Jesuiten ist hinsichtlich der Fälle, wo Priester Liebe und Sex mit kleinen Mädchen haben, aber ich könnte mir vorstellen, dass das Tabu homosexueller Paarung schwerer lastet, als unlauterer Sex mit einer Jungfrau, weil im letzteren Falle das Dogma, der Genesis folgend, behauptet, dass die holde Weiblichkeit immer den ersten Stein wirft.

Auf dem ästhetischen Niveau hat die Kirche sicher nicht dazu beigetragen, die Kindliebe in ihr religiöses Paradigma zu integrieren. Sie war ebenso defensiv in der Hinsicht, wie die offiziellen Positionen des Islam oder des Buddhismus, wo sexuelle Beziehungen zwischen geistlichen Würdenträgern und Kindern ganz ebenso eine Rolle spielen und spielten wie im Christentum.

Während solche Vorkommnisse meistens unter dem Gesichtspunkt von Autoritätsmissbrauch gesehen werden, oder als 'Schwachheit des Fleisches', so war doch bislang nichts innerhalb organisierter Religionen zu verzeichnen, was ehrlich die erotische Natur des Kindes aner-

kannt hätte, oder die Tatsache, dass es durchaus positive wäre, Kinder sexuell anziehend zu finden für Erwachsene.

Im Altertum war dies doch ziemlich anders. Inzwischen wissen viele, was vorher nur einer Elite bekannt war, dass nämlich Päderastie im alten Griechenland und Rom offen praktiziert wurde; aber doch haben nur wenige hinter die Kulissen geschaut und haben die Geschichte der Päderastie von den vorausgegangenen Epochen an verfolgt. Hätten sie dies getan, würden sie nämlich klar erkennen, dass die Liebe mit Knaben in Griechenland und Rom schon eine Dekadenzerscheinung war, und nahm vor allem bei den Römern ziemlich perverse Züge an.[28] Um ein Bild zu bekommen von gewaltfreier Kindliebe, das heisst Kindliebe ohne Sadismus, müssen wir uns die Kretische Kultur näher anschauen, oder das Ägypten vor den Pharaonen, oder auch das alte Persien oder die Türkei, oder gar, noch weiter zurück in der Geschichte, die Sumerische Kultur. Der abusive Charakter, den Kindliebe in späteren Zeitaltern annahm, war das Resultat von Sklaverei.

Zunächst einmal ist festzuhalten, dass wahre Kindliebhaber keine Kindesmissbraucher sind. Das ist übrigens so für alle Arten der Liebe. Liebhaber leben ihre Liebe *bewusst*, mit allem, was das impliziert, während Missbraucher regelmässig ihre Gefühle und ihr Verlangen unterdrücken, ganz einfach, weil sie nicht wissen, wie sie es konstruktiv handhaben können. Dies gilt gleichermaßen für Erwachsene, Kinder und Jugendliche. Denn auch Jugendliche und Kinder können Liebhaber sein. In unserer Kultur wurden sie in die *passive Rolle* gedrängt, die

---

[28] Wenn ich sage 'pervers', so meine ich damit natürlich nicht das, was kirchennahe Kreise unter dem Wort verstehen, sondern ich meine damit 'gewalttätig'. Die einzige Perversion für den Menschen ist, wie ich es in anderen Schriften ausführlich darstelle, Gewalt, denn die sexuelle Geschmacksrichtung ist beim Menschen, nicht wie beim Tier, instinktgebunden, sondern völlig offen und frei.

Rolle des erleidenden und erduldenden Opfers, aber das ist ganz klar eine kulturelle Verzerrung und nicht naturgegeben. In Wahrheit haben Jugendliche und Kinder eine vollkommene Begabung, und ein entsprechendes Verlangen, für komplette erotische Liebe in all ihren Dimensionen.

In der Antike waren Kinder keine Wesen zweiter Klasse, sondern waren potentielle Partner für Erwachsene, nicht alle Erwachsene, sondern eine Minderheit von Poeten, Intellektuellen und reichen Mäzenen, die, weil sie mehr für die armen und deprivierten Schichten taten, als andere, auch mehr mit deren vielen Kindern in Kontakt waren. Und Gelegenheit macht eben Liebe!

Sexuelle Beziehungen mit Kindern waren vielfältig in der Antike und sie waren sozial reguliert, nicht chaotisch und in aller Regel nicht gewalttätig. Die alten Kulturen haben Kindliebe weitgehend anerkannt und integriert, ohne sie, wie es heute der Fall ist, sozial zu verurteilen und zu dämonisieren. Dies bedeutet jedoch nicht, dass alte Kulturen inzestuöser waren als unsere moderne Industriekultur. Das Gegenteil ist der Fall, alte Kulturen waren weitaus effektiver, Inzest in gerader Linie, und hier namentlich Vater-Tochter Inzest, effektiv zu unterbinden. Dieses Ziel wurde ganz pragmatisch einfach dadurch erreicht, dass man Vätern Alternativen für Sex mit ihren Töchtern anbot; diese bestanden in sexuellen Gelegenheit mit Mädchen in Bordellen und vor allem in der Tempelprostitution. So konnte ein Vater unter den vielen Kindern dort diejenige wählen, die seiner Tochter am ähnlichsten sah der die ihn am meisten an die eigene Tochter erinnerte.

Solches würde man heute völlig unmoralisch und verfehlt finden, aber es war dennoch eine effektive Form von sozialer und sexueller Hygie-

ne. Selbst wenn man moralische Kategorien hier anwenden möchte, so würden, denke ich, die meisten Menschen darin übereinstimmen, dass es gemeinhin unangenehmer für ein Kind ist, wenn es seinem Vater sexuelle Gunst gewähren muss, als diese Gunst fremden Männern zu gewähren, wenn nur die Aktivität in einer soziale Rolle gebettet ist, die sie rationalisiert. Solches war namentlich der Fall mit der Tempelprostitution; die Rationalisierung war, dass ein Mädchen seine sexuelle Gunst Männern anbot, um der *Göttin Aphrodite* oder einer ähnlichen Gottheit zu dienen und zu gefallen.

Allgemein ist zu beobachten, dass im Altertum Religion in viel stärkerem Masse *sozialregulativ* tätig war, als dies heute der Fall ist, mit Ausnahme vielleicht vom Islam, welcher auch heute noch eine Religion ist, die sich bewusst sozialregulativ definiert—und warum auch nicht?

Tempelprostitution hatte denn auch eine sozialregulative und sexualregulative Funktion; aber es war daneben auch ein Brauch, das ist nicht zu vergessen, der *religiös* motiviert war. Tempelprostituierte waren junge Mädchen und Jungen, und hier war eine große Varietät angeboten, sodass jeder Liebhaber potentiell seine kleine Freundin oder seinen kleinen Freund finden konnte. Ich bin nicht sicher, von welchem Alter Kinder angenommen wurden, denke aber, es muss wohl logischerweise das Alter gewesen sein, das damals das 'Schutzalter' war (obwohl es unrichtig wäre, diesen Begriff zu gebrauchen für eine Zeit, wo *Kinderschutz* wirklich ein Fremdwort war). Also lassen sie es mich das 'Heiratsalter' nennen; es war *sieben Jahre* bei den Hebräern und den Ägyptern; es war niedriger noch bei den Sumerern, und hier deuten Hieroglyphen an, dass es wohl *drei Jahre und ein Tag* war für Mädchen.

Kindliebe und sexuelle Interaktion mit Kindern hatte einen ästhetischen Wert zu der Zeit. Männer oder Frauen, die Liebe und Sex mit Kindern begehrten, waren keineswegs stigmatisiert. Kindliebe hatte also eine ich möchte sagen *poetische* Dimension, und wurde in der Tat von Schriftstellern und Dichtern gepriesen, obwohl leider vieles von diesen doch ziemlich deskriptiven Produktionen religiösem Vandalismus zum Opfer fiel. Die jugendliche Energie eines *Hermes*, *Gott der Händler und Diebe*, war namentlich die von jungen Mädchen und adoleszenten Knaben, deren gesegnete Vitalität jeden Liebhaber zum passionierten Freund macht. Der Mythos ist jedoch viel älter; in der Tat ist der Archetyp des ewigen Jünglings so alt wie die Menschheit selbst; er wurde zum Beispiel verewigt im astrologischen Zeichen der *Zwillinge* oder der *Peter Pan* Geschichte.

Das weibliche Gegenstück davon ist Aphrodite, die *Göttin der Liebe*, denn in alten Zeichnungen ist sie dargestellt nicht als reife Frau, sondern als ein junges Mädchen, welches Männer zu den schlimmsten Untaten treibt.

Ja, sie ist ein *Liebeskind* im besten Sinne – und im schlimmsten!

§06. Emphatische vs. Sadistische Kindliebe

I n §3 oben habe ich Gründe für *Kindliebe* aufgelistet. Hier möchte ich nun ein wenig über die Vergewaltigung von Kindern hinzufügen, und zwar mehr von der Fantasie-Perspektive. Es ist nämlich interessant zu beobachten, dass es bei Männern zwei Gruppen gibt, die verschiedene Fantasien haben; bei den Männern der ersten Gruppe, sind die sexuellen Fantasien affektiv, bei der zweiten Gruppe sind sie sadistisch.

Psychologen sagen, dass sexuelle Fantasien wichtig sind und uns dabei behilflich sind, unser Verlangen zu integrieren, wenn es von einer Art ist, die schwerlich sozial zu realisieren ist, ohne entweder dem Partner Leid anzutun, oder mit dem Gesetz in Konflikt zu geraden— oder beides. Bis heute konnte allerdings *nicht* bewiesen werden, wie es antipädophile Vigilante-Gruppen oft behaupten, dass erotische Fantasien dem *Ausagieren* des fantasierten Verhaltens Vorschub leistet. Alles spricht dafür, dass das masturbatorische Erleben und Entladen solcher sexueller Spannung gesetzkonformes Verhalten fördert. Die Literatur ist in dieser Frage leider hoffnungslos kontrovers. Das einzige, worauf man sich einigen konnte, war, dass alle Menschen, gleich welchen Alters, erotische Fantasien haben, so wie es heute klar ist, dass alle Menschen träumen, ob sie sich nun ihrer Träume erinnern oder nicht.

Die Hauptfrage ist denn nach allem, *wie wir mit solchen Fantasien zurechtkommen*, obwohl für den Psychologen die Frage wichtiger erscheint, warum wir solche Fantasien überhaupt haben und welche Funktion sie haben in unserer Psyche? Nun, ich denke, zunächst einmal sollten wir verstehen, dass Fantasien *unwillentlich* geschehen; sie sind eine Form von Kreativität, die in der psychischen Energie ihren Ur-

sprung haben, welche durch das liebende Verlangen erregt wurde. Solche Fantasien können uns anzeigen, wie wir mit den Energien anderer Menschen umzugehen verstehen, sie könnten so etwas sein wie ein *Spiegel* dieser Energien, die wir von Menschen, die wir lieben, empfangen.

Was besonders ist an Liebesfantasien ist, dass sie *Gedankenformen* darstellen, die Liebeswünsche bergen, und ziemlich konkrete Wege, wie wir unser Verlangen ausleben und realisieren möchten mit der Person, in die wir verliebt sind. Diese Fantasien mögen sexueller oder nichtsexuell sein.

Sexuelle Fantasien können nun wiederum unterteilt werden in solche affektiver Art und solche, die sadistische oder anderweit gewalttätige Züge haben. Mit anderen Worten könnte man sagen, dass in der ersten Variante Liebe und Sex *mit* der Partnerin gedanklich ausgemalt wird, während in der zweiten Variante sexuelle Befriedigung *gegen* die Partnerin oder auf dem Rücken der Partnerin erstrebt wird. Typischerweise wird in der sadistisch-gewalttätigen Sexfantasie die Partnerin in irgendeiner Weise überrumpelt, ausgetrickst, entführt, in eine Falle gelockt, korrumpiert, geschlagen, vergewaltigt und, im Extremfall, gefoltert und getötet.

Während man in der affektiven Sexfantasie gefühlsmäßig auf die Partnerin zukommt und etwas *mit* ihr tut, ist Gefühl in der sadistischen Variante blockiert und man tut Dinge *gegen* die Partnerin; die Stimmung in der ersten Variante ist eine der *Sympathie*, in der zweiten, eine der *Hostilität*.

Die Frage stellt sich natürlich, wie Sexualität einerseits an positive und affektive Stimmungen und andererseits an negative, feindselige oder

gar hasserfüllte Stimmungen geknüpft werden kann? Das Geheimnis hier ist, dass der Sexualtrieb an jede nur denkbare Stimmung, jedes nur denkbare Gefühl angeknüpft werden kann, denn es ist nicht der sexuelle Trieb selbst, der irgendeine Rolle spielt hier, sondern nichtsexuelle Gefühle oder Emotionen; mit einem Wort, es kommt darauf an, wie gut oder schlecht die Person ihre *Eigenmacht* realisiert hat und handhabt. Wenn Autonomie so gut wie ausgeschlossen war während der Kindheit und Jugendzeit, und also Eigenmacht eher gering ist, hat die Person einen starken *Durst nach Macht* (über andere), welcher für den Mangel an Eigenmacht kompensiert. In dem Fall werden die erotischen Fantasien dieser Person eher sadistisch gefärbt sein. Vor allem in den Fällen, wo Sex als Waffe benutzt wird, um andere zu unterdrücken, zu gängeln, zu kontrollieren oder zu schädigen, ist ein solcher Machthunger immanent, und in dem Sinne ist jeder Missbrauch immer auch *Machtmissbrauch*.

In sadistischer Pädophilie ist Machthunger ganz besonders ausgeprägt, und daraus resultiert denn auch die extreme soziale und strafgesetzlich kodifizierte Abwehrhaltung gegenüber solchem Verhalten. Um es kurz und prägnant zu sagen, qualifiziert man solches Verhalten gemeinhin als *asozial*.

Leider ist die gesamte öffentliche Debatte der Pädophilie seit Jahren von diesem doch eher seltenen Phänomen überschattet. Viele, die die Ursachen und die Realität der Pädophilie nur unzureichend kennen, tendieren dazu, sexuelles Verlangen, das sich auf Kinder richtet, in Bausch und Bogen als 'sozialschädlich' abzutun, ohne eine Unterscheidung zu treffen zwischen affektiv-gewaltloser und sadistisch-gewalttätiger Pädophilie. Diese einseitige Haltung wird von den Massenmedien aktiv unterstützt, denn Polemik reicht hier viel weiter, als Information.

Das geht dann bekanntlich oft soweit, Pädophilie als *Kindesvergewalti-gung* zu brandmarken. Die Strategie der Medien ist dermassen manipulativ in diesem Bereich, dass man meinen möchte, manche unserer Medienbosse seien bei Goebbels in die Schule gegangen!

Hier sehe ich den Urgrund für die Gewalt gegen Pädophile, die Missverständnisse und Lügen hinsichtlich des erotischen Interesses an Kindern. Hier haben wir die typische CIA Strategie in Aktion, eine unsichtbare Zeitbombe ins Lager und die vitalen Arterien des Feindes zu senden, die dann zur Selbstzerstörung führt.

Die pädophile Sache ist sicherlich eine essentiell politische; und bis Pädophile dies einsehen und ihre Angst über Bord werfen, um den Kampf aufzunehmen, wird sich nichts, aber auch garnichts ändern. Im Gegenteil, Wahrheit und Frieden werden mit Füßen getreten werden und es besteht einige Wahrscheinlichkeit dafür, dass aus all den Verfolgungen ein neues und diesmal internationalen Hitler-Regime hervorgehen wird!

Keine Sache und kein sozialer Kampf ist rein und unschuldig. Es franzt immer irgendwo aus in Angst und Perversion, aber fest steht, dass die Manipulation dort beginn, wo die *negative Seite der Medaille für die ganze Medaille* genommen wird und die positive Seite dem großen Publikum verschwiegen wird.

Die Tatsache, dass man jede Art der Liebe konstruktiv oder aber destruktiv leben kann bedeutet nicht, dass Menschen Abstand von der Liebe nehmen sollten. Dies ist aber genau das unsinnige Ansinnen der Mehrheit angesichts der Kindliebe. Es wird sogar von liberalen Kreisen gesagt, das Verlangen als solches sei okay, aber das Ausagieren nicht. Wenn man das einmal näher beschaut, so wird die ganze Absurdität

dieses Arguments klar, dann wird nämlich klar, dass die permanente Repression eines Verlangens schlimmer ist, als das Negative, das solches Verlangen in manchen Fällen anrichten mag; denn diese Repression, in ihrer gewünschten Totalität, ist Mord, sozialer Mord, emotionaler Mord!

Damit gibt die Mehrheit zu bedenken, welche Mordinstinkte sie besitzt, oder mit anderen Worten, es wird die psychoanalytisch seit langem bekannte Tatsache belegt, dass die Unterdrückung natürlicher Pädoemotionen bei der Mehrheit der Menschen zur starken Mordimpulsen führt!

Wenn Missbrauch eine Perversion des Verlangens ist, so ist die Behauptung, bestimmte Formen der Liebe seien *nichts als Missbrauch*, eine Perversion des Lebens! Sadistische Kindliebe ist auf der Fantasieebene notwendiger Schatten affektiver und emphatischer Kindliebe. Der Grund für das Aufkommen sadistischer Neigungen liegt in der Tatsache, dass das konstruktive, liebende und sozial normierte Verhalten in Sachen Kindliebe von der gegenwärtigen Gesellschaft brutal unterdrückt wird.

Sadismus ist eine Reaktion des bioenergetischen Systems; der Grund ist aufgestaute Triebenergie, und eine dementsprechende Blockade des emotionalen Flusses. Dieser Komplex ist eine direkte Folge des Liebesverbotes selbst, und des Moralismus, der damit einhergeht in allen Debatten und allen Diskussionen über das Thema.

Forschung mit heterosexuellen Männern hat aufgezeigt, dass sogar sehr sozial angepasste Individuen hin und wieder sadistische Sexfantasien erfahren hinsichtlich des von ihnen bevorzugten Typ Frau. Genauer gesagt hat diese Forschung nachgewiesen, dass sadistische Fan-

tasien typischerweise dann aufkommen, wenn die Person sexuell abstinent ist für eine gewisse Zeit, entweder weil man keine feste Partnerin findet oder weil die, die man wählte, ablehnend eingestellt ist, oder anderweit vergeben ist. Man kann dies auf einen Nenner bringen und sagen, dass sexuelle Energien gewalttätige Züge dann annehmen und nur dann, wenn sie nicht normal und regelmäßig ausgelebt werden können. Dies zeigt klar die sozialpolitische Linie an, die sinnvoll wäre, um Gewalt in unserer Gesellschaft zu vermindern. Es zeigt, dass puritanisch-sexualfeindliche Gesetzgebung für mehr Gewalt in unserer Gesellschaft sorgt, und auch gerade für mehr sexuelle Gewalt. Es ist also sinnwidrig, ständig schärfere Strafgesetze zu erlassen, um Sexualität in die Bahnen zu leiten, die man moralisch-ethisch als gut und richtig ansieht. Tatsache ist, dass Biologie menschliches Verhalten geregelt hat, bevor man anfing durch Moralität diese Biologie zu verbiegen und zu pervertieren. Sexuelle Gewalt ist nicht inhärent in sexuellem Verhalten, sondern sie ist die Folge von sexueller Repression.

Dies ist klar erkennbar, wenn man sich heterosexuelle Pornographie anschaut, denn sie zeigt die Frau als sexuelles Objekt, zum *Spermarezeptor* und zur *Sexpuppe* degradiert, reduziert auf bestimmte Körperöffnungen, ein *Dummy. Dass es dann zu vergewaltigungsähnlichen Szenen kommt wundert niemand; es ist sozusagen hineinprogrammiert in die essentielle Natur von Pornographie.* Dies zeigt namentlich, in welchem Ausmass Sadismus *sozial integriert* ist, obwohl es wohl wahr ist, dass in aller Regel solche Fantasien nicht ausagiert werden. Ich meine jedoch, dass sie dennoch eine *Signalfunktion* besitzen! Sie zeigen, was sogenannte Moral eigentlich angerichtet hat in den meisten Kulturen der Welt, und hier ganz besonders in der judeochristlichen Kultur.

Ich kann jedoch darüber hinaus nicht sehen, warum solche Fantasien, wenn sie Kinder involvieren, anders beurteilt werden sollten!? Meine Hypothese ist ganz im Einklang mit der bioenergetischen Erkenntnis, die ich soeben ausführte. Ich sage, dass solche Fantasien und Bedürfnisse ganz einfach ihre Ursache in der Repression von pädophiler Sexualität haben, und der daraus folgenden sexuellen und emotionalen Deprivation pädophiler Menschen. Dies hebe ich deswegen hervor, weil die öffentliche Diskussion der Pädophilie suggeriert, dass jede Art von pädophilem Verlangen sadistisch gefärbt ist und folglich abusiver Natur ist. Es wird behauptet, dass das pädophile Verlangen an sich *pervers* sei; es kann jedoch nicht wahr sein, weil, wie ich oben zeigte, solche Fantasien ganz ebenso bei Heterosexuellen und Homosexuellen erfahren werden.

§07. Perversion und Angst

I n der Diskussion über Pädophilie, der Begriff der *Perversion* oder des *perversen Verlangens* wird wiederholt erwähnt, und so möchte ich denn darauf einmal näher eingehen. Was ist eigentlich Perversion? Perversion ist *Angst*, und sie ist durch Angst hervorgerufen. Und *psychologische Angst* ist ebenfalls eine Perversion, obwohl die meisten Menschen in der postmodernen Konsumkultur davon betroffen sind, wie es Krishnamurti klar und oftmals ausführte. Alexander Lowen hat bekanntlich darüber ein ganzes Buch geschrieben, mit dem Originaltitel *Fear of Life*, was man gut als 'Lebensangst' übersetzen kann.

Was ist Lebensangst anders als eine Retrogradation der Vitalenergie, der *Liebesenergie?* Es ist eine Blockade der Lebensenergie. Es ist wichtig zu begreifen, dass perverse Nöte aus Repression resultieren und ihren Ursprung also in *Liebesverboten* haben. *Das perverse Verlangen ersetzt das ursprüngliche Verlangen, welches verboten wurde.* Genauer gesagt hat Perversion zwei Funktionen, eine *Ersatzfunktion* und eine *Kompensationsfunktion*.

Ich hoffe, der werte Leser wird es verzeihen, wenn ich ein schockierendes Beispiel zitiere für das, was ich als wirklich perverses Verhalten bezeichne; es ist wohl extrem, aber im Grunde ist alle Perversion extrem naturfeindliches Verhalten. Es ist von einem Bericht über Konzentrationslager in Nazideutschland, den ich während der Zeit meiner kriminologischen Studien an der Universität des Saarlandes in der Universitätsbibliothek fand. Es war im Jahre 1978. Dieser Bericht zeichnete nach, wie SS-Leiter in deutschen Konzentrationslagern jüdische Jungen behandelten, und zwar typischerweise *Jungen im Pubertätsalter,*

welche hübsch, intelligent und anziehend waren. (Diese Details sind wichtig!).

Die Praxis bestand darin, die Jungen nackt zu strippen, etwas Benzin aus einer Flasche in ihren Anus einzuflössen, und den Rest des Benzins über sie zu giessen, um sie danach anzuzünden und dermassen lebendig zu verbrennen! Als ich dies las, und sich meine Därme verdrehten in Schmerz, wurde mir intuitiv klar, dass es sich hier um eine *Perversion päderastischen Verlangens* handelt. Das sadistische Verlangen, das die Männer motivierte, solches gegen jüdische Knaben zu tun, kann nur damit erklärt werden, dass sie, metaphorisch gesprochen, *ihre Liebesgefühle für die Jungen verbrannten, indem sie die Jungen verbrannten.* Während es von Historikern klar erkannt wurde, dass päderastischer Missbrauch Alltag war in der Hitlerjugend, so ist es wichtig, die subtilen Grenzen zu erkennen. Es war moralisch für diese Männer in Ordnung, Sex oder gar erzwungenen Sex zu haben mit einem jüdischen Jungen oder, ihn gruppenweise zu vergewaltigen. Das bestmögliche Szenario wäre, dass einer der Männer sich in einen der jüdischen Jungen verliebt (wie es in manchen Filmen hinsichtlich des Holocausts dargestellt wird) und ihm dann hilft, der Gaskammer zu entkommen. Lassen sie mich realistisch sein, so etwas ist sicher auch vorgekommen! Und ich wage hinzuzufügen, dass die Chance, für sexuell zugängliche Jungen größer war, gerettet zu werden von einem pädophilen Nazi, als einem heterosexuellen und sadistischen. Nur weil Männer in der Lage sind, zu vergewaltigen, und auch Kinder zu vergewaltigen, so bedeutet dies nicht, dass man das Recht hätte, eine solche Potentialität im männlichen Triebleben dergestalt zu verallgemeinern, dass man damit sozusagen ein 'Gruppenbild' errichtet, dass dann den Namen 'der gewöhnliche Pädophile' trägt.

Man mag wohl argumentieren, dass Vergewaltigung als solche bereits als sexuelle Perversion zu qualifizieren sei, jedenfalls eine radikale Abweichung vom Naturzustand, wo zwei Menschen, gleich welchen Alters, es okay finden, Sex miteinander zu haben; aber das hilft uns in keiner Weise in unserer Bemühung, eine möglichst objektive Beurteilung von Pädophilie auszuarbeiten. Denn Pädophilie, wie das Wort es sagt, ist Kindliebe, nicht Kindesvergewaltigung. Wie wir es wissen von der Forschung, wird im Ehebett öfter vergewaltigt, als der Normalbürger es wahrhaben möchte; die Pädophilieforschung hat klar zutage gefördert, dass in Mann-Junge Beziehungen anale Penetration die Ausnahme darstellt, selbst wenn der Junge damit einverstanden ist.

Tatsache ist, dass heterosexuelle Männer vergewaltigen, dass homosexuelle Männer vergewaltigen und dass auch pädophile Männer vergewaltigen; aber wieviel Prozent sind es in jeder dieser Gruppen? Es ist sicher nicht die Mehrheit!

Forschung hat klar aufgezeigt, dass Vergewaltigung auf nichtsexuellen Motiven beruht, dass es eine Kompensationsreaktion ist für Minderwertigkeitsgefühle und ein negatives Selbstbild. Es sind Ohnmachtsgefühle, die Vergewaltigungswünsche auslösen, ein Mangel an Eigenmacht; wenn Sexualität sozusagen als Waffe eingesetzt wird, ist ein defektes Selbstbild immer der Urgrund.

Wenn wir das einmal wirklich durchdenken, so können wir viel über Liebe lernen, indem wir nämlich ihr genaues Gegenteil betrachten.

Das hat schon Krishnamurti empfohlen, indem er nämlich feststellte, dass Liebe so komplex und umfassend ist, dass sie nicht definiert werden kann; wir können jedoch wohl durchdenken, was alles *nicht* Liebe ist, welches Verhalten wir als *nicht* liebevoll bezeichnen würden.

Wenn wir selbige Rhetorik nun auf Perversion anwenden, sehen wir, dass in allem perversen Verhalten doch noch ein Rest von *zynischer Liebe* enthalten ist. Und wenn es nicht so tragisch wäre, so könnte man perverses Verhalten sehr wohl als clownesk oder skurril ansehen! Und wenn wir näher hinschauen, erkennen wir, dass Angst darin ist, viel Angst. Wir können dann begreifen, dass es die Angst ist, die das ursprüngliche unverformte Liebesgefühl verzerrt hat. In Liebe ist keine Angst; sie ist freigiebig, sie gibt in Fülle. Perversion ist paranoid, sie ist geizig und *nimmt nur*, unfähig zu geben, ganz und gar narzisstisch.

Liebe, demgegenüber, nimmt Anteil, wohingegen Perversion egoistisch ist, ein sozusagen 'einsames Vergnügen' auf Kosten des Partners, eine Art von Masturbation, in welcher der Partner als Dummy fungiert. Mit anderen Worten, während Liebe immer Sorge trägt, ist Perversion eher sorgloses Verhalten.

Nun wollen wir Angst einmal näher betrachten. Was ist eigentlich Angst? Was sind die Ängste, die natürliche Liebesgefühle pervertieren? Einen allgemeine Antwort ist schwer zu geben. Die Gründe dafür sind komplex, sowohl auf der individuellen, als auch der kollektiven Ebene. Seit meiner Kindheit zweifelte ich daran, dass unsere Gesellschaft eine liebende ist. Ich fand unsere Kultur ganz einfach unnatürlich und pervers in ihren Wurzeln.

Einem Kind das Ausleben seiner *natürlichen Emotionen und seiner Sexualität* zu verbieten, ist ganz einfach perverses Verhalten. Dagegen kann man kein Argument ins Feld führen. Diese tausendjährige Praxis allein ist eine flagrante Vergewaltigung der Natur in ihren zärtlichsten Anfängen. Kindersexualität ist so kontrovers, weil die Leute intuitiv spüren, dass sie weitaus größere Kontrolle über ihre Kinder ausüben

können, wenn sie ihnen Liebe und Sex verbieten. Diese Intuition ist sicher richtig. Kinder, die aufgeklärt und sexuell aktiv sind haben recht wenig gemein mit Konsumkindern; man kann sie nicht an der Nase herumführen, und sie sind blindem Konsum abgeneigt. Sie werden nicht gleich jedes neue Gadget, jedes neuen Videospiel kaufen wollen, weil sie ganz natürlich Lust haben mit ihrem eigenen Körper.

Die Leute spüren auch, dass sie ihre gewalttätigen Projektionen auf Pädophile nicht mehr aufrechterhalten können, weil einfach eine bestimmte Anzahl von Kindern ihre Eltern die Erlaubnis erfragen würden, Freundschaft, Liebe und sexuelles Spiel mit Erwachsenen zu erleben zu dürfen, in die sie sich verliebt haben. Das würde namentlich dazu führen, dass Eltern, wie es Françoise Dolto ausdrückte, nicht mehr über ihre Kinder regieren könnten, wie früher Könige über ihre Vasallen.

Und dies sind die handfesten psychologischen Gründe, warum Kindersexualität und Pädophilie keinen Platz haben können in einer Konsumkultur! Ich bin natürlich extrem, wenn ich das so in den Raum stelle, denn wir können nicht einfach außer Frage stellen, dass diese Konsumkultur ihr Wertsystem entsprechend ändern könnte! Sie könnte Kindliebe zum Beispiel als Geschäft ansehen, wenn sie sie nur einmal sozial kodieren würde. Ich bin persönlich davon überzeugt, dass in der Zukunft eine solche Kodierung und Modifizierung des Wertsystems statthaben kann, und dass wir uns derzeitig in einer Übergangsphase befinden. Wenn die ersten Millionen fließen mit diesem neuen Geschäft, um nur ein Beispiel zu geben—kindergerechte Kondome—wird der Paradigmenwandel sprunghaft und explosiv nachfolgen.

Meine Argumentationen hier mögen deutlich gemacht haben, dass all dies mit Moralität recht wenig zu tun hat, sondern eher mit Intelligenz.

Im übrigen hat Karl Marx klar aufgezeigt, dass die moralischen Werte lediglich einen 'Überbau' darstellen über die ökonomischen Grundverhältnisse irgendeiner gegebenen Gesellschaft.

§08. Bisexuelle Kindliebe

Viele, und darunter auch Psychiater, gehen davon aus, dass bisexuelle Pädophile die schlimmste Variante dieser Art von Neigung darstellen. Man macht sie herunter als Kinderschänder, denen jede Art von androgyner Lustpuppe recht ist, um ihre Raubgier zu stillen. In Wahrheit jedoch sind bisexuelle Kindliebhaber sehr sensitiv, und wie alle Liebhaber tragen sie Sorge um ihre Liebeskinder.

Allerdings möchte ich zu bedenken geben, dass die Gefahr einer gewissen Konfusion des Selbstbildes für den bisexuellen Liebhaber grösser ist als für den Jungenliebhaber oder den Mädchenliebhaber. Dies gilt übrigens auch für Bisexuelle, die erwachsene Partner bevorzugen, und doch glaube ich, dass bisexuelle Kindliebe komplexer ist. Die Pädophilieforschung hat aufgezeigt, dass es sich bei Jungenliebe oder Mädchenliebe um zwei recht verschiedene Art von Neigungen handelt, und die meisten Pädophilen sind derselben Ansicht!

Ich sollte den Ausdruck 'bisexuelle Kindliebe' vielleicht eher vermeiden; er suggeriert für viele, dass diese Liebhaber androgyne Kinder bevorzugen, im Sinne, dass sie Kinder anziehend finden, weil sie nicht nur sexuell, sondern auch allgemein 'unentschieden' sind; da wird dann oft argumentiert, dass sie die Labilität oder Laszivität ausnutzen, um diese Kinder zu verführen. Es wird hier natürlich unterstellt, dass solche Kinder oft dümmlich sind, dass sie emotional eher taub sind und daher keine oder nur geringe emotionale Gegenreaktion mobilisieren, dass sie also nicht defensiv sind, sondern eher passiv, puppengleich, dass sie brüskem sexuellem Zugang keinen Widerstand entgegensetzen, oder gar als Spermatoiletten fungieren.

Ich weiss, dass dieses Cliché in der Psychiatrie herumgeistert und dass die Extrapolation dieser Gruppenfantasie darauf hinausläuft, bisexuelle Pädophile als 'Puppenvergewaltiger' zu brandmarken. In Wahrheit ist es jedoch so, dass die Wahl eines Partners immer eher spezifisch ist; unsere emotional-sexuelle Anziehung ist nicht allgemein, sondern immer konkret. Mit anderen Worten, jeder Pädophile hat sein 'Traumkind', das er sich in der Fantasie ganz konkret ausmalt. Das ist nicht irgendein Kind, das ist ein spezifisches Kind, mit spezifischen Merkmalen, mit einem ganz konkreten Körper, mit einer solchen und nicht einer anderen Stimme, mit blondem, nicht schwarzem Haar (nur als Beispiel), mit einer Art, sich anzuschmiegen, oder einer eher burschikosen Art; diese Details sind Bestandteil einer Fantasie, die repetitiv ist, nicht heute dieses Traumkind und morgen jenes, sondern ein bestimmtes Traumkind für Monate oder gar Jahre.

Diese emotionalen Präferenzen manifestieren also über gewisse Zeiträume, sie sind eher konstant. Zum Beispiel, A.Z. definierte sich über eine Phase seines Lebens klar als Jungenliebhaber; dann wandelte sich sein Verlangen langsam aber sicher, und er fühlte sich von kleinen Jungen angezogen, und nach einem oder zwei Jahren fühlte er sich gar emotional und sexuell zu Babyjungen hingezogen. Dann wandelte sich sein Verlangen wieder nach einigen Monaten oder Jahren und er liebte wieder pubertäre Jungen, bis er eines Tages nicht ohne Überraschung feststellte, dass er recht eigentlich doch nur kleine Mädchen liebt.

Auf was es ankommt beim Bonding ist weder das Geschlecht, noch das Alter des Kindes, sondern, wie es Carl-Gustav Jung herausfand, die *psychische Energie*, die plötzlich fließt zwischen zwei Menschen, und zwar ganz unabhängig ihres Altersunterschiedes. Jung war überzeugt, dass

es psychische Energie ist, die den Urgrund aller Liebesgefühle ausmacht. In der Psychoanalyse wird diese psychische Anziehung bekanntlich als *Transfer* oder *Liebestransfer* bezeichnet.

In bin davon überzeugt, dass in den meisten Fällen, wenn ein Kindliebhaber sich von einem Kind spontan angezogen fühlt, der Impuls vom Kinde ausging, derart, dass das Kind einen Liebestransfer auf den Liebhaber projizierte. Ich weiss, dass man dies leichtfertig als 'Rechtfertigung' von Pädophilie abtun wird, oder als eine 'typisch pädophile Projektion', aber dem ist nicht so. Das Kind hat die jüngere Energiestruktur und einen weitaus lebendigeren Organismus, was energetisch bedeutet, dass das Kind bioenergetisch höher vibriert als Erwachsene (mit Ausnahme vielleicht von Zen Meistern, Yogis oder Heiligen), weil die Molekularstruktur im ätherischen Körper des Kindes effektiver organisiert ist.

Das Kind kann ohne Liebe und Sorge nicht überleben. Daher hat es die Natur so eingerichtet, dass Kinder konstant, und meist unbewusst, Signale aussenden, nicht anderen Kindern, sondern Erwachsenen und Jugendlichen gegenüber, welche dann von den 'Zielgruppen' als spontane Anziehung für das betreffende Kind gewertet werden. Ich bin davon überzeugt, dass dies eines Tages von der Molekularbiologie und der Bioenergetik bewiesen werden wird.

Was wir hier vor uns haben, ist *biodynamischer Energieaustausch*, welcher in etwa so funktioniert wie die Synapsen, die unsere Neuronen im Gehirn miteinander verbinden und die, wenn sie 'feuern', Information übermitteln.

Von dieser Grundüberzeugung bin ich skeptisch der Theorie gegenüber, die behauptet, Pädophile, während sie solchen Liebestransfer

von Kindern in ganz der gleichen Weise erhalten wie Nichtpädophile, dies als Einladung ansehen, ein bestimmtes Kind anzusprechen oder gar zu verführen, weil sie das Verlangen des Kindes mit ihrem eigenen pädophilen Verlangen verwechseln.

Dieses Argument übersieht, dass der Kindliebhaber sich gerade dadurch von anderen Erwachsenen unterscheidet, dass er (oder sie) sensitiver ist, solchen Transfer von Kindern bewusst wahrzunehmen, was jedoch *keinesfalls dazu führen muss,* dass er diese Wahrnehmung oder ganz allgemein die Tatsache eines psychischen Kontakts mit einem Kind einseitig erotisch ausnutzen will. Im Gegenteil mag man argumentieren, dass der *pädophil-unbewusste Erwachsene* eher dazu neigt, in einer solchen Situation mit Konfusion oder gar chaotisch zu regieren, während der oder die Pädophile darauf eingestellt sind, eine Liebesbeziehung anzuknüpfen, ganz wie es unter Erwachsenen der Fall ist.

Dies ist ein sehr gutes Beispiel, um Antipädophilen oder allgemein Erwachsenen mit einem geringen erotischen Bewusstsein die Notwendigkeit aufzuzeigen, Energien, die wir von anderen erhalten, von unserer eigenen Energie *abzugrenzen*. Es ist eine Tatsache, dass ein bewusster Pädophiler in solchen Situationen über mehr Differenzierungsvermögen verfügt als ein Heterosexueller und das mag einer der Gründe sein, dass Kindervergewaltigungen, wie es die Statistiken zeigen, in den meisten Fällen von Heterosexuellen, und nicht von Pädophilen begangen werden. Aber diese Tatsache wird natürlich von unserer Gesellschaft und den Massenmedien ganz bewusst ausgeblendet, sodass die Sündenbockfunktion der Pädophilen aufrecht erhalten werden kann, weil sie kommerziellen und politischen Interessen dient.

§09. Zur Ätiologie der Knabenliebe

Knabenliebe oder Jungenliebe, wie ich dieses Wort in dieser Studie gebrauche, ist eine ausschließliche Anziehung, und Liebe mit, pubertären Jungen.

Die typische Charakteristik des Knabenliebhabers ist, dass er Frauen gleichgültig gegenübersteht. Dies bedeutet allerdings nicht, wie in der Psychiatrie konstant behauptet wird, dass er Frauen hasst oder dass er Angst vor Frauen hat. Dies mag wohl im Einzelfall zutreffen, aber in einem solchen Fall haben wir es nicht mit Knabenliebe zu tun, sondern einfach mit einer Neurose, die einhergeht mit der Liebe für Jungen. Die Neurose kann geheilt werden, obwohl die meisten Knabenliebhaber von der Fantasie besessen sind, dass Psychotherapie sie ihrer Liebe für Jungen für immer beraubt. Dies ist nicht der Fall; es handelt sich hier um eine typische Fehlbeurteilung von Psychotherapie; ich bin jedoch realistisch genug zuzugeben, dass es wohl Psychiater gibt, die einen 'Pädophilen' nicht aus der Tür gehen lassen ohne die fast fanatische Motivation, ihn in einen 'normalen' Heterosexuellen zu transformieren. Leider wissen viele Pädophile nicht, dass solches Verhalten eines offiziellen Therapeuten standeswidrig und unethisch ist; es ist sicher nicht die Einstellung der Mehrheit aller Therapeuten in Deutschland.

Im Gegensatz zum Mädchenliebhaber, hat der Knabenliebhaber keine sexuellen Beziehungen mit kleinen Mädchen, obwohl er der Freundschaft mit Mädchen nicht zwangsläufig negativ gegenübersteht. Allerdings ist seine *emotionale Anziehung* eine solche für Jungen, und daher auch, gegebenenfalls, seine Neigung für sexuelles Spiel mit Jungen. Ich betone hier ausdrücklich, dass die sexuelle Anziehung für Jungen für den Knabenliebhaber nicht an erster Stelle steht; es gibt in

der Tat viele Knabenliebhaber, die ihre emotionale Anziehung nicht sexuell ausleben, also platonische Beziehungen mit Jungen unterhalten; viele in dieser Gruppe sind Lehrer oder Universitätsprofessoren. Es scheint mir, dass unsere Gesellschaft solchen platonische Beziehungen zwischen Männern und Jungen ziemlich permissiv gegenübersteht, jedenfalls im edukativ-universitären Bereich und in Großstädten, und dies ist eine gute Sache, da viele Jugendliche heute von ihren Vätern aus beruflichen Gründen und aus mangelnder Einsicht in die *emotionalen Bedürfnisse von Jugendlichen* mehr oder weniger vernachlässigt werden.

Auf der anderen Seite gibt es wohl Knabenliebhaber, die kleine Jungen bevorzugen, also solche, die noch weit von der pubertären Entwicklung entfernt sind, aber solche sind die die typischen *Boylovers*, um das englische Wort zu gebrauchen. Solche lieben namentlich Epheben, also Jungen, die sich genau auf der Frontlinie befinden zwischen Kindsein und Mannsein. Ich möchte hier anmerken, dass viele von den berühmten 'Homosexuellen', und welche sich oft mangels sexologischer Einsicht als 'Homosexuelle' bezeichneten, in Wahrheit Knabenliebhaber waren. Lassen sie mich nur Oscar Wilde, Jean Cocteau, Vladimir Horowitz und Svjatoslav Richter hier erwähnen, während Künstler wie Benjamin Britten oder André Gide sich des Unterschieds zwischen Homosexualität und Knabenliebe wohl bewusst waren.

Der typische Knabenliebhaber liebt es, erste Anzeichen von Pubertät in seinem Liebesjungen zu beobachten und mitzuverfolgen, und ihm dadurch nicht unbeachtliche emotionale Unterstützung zu geben, die oft einsame Transition von Kindsein zu Erwachsensein bewusst und ohne Konfusion zu durchleben.

Ich möchte hier klar bekennen, dass ich solches Verhalten als ethisch und moralisch wertvoll ansehe; es ist Verhalten, mag es in letzter Instanz erotisch oder pädagogisch motiviert sein, das der Gesellschaft ganz klar zugute kommt. Es ist leider so, dass in unserer geschäftigen Konsumkultur Eltern oft davon ausgehen, dass Jugendliche 'schließlich groß genug sind', mit sich selbst zurecht zu kommen, dass also durchgängige Kommunikation, die sie hatten mit dem kleineren Kind, nicht mehr vonnöten sei. Psychologen haben nachgewiesen, dass dies ein fataler Irrtum ist, ein Fehlverhalten, das oft dazu führt, dass Jugendliche, obwohl dies natürlich nicht gewollt ist, in Ausgliederung und Delinquenz getrieben werden.

Tatsache ist nämlich, dass Jugendliche mehr emotionale Zuwendung benötigen, als kleine Kinder, nicht weniger. Sie benötigen auch mehr Zuspruch, weil die Transition von der Kindheit zum Erwachsensein wirklich dramatisch ist, viel dramatischer als zum Beispiel die Transition des 'ödipalen Kindes' (5-7 Jahre) in die sogenannte Latenzphase (7 bis 10 Jahre).

Dieses proaktive Verhalten des typischen Knabenliebhabers wird gewöhnlich als 'erotischer Logos' bezeichnet, ein Begriff, der auf die altgriechische Tradition der Knabenliebe zurückgeht, und den die meisten Knabenliebhaber auch heute als adäquate Qualifikation ihrer Liebe für Jungen akzeptiert haben.

Es ist keine Neuheit, wenn ich hier anmerke, dass anthropologische Untersuchungen gezeigt haben, dass in den meisten tribalen Kulturen die rituelle Päderastie das Hauptmotiv hat, pubertäre Jungen erotisch-affektiv zu begleiten, um sie für die Aufnahme in die Manneswelt vorzubereiten. Dies wird gemeinhin mit dem Begriff 'Initiationsriten' um-

schrieben, aber oft wird hier der erotische Aspekt solcher Mann-Jungen Beziehungen bewusst ausgeblendet, weil er mit unserem eigenen kulturellen Wertsystem im Widerspruch steht.

Da es wohl Kindliebhaber gibt, die nicht nur kleine Mädchen, sondern auch kleine Jungen lieben, sehe ich mich gezwungen, hier eine Unterscheidung zu treffen. Um es auf eine Formel zu bringen, was ist der Unterschied in der emotionalen Qualität der Anziehung eines Kindliebhabers für einen Jungen, und der Anziehung eines Knabenliebhabers für einen Jungen? Ich weiss, dass die Frage für das große Publikum ziemlich ungewöhnlich ist, aber sie ist Pädophilen bekannt, und sei es nur, weil sie das Phänomen beobachteten und sich Gedanken machten, warum das wohl so ist? Die Antwort, die ich bekommen habe, war die, dass der Kindliebhaber den (kleinen) Jungen von einer heterosexuellen Anziehung her liebt, der Knabenliebhaber den Epheben jedoch von einer homosexuellen Anziehung her liebt. Das klingt ziemlich konfus, ich muss mich hier also klarer ausdrücken.

Kleine Jungen haben Merkmale, die typischerweise dem femininen Geschlecht zugeordnet werden, wie zum Beispiel Abwesenheit von Schamhaar, ein fragiler und kleiner Körper, kleine Hände und Füße und Popo, ein schmaler Brustumfang, dünne und schlanke Beine, zarte Haut, kindhaftes Verhalten, Passivität und hohe Stimme und Unschuld im Sinn von sexueller Unerfahrenheit. Während der typische Knabenliebhaber eher angezogen ist von einem maskulinen und selbstbewussten Verhalten, einem gesund-aggressiven, mehr oder weniger erfahrenen sexuellen Verhalten, einer gewissen Autonomie und rudimentärer Existenz von Schamhaar. Aber nicht zu vergessen, auch der Knabenliebhaber sucht für Signale von 'Kindheit' in seinem Epheben, denn sonst wäre er, das ist wohl klar, ein Homosexueller.

Die sexuelle Erregung und emotionale Gratifikation des Knabenfreundes ist für Heterosexuelle schwer verständlich und dieses Unverständnis ist erklärbar. Es ist genau gesagt der Widerspruch zwischen dem *noch kindlichen* Verhalten des Epheben und seinem *schon erwachsenen* Verhalten, das den Reiz für den wirklichen Knabenlieber ausmacht in seiner Liebe. Ich brauche wohl kein Wort zu verlieren, dass, auf der Basis dieser Wahrheit, die Knabenliebe als komplexer zu beurteilen ist als die Mädchenliebe und die heterosexuelle oder homosexuelle Liebe. Es ist wirklich eine einzigartige Liebe, und daher verdient sie Beachtung und Respekt!

Was Knabenlieber und Knaben verbindet, sind in den meisten Fällen emotionale Werte, nicht sexuelle Abreaktionen, wie dies in den Medien oft dargestellt wird. Um es zu wiederholen, männliche Jugendliche sind ganz besonders sensibel, um männliche Wärme, Aufmerksamkeit, Zuspruch und Sorge zu erhalten.

Dies ist um so mehr der Fall in einer Gesellschaft, wo die meisten Knaben von ihren Eltern mehr oder weniger vernachlässigt werden, ganz einfach, weil Väter heute oft die meiste Zeit im Büro verbringen und Mütter ebenfalls arbeiten, um den Wohlstand der Familie zu erhöhen. Dies ist der wirkliche Grund, ganz im Gegensatz zu dem, was unsere Medien zusammenschmieren über Knabenliebe, warum diese Form der Liebe in der modernen Konsumkultur zunimmt. Und ich wage hinzuzufügen, glücklicherweise so!

Dies hat also eine *sozialen Grundursache, die vom Gesetzgeber anerkannt werden sollte,* ganz einfach weil sie dem Gemeinwesen letztlich zugute kommt.

Meine Hypothese der Ätiologie der Knabenliebe ist weitaus komplexer als die der Mädchenliebe. Obwohl naturgegeben ein 'päderastischer Eros' in jedem männlichen Erwachsenen enthalten ist, denn sonst hätten wir keine Lehrer für unsere männlichen Jugendlichen, beim Knabenliebhaber ist diese Sensibilität ganz besonders ausgeprägt; dies bedeutet aber auch, entgegen dem üblichen Bild vom Pädophilen, dass der Knabenlieber wenig Interesse an kleinen Jungen oder Mädchen hat, noch an erwachsenen Frauen.

Ich sehe kein Problem hier und frage mich ernsthaft, warum unsere westliche Kultur ein solches Trara macht hinsichtlich der Knabenliebe und es als grundsätzlich missbräuchliches Verhalten ansieht? Ich war zu keiner Zeit in meinem Leben ein Knabenliebhaber, wohl aber für gewisse Zeit hingezogen zu kleinen Jungen und Mädchen, namentlich nach dem Zusammenbruch meiner Ehe. Ich beurteile diese Liebe also weder aus eigener Erfahrung, noch von der allzu typischen liebesfeindlichen Haltung des 'Normalbürgers'. Aber ich kann wohl die Wohltat dieser Art von Mann-Jungen Beziehungen beurteilen, und kann keine Gründe für die Aburteilung dieser Liebe als grundsätzlich missbräuchlich anerkennen. Es handelt sich hier meiner Ansicht nach um eine gesellschaftliche Abwehrreaktion, die komplexe Gründe hat, keine moralischen Gründe, dessen bin ich sicher, wohl aber *kommerzielle und politische Gründe*. Ich habe deswegen auch ein Filmszenario geschrieben, das eine solche (platonische) Beziehung darstellt und im Detail beschreibt.[29]

Um es zusammenzufassen, so muss ich feststellen, dass die Partnerwahl des Knabenliebhabers erstaunlich limitiert ist. Die meisten Jungenliebhaber definieren ihre Präferenz für Jungen durch eine konkrete

---

[29] Siehe Pierre F. Walter, *David und Jonathan*, in: *Dramatische Schriften (2010)*.

Beschreibung ihres 'idealen Jungen'; während diese Vision ein wenig variiert von einem zum anderen Liebhaber, so konnte ich doch in meiner Forschung eine erstaunliche Uniformität feststellen bezüglich dieser erotischen Fantasien.

Um zum Kernpunkt meiner ätiologischen Erwägungen zu kommen, so habe ich in fünfundzwanzig Jahren Forschung über dieses Thema eine erstaunliche Uniformität festgestellt hinsichtlich der Tatsache, dass während der Kindheit dieser Männer etwas geschah, das dazu führte, dass sie ihre Mutter als inadäquat oder gar inakzeptabel fanden. Möglicherweise haben wir hier eine Parallele zur Ätiologie der Homosexualität, aber es ist weitaus komplexer im Fall der Päderastie.

Grundsätzlich sieht die Psychoanalyse die Ätiologie der Homosexualität in einer *inakzeptablen Mutter,* einer Mutter, die die Mannhaftigkeit des Jungen explizit oder nonverbal zurückwies, und dermaßen eine Liebe gab, die konditioniert war. Die Bedingung ist in der Regel, dass der Junge nicht aus der Kindheit hinauswächst, dass er damit fortfährt, *wie ein Baby* zu handeln, zu reden, zu essen und zu denken.

Nun muss ich wiederum eine Unterscheidung treffen, denn der Unterschied zwischen der Ätiologie der Homosexualität und der der Päderastie ist subtil, und wird in der psychiatrischen Literatur oft in einen Topf geworfen. Im übrigen, wenn man einen Päderasten und einen Homosexuellen befragt über ihre emotionalen und sexuellen Präferenzen, so erhält man zwei unterschiedliche Beschreibungen. Ein Knabenfreund wird nicht mit einem anderen Mann schlafen, oder nur in aussergewöhnlichen Umständen, während ein Homosexueller nicht von einem kindlichen Jungen angezogen sein wird, welcher keine ausgeprägten männlichen Charakteristiken aufweist. Er mag wohl angezo-

gen sein von einem Jungen im Alter von 16 bis 18, der ausgesprochen männlich auftritt.

Aber im Grundsatz sind die Ätiologien nicht zu verwechseln, obwohl dies vor dem 20. Jahrhundert so gut wie unbekannt war. (Was namentlich dazu führte, dass ein sensitiver Knabenliebhaber wie Oscar Wilde sich selbst als 'Homosexueller' qualifizierte).

Was ist es also, das wir ausmachen können, um die Ätiologien der Homosexualität, auf der einen Seite, und der der Päderastie, auf der anderen, voneinander abzugrenzen? Durch meine fünfundzwanzigjährige Forschung fand ich, dass das frühkindliche Trauma beider Pathologien grundsätzlich verschieden ist.

Während Forschung über die Ursachen von Homosexualität—obwohl sie von der homosexuellen Bewegung aus politischen Gründen nicht anerkannt wird[30]—zutage führte, dass die Ursache von Homosexualität eine narzisstische und grausame Mutter ist, sieht es im Falle von Päderastie ganz anders aus. Das Ereignis, das das Trauma auslöste in der Kindheit des Knabenliebhabers ist eine frühe Liebesbeziehung mit einem Kindpartner etwa gleichen Alterns, die *brutal und grausam unterdrückt und bestraft wurde.* (Hier ist die Ätiologie der Knabenliebe und der Mädchenliebe sehr ähnlich, aber um es zu wiederholen, sehr unähnlich der Ätiologie der Homosexualität). Es kann namentlich eine Liebesbeziehung sein mit einem Mädchen, die total schief lief, oder eine Beziehung mit einem kleineren Jungen. Um genau zu sein, was ich aus persönlichen Biographien herausfinden konnte war, dass Päderastie sich dann entwickelt, wenn die Beziehung mit einem Mädchen von einer *weiblichen Autoritätsfigur* unterdrückt wurde, also regelmäs-

---

[30] Siehe Jeffrey Satinover, *Homosexuality and the Politics of Truth (1996).*

sig der Mutter oder Erzieherin des Kindes, während Mädchenliebe sich dann entwickelt, wenn die Autoritätsfigur der Vater oder Erzieher des geliebten kindlichen Partners war. Um es auf eine einfache Formel zu bringen, so war das 'Monster' in der frühen Ätiologie von Mädchenliebe ein Mann, während es im Falle von späteren Päderasten eine Frau war.

Dies psychologisch adäquat und wissenschaftlich zu formulieren ist nicht einfach. Da die Mutter oder autoritative weibliche Figur in der Kindheit eines Jungen wie die sprichwörtliche Kali fungierte und Frauenhass auslöste, ist es dem Jungen unmöglich, seinen Ödipuskomplex zu akzeptieren und konstruktiv zu überwinden. Das Resultat ist, dass seine Beziehungen mit Mädchen von starken Schuldgefühlen überschattet war, die es ihm unmöglich machten, in den Ödipuslomplex einzutreten und Heterosexualität zu entwickeln.

Um zusammenzufassen, durch die emotionale Manipulation des Jungen durch seine Mutter, wird er die Hassliebe zu seiner Mutter, und auch seine inzestuösen Neigungen für sie, die er aufgrund des Inzestverbots unterdrückt hat, auf alle seine potentiellen weiblichen Partner projizieren, welches der Grund ist, warum er sie meidet und sich entweder männlichen Erwachsenen oder Jungen zuwendet.

Diese Ätiologie ist zutreffend zumindest für die Fälle, wenn die fundamentale Liebesenttäuschung während der *ödipalen Phase* stattfand, wenn der Junge also zwischen seinem fünften und siebten Lebensjahr war.

Wenn die Liebesenttäuschung vor dieser Zeit oder später stattfand, kann Päderastie immer noch das Resultat sein, jedoch in weniger exklusiver Version; in diesen Fällen sind Männer in der Lage, *sowohl hete-*

rosexuelle Beziehungen mit Frauen zu unterhalten und gleichzeitig Beziehungen mit Jungen zu pflegen. In der Tat gibt es nicht wenige Päderasten, deren Liebesleben schizoid ist, in der Art, dass sie verheiratet sind, jedoch bei Gelegenheit päderastische Beziehungen mit Jungen unterhalten. In dieser Gruppe finden wir auch Männer, die, obwohl sie nicht verheiratet sind, Beziehungen mit Jungen pflegen, weil sie die *materialistische Einstellung von Freundinnen oder Prostituierten* abscheulich finden und eine rein emotionale, wenn auch *platonische, aber wirklich aufrichtige* Beziehung mit einem Jungen ethisch bevorzugen.

Allerdings weiss ich von meiner Gefangenenbetreuung her, dass es auch pädophile Männer gibt, die nur deswegen heiraten, um Zugang zu erhalten zu den Jungen einer geschiedenen Frau oder Witwe. In diesen Fällen erstaunt es, dass ein solcher Mann in der Lage ist, für eine gewisse Zeit oder gar die ganze Zeit einer Ehe eine solch 'gemischte' Beziehung aufrechtzuerhalten. Dies sieht in der Praxis so aus, dass der Mann sowohl mit seiner Frau als auch mit dem oder den Jungen schläft. Während wir von Nabokov's Roman Lolita erfahren haben, dass solch trianguläre Beziehungen nicht ungewöhnlich sind für Pädophile und vor allem bei Mädchenliebhabern einigermaßen gutes Ansehen finden, so erscheint solch recht eigentlich unehrliches Verhalten in päderastischen Beziehungen doch ungewöhnlich. In beiden Fallgestaltungen fällt der inzestuöse Beigeschmack solcher Beziehungen natürlich ins Auge. Es ist sicher eine andere Fallgestaltung, wenn Liebesbeziehungen mit Kindern außerhalb des Familienrahmens stattfinden.

Obwohl ich die gängige psychiatrische Rhetorik in Frage stelle, die in solchen Fällen unweigerlich einen traumatischen Effekt für den Jungen oder das Mädchen postuliert, so ist doch Tatsache, dass auf der Ebene unseres Unterbewusstseins ein beachtlicher Unterschied besteht zwi-

schen einer intra-familiären sexuellen Beziehung, auf der einen Seite, und einer solchen außerhalb des Familienrahmens, auf der anderen. Die Frage, die ich hier stellen möchte, ist die, warum der Liebhaber eine Familienkonstellation inszeniert, die eine Replika ist dessen, was er selbst als Kind erlebt hat—nämlich eine Betreuung, die in der Weise konditionierte Liebe gab, dass solche Liebe mit sexueller Hingabe 'bezahlt' werden musste?

Obwohl die Antwort auf diese Frage recht wenig ergibt für unsere Ausgangsfrage nach der Ätiologie der Knabenliebe im allgemeinen, denn nicht jede päderastische Beziehung ist *per se* inzestuös—obwohl es Psychologen und Psychiater gibt, die genau dies annehmen—so ist es doch von Interesse, die Grenzen festzulegen zwischen nicht-inzestuöser und inzestuöser Pädophilie.

Ich stelle hier die Frage nur in den Raum, denn die Antwort ist sicher komplex und ich bin der Meinung, dass die Forschung dieser Fallgestaltung eine eindeutige Antwort bislang nicht zulässt.

§10. Aufrichtigkeit in der Knabenliebe

Knabenliebe ist einzigartig in vielerlei Hinsicht, auch in ihrer Abgrenzung von der Mädchenliebe; für viele Heterosexuelle ist sie eine Art *sexueller Anarchie*.

Der andere, subtilere Aspekt dieser Liebe ist meines Erachtens weitaus interessanter und für viele auch ungewöhnlicher: es ist das Faktum, dass bei der Knabenliebe eine *Qualität von Aufrichtigkeit* herrscht zwischen den Partnern, die ich nicht in dieser Form in einer Mann-Mädchen Beziehung angetroffen habe. Ich würde gar soweit gehen zu sagen, dass es fast an Unmöglichkeit grenzt, einen Jungen an der Nase herumzuführen, wenn die Beziehung langfristig angelegt sein soll und wenn sie auf wahrer Liebe beruht (ich spreche hier nicht über Eine-Nacht Beziehungen mit Prostituiertenjungen, sondern über wahre Liebesbeziehungen).

Ich brauchte mehrere Jahre, um herauszufinden, warum das so ist. Ich war mir dessen anfangs nicht bewusst. Ich hatte dümmlich angenommen, Beziehungen mit Jungen seien gerade solche wie mit Mädchen, nur dass das Mädchen durch einen Jungen ersetzt wurde. Erst viel später habe ich herausgefunden, was einen Liebesjungen wirklich charakterisiert—und als Folge dieser Einsicht, was es eigentlich auf sich hat mit Knabenliebe.

Das erste was ich herausfand in Dialogen mit Liebhabern war, dass ein Junge nicht immer 'gut auszusehen' braucht, um Liebesgefühle bei einem Knabenfreund auszulösen. Ich ging davon aus, dass, wie bei den Mädchenliebhabern, der Junge eine Schönheit sein müsse, um das

Interesse eines Päderasten zu finden. Was ich herausfand, war ziemlich genau das Gegenteil.

Dies umso mehr, als ich selbst für acht Jahre in einen Jungen verliebt war, der eine wirklich Schönheit war, zu einer Zeit, als ich selbst noch ein Junge war. Wir waren gleichaltrig. Vor dieser Zeit, also meinem zehnten Lebensjahr, wuchs ich in Heimen auf, und war ausschließlich von Frauen aufgezogen, die ich brutal, gewalttätig, abgestumpft, ordinär, vulgär, dumm, sadistisch, passiv, depressiv, autoritär, heuchlerisch und neurotisch fand. Es waren die beiden Erzieherinnen des Heimes, und es war leider auch meine eigene Mutter. Liebe hatte ich wirklich keine gekannt bis zu dem Moment, als ich in dieses Heim kam und mich bereits am ersten Abend tief und unrettbar in Philippe verliebte, welcher auch gerade als Novize angekommen war. Dann änderte sich mein Leben wirklich dramatisch zum Besseren. Von der Zeit an hatte nämlich ich nur noch Jungen und männliche Erzieher um mich. Diese waren nicht perfekt, und gar manche von ihnen gewalttätig und sadistisch, und ich hatte immer noch viel zu leiden, aber die Liebe mit Philippe kompensierte für all das Elend und den Stress mit dem sehr anspruchsvollen Gymnasium.

Und Philippe erwiderte meine Liebe voll und ganz, es war eine harmonische und unglaublich süße Beziehung, für die ich nur danken kann, denn ohne sie hätte ich mir wahrscheinlich das Leben genommen, wie drei meiner Schulkameraden es taten, die sich umbrachten, als sie endlich das Abitur hatten und keine Freundin fanden. Unsere Liebe war nicht ganz ohne Anfeindungen, und wir haben schwere Zeiten durchgemacht. Philippe wurde gar von einem der feindlichen Jungen vergewaltigt, und ich wurde von dieser Bande oft verhauen, weil ich Klavier spielte, statt Fußball, aber unsere Liebe war unzerstörbar.

Und nicht nur Philippe liebte mich, sondern auch seine reichen französischen Eltern, die eine große Reklamefirma hatten in der Hauptstadt, und mich oft mit Philippe zusammen in ihrem Citroën Pallas mitnahmen fürs Wochenende, sodass ich nicht den Zug nehmen musste. So, und nicht anders, habe ich erste Liebe erfahren, nicht von meiner eigenen Familie, und nicht in der gewöhnlichen Art und Weise, und es war, ich fühlte es, ein Geschenk der Engel. Meine Mutter brachte nur Angst in mir hervor und diese Angst war so total, dass sie keinen Raum ließ für Liebe. Nicht, dass ich meine Mutter hasste, ich hatte einfach Angst vor ihr. Es war erst nach ihrem Tode, als ich bereits fünfundvierzig war, und eine Psychotherapie hinter mir hatte, dass ich die verschütt gegangene Liebe, die ich als Kleinkind hatte für meine Mutter, wieder fühlen konnte. Und das war eine wahre Revolution, ein Gefühl so gewaltig, dass ich für Monate die Abende und Nächte durch weinte nach ihrem Tode, und abmagerte zu nur vierzig Kilo. Ich sah aus wie eine lebende Leiche.

Dann erst konnte ich verstehen, warum ich nach meiner traumatischen zwanzigjährigen Ehe wieder zurückfand zur Liebe für Jungen. Dies war nicht etwa ein zwanghaftes Verlangen, ganz und garnicht, es war eine ganz bewusste und geradlinige Entscheidung, die nicht sexuell motiviert war, sondern eine Art von 'Heimkommen' zu etwas, das mir Liebe und emotionale Sicherheit gegeben hatte in meiner Jugend. Und da ich mit Mädchen sehr schlechte Erfahrungen gemacht hatte, nicht nur mit meiner Frau, und es derselbe Faktor war, der die Beziehungen zerstörte, nämlich Unehrlichkeit und Falschheit, so war diese Entscheidung, mich wiederum Jungen zu nähern, eine solche, die mit Ethik zu tun hatte, mit Herzensgefühlen, mit Integrität—nicht mit Sex. Ich habe daraufhin meinen Film 'David und Jonathan' geschrieben, der eine solche Beziehung aufzeigt, die ganz bewusst platonisch gehalten wurde

von David, wiewohl Jonathan, der Junge, auf sexuellem Verkehr bestand und mangels dessen an der wahren Liebe Davids für ihn zweifelte.

Was ich hier sage und schreibe, gilt nicht für alle Jungen, bei weitem nicht, es gilt für eine kleine Minderheit von Jungen, wie es wohl auch nur für eine kleine Minderheit von Männern gilt—welche *wirklich schockierend aufrichtig* sind und geradlinig in ihrem Charakter. Es gilt sicher nicht für Prostituiertenjungen; diese ähneln Frauen und Mädchen viel mehr als sie charaktervollen Jungen und Männern ähneln.

Für aufrichtige Jungen ist gar eine Vergewaltigung weniger schockierend als das Gefühl, von ihrem Liebhaber betrogen worden zu sein. Der Junge mag sicherlich einen Mann nicht mehr frequentieren, der ihn vergewaltigt hat, aber der Grund dafür ist ein anderer, als die Psychologie annimmt. Der Grund ist, dass die Vergewaltigung einen Vertrauensbruch darstellt und damit eine Lüge zum Ausdruck bringt, einen Verrat. Der Fall ist ganz anders, wenn der Liebhaber in einem Zug von mangelnder Kontrolle und sexueller Ekstase den Jungen penetriert—wenn er sich danach entschuldigt und damit zum Ausdruck gibt, dass sein Verhalten nicht auf einem Mangel an Aufrichtigkeit und Integrität, sondern mangelnder Selbstbeherrschung beruhte. In einem solchen Fall wird ein charakterfester Junge den Akt verzeihen und die Beziehung aufrecht erhalten. Aber Falschheit, Unehrlichkeit und Verrat, kein wahrer Liebesjunge wird es je verzeihen, und wird daher die Beziehung abbrechen, koste es, was es wolle.

Interessanterweise hat Dr. Edward Brongersma in seiner doppelbändigen Monografie *Loving Boys (1987)* den ethischen Aspekt der Knabenliebe ausgiebig diskutiert und er sah, wie ich, Ehrlichkeit und Gerad-

heit als einen *Grundaspekt in allen wahren Liebesbeziehungen* zwischen Männern und Jungen, vorausgesetzt, die Beziehung war auf wahren Gefühlen begründet und nicht auf Geldgewinn, Statusdenken, Machoverhalten, oder anderen frivolen Motivationen.

Nach all den vielen Jahren meiner Forschung über Pädophilie kam ich zu der Überzeugung, dass Mann-Junge Beziehungen tatsächlich durch so etwas wie Ethik, im Englischen *virtue*, charakterisiert sind, und das Hauptelement dieser Ethik ist Aufrichtigkeit. Diese Ethik ist so stark, dass sie meines Erachtens eines Tages dazu beitragen wird, diese von Grund auf falsche, gewalttätige, heuchlerische und manipulative Gesellschaft umzuformen in eine solche, die funktionaler und ehrlicher denkt und handelt, und eine solche, in welcher es wahre, nicht falsche und verbogene Kommunikation geben wird.

In diesem Sinne möchte ich behaupten, dass Knabenliebe eine humanisierende Ausstrahlung hat auf unsere Gesellschaft und dass sie in diesem Sinne ganz und gar als positiv zu bewerten ist. Ich sage das, wie Françoise Dolto es einmal in einem ihrer Seminare ausdrückte, ganz bewusst, *'mit dem Kopf unter der Guillotine'.* Und ich gehe gar noch weiter und wage zu behaupten, dass, wenn man Knabenliebe vom religiösen Gesichtspunkt aus betrachtet, sie ganz und gar als *heilig* anzusehen ist.

§11. Zur Ätiologie der Mädchenliebe

Mädchenliebe, im Sinne dieser Studie, ist die erotische Liebe mit kleinen Mädchen; sowohl Männer als auch Frauen können erotisch von mehr oder weniger jungen Mädchen angezogen sein. Im Regelfall unterscheidet man zwischen 'kleinen Mädchen' und 'jungen Mädchen', und im Ausnahmefall handelt es sich auch um 'Babymädchen'.

Da diese Studie das Thema Pädophilie behandelt, frage ich mich, ob die Liebe mit jungen Mädchen überhaupt unter diesen Begriff zu subsumieren ist? Zum einen war das Heiratsalter für Mädchen bei den Hebräern 7 Jahre, und im Mittelalter 12 Jahre, bei den Sumerern nach manchen Quellen nur 3 Jahre und ein Tag, zum anderen ist erwiesen, dass Männer, die pubertäre Mädchen lieben, also 'junge Mädchen' in aller Regel auch mit erwachsenen Frauen sexuell verkehren.

Der wirkliche Mädchenliebhaber ist kein Casanova-Typ im Sinne eines Liebhabers, wie zum Beispiel Picasso einer war, der bekanntlich sagte, er liebe Frauen von 0 bis 100. Es ist ein Mann oder eine Frau, die Mädchen lieben, die noch kein Schamhaar aufweisen, die allenfalls kleine Nippel haben, wenn sie nicht ganz und gar flachbrüstig sind, und die einen kleinen runden Popo aufweisen.

Diese Gruppe der Liebhaber ist nicht homogen, sie ist in zwei Untergruppen aufzuteilen—

—Solche, die kleine Mädchen von etwa 5 bis 11 Jahre lieben;

—Solche, die Babymädchen im Alter von 2 bis etwa 5 Jahre lieben.

Diese Gruppen können nicht strikt voneinander abgegrenzt werden, denn die Grenzbereiche sind fließend. Das einzige, was ich hier noch anmerken mag ist, dass die letztere Gruppe sexologisch auch *Nepiophile* genannt werden, ein Begriff, der vom altgriechischen *nepios*, Baby oder Kleinkind stammt. Einige Sexologen sprechen auch von *infantophilen* Männern oder Frauen.

Es ist augenscheinlich, dass die letztere Gruppe sich dadurch auszeichnet, dass sie die babyhaften Züge von Mädchen erotisch anziehend finden, wie es ein relativ großer Kopf sind, eine relativ große und fleischige Vagina, eine flache Brust, kurze und pummelige Gliedmassen, eine hohe oder piepsende Stimme, und ein kleiner und untersetzter runder Körper. Bei der ersten Gruppe sind die Merkmale, die erotische Anziehung bewirken doch recht anderer Art, es sind Mädchen, die langbeiniger sind, schlanker und fragiler, die gazellenhaft wirken und die rudimentäre Nippel aufweisen oder flachbrüstig sind, während sie sich doch von Babies dadurch unterscheiden, dass ihre Körper feiner und graziöser sind und die Proportion zwischen Kopf und Körper weitaus ausgeglichener ist.

Zusätzlich, um die Definition von Mädchenliebe zu erfüllen, muss die Liebe zu kleinen Mädchen eine ausschließliche Liebeswahl sein; es genügt nicht, dass der Liebhaber sich nur ab und zu einmal in ein kleines Mädchen verliebt, sonst aber regelmäßig mit erwachsenen Frauen Verkehr hat. Ich drücke dies wissenschaftlich in meinem Vokabular so aus, dass die *Pädoemotionen* des Mannes oder der Frau sich zu einem solchen Ausmass *kondensiert* haben, dass dies einen mehr oder weniger *ausschließlichen emotionalen Fokus* der Person auf kleine Mädchen zur Folge hat, und dies ganz unabhängig von der Wahl der Altersgruppe der geliebten Mädchen.

Im Gegensatz dazu, wenn ein Mann, wie bereits erwähnt, Mädchen und Frauen von '0 bis 100' liebt, um Picasso zu zitieren, so haben wir es ganz klar mit Heterosexualität zu tun, obwohl ein solcher Liebhaber, wie Picasso notorisch in seinen jungen Jahren, bisweilen Verkehr hat mit Mädchen unter der Schutzaltersgrenze.

Um nun zur Ätiologie der Mädchenliebe zu kommen, so ist die Hypothese, die ich hier präsentieren werde, ziemlich im Widerspruch zu allem, was hier in der psychologischen und psychiatrischen Literatur bisher vorgebracht wurde. Im Detail hat mir meine mehr als zwanzigjährige Forschung aufgezeigt, dass mit einer infantil-inzestuösen Fixierung oder einem nicht liquidierten Ödipuskomplex, wie die Psychiatrie oder Psychoanalyse dies annimmt, diese emosexuelle Ausrichtung nicht hinreichend erklärbar ist; noch spielen genetische Faktoren hier eine ins Gewicht fallende Rolle, noch auch haben wir es mit neurotischer Schüchternheit oder 'Feigheit' (Sigmund Freud) zu tun, erwachsene Frauen anzusprechen, noch kann die Theorie des *psychosexuellen Infantilismus* (Wilhelm Stekel) herhalten, um hier eine adäquate ätiologische Erklärung zu finden. Was ich namentlich herausfand ist, dass alle (männlichen) Mädchenliebhaber, die ich interviewte bereits als kleine jungen Mädchen liebten, und nicht nur das, sie liebten kleine Mädchen genau von der Altersgruppe, die sie dann auch später als Männer bevorzugten. Was ich ebenfalls herausfand ist, dass ihre unbewusste oder bewusste Entscheidung, *psychosexuell nicht zu wachsen*, das Resultat einer tiefen Liebesenttäuschung (narzisstische Verwundung) ist, die ihnen als kindlicher Liebhaber zugefügt wurde. Typischerweise sieht das so aus, in all diesen Fällen, dass der Junge sich in ein Mädchen seines Alters solchermaßen verliebte, dass er sie als 'Frau seines Lebens' ansah, und sie 'später' heiraten wollte, während die Be-

ziehung dann durch Eltern oder Erzieher mehr oder weniger brutal zerstört wurde.

Die tiefe, traumatische, narzisstische Verwundung wird dann ins Erwachsenenalter hineingetragen und die *einzig mögliche Heilung* ist die, eine sehr ähnliche Liebesbeziehung mit einem kleinen Mädchen derselben Altersgruppe, und oft des genau gleichen Alters und der gleichen Persönlichkeitsmerkmale zu beginnen, welche potentiell zu einer Heilung des frühen Traumas führen kann, vorausgesetzt, sie wird nicht wiederum traumatisch und brutal zerstört.

Es ist nebenbei bemerkt nicht ungewöhnlich, dass unter Kindern beiderlei Geschlechts, die häufig zusammen spielen oder zur gleichen Schule gehen, exklusive Liebesentscheidungen getroffen werden. Erzieher und auch Eltern, die oft mit Kindern zu tun haben, wissen, dass vor allem kleine Jungen oft sagen *'Dieses Mädchen ist meine Frau'* und dass kleine Mädchen oft gleichermaßen betonen *'Dieser Junge ist mein Mann',* und andere Kinder tendieren, solche Aussagen ernst zu nehmen und zu affirmieren *'Diese beiden sind Frau und Mann',* oft zum Gelächter der Erwachsenen um sie her, die von der wahren Liebesfähigkeit und Ernsthaftigkeit der Gefühle der Kinder nicht die geringste Ahnung haben. Liebe ist *immer ernsthaft*, ob für Kinder oder Erwachsene, es sei denn, sie sind frivol und verlogen!

Diese Forschung war keine leichte Aufgabe. Anfangs hatte ich nur meine eigene Geschichte; nicht, dass meine eigene Erfahrung besonders wichtig wäre oder besonders traurig, es war einfach der Anfang von allem, und daher möchte ich sie hier kurz aufzeichnen. Interessanterweise habe ich dieser Erfahrung keine Bedeutung zugemessen, bevor ich mit der Forschung begann. Aber ich fand dann doch, dass mei-

ne Geschichte klar im Widerspruch stand zu den Theorien und Ätiologien, die ich in der forensischen und psychiatrischen Literatur fand.
Und auf dieser Basis begann ich, die Ätiologie der Mädchenliebe zu
hinterfragen und nach und nach meine eigene Hypothese zu formulieren. So kam ich nach einiger Zeit darauf, dass die Theorien in der Literatur nicht verifizierbar sind, während meine eigene Hypothese einige
Chance hat, eines Tages durch empirische und statistische Forschung
verifiziert zu werden. Dies ist denn meine eigene Geschichte:

> Als ich sieben Jahre alt war, verliebte ich mich in *Ursula*. Das
> Haus ihrer Eltern war in direkter Nachbarschaft und wir wa-
> ren gleichaltrig. Dies war eine ziemlich traurige Zeit in mei-
> nem Leben. Die Woche über war ich in einem Heim, wo ich
> sadistisch misshandelt, geschlagen und gefoltert wurde von
> den beiden Witwen, die das Heim leiteten, während ich die
> Wochenenden mit meiner geschiedenen Mutter verbrachte.
> Umso mehr erschien mir die Möglichkeit einer Liebe mit
> Ursula als eine himmlische Fügung, als ein Ausweg in eine
> noch unbekannte doch vielversprechende neue Dimension
> meines traurigen Daseins. Liebe! Mein Leben war ein sol-
> ches, dass dieses Wort für mich einfach nicht existierte, es
> war weder in meinen Gedanken, noch in meinem Blut. Was
> ich erfuhr bis etwa zum Alter von zehn Jahren waren Verbo-
> te, Misshandlungen, Demütigungen, Gewalt und Brutalität,
> die perverse Mischung aus Grausamkeit und Sentimentalität
> gemischt mit Überprotektion und Vernachlässigung, die so
> typisch ist für unsere heuchlerische moderne Konsumkultur,
> wo Kinder die Besitztümer ihrer Eltern sind, oder ihrer Erzie-
> her, oder des Staates. Meine Gefühle wandelten sich in un-
> vorhergesehener Weise durch die Liebe zu Ursula, und mei-
> ne ständige Depression und Traurigkeit erfuhr Lichtblicke
> von Glück und Hoffnung. Zum ersten Mal in meinem Leben

wurde ich mir wirklich der Ungerechtigkeit und Grausamkeit bewusst, die Kindern in unserer Gesellschaft zugefügt wird, und die Kindern wahre Liebe und Erfüllung untersagt. Ursulas Vater war Polizist, ein großer, arroganter und gewalttätiger Kerl, der auf einem Pferd dahertrappte. Er arbeitete für die französische Kaserne, da unsere Region seit 1945 von den Franzosen besetzt war. Es war so gut wie unmöglich, Ursula zum Fahrradfahren einzuladen. Obwohl ihre Mutter meist am Fenster lag und lächelte, erlaubte sie nur der kleineren Barbara oder der größeren Schwester, Monika, mit mir zu radeln. Warum durfte Ursula nicht kommen? Eines Tages hörte ein Mädchen laut heulen im Haus und fragte Barbara, wer es sei, der so weine? Sie sagte, es sei Ursula, sie sei ungehorsam gewesen und daher habe der Vater sie mit der Pferdepeitsche durchgeprügelt. Ich erinnere mich noch heute der Wut, die dies in mir auslöste. Ich wäre auf der Stelle in der Lage gewesen, den Mann kaltblütig umzubringen! In dem Moment kam der größere Bruder Ursulas aus dem Haus, der etwa 16 war, und so griff ich ihn an und war dabei, auf ihn einzuschlagen, aber er lachte mich aus und hielt einfach meine Arme fest. Als er erfuhr, warum ich so wütend war, tröstete er mich, aber es konnte mein Herz nicht heilen. Ich litt für Tage, und konnte fast nichts essen. Meine Mutter tröstete mich und sprach mir gut zu. Etwa eine Woche später hatte ich einen Traum, in welchem ich starke Liebe fühlte für Ursula, die ich bis heute, mehr als fünfzig Jahre später, immer noch in meinem Herzen trage. In diesem Traum küsste mich Ursula scheu auf die Wange und ich fühlte mich wie im Himmel. Aber Barbara, die eifersüchtig auf unsere Liebe war, erzählte dem Vater von unserer Liebe und Ursula wurde ausgepeitscht für den unschuldigen Kuss. Der Traum erschütterte mich dermaßen, dass ich nicht mehr zu ihrem

Haus fuhr. Einige Wochen danach zog die Familie um, und ich erfuhr nie, wohin. Als ich bereits fünf Jahre verheiratet war, erzählte ich meiner Frau die ganze Geschichte und hörte, Ursula habe für eine Weile mit meiner Frau zusammen in der Kleiderfabrik als Näherin gearbeitet und dass sie ihre Adresse habe. Ich konnte es nicht glauben! Ich wollte sie wiedersehen, und wir verabredeten uns in einem kleinen Bistro der Altstadt. Als ich sie kommen sah, war ich schockiert bis auf die Knochen. Da stand eine hässliche, bleiche, abgemagerte und depressive Frau vor mir, die Kettenraucherin war. Es wurde mir unmittelbar klar, dass sie sich selbst nicht liebte und immer noch unter dem frühen Missbrauch litt. Und da hatte ich nicht Unrecht, nur dass ihre Geschichte noch viel schlimmer war. Nach einigen Höflichkeiten und einem Glas Wein, brach sie in Tränen aus und sagte, sie sei von ihrem Ehemann ständig geschlagen und vergewaltigt worden, nicht nur während der Ehe, sondern auch, als sie die Scheidung einreichte, und bereits getrennt war von ihm war. Er brach einfach in ihre Wohnung ein und vergewaltigte sie, und als sie die Polizei anrief danach, erfuhr sie, man können leider nicht für ihre Sicherheit Gewähr leisten. Ihr Ehemann war eine exakte Kopie ihres gewalttätigen Vaters. Sie war drogenabhängig und bereits in psychiatrischer Behandlung, aber die Therapie hatte leider bislang keine positiven Resultate geliefert. Mein Herz war so schwer, und Tränen standen mir in den Augen. Das einzige, was sie mit dem kleinen Mädchen, das sie einst war, noch gemein hatte, war ihr schlanker graziler Körper, aber sonst war sie ein Wrack. Die Tragik ihres Lebens war, dass sie die frühe Erfahrung physischen und wahrscheinlich auch sexuellen Missbrauchs durch ihren Vater nicht verarbeitet hatte und sich dieses

Muster in ihrem Leben ständig wiederholte, wie es bei so vielen Frauen, die mir ihre Geschichte erzählten, der Fall ist.

Ich bin der Meinung, dass die *Umstände der frühen Liebesenttäuschung* sehr wichtig sind für die Ätiologie der Mädchenliebe. Es ist sehr verschieden, wenn es sich in einem restriktiven, autoritären und gewalttätigen Milieu abspielte, wo das Kind so gut wie keine eigene Liebeswahl hatte, oder ob sich das ganze abspielte in einem demokratisch-liberalen Milieu, wo die narzisstische Verletzung relativ schnell vergessen werden konnte, weil neue und erregende Liebeserfahrungen im Bereich des Möglichen lagen. In meinem eigenen Fall war es natürlich die erste Alternative. Ich fand dann kein einziges Mädchen mehr in meiner Kindheit, das ich so liebte wie Ursula, obwohl ich viele kleine Freundinnen hatte in der Nachbarschaft.

Ich erinnere mich noch gut an ein Mädchen der Nachbarschaft, die Anne hieß und ich sah sie ziemlich oft. Eines Tages sagte, sie, 'lass uns doch in den Keller gehen' und ich folgte ihr. Sie nahm mich bei der Hand und unten im kalten und feuchten Keller standen wir gegeneinander gepresst im Dunkeln und es war offenbar, dass sie auf etwas wartete. Ich wusste, ich hätte sie küssen können oder gar mehr, aber meine Angst war so groß, dass sie mich buchstäblich paralysierte. Ich hatte wohl starkes Verlangen für sie, aber es war keine Liebe, die mit der für Ursula vergleichbar war.

In den Lebensgeschichten männlicher Mädchenliebhaber habe ich dieses Erlebnismuster immer wieder angetroffen, dass sie nämlich bereits als Jungen ein Mädchen genau der gleichen Altersgruppe oder des genau gleichen Alters liebten, nach welchem sie dann als erwachsene wiederum Ausschau hielten. Der Unterschied, auf psychologi-

schem Niveau, ist natürlich, dass sie als kleine Jungen keine Macht hatten, der brutalen Zerstörung ihrer ersten und großen Liebe entgegenzuwirken, oder für diese Beziehung gar grausam bestraft wurden.

Die Tatsache, dass ich die Hypothese einer Ätiologie der Mädchenliebe hier anführe hat ihren Grund in der inzwischen weit publizierten ethnologischen Forschung hinsichtlich der Trobriand Kultur, in welcher vollkommene Permissivität herrscht bezüglich der Liebe unter Kindern und wo das Liebesleben der Kinder von ihren Eltern respektiert wird. Diese Forschung hat klar aufgezeigt, dass die Trobriander, nach einer Phase kindlicher Promiskuität, im Jugendalter beginnen, feste liebevolle monogame Kontakte zu legen, um sich dann später für einen Heiratspartner zu entscheiden, mit welchem sie wirklich lebenslang zusammenbleiben. Diese Menschen haben keinerlei polygame Neigungen. Ich möchte hier dem rezenten Buch *Sex at Dawn (2010)* eine klare Absage erteilen. Diese Studie schickt sich an nachzuweisen, dass der Mensch von Natur aus ein Affe sei und absolut polygam, ohne mit einem Wort auf Malinowskis Trobriand Forschung einzugehen.

Tatsache ist, dass die Polygamie wohl in uns angelegt ist, dass sie aber in der Kindheit ausgelebt werden kann, sodass die Jugendlichen und Erwachsenen dann wirklich monogame Ehen führen können. Und aus meiner eigenen Lebenserfahrung kann ich nur bestätigen, da ich als Jugendlicher eine acht Jahre lange monogame Beziehung mit einem Freund unterhielt. Diese meine Monogamie habe ich auch in meine Ehe getragen, obwohl ich sehr früh heiratete.

Für ganze fünfzehn Jahre war ich meiner Frau treu und sie mir, und das Auseinanderstreben während der letzten fünf Jahre war *beidseitig abgesprochen*. Sie hatte ihren Freund und ich meine Freundinnen, aber

die Ehe war dann doch zerrüttet, endete aber nicht in Streit und Kra-
wall, sondern in Freundschaft. Ich glaube in keiner Weise, dass der
Mensch von Natur aus polygam veranlagt ist. Diese Forschung ist Au-
genwischerei, indem sie den Menschen als komplexen Affen ansieht.
Konstanter Partnerwechsel beruht auf Neurose und ist nicht in der
menschlichen Natur angelegt; sie ist in den meisten Fällen eine Kompensation für eine sexuell und taktil deprivative Kindheit. Weiter ist
Polygamie eine typische Folgeerscheinung von Narzissmus, denn Narzissten sind unfähig, anderen wirklich Nahe zu sein. Die Erfahrung von
menschlicher Nähe setzt *Liebesfähigkeit* voraus, nicht sexuelle Gier, die
immer wieder aufs Neue befriedigt werden will. Liebesfähige Menschen, also solche, die nicht unter der Pathologie des Narzissmus leiden, sehen es regelmäßig als ideal an, einen Liebespartner zu finden,
mit dem sie *auf vielen Ebenen gleichzeitig* Interessen teilen können und
mit dem sie interessante Projekte realisieren; dabei ist es idealerweise
so, dass sie in ihren Talenten und Begabungen *komplementär* sind, und
sich ideal ergänzen. Solche Nähe und das aufrichtige Mitteilen von Interessen und Erfahrungen mit einem Partner zu realisieren erfordert
Vertrauen, und Vertrauen baut man nicht in einem Tag auf, oder einem
Monat, es braucht seine Zeit.

In einem *polygamen Lebenswandel* kann dies nur sehr schwer realisiert
werden, was dazu führt, dass die Kontakte letztlich auf der Seelenebe-
ne flach und unbedeutend bleiben. Man schläft eben heute mit dem,
morgen mit jenem Partner; das mag vergnüglich sein, wie man heute
diesen Rotwein trinken mag und morgen jenen, aber es bleibt eben,
was es ist: *Konsum*. Liebeskonsum. Nicht Liebe.

Im Gegensatz zu Affen und allgemein allen Säugetieren, von denen wir
biologisch gesehen abstammen als Menschenrasse, ist das menschli-

che Kleinkind doch ganz anders strukturiert als das Junge eines Tieres. Es kommt mit einem unvollendeten Gehirn zur Welt, es ist nicht lebensfähig, kann ohne eine nicht nur nutritive, sondern auch taktile und sorgende Mutter einfach nicht überleben. Polygamie steht dem gesunden Aufwachsen des menschlichen Kindes im Wege, weil das menschliche Kleinkind nichts so sehr braucht wie Konstanz, Kontinuität, nicht dauernden Wandel und dauernden Milieuwechsel. Dies habe ich in den über zwanzig Jahren meines Aufenthaltes in Südostasien nur allzu deutlich erfahren, wo 90% aller Männer ihre Frauen verlassen, wenn sie ein oder zwei Kinder gezeugt haben und sich mit jüngeren Frauen vergnügen. In keiner Region der Welt, und ich habe in einer Anzahl von Kulturen gelebt, habe ich so viel Elend gesehen unter Kindern, *so viel Missbrauch, so viel Gewalt und so viel Grausamkeit.* Und es ist eine total polygame Kultur, während ich klar herausfand, dass diese Polygamie auf einer kulturellen Psychose beruht, die ich in keiner anderen Kultur der Welt in dieser Weise vorfand.

Die Trobriand-Forschung Malinowskis und ähnliche Forschungen in Polynesien von Margaret Mead haben klar gezeigt, dass wir als Zivilisation an der Natur vorbei zivilisiert haben und damit eine ziemlich total perverse Kultur hervorgebracht haben—wenn es überhaupt eine Kultur ist. Dies brachte mich dazu, die *Zerstörung von kindlichen Liebeserfahrungen* durch elterlichen und kulturellen 'Moralismus' als die Grundursache anzusehen für die innere Spaltung, die schizoide Spaltung, die nicht nur am Urgrund von Pädophilie liegt, sondern auch von Homosexualität und allen anderen sexuellen Paraphilias, welche ich ohne Bedenken als pathologische Abweichungen vom Naturzustand ansehe.

Während die Ätiologien sicher unterschiedlich sind für jede der verschiedenen sexuellen Paraphilias, *Pädophilie, Zoophilie, Nekrophilie, Exhibitionismus,* so haben sie doch alle eine einzige psychologische Ursache, und diese ist, eine emotionale, psychische, narzisstische und bisweilen auch physische Verwundung in der frühen und weniger häufig auch in der späteren Kindheit. Ich würde gar noch weiter gehen und annehmen, dass es in den meisten Fällen nicht nur eine einzige Verwundung war, sondern ein *Verwundungsmuster,* das sich wie ein Fluch wiederholte über die ganze Kindheit und Jugendzeit hinweg.

Im Gegensatz dazu finden wir in der Trobriand Kultur keine Kindesmisshandlungen und überhaupt keine Bestrafung von Kindern—während das, ich weiß es, den meisten unserer Westbürger einfach unmöglich erscheint. Aber Schein ist eben nicht Sein, und Konditionierung auf Gewalt ist der Grund, warum es den meisten Konsumenten heute als 'unmöglich' erscheint, ein Kind ohne Gewalt zu erziehen, und auch ohne psychische und emotionale Manipulation, ohne Lüge, und ohne Liebesverbote!

In Trobriand gibt es keine Gewalt gegen Kinder, in keiner Form. Und die Tatsache, dass die Forschungen Malinowskis und Meads nun unter den Teppich gekehrt werden, hat ganz konkrete sozialpolitische Gründe; ein *Buch wie Sex at Dawn (2010)* passt genau ins Paradigma einer total heuchlerischen Kultur, die Konsum totalitär ausweitet auf den sexuellen Konsum, der täglich sein muss, weil er Geld bringt, weil er der *corporate economy* zugute kommt, weil er dem Konsumparadigma Vorschub leistet, das keine Hausfrauen braucht, sondern Frauen, die arbeiten, die Geld verdienen, also Steuern zahlen und ihre Kinder in Tagesstätten geben, die gut verdienen, und dann, wenn sie durch die Trennung von ihren Müttern traumatisiert sind, in psychologische Be-

handlung gebracht werden, damit auch Psychologen gutes Geld verdienen, bis sie schließlich genauso pervers und grausam sind, wie ihre eigenen Eltern, und Konsum und Mediziner und Krankenhäuser benötigen, um mit ihrem Sadismus, ihrer Gewalttätigkeit und ihrer Dauerdepression auch nur einigermaßen zurecht zu kommen!

Kein einziges faschistisches Regime in der Weltgeschichte war in der Lage, die Wahrheit komplett auszurotten, denn wo auch immer Faschismus Platz greift, wird es Widerstand geben von Intellektuellen, und die Wahrheit, wenn auch im Untergrund, wird Verbreitung finden, wie auch die Wahrheit in den Büchern, die ich veröffentliche, Verbreitung finden wird, ob die Vigilanten und ödipalen Heroen und Terminatoren das so wollen oder nicht!

Bis zum heutigen Tage ist das letzte Wort über Kindliebe nicht gesprochen. Und daher, in aller Bescheidenheit, was ich hier geschrieben habe, ist wahrhaft nur ein Strich in der Landschaft, ein unvollkommener Kreis auf einem Stück Papier, handgeschrieben, ohne Garantie, eine Idee, eine Hypothese, ein Gefühl oder eine Intuition. Nicht mehr, aber auch nicht weniger.

§12. Bescheidenheit in der Mädchenliebe

Was kleine Frauen uns Männer lehren, ist sehr verschieden von dem, was wir in Beziehungen mit kleinen Männern lernen können. Es ist eine andere Lebensqualität, es ist *Bescheidenheit*. Warum finden wir soviel Arroganz, so viel Hybris und so viel Überheblichkeit in der altgriechischen Kultur, und einen solch geringen sozialen Standard für Mädchen und Frauen? Man schaue sich nur die Skulpturen von Frauen und Mädchen an aus dem alten Griechenland—sie sehen alle aus wie schwache Männer, und ihre Weiblichkeit wurde geschickt vom Künstler unter den Teppich gekehrt, um dem kulturgerechten Ideal Genüge zu tun. Diese Skulpturen und Vasengemälde sprechen für sich. Sie sind lebendige Zeugnisse der Unterdrückung alles Weiblichen in dieser Heroenkultur, die der heutigen sehr ähnlich ist. Der *Krieger* war das Ideal, nicht der Liebhaber! Es war gerade so eine falsche Kultur, wie unsere heutige es ist, eine Endkultur, eine *Scheinkultur*, und der Mord des Sokrates hat es für immer bewiesen!

Dagegen war Kreta, die *Minoische Zivilisation*, wahre Kultur, und auch die Alt-Ägyptische Kultur, aber sie wurden von den Griechen versklavt und ihre großen und reinen, ehrbaren Menschen wurden verurteilt, als Sklaven zu arbeiten für ihre perversen Herrscher, und ihre Jungen wurden begehrte Liebessklaven in den griechischen und später römischen Bordellen.

Das ist es, was ich meine, wenn ich sage, dass die 'große hellenische Zivilisation', die ich bereits als Gymnasiast als reine Perversität entlarvte, eine Schweinerei war, und die uns dahin brachte, dass unsere heutige westliche Kultur genau das ist: ein *Schweinestall*, und keine Kultur.

Die minoische Zivilisation war friedvoll, sie betrieb keinerlei Sklaverei, sie achtete Frauen und Mädchen und ihre Gottheiten waren Frauen, nicht Männer. Heute bezeichnet man sie als 'matriarchalische Kulturen' oder als 'prä-patriarchalische' Kulturen, aber Matriarchie hat einen *faulen Geschmack* für all die, und es ist die Mehrheit heute, die glauben, Mann und Frau seien doch letztlich grundverschieden.

Ich habe die Unterdrückung von Frauen und Mädchen in *allen Kulturen* gefunden, die päderastisch sind, von der Antike bis heute, wobei ich die Ausnahme fand für Männer und ausnahmsweise auch Frauen, die Mädchen lieben, die sogenannten *Nymphophilen*, aber auch die Männer, die wahrhaft Frauen lieben, jedoch bekennen, dass sie kleinen Elfen nicht abgeneigt gegenüber stehen, wenn es nur wahre Liebe ist, die sie zusammengeführt hat mit einem Exemplar des 'kleinen Volks' femininen Ursprungs.

Und so möchte ich fragen, was eine Gesellschaft eigentlich befürchtet, wenn sie Erotika, die ihren exklusiven Fokus auf Kinder richten, verbietet? Was ist es eigentlich, was eine solche Gesellschaft unterdrücken will? Um meine Frage besser zu verstehen, beginnen sie nur zu verstehen, warum diese Gesellschaft bestimmte Pflanzen verbietet, die Bewusstsein fördern (Cannabis, Ayahuasca, LSD), aber Drogen als unschädlich findet, die Bewusstsein unterdrücken (Alkohol, Kaffee, medizinische antidepressive Pharmaka)? Terence McKenna und andere Bewusstseinsforscher gaben *überzeugende Antworten* auf diese Fragen. Aber unsere Forschung weigert sich bis heute, diese Forschung anzuerkennen.

Was ich hier sage, ist alles in allem, dass es *Unschuld* ist, die unsere Gesellschaft unterdrückt, und mit gutem Grund, wenn sie Kinderporno

verbietet. Wer auch immer solche Produktionen gesehen hat, weiss, dass sie *lächerlicher sind als alles andere*, sehr wenig erotisch, einfach wegen der *unweigerlich unnatürlichen Disproportion* der Körper und Gliedmassen der Liebespartner. Daher denke ich, man kann sie mit einem permissiven Lächeln betrachten, das nur in denen, die wirklich pädophil sind, sexuelle Erregung erweckt, nicht aber in Menschen, die emotional reif sind. Nichtsdestotrotz bin ich der Meinung, dass solche Produktionen, wenn sie nicht sadistischer und gewalttätiger Natur sind (solche habe ich nicht gesehen und will sie nicht sehen), nicht sture Abneigung verdient haben, sondern mögliche Integration in unsere Kultur, denn das ist es, was sie sind, kulturelle Fantasien, die Kindern keinen Schaden zufügen, wenn nur die Beziehung nicht gewalttätig war und zwanghaft-neurotisch.

Das lächerliche Element ist ein Resultat der Disproportion der Gliedmassen der Partner des Liebesspiels. Da ist fetter, haariger Mann auf einem Bett und auf ihm liegt ein kleines schlankes Mädchen und beide tun eigentlich nichts anderes, als sich zu streicheln und zu küssen. Man fühlt sich als Eindringling. Warum wurde solches produziert? Nur für Geld? Die beiden scheinen die Welt um sie herum vergessen zu haben, sie scheinen nicht diejenigen zu sein, die am Profit der Produktion interessiert sind. Also wer sind die Geldmacher?

Sicher andere, als die hinter der Kamera, oder die, welche den Video verkaufen für teures Geld. Wie ein Pianist, der spielt, weil er spielen muss, wie der Schriftsteller, der schreiben muss, oder der Maler, der seine Gemälde in Galerien sehen will. Sie alle denken nicht an Geld, sie denken an die Schönheit dessen, was sie produzieren, darauf aus, ihr Bestes zu geben, um der Menschheit ihre eigene Seelenwahrheit darzubieten, wie es jeder Zirkusakrobat tut.

Um es noch deutlicher zu formulieren, so frage ich mich ernsthaft, ob es nicht ein Zeichen von Demut ist, wenn ein erwachsener Mann sich einem kleinen fragilen Mädchen *zärtlich zuwendet* und seine phallische Lust bezwingt, um ihr nicht weh zu tun? Um nämlich zu warten auf ihr Zeichen, auf ihre Einwilligung, weiter zu gehen im Liebesspiel, obwohl dies nicht notwendig ist? Männer, die dies können, sind nicht ordinär, sie sind nicht vulgär, sie sind nicht sexbesessen, sie sind nicht neurotisch. Dies ist meine feste Überzeugung, was auch immer unsere paranoide, lebensfeindliche Gesellschaft darüber denken mag.

Warum sollten Menschen so pervers sein, kleine Kinder zu vergewaltigen, die wirklich und nicht nur augenscheinlich 'zu allem bereit sind', ganz einfach weil sie verliebt sind in den Mann ihrer Träume, ob sie nun Mädchen sind oder Jungen? Es spielt in Wahrheit absolut keine Rolle, welchem Geschlecht sie angehören, denn wahre Liebe ist nicht 'geschlechtlich'.

Ich weiß natürlich, dass vielleicht gar die Mehrheit unserer Zeitgenossen Kindliebhaber *monströser finden als Kindermörder* und daher weitaus gewalttätiger der ersten Gruppe gegenüber sind. Ich weiss dies positiv, aus meiner mehr als zehnjährigen Gefangenenbetreuung. Diese Reaktion ist das genaue Gegenteil von Bescheidenheit, es ist pure Arroganz! Es ist Irrsinn.

Wenn also in der Propaganda von Kinderpornographie die Rede ist, so bedeutet das für den Massenmenschen Mord und Gewalt, weil sie sich einverständlichen Sex mit einem Kind einfach nicht vorstellen können. Es ist sprichwörtlich das aristotelische *tertium non datur*. Es geht einem mediengewaschenen Hirn nicht ein, dass es neben platonischen und schweinischen Beziehungen auch solche gibt, die sozial nicht kodiert

sind, jedoch nichtsdestotrotz authentisch und einverständlich sind. *Für Idioten ist eben alles idiotisch!*

Die Wahrheit ist nicht Pädophile. Die Wahrheit ist, dass alle Menschen zu allem Bösen fähig sind; sie *missbrauchen Kinder,* weil sie glauben, sie hätten das Recht dazu oder weil sie glauben, keiner werde es merken, denn ein traumatisiertes Kind spricht nicht. Sie rationalisieren Gewalt gegen Kinder, oder sollte ich nicht besser sagen, sie *irrationalisieren* ihre ganz und gar gewalttätige Einstellung, um ihre eigenen Schweinereien vor sich selbst zu verhüllen? Es sind einfach keine sexuellen Motive, warum Menschen Kinder morden. Es sind andere Motive, nichtsexuelle Motive; es sind negative Emotionen, wie Ärger, Hass und langfristige Depressionen, es sind aufgestaute Frustrationen und Rachegefühle, oder auch die Angst vor Entdeckung einer Vergewaltigung.

Die Demut in der Mädchenliebe erwächst aus dem Bewusstsein, dass es Männer waren, die Frauen aller Altersgruppen über Jahrtausende in unaussprechlicher Weise gedemütigt haben und glaubten, das Recht zu haben, Mädchen und Frauen in allen möglichen Weisen zu vergewaltigen.

Päderastie und Homosexualität und die kollektive Brutalität, die aus ihrer Repression hervorging, gingen immer einher mit der Unterdrückung des Weiblichen und mit faschistischen und tyrannischen politischen Regimen. *Es gibt keine einzige politische Diktatur, nicht eine einzige Kultur, welche Sklaverei oder die Vergewaltigung, die Tortur und den Mord der Kinder der politischen Gegner begeht, welche der Frau eine irgendgeartete Gleichheit gewährt oder sie auch nur in ihrem eigenen Recht respektiert!*

Daher erlaubt sich der wahre und demütige Mädchenliebhaber die Liebe mit jungen Mädchen, was auch ihr Alter sei, und diese Liebe gründet sich auf tiefen Respekt vor dem Weiblichen und einem wirklichen Verstehen der emotionalen Bedürfnisse kleiner Mädchen. Wenn dies der Fall ist, kann Mädchenliebe dazu beitragen, unsere männerdominante Machogesellschaft mit all ihrer Gewalt umzuformen in eine bewusstere, friedvollere und egalitäre Kultur, die die Frau wieder in ihrem Recht auf Gleichheit anerkennt—und damit die *Anima*, das weibliche Element im Manne bewusst integriert und uns individuell und kollektiv zu einem neuen Gleichgewicht zwischen *Yin* und *Yang* verhilft.

Einer der größten Irrtümer der Psychiatrie ist die Annahme, der Mädchenliebhaber sei ein Frauenhasser, oder dass im allgemeinen die Ätiologie der Pädophilie auf Mutterhass beruhe. Es ist sicher nicht einfach, für einen Mann, der seine Mutter hasst, komplexfreie Beziehungen zu Frauen und Mädchen aufzubauen, aber dasselbe ist doch der Fall für Männer, die mit ihren Vätern in Konflikt standen als Kinder oder Jugendliche.

Anzunehmen, dass ein Mann, der zärtliche Gefühle hat kleine Mädchen ein *Frauenhasser* sein soll, werde ich niemals akzeptieren, es ist einer von so vielen total unsinnigen Konzepten einer lebensfeindlichen Psychiatrie, die von wahrem Menschsein nicht das Geringste versteht. Meine Forschung hat erbracht, dass es im Gegenteil die arroganten und aufgeblasenen Machos sind, die von ihrem blödsinnigen Fussball, ihren idiotischen politischen Parolen und ihren Autorennen besessen sind, die Mädchen und Frauen in dieser Welt so viel Leid zufügen.

Es sind die Männer, die emotional auf der Stufe von kleinen Jungen stehen geblieben sind, unreif und unverantwortlich, und die morgen die Mutter ihrer Kinder für jede geldgierige Hure verlassen.

Diese Fakten, und wir begegnen ihnen doch tagtäglich, schauen mehr als alles andere, was für Riesenbabies die meisten Männer sind in unserer Kultur und wie frivol und infantil sie sind—obwohl die meisten unserer Unternehmensführer und Politiker sich unter diesem Sumpf des Männlichen rekrutieren. Sie sind, wie die meisten politischen Tyrannen und Diktatoren, ganz einfach debil mit ihren Sandkastenspielen, die an die ignoranten Massen als die *letztbeste politische Strategie gegen Systemfeinde* verkauft wird.

Wenn die Menschheit heute oder morgen aus ihrer Peter Pan Adoleszenz herauswachsen soll, so wird dies geschehen, weil wahrhaft emotional reife Frauen an die Macht kommen, und unter keinen anderen Umständen. Es werden nicht die sein, die jetzt die Szene des 'Missbrauchsparadigmas' bestimmen, die hyper-traditionellen Hexen, die heute weltweit in Führungspositionen sind, sondern die wahrhaft reifen Frauen, die der Mädchenliebe ihren Wert beimessen können, weil sie selbst wahre Liebe zu Männern erfahren haben, als sie noch klein wahren, und die liebende Väter hatten, die ihre Weiblichkeit als erotische Wesen voll anerkannten und würdigten.

DRITTES BUCH

Flexibel sein. Verstehen.

§01. Der Eigenwert der Kindliebe

Lassen sie mich zunächst einmal anmerken, was ich eigentlich mit *Kindliebe* bezeichne in diesem Buch. Eine solche terminologische Klarstellung ist vonnöten in jeder Art von Forschung, weil Menschen die Welt nun einmal durch ihre mentalen Schablonen wahrnehmen, und diese Schablonen sind kleine Schubladen, die Aufschriften tragen, wie 'Blahblah-Lehre' oder 'XYZ-Konzept'.

Die meisten Menschen, jedenfalls in unserer Scheinkultur, sind einfach unfähig die Realität direkt und ohne Verzerrung wahrzunehmen, und das ist der Grund, warum sie keine Ahnung haben, was *wirkliche Unschuld* ist, dass es eben nichts anderes ist, als solch *direkte Wahrnehmungsfähigkeit,* die wir zum Beispiel bei Schamanen oder Heiligen antreffen. Wahre Unschuld, wie zum Beispiel Engel oder Feen sie besitzen, erlaubt es der Person, parallele Realitäten wahrzunehmen, also eine multidimensionale Perzeption zu entwickeln, wie sie in unserer Kultur nur von Sehern und Paranormalen her bekannt ist.

So muss ich denn als Forscher auch selbst bewusst sein, welche intellektuellen Konzepte ich verwende oder kreiere, denn der gemeine Leser wird sich an den Konzepten aufhängen, die ich gebrauche, mehr oder weniger, ohne den Sinn, der dahinter steht, zu erfragen oder zu erfühlen. Seit ich meine Pädophilieforschung begann, im Jahre 1985, bin ich der festen Überzeugung, dass das gängige Relationsfeld Erwachsener-Kind einer stringenten Revision bedarf, wenn es nicht ganz durch ein neues Relationsfeld ersetzt werden sollte. Und dieses neue Beziehungsfeld der 'Kindliebe' muss einen Namen bekommen!

So machte ich mir denn Gedanken darüber, und stellte fest, dass im Deutschen der Begriff der 'Kindliebe' eine andere Bedeutung hat, als der Begriff der 'Kinderliebe'. Oder sagen wir, ich fand eigentlich, dass der Begriff 'Kindliebe' noch garnicht definiert war damals. Es war ein Wort, das fast nicht im Gebrauch war. Der Begriff der 'Kinderliebe' würde im Englischen dem Wort *child love* entsprechen, während der Ausdruck 'Kindliebe' im Englischen der Zusammenziehung von *childlove* entspricht. Dann recherchierte ich im Internet und fand zu meinem Erstaunen, dass meine Intuition haargenau stimmte.

Wenn ich das Schlüsselwort *child love* eingab, bekam ich Webseiten, die so das Allgemeinmenschliche und Allgemeindümmliche hinsichtlich Kindern behandelten; unter diesen Seiten waren auch solche, die Kinderschutz als neues Heil der Mensch propagierten, mit all der Propaganda, die diese neue Konsumideologie beinhaltet; darunter waren auch allerlei Vigilante-Seiten und Pädohass-Seiten. Als ich dann jedoch das Schlüsselwort *childlove* eingab, so erhielt ich listenweise Kinderpornographie-Seiten und mehr oder weniger skurrile, aber auch tragische 'Konfessionen' von Pädophilen, nicht zu vergessen die Wikipedia Seite, die sich anschickte, ein doch einigermaßen objektives Bild zu liefern.

Nichtsdestotrotz und nicht, weil ich glaube, Kinderpornographen hätten das Recht, sich diesen Begriff anzueignen, bemühte ich mich, eine *Arbeitshypothese* auszuformulieren, die so objektiv als möglich intendiert war und die beide Geschlechter und alle Altersgruppen zu umfassen sich anschickte.

In diesem Sinne definierte ich denn *Kindliebe* als psychische, liebende, emotionale und potentiell sexuelle Anziehung zu Kindern, und Lie-

beswahl für Kinder vonseiten jugendlicher oder erwachsener Menschen beiden Geschlechts, wobei 'Kind' in dieser Definition ein Begriff ist, der in jeder Jurisdiktion gesetzlich festgelegt ist, in aller Regel ein junger Mensch im Alter von 0 bis 16 Jahren.

Von dieser Definition der Kindliebe ging ich aus, um mögliche soziale Verhaltensweisen oder Verhaltensmuster, die noch nicht sozial kodiert sind, darunter zu subsumieren, um ein wissenschaftlich umgrenztes und umgrenzbares Forschungsfeld zu schaffen, das bis heute nicht besteht in unserer Kultur. Dass eine solche soziale Kodierung pädophiler Beziehungen notwendig ist, liegt auf der Hand und war einer der Schwerpunkte meines Treffens und meiner Korrespondenz mit der französischen Kinderpsychiaterin Françoise Dolto im Jahre 1986.

Solange eine *soziale Kodierung* kindliebender Beziehungen ausbleibt, werden sich solche Beziehungen in einer sozialen Grauzone abspielen, und dies bedeutet, dass die Gefahr chaotischer, abusiver und gewalttätiger sexueller Akte Kindern gegenüber akut ist, welches auch Schwarzmärkte von Kindesprostitution und Kinderpornographie mit einschließt.

Die gegenwärtige Situation ist einfach politisch unverantwortlich, weil sie das Problem ausblendet und die negativen Folgen auf die Sündenbockgruppe sogenannter 'Pädophiler' projiziert, während meine Forschung klar ergab, dass alle Menschen, so sozial und sexuell 'angepasst' sie sein mögen, Pädoemotionen besitzen, also *potentiell chaotisch reagieren können* in Fällen, wo ein sexuelles Abenteuer mit einem Kind sich wie auch immer anbietet und wo der Anschein besteht, dass die Beziehung geheim gehalten, oder Strafverfolgung als ultimatives Risiko unterschätzt wird. Diese Situation hat sehr negative Folgen für

Kinder wo auch immer in der Welt, da das Problem einfach nicht kognitiv erfasst wird von politischen Autoritäten, weil es in einer 'moralischen' Tabuzone angesiedelt ist. Dies kann auch wissenschaftliche Forschung nicht ändern; nur ein politischer Wille kann hier Abhilfe schaffen durch die soziale Kodierung von erotischen Beziehungen zwischen Erwachsenen und Kindern, oder Jugendlichen und Kindern, welche Kriterien entsprechen, die man als 'sozial adäquates Verhalten' einstuft. Anders ist das Problem nicht zu lösen und sexuelle Gewalt gegen Kinder wird fortbestehen, wie hoch auch das Strafmaß für solche Taten bemessen wird!

Um einen Entwurf auszuarbeiten für solch positiv kodiertes Verhalten, müssen wir einmal näher betrachten, was Kindliebe eigentlich ist, und was ihre Eigentümlichkeiten sind. Um es einfacher zu formulieren, so sollten wir uns einmal vor Augen halten, was die Vorteile einer positiv gelebten und kodierten Kindliebe sein könnten für unsere Gesellschaft oder für jedwede Gesellschaft.

Während es augenscheinlich ist, dass ohne die Liebe für Kinder, die Menschenrasse längst ausgestorben wäre, so herrscht doch ein geraumes Mass an Konfusion hinsichtlich erotischer Anziehung für Kinder. Ich brauche hier keine Psychologen zu zitieren, um anzumerken, dass Liebe und Erotik nicht unbedingt Synonyme sind, obwohl sie oft zusammen auftreten.

Wenn wir es etymologisch betrachten, so können wir feststellen, dass ein erotisches Element in dem Verlangen eines Ehepaares oder einer ausserehelichen Beziehungen enthalten ist, ein Kind zu zeugen. Der 'Kinderwunsch' ist ein erotischer Wunsch, ob man dies nun wahrhaben möchte, oder nicht. Die französische Sprache macht dies ganz beson-

ders transparent. Im Französischen ist der Kinderwunsch eines Ehepaares umschrieben mit *'désirer un enfant'* und eben der gleiche Ausdruck könnte interpretiert werden als pädophiles Verlangen eines Erwachsenen für eine erotische Beziehung mit einem Kind. Der Unterschied ist hier also *rein kontextuell,* nicht verbal-spezifisch, was ein Signal ist, dass auf der Ebene des Unterbewussten der 'Kinderwunsch' eines Ehepaares sehr wohl erotisch intendiert ist. Dies wird besonders deutlich, wenn man den Begriff vergleicht mit dem Ausdruck *'désirer une femme',* welches eindeutig im Französischen bedeutet, sexuellen Verkehr mit einer Frau zu wünschen.

Die ganze ziemlich absurde Diskussion um den sogenannten *Ödipus Komplex* basiert auf der *unverifizierten Annahme,* dass ein Kind von etwa 5 bis 7 Jahren, also während der sogenannten 'ödipalen Phase', erotische Gefühle habe für seine Mutter, wenn es ein Junge ist, oder den Vater, wenn es ein Mädchen ist, während das Kind sich in der vorangehenden Phase, die Freud 'anale Phase' nannte, homosexuell mit dem gleichgeschlechtlichen Elternteil identifiziert.

Ohne die unterschwellige Annahme, dass beide Eltern und ihre Kinder in der einen oder anderen Weise sexuelle Gefühle für einander haben, ist die psychoanalytische Theorie Freuds von der sogenannten 'infantilen Sexualität' wertlos, denn sie setzt interfamiliäre erotische Anziehung einfach stillschweigend voraus. Sie geht gar noch einen Schritt weiter und behauptet, solches sei der Fall für alle Kulturen der Welt, dass sie also universellen Wahrheitswert besitze.

Ich halte dies für eine absolut absurde Verdrehung der Tatsachen; im übrigen hat anthropologische Feldforschung, vor allem die von Bronislaw Malinowski und Margaret Mead in Melanesien und Polynesien

die Freudschen Mythen als das entlarvt, was sie wirklich sind, *Mythen*. Wenn solch inzestuöse Neigungen in unserer Kultur bestehen, so hat das ganze spezifische Gründe, die ich in anderen Publikationen explizit dargestellt habe. Diese Neigungen bestehen aber sicher nicht in den meisten Eingeborenenkulturen, und auch dafür gibt es natürlich Gründe, aber in seiner kulturellen Hybris hat Freud dies einfach bewusst oder unbewusst übersehen, obwohl Otto Rank, Carl Jung, Wilhelm Reich, Melanie Klein und andere seiner Schüler ihn auf seine 'kulturelle Blindheit' deutlich genug hingewiesen haben. Ich mache die Freudsche psychoanalytische Schule zu einem guten Teil verantwortlich, und stimmte hier ganz mit Françoise Dolto überein, für die sexuelle Gewalt gegen Kinder und den mangelnden politischen Willen, erotische Beziehungen mit Kindern sozial zu kodieren.

In dem Interview, das ich hatte mit Dolto in Paris, 1986, hat die französische Kindertherapeutin klar die Bedeutung aufgezeigt, sexuelle Wünsche von Eltern für ihre Kinder, von Erziehern für Kinder in ihrer Betreuung und von Pädophilen, zu *verbalisieren*. Sie nannte dies *'parler désir'* und erklärte, dass nur, wenn Verlangen durch Verbalisierung 'humanisiert' wird, es sublimiert werden kann, jedoch nicht dann, wenn es tabuisiert, sozial stigmatisiert und vom Bewusstsein ausgeblendet und unterdrückt wird!

Dies bedeutet natürlich nicht, dass Dr. Dolto in irgendeiner Weise das Ausagieren solcher sexuellen Wünsche befürwortet hätte; im Gegenteil war sie wie die meisten Psychoanalytiker und Psychologen *vehement gegen sexuelle Beziehungen zwischen Erwachsen und Kindern,* vor allem im familiären Rahmen, in edukativen Beziehungen und in therapeutischen Beziehungen. Außerhalb solcher Beziehungen jedoch, war sie permissiver, vertrat jedoch die Ansicht, dass die Gefahren pädophi-

ler Beziehungen für Kinder einfach untragbar seien wegen der *immanenten Gefahr polizeilicher Intervention,* die für die betreffenden Kinder in den meisten Fällen katastrophale Folgen habe und zu einer definitiven und vielleicht unheilbaren Traumatisierung führen könne. Und ich stimme hier vollkommen mit ihr überein, weswegen ich in all meinen Schriften Pädophilen eine moralische Verantwortung aufbürde, ihre Beziehungen mit Kindern affektiv zu halten und auf sexuelle Interaktion gänzlich zu verzichten, und zwar im Sinne der sozialen Realitäten und zum Schutze des Liebeskindes.

Darüber hinaus kam ich in meiner langjährigen Freundschaft mit dem holländischen Anwalt und Senator *Dr. Edward Brongersma (1911-1998)* zur gleichen Übereinstimmung in dieser kritischen Frage. Er war ein Spezialität der historischen Forschung päderastischer Beziehungen sowohl in *patriarchalischen und matriarchalischen Kulturen* weltweit, und ich lernte viel von ihm. Er hat auch die soziokulturellen Mechanismen der brutalen Unterdrückung von Mann-Junge Beziehungen im einzelnen untersucht, und hat sie in seinen Publikationen im Detail dargestellt. Es ist ein komplexer Forschungsbereich, denn die Faktoren der Unterdrückung dieser Art von Liebe sind sowohl politisch, religiös als ökonomisch, oder eine Mischung dieser verschiedenen Faktoren. Jedoch hat keine Gesellschaft der Menschengeschichte es geschafft, päderastische Liebe ganz und gar zu unterdrücken und es erscheint daher eine Form der Liebe zu sein, die eine größere Daseinsberechtigung hat, als dies der akademisch nicht geschulte Bürger wahrzunehmen imstande sei. Es ist denn auch nicht verwunderlich, dass über alle Zeiten hin diese Art der Liebe in der Aristokratie zuhause war, nicht aber im Leben gemeiner Zeitgenossen, es sei denn in ihrer vulgären Variante, die jeden Geschmacks und jeder Zartheit und Finesse entbehrt.

Von Brongersma lernte ich denn auch, dass die Päderastie im alten Griechenland nur für die Adelsschicht erlaubt war, während sie für Sklaven als Verbrechen angesehen wurde, aus nämlich derselben Erwägung, die ich soeben vorbrachte. Was für Schmidt recht sei, mag es für Schmidtchen eben nicht sein!

Diese doch ziemlich elitäre Bewertung klassischer Päderastie sehe ich nicht als negativ an; ich sehe darin ein *kognitiv und ethisch durchaus nachvollziehbares Räsonnement,* welches ich hier nicht weiter ausführe. Sensitive und intelligente Männer, die eine gute Erziehung genossen haben, sind nicht der Prototyp des Vergewaltigers oder gar des Kindermörders, und das mag wohl heutigen Psychiatern unbekannt sein, ist aber eine Einsicht, die Intellektuelle und Künstler immer schon hatten und auch heute haben. Dagegen ist das Ideal Rousseaus der totalen Gleichheit aller Menschen *eine der traurigsten und tragischsten Illusionen*, die die Philosophie je hervorgebracht hat!

Brongersma hat nie ein Wort verloren über heterosexuelle Pädophilie, denn es war einfach nicht seine Expertise, und er hatte diesbezüglich keinen Erfahrungswert, noch das geringste intellektuelle Interesse. Das habe ich respektiert wie es nun eben war. Man konnte mit ihm nicht über Mädchen reden. Das war einfach so. Er schien Frauen komplett auszublenden aus seinem Weltbild, was ich eigenartig fand, aber nicht beklagenswert. Schließlich sind wir alle doch verschieden und haben unsere karmischen Seelenwerte, welche wir in unserer Kommunikation mit anderen respektieren und anerkennen sollten.

Andererseits aber kann ich kognitiv durchaus eine Berechtigung sehen in der paradigmatischen Haltung Brongersmas, denn Mann-Mädchen Beziehungen sind, wie ich dies bereits andeutete, nur schwerlich als

pädophile Beziehungen anzusehen, da sie einfach vom Heiratsalter abhängen, welches in jeder Kultur und Epoche verschieden ist. Man könnte sie daher vielleicht als pseudo-pädophile Beziehungen ansehen, wenn dieser Bezeichnung überhaupt ein wissenschaftlicher Wert zukommt? Zur Zeit der hebräischen Kultur was das Heiratsalter sieben Jahre, ein Mann, der ein Mädchen dieses Alters heiratete wurde also keinesfalls als Pädophiler oder gar als Krimineller angesehen, während kürzlich der weltberühmte russische Pianist Mikhail Pletnev in Thailand als 'Pädophiler' festgenommen wurde, weil er mit einem vierzehnjährigen Mädchen verkehrte.

Auch heute gibt es noch Gesellschaften, wo Kindheirat möglich ist, wie zum Beispiel in einigen entlegenen Provinzen Indiens, in Lombok, Indonesien, Polynesien und einigen afrikanischen Stammeskulturen.

Wenn ein Mann in diesen Kulturen Interesse daran hat, ein kleines Mädchen zu ehelichen, so rät man ihm an, ein 'Dorfmädchen' zu heiraten; die Ehe hängt ganz und gar davon ab, was der Vater des Mädchens darüber denkt und wie er sich eventuell finanziell besser stellt durch ein solches Engagement. Dies schließt nicht prinzipiell aus, dass auch das Mädchen ihr Einverständnis gibt, oder den Freier ablehnt. Eine *kategorische Beurteilung solcher Ehen* wird den Gegebenheiten nur schwerlich gerecht. Wie solche Ehen im einzelnen aussehen, ist mir weitgehend unbekannt, wurde jedoch von den Vereinten Nationen durch eine groß angelegte Untersuchung über Kindesmissbrauch erhellt, welche zu dem erstaunlichen Ergebnis kam, dass eine Kindheirat als solche keinen Kindesmissbrauch darstellt, es sei denn, der Ehemann erzwinge Geschlechtsverkehr entgegen dem Willen der Kindfrau und wenn sie von ihrer körperlichen Konstitution her noch nicht dazu

in der Lage ist, ohne körperlichen Schaden oder starke Schmerzen davonzutragen.

Wie ich es bereits andeutete, war die moralisch-ethische Beurteilung von erotischen Beziehungen mit Kindern in der Antike eine ganz andere als heute. Es war eine Art der Liebe, die nur Aristokraten, Poeten, hochstehenden Politikern und Künstlern oder Philosophen zugestanden wurde, *nicht jedoch ordinären Männern und Frauen.* Das erotische Ideal jener Zeit war, dass kultivierte Männer und Frauen keinen Geschmack finden an der Liebe, die für jeden Menschen und jedes Tier die Norm ist. Insofern wurde Männern kein Privileg eingeräumt, denn bekanntlich war im Hellenentum die *saphische Liebe,* also die erotische Frau-Mädchen Beziehung ebenso anerkannt, allerdings nur für Frauen, die adliger Abstammung und Poeten waren und die sich intellektuell und durch ihre starke Persönlichkeit einen Namen gemacht hatten.

Es mag nicht wissenschaftlich abgesichert sein, wenn ich sage, dass ich auch heute pädophile Neigungen eher bei solchen Männern und Frauen feststelle, die eine höhere Erziehung und Ausbildung genossen haben und die intellektuell und durch ihre hohe Sensitivität oder künstlerische Ader vom Gros unserer unkreativen Zeitgenossen und Dauerkonsumenten abweichen.

Und wenn ich solches festgestellt habe, so ist es nicht aufgrund 'intellektueller Überheblichkeit' oder 'Standesdünkel', sondern weil ich es durchweg in meiner Arbeit als Lebensberater erfahren habe.

Es gab natürlich auch solche Kunden vom vulgären Genre unter ihnen, aber es war die Ausnahme, die die Regel bestätigte. Sie haben denn auch regelmäßig meine Arbeitsbedingung, während der Beratung auf jede illegale, also sexuelle Beziehung mit Kindern zu verzichten, nicht

unterschrieben und brachen danach die Beratung ab. Und dies hat mich durchaus nicht verwundert—aus den Gründen, die ich in diesem Kapitel anführte.

§02. Kindliebe und Lust

K önnen klinische Untersuchen jemals identifizieren was *Liebe* eigentlich ist? Klinische Untersuchungen sind eher Zerrbilder dessen, was sich wirklich in einer intergenerationellen Beziehung abgespielt hat. Wenigstens jedoch haben sie einigen *rudimentären kognitiven Wert* für denjenigen, der es einmal fertigbringt, sich von den total verlogenen Massenmedien abzuwenden und offen und ehrlich nach der Wahrheit zu suchen, ganz so, wie es bei mir selbst war. Ich habe auch meine Forschung mit solchem Material begonnen, welches natürlich *ganz und gar negativ* ist und auf einen Nenner gebracht werden kann: aller Sex ist für Kinder negativ und traumatisierend, mit wem auch immer. 90% aller Studien haben diesen Tenor und man fragt sich, ob solche pauschalen Konklusionen nicht Sicherheitsventile sind für die individuelle Reputation der Psychiater oder forensischen Begutachter?

Dieses Bild zeigt jedoch auch, ganz gleich wo die Untersuchungen unternommen wurden, dass sogenannte 'pädophile Beziehungen' in weitaus den meisten Fällen lediglich *masturbatorischer und taktiler Art* sind, und dass Penetration eher selten vorkommt; die Ausnahme davon bilden Vater-Tochter Inzest-Fälle, wo das Mädchen bereits pubertär ist und wo vaginale Penetration in viel häufigerer Rate vorkommt.

Natürlich hat jeder Leser dieses Buches bewusst oder unbewusst ein Vorgefühl für das, was man heute Pädophilie nennt, und sei es auch nur eine vage Gruppenfantasie, ein Horrorbild, ein Grauen —selten, ganz selten, eine differenzierte Beurteilung. Ich bin davon überzeugt, dass aufgrund der ganz gezielten *Anti-Pädophilie Propaganda*, die der Judenpropaganda Hitlers sehr ähnlich ist, die meisten Menschen in

westlichen Ländern tatsächlich glauben, intergenerationelle Liebe sei nichts als Vergewaltigung, Missbrauch, Verführung, Entführung und Kindermord. Kein Wunder, denn so wird es in den Medien tagtäglich suggeriert und dargestellt, und endlos wiederholt. In anderen Worten, *Pädophile wird per se als Kindesmissbrauch beurteilt,* wo der Erwachsene seine Macht gegenüber einem Kind dermaßen missbraucht, dass er sexuelle Befriedigung auf Kosten des Kindes, und auf Kosten der Gesundheit und Wohlfahrt des Kindes erhält. Die Hexenjagd ist in vollem Rausch und verhindert ganz einfach jede rationale und ausgeglichene öffentliche Diskussion des Themas, jedenfalls in den angelsächsischen Ländern, und auch in Frankreich und Italien, während in Deutschland, so scheint es, eine differenziertere Diskussion möglich ist, allerdings nur dann, wenn sie *nicht von Pädophilen selbst* initiiert wird, sondern von Forschern, Journalisten, Psychologen oder Rechtsanwälten und Richtern.

Ich gehe jedoch weiter. Ich behaupte, dass nicht nur Pädophile verstehen, was Kindliebe ist, sondern *alle wirklichen Liebhaber,* ich meine Männer und Frauen, die wirklich ihre Partner, ihre Eltern, ihre Kinder, ihre Familien lieben, und deren Weltbild nicht durch Hass und Sadismus verzerrt ist. Von dieser Minderheit abgesehen, sehen wir eine Mehrheit von Individuen, deren Leben aus Angst und Zweifel bestehen, die weitgehend neurotisch sind, und die so weit gehen, ihre eigene Neurose dann auf andere zu projizieren, die sie 'Triebtäter' nennen oder was auch immer. Ihre Realität ist durch ein puritanisches Lügenbild verzerrt, sie haben keine Ahnung, was Erotik ist, und warum intelligente Menschen erotisch sind und Sexualität, wenn sie Bestandteil einer Liebesbeziehung ist, als wichtig und erfüllend ansehen.

In ihrer erotischen Ignoranz, verteidigen sie bis aufs Messer sogenann-te 'moralische Werte', die in ihren total unkreativen und schalen Exis-tenzen jedes wahre Gefühl ersetzt haben. Psychoanalytisch gesehen, sind sie dominiert von einer inneren Kontrollinstanz, die sie davon ab-hält, das wahrzunehmen, was jeder emotional lebhafte Mensch wahr-nimmt. In gewisser Weise sind sie also krank, nicht geisteskrank, denn ihr Intellekt mag wohl gut funktionieren, aber sie sind emotional krank, oder, anderes gesagt, emotional blockiert, weil das natürliche Fließen ihrer emotionalen Energie blockiert ist durch einen Charakterpanzer, wie es Wilhelm Reich in seiner *Charakteranalyse* brillant beschrieben hat. Für sie ist es so gut wie unmöglich, das zu erkennen, was für jeden gesunden Menschen offenbar ist, dass nämlich Liebe nicht abusiv ist und niemals sein kann.

Das ist ganz einfach so, ob Weltmoralisten das heute wahrhaben wol-len oder nicht, weil die emosexuelle Energie die Lebensenergie selbst, also, um es konventionell auszudrücken, Gott ist. Jede Liebe ist also heilig, was auch ihr Objekt ist, aber die Menschheit braucht wahr-scheinlich noch ein paar hundert Jahre, um das einmal wirklich anzu-erkennen und kognitiv zu integrieren.

Angesichts dieser Tatsache ist es einfach unverantwortlich, die öffentli-che Diskussion dieser wichtigen Probleme alten Jungfrauen und neu-rotischen, wenn nicht gar paranoiden Journalisten oder Interessen-gruppen zu überlassen, oder korrupten Politikern, angsterfüllten reli-giösen Führern und einem total ignoranten Mob von gewalttätigen Vigilanten, die ich *Ödipale Heroen* nenne. Dem Mob kommt es nicht auf Wahrheit an, nicht auf Liebe, sondern auf Perversität!

Der Teufelskreis, indem sich viele Kindliebhaber befinden, ist, dass sie sehr oft unbewusst die verlogenen Schemata der Massenkultur übernehmen, mit dem Resultat, dass ihr *Selbstwertgefühl niedrig bleibt,* was genau der Grund ist, warum sie ihre Liebe nicht konstruktiv, sondern abusiv und verlogen ausleben, in Beziehungen, in welchen sie kindliche oder jugendliche Partner in allen möglichen Weisen ausnutzen und betrügen, um nur sexuell zum Ziel zu gelangen.

Es ist augenscheinlich, dass in einer solchen Situation nichtsexuelle Emotionen wie Angst, Ärger, Frustration, Depressionen und schizophrene Spaltungen das Leben dieser Männer und Frauen dominieren, weswegen sie ihre Liebe nicht in einer konstruktiven, sondern destruktiven Weise ausleben, nämlich durch die Verführung und Entführung von Kindern und Jugendlichen, durch Tricks und Manipulationen, wenn nicht gar durch Vergewaltigung und Kindesmord.

Diese destruktiven Akte sind jedoch keinesfalls ein direkter Ausfluss ihrer Kindliebe, sondern ganz im Gegenteil eine *Folge der Repression ihrer Liebe!* Sie sind das Resultat des sozialen Stigmas und Verbots ihrer Liebe. Unsere Gesellschaft trägt nicht dazu bei, pädophile Liebe konstruktiv zu leben und zu erleben, weil sie ihre Verantwortung, diese Art der Liebe sozial zu kodieren, ableugnet; damit ist sie *mitverantwortlich für alles Leid und Elend, das Kindern zugefügt wird* durch chaotische sexuelle Beziehungen. Es ist genau diese Verantwortungslosigkeit unserer Gesellschaft, die es kindliebenden Menschen sehr oft unmöglich macht, ihre Liebe in konstruktiver Weise zu leben, also in einer Weise, die dem kindlichen Partner zugute kommt, statt ihn zu schädigen und zu traumatisieren.

In diesem Sinne ist der oder die Pädophile ein Opfer dieser Scheinkultur ganz genau so wie das Kind Opfer ist, das durch die Repression von Kindliebe missbraucht wird. Noch weitergehend behaupte ich im gleichen Atemzug, dass die große Masse der 'Normalbürger', die total medienmanipuliert sind hinsichtlich dieser Tatsachen, ein Opfer sind dieser Lügenkultur, die von unseren korrupten Politikern zu ihrem eigenen Vorteil ausgenutzt wird, nicht aber zum allgemeinen Wohl der Gesellschaft.

Wo Demokratie entlarvt wird als *getarnter Terror* und oligarchische Tyrannei einer Gruppe von Neofaschisten, hat sie ihre Integrität verloren und muss von verantwortlichen Bürgern reformiert werden. Ich meine damit nicht die Notwendigkeit einer sozialen Revolution, denn alle solche Revolutionen über die gesamte Menschengeschichte haben gezeigt, dass sie nur noch mehr Gewalt und mehr Blutvergiessen bringen.

Was ich sagen will ist, dass wir ein tieferes Verständnis bilden müssen für alle Variationen des Themas Liebe, eine stärke Hinwendung zur Wahrheit und eine bessere Kommunikation zwischen allen Beteiligten in diesen Fragen, um wirklich eine vorurteilsfreie öffentliche Diskussion dieser Themen zu eröffnen. Das bedeutet, dass Demokratie wirklich funktioniert im täglichen Leben und nicht nur auf dem Papier einer Verfassung, die was auch immer prinzipiell statuiert aber doch im Zusammensein der Menschen keine wirklich Anwendung findet.

Die gegenwärtige Situation erinnert mich lebhaft daran, wie Freud, zu Beginn des zwanzigsten Jahrhunderts, die Lage schilderte, als er damit begann statt Hypnose die Heilung von Neurosen durch das bewirkte, das er 'Psychoanalyse' nannte. Eigenartigerweise hat sich vom Beginn

des zwanzigsten zum Beginn des einundzwanzigsten Jahrhunderts kaum etwas an der Lage geändert; die allgemeine gesellschaftliche Haltung hinsichtlich Verhaltens, das die Grenzen wohldefinierter 'Normalität ist intolerant, schizoid, ignorant und gewalttätig. Eine 'doppelte Moral' bestimmt alle Debatten und Diskussionen, und darüber hinaus sind Falschheit, Denunziation, Feigheit und allgemeines Schweigen an der Tagesordnung.

Auch die Agenda hat sich kaum geändert, nur dass es zu Freuds Zeiten Neurosen waren, die die Menschen plagten, und heute Psychosen. Es wurde alles nur schlimmer, statt besser und unsere politischen Parolen haben und keinen Schritt weitergebracht in der sozialen Agenda.

Wenn wir uns fragen, warum der Mensch Lust braucht, so ist die Antwort darauf nicht lediglich biologisch, sondern *auch eine Frage der Kultur*. Nicht nur Kindliebhaber wissen, warum Kinder liebenswert sind, warum sie erotisch anziehend sind. Es ist die *Mehrheit der Männer,* die es wissen, auch wenn sie es vielleicht nie erfahren haben. Die Liebe mit Kindern ist wahrscheinlich genetisch kodiert. Es wurde denn auch in der Primatenforschung vor nicht langer Zeit anerkannt und wissenschaftlich bewiesen, dass Primaten Pädophilie kennen, und hier reicht das Spektrum von zärtlich bis gewalttätig.

Wenn erotische Liebe mit Kindern nicht strafrechtlich verboten wäre, könnte sie wohl sozial geregelt werden, damit Kindern so wenig Schaden als möglich zugefügt wird. Sie könnte dann auch in die Ökonomie integriert werden. Der Status des Kindes könnte sich ändern insofern als ein Kind nicht länger als unmündig angesehen würde, nicht länger als dümmlich und unverantwortlich, sondern als ein Bürger, der jedem Erwachsenen gleichgestellt ist.

Obwohl ich das Verbot von Pädophilie in unserer Konsumkultur verankert finde, weil es mit Moralität eigentlich garnichts zu tun hat, kann sich diese Konsumkultur doch ändern. Sie ist nicht in Zement betoniert, sozusagen, sie kann dem Kind als Konsument einen höheren und besseren Status verleihen. Banken könnten zum Beispiel Kinderkonten unterhalten, die nicht auf den Namen der Eltern ausgestellt sind, sondern auf den Namen des Kindes. Kinderarbeit könnte in einem gewissen Rahmen zulässig erklärt werden, wenn sie der Gesundheit und psychischen Integrität von Kindern nicht zuwider läuft. Das bedeutet namentlich, dass Kinder ihr eigenes Einkommen haben und damit aktiv Konsumentscheidungen treffen könnten.

Ich möchte nun im Folgenden einige Ausführungen machen zum Thema 'Sensualität' in der Kindliebe; obwohl viele Menschen glauben, eine Ahnung davon zu haben, fragt es sich, woher sie auch nur rudimentäre Kenntnis eigentlich haben können, da das Thema doch Tabu ist? Meine Argumentation ist, dass die eigentliche *Lust am Kinde* eine taktile ist, nicht eine sexuelle im engeren Sinne. Dies mag ohne weiteres einleuchten, wenn man an kleinere Kinder denkt, aber es ist auch in Liebesbeziehungen mit Jugendlichen in den meisten Fällen so, dass der erwachsene Partner auf volle sexuelle Kopulation verzichtet.

Bevor ich nun darauf weiterhin eingehe, möchte ich zunächst einen Blick werfen auf erotische Kontakte unter (gleichaltrigen) Kindern. Solche werden oft übersehen in der erhitzten Debatte über das Thema *Liebe mit Kindern*. Wir könnten hier insoweit über *Liebe unter Kindern* sprechen. Was auch oft übersehen wird ist, dass diejenigen, die Kinder noch sehr viel mehr lieben als die meisten Erwachsenen, und bisweilen auch intim, sind Jugendliche.

Dies ist kein Geheimnis für diejenigen, die mit Jugendlichen arbeiten als Sozialarbeiter, Erzieher oder Psychologen, weil sie schon Scheuklappen tragen müssten, um die starke aber oft scheue Emotionalität und Sexualität von pubertären Kindern zu übersehen. In den letzten Jahren wurden in den Vereinigten Staaten eine *schockierende Anzahl von Strafgerichtsurteilen* gegen Jugendliche gefällt, die deren sexuellen Beziehungen mit Kindern als sexuellen Missbrauch qualifizieren und die betreffenden Kinder in Erziehungsheime einweisen und in öffentliche *'sex-offender'* Register eintragen, was ihre spätere berufliche Karriere unmöglich macht.

Es war, so scheint es mir, durch diese großen Schlagzeilen, dass das Massenpublikum zum ersten Male überhaupt Kenntnis nahm von der natürlichen erotischen Anziehung Jugendlicher für kleinere Kinder.

Jedoch hat ethnologische Forschung klar aufgezeigt, dass diese Beziehungen in den meisten Fällen nicht missbräuchlich sind, sondern einverständlich, obwohl ich hier eine Ausnahme machen muss für die Drogenszene in Südamerika, wo diese Beziehungen klar missbräuchlich sind. Die Vereinten Nationen haben alles versucht, hier Abhilfe zu schaffen und Straßenerzieher haben versucht, diesem Missbrauch ein Ende zu machen, aber sie haben kläglich versagt und das Projekt wurde beendet. Es ist ein großer Unterschied, und dies sage ich in allen meinen Publikationen, ob sexuelle Beziehungen auf wirklicher Liebe beruhen oder ob sie darin bestehen, dass der ältere Partner Macht auf den jüngeren ausübt. Es wurde leider festgestellt, dass in der südamerikanischen Drogenszene, diese Gruppenvergewaltigung von kleinen Jungen durch ihre größeren 'Strassenverkäufer' nicht durch die VN gebannt werden konnte, welches wirklich ein trauriges Ergebnis ist, das ich sehr bedaure. Aber es war durch diese Fälle, dass die Öffentlich-

keit überhaupt aufmerksam wurde über die sexuelle Anziehung Jugendlicher für kleinere Kinder, aber es ist natürlich eine Situation, die von Anfang an auf Machtmissbrauch beruhte, und nicht auf Liebe und Intimität. Damit will ich sagen, dass, wenn wir über solche Kontakte reden, wir solche Jugendliche zwangsläufig ausschließen müssen, die selbst missbraucht wurden und daher kleinere Jungen missbrauchen, um für ihre Minderwertigkeitsgefühle und ihren Mangel an Eigenmacht zu kompensieren. Aber das ist sicher nicht die Regel.

Das sozialpolitische Anliegen ist zu hinterfragen, warum Schwarzmärkte überhaupt ins Leben gerufen wurden, und warum junge oder ältere Menschen dermaßen in Kriminalität getrieben werden?

Das ist das wahre Problem hier, obwohl es durch alle unsere Politiker ganz bewusst unter den Teppich gekehrt wird, um *ein gesellschaftliches Bewusstsein der wirklichen Probleme* im Keime zu unterdrücken. Wenn Schwarzmärkte einmal bestehen, so folgen sie ihren eigenen Regeln, welche generell abusiv sind, mit einer sehr geringen Chance, dass diejenigen, die darin involviert sind, ob es nun Kinder sind, Jugendliche oder Erwachsene, daraus hervorgehen, ohne ihre Seele und ihre Seelenwerte aufzuopfern, also, um es krass zu sagen, Kriminelle zu werden! Solche Kriminalität ist also systembedingt, und das ist es, warum Politiker *verantwortlich* gemacht werden müssen, Schwarzmärkte aller Art zu vermeiden, indem sie *permissive* und nicht repressive Sozialpolitik betreiben.

Um dies hier näher auszuführen, hatte UNICEF ein sogenanntes *Strassenerziehungsprogramm* in Gang gesetzt, das daraufhin ausgelegt war, Bandenmentalität zu zähmen, denn Tatsache ist, dass in diesem Milieu die Jugendlichen *territoriale Lizenzen* vergeben für die kleineren Jun-

gen, um spezifische strategische Strassen zu kontrollieren, wo der Verkauf von Drogen, Sonnenbrillen, Uhren oder anderen Produkten relativ einfach ist, weil sie von Ausländern frequentiert werden. Die Kleinen wollen ihre Zeitungen oder Kaugummis verkaufen, aber sie müssen den Jugendlichen, die das 'Terroir' kontrollieren einen gewissen Betrag zahlen für die 'Lizenz' zahlen. Wenn sie das Geld nicht haben, werden sie zu Sex gezwungen, und das ist dann kein einverständlicher Sex, und kann gar in Gruppenvergewaltigung eines kleinen Jungen durch mehrere Jugendliche ausarten. Ich weiss nicht, ob Mädchen auch in der Szene sind; es wurde in den UNICEF Berichten jedenfalls nicht erwähnt. Da waren auch Reporte von einzelnen Strassenerziehern (Amerikanern) abgedruckt, die wirklich alles mögliche versuchten, um diese grausamen Riten zu unterdrücken. Einer hatte seinen mangelnden Erfolg offen zugestanden und gab zu bedenken, er sei nicht akzeptiert als 'Ausländer', um da überhaupt nur mitzureden, und das Programm wurde nach diesem Misserfolg abgebrochen.

Es geht hier natürlich nicht um Sex, es geht um Macht, Kontrolle und Brutalität. Es geht darum, dass in dieser Mini-Gesellschaft, diesem Milieu, eine Tyrannei herrscht, die Faustregel, die Macht des Stärkeren. Es ist klar, dass solche Beziehungen nicht Thema dieses Buches sind, denn sie haben ganz offensichtlich nichts mit Liebe zu tun, sondern sind Formen von Gewalt. Ich habe es hier näher ausgeführt, weil es sicher viele Leser gibt, welche *nur* von solchen Brutalitäten gehört haben und daher glauben, alle Jugendlichen seien potentielle Missbraucher kleinerer Kinder. Das anzunehmen wäre jedoch ein großer Irrtum. Jugendliche haben natürlicherweise ein starke Sorgebedürfnis für kleinere Kinder. Dies sieht man ganz deutlich in Eingeborenenkulturen, wo die Eltern oft hart arbeiten müssen für das tägliche Brot, und wo die grösseren Kinder es an der Pflege der Babies nicht fehlen lassen.

Von der Ausnahme abgesehen, dass ein Jugendlicher in seiner Familie Gewalt erfahren hat, oder sexuell missbraucht wurde, wird er oder sie sich mit Freude und wirklicher Hingabe um kleinere Kindern kümmern. Jugendliche sind von Natur aus zärtlich und romantisch und nicht brutal und grausam. Wenn ein Jugendlicher sich in ein kleineres Kind verliebt und erotische Gefühle hat für den kleinen Jungen oder das kleine Mädchen, so wird er zunächst einmal mit dem Kind spielen, und dann langsam eine Vertrauensbeziehung aufbauen. Ich bin nicht der Meinung, dass man hier von Anfang an eine sexuelle Absicht unterstellen sollte; das mag wohl in manchen Fällen zutreffen, ist aber nicht der Regelfall. Worauf es Jugendlichen auch oft ankommt, ist dass sie bewundert werden von kleineren Kindern für ihr größeres Wissen und Lebenserfahrung oder weil sie in der Familie oder im größeren sozialen Rahmen einen gewissen Einfluss haben oder eine gewisse Verantwortung tragen.

Bisweilen erscheinen Jugendliche als ungehobelt und schlaksig, aber das ist mehr als alles andere eine Fassade, hinter der sie ihre tieferen Gefühle zu verbergen suchen; denn ihre Sensibilität ist größer als die von Kindern und sie fürchten nichts mehr, als lächerlich gemacht zu werden für ihre Gefühle von Liebe, Sorge und tiefem Mitempfinden. Manche Jugendliche sind gar liebevoller zu Kindern, als ihre eigenen Mütter, und sie lieben es ganz besondern, dass man ihnen kleinere Geschwister oder Verwandte anvertraut zum Babysitting.

Es verletzt männliche Jugendliche daher in ihrem Selbstwertgefühl, wenn, wie es heute oft geschieht in den westlichen Nationen, man ihnen nicht mehr vertraut, so wie man gemeinhin alle männlichen Babysitter als potentiell sexuell missbräuchlich in Misskredit gebracht hat. Diese Situation kann bei Jugendlichen *bleibenden Vertrauensverlust,* im

Extremfall gar Hassgefühle, der Erwachsenenwelt gegenüber auslösen, vor allem dann, wenn das Misstrauen unausgesprochen bleibt, wenn man ihnen nicht gar Lügen auftischt, weil man denkt, die Wahrheit werde sie 'zu sehr verletzen'. Das genaue Gegenteil ist jedoch der Fall; würde man ihnen die Wahrheit ins Gesicht sagen, hätten sie eine Chance, sich zu verteidigen und man könnte zum Beispiel zu einer Lösung gelangen, wo der Jugendliche mit der Freundin zusammen sein Babysitting tut und sein Taschengeld damit verdient. Würde man diesen Dingen erst einmal ehrlich ins Gesicht sehen, so könnte man immer eine Lösung finden, das ist sicher. Aber so ist es leider selten in unserer Heuchelkultur, da man es ohnehin 'normal' findet, Kinder anzulügen.

Wahre Liebesbeziehungen zwischen Jugendlichen und Kindern sind wertvoll und sie sind von einer seltenen Schönheit, voller Energie, Lebenskraft, Freude und auch Erotik. In Südeuropa, der hispanischen Kultur oder in Kuba, und vor allem in Südamerika gehören sie zum Alltag und zur täglichen Folklore dieser sinnlichen Länder. Auch in der arabischen Kultur und anderen Kulturen des mittleren Ostens findet man sie im größeren Rahmen der Familie und des Clans. Hier ist es so, dass der erstgeborene Junge eine privilegierte Position einnimmt; kleinere Kinder zeigen ihm Respekt ganz ähnlich wie dem Vater. Oft delegiert der arabische Vater Erziehungsrecht zu seinem erstgeborenen Sohn, vor allem dann, wenn er viele Kinder hat und beruflich eingespannt ist. Die Entscheidungsgewalt eines erstgeborenen Sohnes wird in der arabisch-muslimischen Kultur kaum beschränkt, was natürlich zwangsläufig zu potentiell abusiven Beziehungen führt zwischen Jugendlichen in einer derartigen Machtposition und kleineren Brüdern und Schwestern. Interessanterweise war das sehr ähnlich in meiner eigenen (protestantischen) Geschäftsfamilie, wo meine Mutter ihrem älteren Bruder

in jeder Hinsicht untergeordnet war, was dann tatsächlich auch zu Missbrauch führte.

Die nächste Altersgruppe, die in der Kindliebe stark vertreten ist, sind die 20 bis 35-jährigen. Es ist interessant zu beobachten, dass die Natur dieser Beziehungen sich doch recht unterscheiden von den erotischen Beziehungen, die Jugendliche mit Kindern haben. Es wird weniger gespielt, und die Beziehung spielt sich mehr im inneren des Hauses ab, als auf der Strasse, dagegen jedoch sind pädophile Erwachsene dieser Altersgruppe emotional reifer und zärtlicher mit Kindern, als Jugendliche. Die meisten von ihnen haben wenige Freunde, ganz einfach, weil sie mit den meisten Menschen nicht über ihre Liebe reden können; sie sind also einsamer als Jungendliche und deswegen dankbar, ein Kind zu finden, mit dem sie ihre intimen Gedanken und Gefühle teilen können.

Es mag durch ihre Einsamkeit sein, dass sie ihren Liebeskindern mehr taktilen Genuss geben, und allgemein taktil sehr aktiv sind—und wenn ich 'taktil' sage, meine ich nicht Penetration, sondern vor allem *streicheln und gestreichelt werden*. Hinzu kommt, dass Jugendliche allgemein mehr gruppenorientiert sind, als pädophile Erwachsene dieser Altersgruppe. Sie lieben es eher, mit ihrem Liebeskind einsame Stunden zu verbringen, und es ist durchaus die Regel, dass die sexuelle Interaktion nur einen Bruchteil dieser Zeit beansprucht, während die meiste Zeit damit verbracht wird, dem Liebeskind Computerspiele zu zeigen, Tischtennis zu spielen oder auch zusammen schwimmen zu gehen.

Das wichtigste für diese Altersgruppe ist, eine langfristige Beziehung mit dem Kind ihrer Wahl aufzubauen, eine Beziehung, die vor allem

emotional ist, und wo die sexuelle Erfüllung nicht Priorität ist, sondern die Konstanz in der Beziehung, und auch oft die Freundschaft mit den Eltern des Kindes. Warum? Dies wird in den Medien einfach verschwiegen, aber die Forschung hat klar aufgezeigt, dass etwa ein Drittel aller *gewaltlosen pädophilen Beziehungen* sich nicht nur durch das Einverständnis des Liebeskindes, sondern auch seiner Eltern von missbräuchlichen Beziehungen unterscheiden.

Die meisten Kindliebhaber in ihren Dreißigern sind doch recht einsame Menschen, aber sie werden ihren Lebensstil verändern, wenn ihr Liebeskind nach größerer sozialer Aktivität verlangt, und es leid ist 'immer zuhause zu sein', obwohl es ihrem Verlangen nach Exklusivität in der Liebesbeziehung zuwiderläuft.

Worauf es diesen Kindliebhabern in erster Linie ankommt, sind Momente der Zärtlichkeit und Stille, also Kontemplativität in der Art des Zusammenseins. Zärtlichkeit ist hier das Schlüsselwort, wie es überhaupt in der Liebe ist, obwohl es sich sicher in dem, was man heute Ehe und Familienleben nennt, so gut wie verlorengegangen ist. Gerade in modisch-trendhaften Ehen ist oft ein überraschender Mangel an Zärtlichkeit anzutreffen, und man fragt sich, ob es sich in den sexuellen Beziehungen hier nicht um eine Art von gegenseitig abgesprochener Vergewaltigung handelt, die wohl eher Affen eigen ist als zivilisierten Menschen? Liebe unter Menschen ist zärtlich und spontan, und sie hat mit Vergewaltigung recht wenig gemein.

Das hört sich wohl an wie Tautologie, ist aber keine. Vergewaltigung ist genau das, was sich ausgetrocknete Altjungfern und Weltpuritaner unter Pädophilie vorstellen, wenn sie es nicht pauschal auch für Homosexualität und Bisexualität unterstellen. Sie sind darauf fixiert, Se-

xualität als eine Reihe von Akten anzusehen, die ein Dummy einem anderen zufügt, um sich daran aufzugeilen, eine Art von genitalen Backpfeifen, die der aktive dem passiven Partner über den Kopf haut.

All das hat mit Liebe natürlich nicht das Geringste zu tun. Die ganze öffentliche Debatte über Pädophilie, falls eine solche überhaupt stattfindet, hat mit Liebe nicht das Geringste zu tun, und daher bleibt sie fruchtlos, und sinnlos. Sie kann daher auch keinerlei konstruktive Lösungen hervorrufen. Was man überall hört wie das Gebrüll von halbirren Gorillas ist 'Kriminalität, Missbrauch, haut ihnen die Köpfe ab, sperrt sie lebenslang ein, weg mit dem Gesocks, wie im Mittelalter, organisiert gründliche Hexenjagden, haut noch mehr drauf, verfolgt sie, spürt sie auf, massakriert sie und gebt grünes Licht für Lynchjustiz'. Wo sind wir gelandet—im Jahre 1933?

Es ist zu spät für Reform. Es gibt nur noch Revolution. Liebe ist Revolution. Jeder Akt der Liebe enthüllt und entlarvt die perversen Standarten der Lebenshasser und endlosen Verfolger, der neuen Gestapo von 'Terminators' *Made in USA*. Doch nur Liebe bringt positiven Wandel, nicht Hass, nicht Verfolgung und Tyrannei, nicht Hexenverbrennungen. 1020-2020—wo ist der *Unterschied*, wage ich zu fragen? Dieselben *Neanderthaler* an der Macht, dieselben mental debilen *Schwachköpfe* in all unseren Polizei- und Militärkasernen, dieselben Versager, dieselben arroganten Mörder und Milizen, dieselbe dreckige Mafia, die diese Welt beherrscht, damals und heute.

Jedes bisschen von *Zivilcourage* eines Vaters, mit seinem Kind nackt zu schlafen, ihm Körperwärme zu geben und Zärtlichkeit, statt Geld, Plastik und Computer, haut dem Konsumsystem eine an den Kopf. Jeder Kuss, jede Umarmung, die ein Lehrer seinen Schülern gibt ist eine Her-

ausforderung des Systems. Jede Dusche, jedes Bad, das ein männlicher Babysitter mit einem Baby geniesst, ist ein Faustschlag gegen die perversen Regeln aller Kindertagesstätten der paranoischen Welt, die darauf aus ist, Roboter, Psychopathen und schizoide 'business people' heranzuzüchten. Jede Zärtlichkeit eines oder einer Pädophilen, die ihre Pädoemotionen bewusst gemacht haben, gegenüber ihrem Liebeskind, ist ein Goldbarren im Fundament eines neuen Palastes—des Palastes der Liebe, nicht des fünftausend Jahre alten Palastes des Heuchelpatriarchats.

Kinder, die nicht (mehr) sinnlich sind, sind auch nicht mehr sinnig; sie sind unsinnig, neurotisch, psychotisch oder schizophren. *Die Repression der Sinnlichkeit, der Sensualität ist ein Verbrechen, ein Verbrechen gegenüber dem Kinde, gegenüber einer ganzen Generation, ein Verbrechen gegenüber der Menschheit!*

Sensualität ist untrennbar verbunden mit Sensibilität, mit Empfindsamkeit. Es ist eine Form schärfster Wahrnehmungsfähigkeit. Sensualität zu unterdrücken, wie unsere Konsumkultur dies tagtäglich tut, ist Unterdrückung von Bewusstsein, von Identität, von Intelligenz. Das Resultat ist Intellektualität! Das Resultat sind Soldaten und Milizen, die in der Lage sind, ganze Waldstriche niederzubrennen, in denen tausende von Familien ihr Leben verlieren, um *einen* sogenannten 'Terroristen' umzunieten. Das steht jeden Tat in unseren Zeitungen.

Und die meisten Konsumidioten finden das denn auch 'normal'. So wie sie Hitler 'normal' fanden, so wie sie Völkermord 'normal' finden, wenn er nur 'moralistisch und national' abgesichert ist, sozusagen als letzte Virtuosität der 'großen Nation', die das Beispiel gibt für 'ehrbares Verhalten'! Diese verrückten gemeingefährlichen Psychopathen sind unsere

homines normales, wie es bekanntlich schon Wilhelm Reich beklagte—
den sie dann auch umgenietet haben.

Emotionale Intelligenz ist undenkbar ohne Sensualität, ohne Körper-
empfinden und ohne die Freiheit für Körperspiele, freie und sinnliche
Spiele, in denen der Körper letztlich geehrt und geheiligt wird. Jede
Zivilisation, die Sensualität unterdrückt, ist keine. Es ist eine Horde von
hirnlosen Barbaren, die sich den Anschein geben, zivilisiert zu sein.
Jede Kultur, die Puritanismus predigt und sexuelle Repression als Notwendigkeit stipuliert, reduziert Glück und Frieden in dieser Welt auf ein
Minimum und produziert mehr Gewalt, mehr Krieg, mehr Missbrauch
und mehr Völkermord. Diese Kulturen, die heute die Mehrzahl unserer
machtvollsten Nationen ausmachen, manipulieren das freie Körper-
spiel von Kindern in der schamlosesten Weise—und finden solch irr-
sinniges Verhalten dann auch noch 'moralisch' und 'rational', wenn
nicht gar auch 'national' gerechtfertigt. Lust wird durch solche Politik,
mag man sie Moralpolitik oder Konsumpolitik nennen, vom Körper
weg in leblose Objekte gechannelt, und solchermaßen wird der Körper
des Kindes betrogen, indem er *verleugnet* wird.

Die Aufmerksamkeit des Kindes wird bewusst von ihrem Körper weg
auf *Spielzeuge* gerichtet, welche das Kind auf Materialismus als herrschende Ideologie hin konditionieren. Dieser gesellschaftliche Verrat
am kindlichen Körper ist eine Sünde wider das Leben selbst und er ist
die wahre Ursache unserer sogenannten Zivilisationskrankheiten, welche im Grunde *Betrugskrankheiten* sind.

Kindliebe hat das gemein mit Konsum, dass sie ihm drastisch entgegen wirkt, dass sie *dekonditionierend* einwirkt auf das Liebeskind, indem sie es weg vom Spielzeug und wieder *dem eigenen Körper zu* aus-

richtet. Das ist der wahre Grund, warum Pädophile zwangsläufig *Systemfeinde* in der Konsumkultur sind; und darum, und *nur* darum, werden sie verfolgt. Es ist die Natürlichkeit in der sinnlichen und erotischen Beziehung zwischen Kindliebhaber und Liebeskind, die diese Beziehung der artifiziellen, sterilisierten und 'pestiziden' Konsumkultur entfremden muss.

Andere Stimuli für erotische Kindliebe lassen sich aus einer Vielzahl von individuellen Berichten herauslesen. Für den Erwachsenen ist es vor allem die Kleinheit des Kindes und seiner Gliedmaßen, und für das Kind, auf der anderen Seite, die relative Größe des Erwachsenen und seiner Gliedmaßen, die erotische Anziehung auslösen. Näher betrachtet bedeutet dies, dass der Erwachsene in seinen sexuellen Fantasien von der Kleinheit des Kindes erregt wird, von der süßen Putzigkeit seiner Händchen und Füßchen, von der glatten, gespannten Haut des Kindes, der Agilität seiner Bewegungen, seinem frischen Geruch und seiner oft fischartigen Gewandtheit, unter den flinken Händen des Liebhabers gleichsam zu rollen. Auch spielt das Haar des Kindes oft eine Rolle, vor allem bei kleinen Mädchen, und bei den sehr Kleinen auch ihre Pummeligkeit und die Tatsache, dass das Liebesspiel für sie etwas ganz Neues und Unbekanntes ist; dies bedeutet auch oft, dass sie sich untauglich fühlen dazu und gern alles Neue absorbieren und nachahmen, um dem Liebhaber zu Gefallen zu sein. Im Stillen wissen sie nämlich, dass in einer Gesellschaft, wo nur Erwachsene Rechte haben und Kinder keine, es ihnen als Privileg zufällt, von einem Erwachsenen als vollwertigen Liebespartner gewählt worden zu sein. Das ist denn auch der emotionale Gewinn, den Kinder haben in sexuellen Beziehungen mit Erwachsenen, vorausgesetzt, diese Beziehungen sind einverständlich und nicht missbräuchlich.

verstehen, dass jemand an einer Kreatur interessiert sein könnte, die nicht in allen Formen der Kopulation versiert ist. Pädophile sind also in dieser Kultur nicht stigmatisiert, noch segregiert—man lacht sie einfach aus im ganzen Dorf. Die Leute lachen ihnen ins Gesicht, weil sie nicht verstehen können, dass jemand so dumm sein kann, sich sexuell 'mit so wenig' zufrieden zu geben.

Einige manifest heterosexuelle Männer, mit denen ich Kindliebe diskutierte, gestanden mir, dass sie weder Aggression noch Hass Pädophilen gegenüber empfänden, aber dass sie sich eines Lächelns nicht enthalten können, dass man ein tollpatschiges und sexuell unerfahrenes Kind einer attraktiven jungen und sexuell erfahrenen Frau vorziehen könne! Auf der anderen Seite muss ich zugeben, dass einige dieser Männer dennoch einräumten, einem sexuellen Abenteuer mit einem kleinen Mädchen nicht abgeneigt gegenüberzustehen, wenn auch nur mal so ab und zu, und weil's einfach amüsant ist. Dass diese Männer also ein gewisses Potential an Pädoemotionen hatten, war mir klar, trotz der Tatsache, dass sie stabile heterosexuelle Beziehungen unterhielten.

Solche Äußerungen machten mich denn neugierig und ermutigten mich, einen noch detaillierteren Blick auf die möglichen psychologischen Gründe zu werfen, welches das Lustpotential von Männern ist an Kindern, und hier besonders kleinen Kindern, die noch keinerlei sexuelle Merkmale aufweisen.

Obwohl Kindliebe natürlich Ähnlichkeiten aufweist mit jeder anderen Art erotischer Liebe, so hat sie doch etwas ganz Eigentümliches an sich. Ich möchte sagen, dass sie *skurril* ist in gewisser Weise.

Die meisten pädophilen Beziehungen sind von Anfang an geheim; die meisten Kinder aber sind alles andere als schockiert oder gequält angesichts der Tatsache, dass sie die Beziehung von ihren Eltern geheim halten müssen; im Gegenteil scheint die Tatsache, ein Geheimnis zu teilen mit einem Erwachsenen, ihrem Selbstbewusstsein eher zugute zu kommen. Von der Perspektive des Kindes aus gesehen, ist das Teilen eines Geheimnisses mit einem Erwachsenen anders zu beurteilen als Geheimnisse, die sie mit Schulkameraden haben. Obwohl Psychologen neuerdings Eltern ermutigen, ihren Kindern doch ihre 'kleinen Geheimnisse' zu lassen, erzeugt das Teilen eines Geheimnisses mit einem Erwachsenen beim Kinde eine ganz spezifische Art von Lust; es ist eine Art von persönlichem Erfolg, ein Privileg, eine Aufwertung ihres Selbstwertgefühls. Das Kind kann auf etwas stolz sein, das es als etwas Nicht-Alltägliches ansieht, und es mag den Grund dafür in seinen eigenen Charaktermerkmalen sehen. Das Kind mag also im stillen räsonieren:

—Ich weiß, dass er das nicht mit den anderen tun würde, weil er ihnen nicht vertraut, weil er weiß, dass sie sein Vertrauen brechen würden; er weiß eben, dass ich anders bin, dass ich Charakter habe, dass ich so etwas nie tun würde, dass ich einen Liebhaber niemals verraten würde. Das ist es, was mir am meisten gefällt an der Beziehung: dass ich nämlich dieses Privileg habe!

Ich habe das in *allen pädophilen Beziehungen* feststellen können, so gar in denen, wo das Kind vergewaltigt wurde, in den seltenen und oft unverständlichen Fällen, wo das Kind wieder und wieder zu einem Mann geht, der es kurz und bündig für eine kleine Geldsumme sodomisiert und dann wieder nach Hause schickt. (Ich meine hier nicht Beziehungen, wo der Geschlechtsverkehr Teil ist einer kompletten affektiven

Beziehung, wo die sexuelle Erfahrung nur ein Teil der anderweit emphatischen Beziehung ausmacht, sondern solche, wo die Sodomisierung einem Ritual gleicht, das einfach 'durchgezogen' wird, wo Gefühle der Empathie weitgehend abwesend sind, und wo das Kind gar mehr oder weniger starke Schmerzen empfindet während des Koitus).

Diese letzteren Geschichten sind deswegen interessant, wenn sie zu Gericht gehen, weil die Tatsache, dass der Junge oder das Mädchen eine bestimmte Geldsumme erhielt, plötzlich als Detail im Vordergrund steht und Eltern, Richter und Anwälte einfach nicht glauben können, das sei das einzige Motiv des Kindes gewesen, immer wieder zu ihrem Vergewaltiger zurückzukehren. Die Frage, die jedermann auf der Zunge hat, ist namentlich, ob das Kind wirklich nur für das bisschen Geld immer wieder zurück kam, oder eher aus anderen, subtileren Gründen?

Die Hypothese, die ich hier aufstelle für diese Fälle ist die, dass es weniger das Geld ist, warum diese Kinder die Erfahrung immer wieder machen, sondern die Tatsache, dass sie durch das Hüten eines strengen Geheimnisses einen Schub an Selbstwertgefühl erhalten, den sie unter gewöhnlichen Umständen nicht erhalten könnten. Es ist wegen des initiatorischen Charakters der Erfahrung, dass solche Liebeskinder am Rande des Abgrunds wandeln, ganz bewusst der Tatsache, dass sie durch ein einziges Wort ihren obsedierten und gar sadistischen Liebhaber hinter Gitter bringen könnten!

Für das Kind bleibt ein solcher Mann Liebhaber, ob er nun harsch ist oder nicht, grausam ist oder nicht, obsediert ist oder nicht. Es ist die Tatsache, dass er an der Beziehung festhält, die zählt für das Kind, die

Tatsache, dass ihm das Kind *wichtig* ist, wenn auch nur zur eigenen, sagen wir es ruhig, *total egoistischen Triebbefriedigung.*

Ich möchte hier eine Parallele ziehen zu sozial sehr wohl integrierten initiatorischen Beziehungen, nämlich solche der Pfadfinderbewegung. Obwohl solche Aktivitäten natürlich keine sexuelle Beziehungen zwischen den Gruppenleitern und den Kindern oder unter den Kindern enthalten (dürfen), so klingen doch die Argumente, die diese Bewegung anführt, sehr ähnlich, indem sie die Autonomie des Kindes klar befürworten und zu enge und fusionelle Eltern-Kind Beziehungen, in denen das Kind in der Regel den Kürzeren zieht, bewusst in Frage stellen.

Wiederum kommt mir Jürgen Bartsch und seine Grausamkeiten in den Sinn; es ist deswegen, weil ein wichtiger Aspekt der eigentümlichen Beziehungen, die er mit den kleinen Jungen hatte, in der Forschung einfach übersehen wurde. Er schreibt in seinem Tagebuch, dass die ersten Beziehungen, die er hatte mit Jungen, als er selbst noch ein Jugendlicher war, durchaus zärtliche Momente kannten. Die Tragödie dieses Mannes war, dass er, wie wir alle, geliebt werden wollte, jedoch der festen Überzeugung war, *niemand könne ihn jemals lieben!*

Bereits als Jugendlicher begann er seine bekannten Machtspiele mit kleineren Jungen. Die meisten der Jungen, die er vergewaltigte und umbrachte, kamen zu ihm mehrere Male, bevor er sie folterte und grausam tötete. Man fragt und fragte sich in seinem Fall in der gleichen Weise: warum kamen die Jungen zurück zu ihm, denn schon beim ersten Mal bekamen sie eine Tracht Prügel auf ihren nackten Hintern?! Ich bin davon überzeugt, dass die Beantwortung dieser Frage uns zur Wahrheit hinführt, warum Bartsch der Mörder wurde, der er

wurde. Die einzige Erklärung nämlich, die wir haben, warum die Jungen immer wieder zu ihm kamen, ist die, dass sie *Geheimnisträger* wurden für etwas, das sie wussten, ist totales Tabu in unserer Gesellschaft, und vielleicht in jeder Gesellschaft! Dieses Faktum ist es, die Tatsache nämlich, dass dieser eigenartige Mann ihnen vertraute, dass sie zurück zu ihm kamen, und ohne das Vertrauen zu brechen. Keiner der Jungen verriet ihn, das ist hier das Wunder! Nicht ein einziger.

Was wir von den haarsträubenden und blutrünstigen Details dieser und ähnlicher Geschichten, die die Massen offenbar einsaugen, wie ihr tägliches Manna, lernen können ist, dass Kinder nichts so sehr benötigen, wie Selbstwertgefühl, Eigenverantwortung und Autonomie. Es ist nur aus diesen Gründen, der Tatsache nämlich, dass sie in ihren Familien wie unmündige Babies behandelt werden, dass sie Beziehungen eingehen, wo sie im wahrsten Sinne des Wortes am Rande eines Abgrunds wandeln und große Gefahr für Leib und Leben eingehen. Es ist deswegen, weil sie zuhause der 'Unnötig' sind, die Schutthalde, auf die man alles wirft, mit dem man nicht zurecht kommt, der 'kleine Idiot', dem man nicht vertrauen kann, weil er 'noch zu unmündig ist', wenn er nicht gar von seinen Eltern bereits als delinquent angesehen wird. Es waren Jungen aus diesem Milieu, die zu Bartsch gingen, das ist erwiesen, und es kann auch nicht anders sein.

Das traurige Resultat hätte vermieden werden können, wenn wir es wirklich als Gesellschaft gewollt hätten, nämlich dann, wenn wir endlich ein kinderfreundliches, nicht kinderfeindliches Erziehungsparadigma einführen würden. Wenn man sich die *Charakteristiken der Kinder*, die in die Falle solcher Männer gehen, einmal näher anschaut, so mag man mit Erstaunen feststellen, dass sie sich sehr ähnlich sind! Es sind passive, gehorsame Kinder, die sexuell ignorant sind, die in einem

Milieu von 'strikter Erziehung', also mit Körperstrafen aufwachsen, die von ihren Eltern als kleine Jockel und Trottel behandelt werden. Eine solche Erziehung, wenn sie nicht generell schädlich ist für Kinder, ist es in ganz besonderem Mass für Jugendliche, für pubertäre Kinder, denn ihre Biologie zeigt ihnen an, *dass sie keine Babies mehr sind,* sondern Erwachsene, wenn auch nicht im gesetzlichen, so doch im biologischen Sinne.

Jeder Mord hat psychologische Gründe, wenn diese auch oft versteckt sind. Nichts in dieser Welt passiert 'einfach so', wie es die meisten ignoranten Bürger glauben. Ich gehe nicht so weit zu unterstellen, dass diese Kinder Komplizen sind in ihrem eigenen Mord, obwohl es Psychoanalytiker gibt, die genau das vertreten, aber ich glaube, dass diese Kinder unbewusst ihren Mörder anziehen, eben um ein für alle Male das Verdienst zu erlangen 'vertrauenswürdig' zu sein, denn das sind sie niemals gewesen in den Augen ihrer infantilen und oft geistesschwachen Eltern.

Also muss Verbrechensverhütung hier klar auf einen Wandel in unserem Erziehungsparadigma hinwirken, daraufhin nämlich, dass Kinder von früh an in der Lage sind, Autonomie zu bilden und Eigenständigkeit, und indem wahrhaftiger Dialog an die Stelle zu treten hat, wo jetzt Kinder scham- und klaglos angelogen werden, und wo man Jugendliche infantilisiert, statt ihnen ein gesundes Maß an Eigenverantwortung und Selbständigkeit zu gewähren. Das beinhaltet auch, dass man ihnen die Möglichkeit gibt zu arbeiten, wie es in den Vereinigten Staaten der Fall ist, aber nicht in Europa.

In den USA kann jeder oder jede Sechzehnjährige Arbeit finden, in Europa jedoch in aller Regel nicht. Als ich in Frankreich lebte von 2002 bis

2004, sprach ich über das Thema mit meinem Arzt, einem sehr offenherzigen Menschen. Er sprach mir von seinen beiden Kindern, die im alter von sechzehn und siebzehn waren und die es vergeblich versucht hatten, Arbeit in einem neu errichteten McDonalds der Stadt zu finden. Sie liessen sich nicht entmutigen und konsultierten das Internet, um prompt Arbeit zu finden in einem McDonalds in USA. Der Vater überlegte nicht lange und legte ihnen das Geld für Flugticket und Unterhalt auf den Tisch und sie flogen mit Enthusiasmus davon. Ein Monat danach erhielt er einen Brief von ihnen, dass sie nicht die geringste Absicht hätten, nach Europa zurückzukehren. Als ich ihn fragte, wie seine Praxis so laufe, zeigte er ein saures Gesicht und sagte:

—Arzt zu sein war früher einmal lukrativ, jetzt, wenn ich zu mache, habe ich ungefähr genau denselben Betrag an Rente, als wenn ich weitermachte.

Ich fragte ihn also, warum er weiter mache, wenn es doch nichts einbringe? Er meinte, er überlege sich tatsächlich, alles hinzuwerfen und nach USA zu seinen Kindern zu ziehen.

So sieht das aus heute in unserem glorreichen *Vereinten Europa!* Die Realität, nicht die wahnwitzigen politischen Parolen, die zu neunzig Prozent aus Lügen bestehen, ist die, dass Europa auf dem Papier steht, die USA jedoch, trotz aller Probleme, mit beiden Füßen auf dem Boden steht. Dieser Mann hatte seine Kinder, wie er es mir oft auseinander legte, früh zur Autonomie hin erzogen, er hat sich nicht wehmütig an sie geklammert wie die meisten Konsumeltern, er hat ihnen auch nicht seinen eigenen Beruf aufgezwungen, sondern hat sie frei gelassen, das herauszufinden, was ihnen wirklich Freude macht. Der McDonalds Job war natürlich nur ein Anfang, um die beiden Jahre von 16 bis 18 zu

überbrücken. Der Junge wollte Ingenieur werden, das Mädchen Künstlerin.

Der Vater hatte keine Bedenken, dass seine Kinder ihre Ziele erreichen würden. Er hatte ihnen ihr Rückgrat nicht gebrochen, wie die meisten kodependenten Eltern es tun mit ihren Zöglingen. Er hat sie in Wahrheit erzogen, nicht in Lüge. Er hat ihnen nichts vorgemacht hinsichtlich der Arbeitssuche in Frankreich, die jetzt notorisch schlecht ist. Inzwischen, nach der neuesten Finanzkrise 2009, ist es jedermann klar, dass in Europa so gut wie keine Aussicht mehr besteht, einen Job zu bekommen. Er hat das vorausgesehen, wie andere intelligente Eltern auch.

Die gesunde Eltern-Kind Beziehung weicht von der gesunden Beziehung eines selbstbewussten und liebevollen Liebhabers zu seinem Liebeskind kaum ab. Es handelt sich hier um sehr ähnliche Verhaltensweisen, mit dem einzigen Unterschied, dass innerhalb der Familie das Inzesttabu herrscht, außerhalb der Familie jedoch nicht. Davon abgesehen ist die Zärtlichkeit eines Vaters nicht sehr verschieden von der eines Kindliebhabers; beide Beziehungen sind respektvoll und gewaltlos und beide haben gemeinsam, dass der Ältere das Autonomiebestreben des Jüngeren ernst nimmt.

Was diese Beziehungen auch gemein haben, ist die oft übersehene Tatsache, dass das Lustempfinden des Kindes im Zentrum der Beziehung steht; das Kind, wenn es sich emotional zu einem Erwachsenen hingezogen fühlt, empfindet Lust.

Es ist nicht die genitale Lust des Erwachsenen, sondern gewissermassen eine prä-genitale Lust, eine ganzkörperliche Freude, die manchmal so überwältigen ist, dass das Kind Freudenschreie ausstößt, wenn es

dem geliebten Erwachsenen begegnet, sei es nun dem Vater oder einem geliebten erwachsenen Freund gegenüber. Die Kunst der Kindliebe besteht nun darin, diese *Lust im Kinde* zu nähren und sie nicht durch die *Lust am Kinde* zu verderben, indem man sie zu seiner eigenen Befriedigung ausnützt!

Das Kind hat ein Bild des geliebten Erwachsenen vor sich, und jeder Kratzer in diesem Bild gefährdet das Vertrauen in der Beziehung, und verringert damit die Lust, die das Kind empfindet in der Beziehung. Ein Kindliebhaber, der das versteht, hat alles verstanden. Natürlich bestätigen auch hier Ausnahmen die Regel, aber warum sollte die Welt der Kindliebe eigentlich besser sein als der Rest der Welt? Alle die, die Kinder ausnützen, kommerziell oder sexuell, können nicht das Attribut von 'Kindliebhabern' für sich in Anspruch nehmen. Sie sind eben Missbraucher, ganz einfach das.

§03. Kindliebe und das Internet

Das Internet hat heute eine wichtige Signalfunktion für die Richtung, in die wir politisch gehen. Die Kinderschützer und ihre Schergen haben so gut wie alles dicht gemacht, was auch nur entfernt an das Thema rührt. Diejenigen, die verblieben sind nach dem Großreinemachen (das mit Hitlers 'Rassendenken' nicht wenig gemein hat), haben mehr Mut oder sind intelligenter als die, denen man den Garaus gemacht hat.

Das Traurige an alledem ist, dass die wahren Liebhaber auf beiden Seiten so gut wie nicht zu finden sind. Man findet sie eher unter Intellektuellen und Künstlern (von denen, wie ich fand, die meisten heterosexuell oder homosexuell sind). Ich habe denn auch meine Suche aufgegeben, mithilfe des Internets Freunde zu finden. Es war nach zwölf Jahren ebenso aussichtslos, wie am ersten Tag. Der Grund dafür ist einfach, dass diejenigen, die wahrhaftig sind, das Internet meiden, weswegen 99% der Leute, die sich Online auf ihre dumme Brust klopfen, genau das sind, was sie augenscheinlich zu sein sich anschicken, nämlich *Affen!*

Liebe ist und war immer aristokratisch. Es ist nichts für Außenseiter, für die ewigen perversen Gaffer und Voyeure, die Masturbatoren und Aufgeiler, die, die Geld machen aus der Lust und sie als 'menschliche Schwäche' ansehen. Die wahren Liebhaber waren es bereits als Kinder. Ich habe meine Liebe über meine ganze Jugendzeit hin mit einem Jungen verbracht, eine Liebe, wie sie reizvoller, ehrenhafter, zärtlicher und auch heldenhafter nicht hätte sein können. Wir waren beide anders als die Masse der anderen, die perversen Gucker und Ducker, die *feigen Schweine,* die die Mehrheit ausmachten nicht nur in unserer

Schule, sondern auch später und heute, in unserer Gesellschaft als ganzes. Wir waren zärtlich, sie waren brutal, wir waren sensuell, sie waren Machos, wir liebten es, uns nachts Geheimnisse zuzuflüstern, sie brüllten wie Stiere bei ihrem ewigen archaisch-dummen Fußball, wir liebten es, uns zu berühren und zu streicheln, sie verteilten ständig Hiebe und Fusstritte. Wir hatten Anstand, sie hatten Angst. Wir waren Menschen, sie waren Roboter. Wir waren kreativ, sie waren destruktiv. Wir liebten einverständlichen Sex, sie liebten es, andere zu vergewaltigen, oder gar als Gruppe über einen Kleineren herzufallen. Als Erwachsene, heute, sind wir in der Minderheit, sie in der Mehrheit. Wir sind die Schriftsteller, sie sind die Fallensteller. Wir sind die Denker, sie sind die Lenker. Wir sind die Linken—während sie *stinken*. Wir drücken unsere Liebe und unser Verlangen aus, sie sind taubstumm. Wir hatten bereits als Kinder unsere Liebesagenda, sie haben gar als Erwachsene niemals erlebt, dass Liebe heil und heilig sein kann, und nicht schneller Sex in einem dunklen Treppenhaus, oder einer öffentlichen Toilette, oder im Ehebett. Wir lesen Bücher, sie lesen Pornos.

Wir konnten nicht verstehen, warum die Mehrheit der Jungen nichts als heiligen Fußball liebten, nichts als Bier, nichts als *nationale* Werte. Wir waren geschäftig bereits als Kinder, um zu lernen und Dinge kreativ zu tun. Sie waren beschäftigt mit Bierkonsum, Langeweile und Drogen. Dann und wann fielen sie über einen der Kleinen her, um rücksichtslos auf ihn einzuschlagen und brutal zu vergewaltigen, wenn der Aufseher einmal abwesend war für eine Stunde. Aber sie waren gegen unsere zärtliche Liebe, sie waren unsere Verfolger, genau so, wie es heute ist in unseren Westkulturen, wo die Pharisäer das Sagen haben, die Verfolger, und nicht die Liebhaber.

Auf dem Internet ist es ganz genau so wie im realen Leben. Und ich frage, wo sind die Frauen verblieben? Ich meine, die richtigen, nicht die puritanischen Hexen und Kirchenläufer mit zugenähter Scham, die ewigen Opfer, die Aktivistinnen mit Kurzhaar und Schwarzenegger-Fratze, die, die von ihren fetten Vätern abgeleckt wurden, bis sie nur noch Kaugummi waren und auch heute noch auf den altväterlichen Kuss auf ihr fettes Hinterteil warten—und all der Rest von Möchte-Gern-Frauen, die perverse Männer zweiter Klasse sind!?

Wo sind die Frauen, die wirklichen? Das frage ich. Und ich war der erste, der das fragte, als ich noch Pädoforums frequentierte. Pädophile haben niemals auch nur im Traum verstanden, dass ihre wahren Supporter Frauen sind, nicht Männer, nicht Väter, sondern Mütter, nicht Homosexuelle, sondern Heterosexuelle.

Sie haben nicht begriffen, dass sie nicht die Gesellschaft zu ändern brauchen, sondern Frauen dazu verhelfen sollten, als Frauen Anerkennung zu finden in einer Gesellschaft, die nicht nur kinderfeindlich und pädofeindlich ist, sondern die in erster Linie einmal *frauenfeindlich* ist. Ich habe ihnen gesagt, dass sie ihren Endsieg niemals ohne Unterstützung von Frauen erlangen können, und sie haben mit ausgelacht oder als verrückt erklärt. Sie haben Gerüchte über mich verbreitet, ich sei ein Polizeispion und 'Torturpsychiater' und anderes der Art. Sie haben mich als unrealistischen Träumer und Fantasten hingestellt. Aber wo sind sie heute? Ihre Forums wurden geschlossen, ihre Treffen wurden von wirklichen Polizeispionen unterhöhlt und aufgeworfen, und die meisten von ihnen landeten in Gefängnissen und Heilanstalten.

Und warum? Ganz einfach, weil sie aus Liebe eine *Ideologie* machten, ganz genauso wie es Hitler tat, wie es alle Faschisten tun. Sie waren

Faschisten wider bestes Wissen, und wider Willen und das gebe ich ihnen zu, aber Faschisten waren sie dennoch, denn sie haben Liebe, pädophile Liebe, das, was Liebe ist in ihren Augen, als Allgemeingut erklärt und jeden abgekanzelt, der ihnen ihre Voreingenommenheit vor Augen hielt. Sie haben ihre Wahrheit als Gemeingut erklärt und der Natur einen Streich gespielt, indem sie behaupteten, sie seien 'als Pädophile geboren'. Und diese Rhetorik war es denn auch, die ihnen den Garaus machte, denn sie hat später zur Euthanasie-Agenda einer Reihe von Politikern geführt, unter ihnen der französische Präsident Sarkozy.

Diese Erfahrung hat mich eine wichtige Lektion gelehrt, nämlich die, dass es nicht möglich ist, das *innere Programm*, das Menschen bestimmt durch reine Email-Kommunikation zu ändern. Um solches, wie auch immer, zu bewirken, müssen Männer und Frauen zusammenkommen in der Gruppe, und sie müssen ihre Ziele nicht nur auf dem Papier formulieren, sondern auch in die Tat umsetzen. Und wenn dann immer noch der 'Kampf der Geschlechter' ein Problem ist, dann sind wir eben noch mit einem Fuß in der Steinzeit und haben die Bedeutung des 21. Jahrhunderts nicht einmal im Traum verstanden.

Nach vielen Depressionen über die frechen, frivolen und arroganten Antworten, die ich von Pädophilen bekam hinsichtlich des Themas der 'Integration der Frau', habe ich neue Kraft gefunden, mich einfach meiner eigenen Jungendzeit zu erinnern, welches ein wahrer Sandkasten war für die 'große' Welt, in der wir heute alle leben. Ich habe denn auch die Hoffnung aufgegeben, von irgendjemandem verstanden zu werden, und sage, was ich zu sagen habe, wobei das Internet meine Radiostation ist, um die zu erreichen, die noch eine Antenne haben für die Emotionalität meiner Aussage, wobei sie nicht notwendigerweise Pädophile zu sein brauchen.

§04. Kindliche Liebesspiele

Als ich das Heim verließ, wandte ich mich Mädchen zu, aber da ich ihren geheimen Code, all die kleinen Signale, die sie an die aussenden, die sie mögen, nicht lesen konnte, blieb ich erfolglos. All Mädchen und Frauen besitzen diese ihnen eigene wundervolle subtile Sprache, vorausgesetzt, sie wissen Bescheid über die Liebe. Jungen haben auch eine solche Sprache, aber sie ist anders.

Jungen sind sehr auf der Hut, die Liebessignale der Mädchen zu benutzen, also zum Beispiel den tiefen Blick ins Leere, der dich wie zufällig trifft, und dich dazu einlädt, irgendetwas Belangloses zu sagen, um eine Konversation zu beginnen. Ich habe es wohl bei Jungen gesehen, aber nur bei denen, die sich prostituieren. Es ist interessant zu beobachten, dass Jungen, die, wenn sie nur einmal das Spiel der Liebe erfahren haben, und die passive Rolle darin spielten, sich mehr oder weniger wie Mädchen benehmen im Anknüpfen einer neuen Beziehung. Alle anderen Jungen benutzen eine Sprache, die affektiv ist, nicht aber erotisch, und die das physische Element, also Berührungen, burschikos handhabt. Da kann man ruhig einmal kneifen, da kann man auch einmal den Arm um die Schultern legen, aber es kommt ganz auf den Kontext an und die Art, wie man es tut—damit es nicht falsch verstanden wird. Ein homosexueller Junge wird eine solche Geste hingegen unweigerlich als Einladung zum Liebesspiel auslegen und wohl enttäuscht reagieren, wenn er feststellt, dass die Geste 'nur eben burschikos' gemeint war.

Als ich zum Beispiel als Fußballtrainer arbeitete mit der Altersgruppe der fünf- bis siebenjährigen Jungen in einem spanischen Club, bekam ich einen Begriff, wie intergenerationelle Knabenliebe ihre Wege geht.

Es war alles sehr subtil, zu dem Punkt, dass ich behaupte, ein Heterose-xueller hätte diese Signale einfach übersehen. Das Liebesspiel beginnt immer mit einem Austausch von Blicken. Wenn die Gruppe spielte und ich, als ihr Trainer, auf der Tribüne stand, um ihnen zuzusehen und ge-gebenenfalls Anweisungen zu geben, gaben mir einige der Jungen schnelle Blicke, die klar anders waren als gewöhnliche Blicke, und manchmal auch Lächeln. Worauf sie offensichtlich aus waren, war Be-wunderung, Bestätigung, vielleicht ein tiefes Bedürfnis nach Wärme, das sie bei ihren allzu beschäftigten Vätern vermissten. Es hatte eigent-lich recht wenig mit dem Spiel selbst zu tun; es ging um ihre Person, in jedem einzelnen Fall. Und da war ein kleiner italienischer Junge, der eigentlich der schlechteste Spieler von allen war, was niemanden wunderte, denn er war erst seit einer Woche Mitglied des Clubs. Dazu war er der kleinste und jüngste Junge der Gruppe und musste sich wohl etwas unwohl fühlen in seiner Haut. Er stand denn auch die meis-te Zeit bloß herum und wurde gar einige Male angerempelt, was seine Frustration und sein Gefühl, am falschen Platz zu sein, nur noch erhöh-te. Er sollte also wohl kaum erhofft haben, plötzlich seinen 'Prinzen' zu finden, der ihn wie den sprichwörtlichen Helden in die Luft jubelt? Und doch, das genau war es, worauf er aus war!

Und hier sind wir mittendrin im Spiel der Liebe und dem Wunder der Liebe. Wir hatten uns kaum kennengelernt, im Schwimmbad, einige Tage zuvor. Aber das spielte für ihn keine Rolle. Er spürte meine Liebe, es bedurfte keiner Worte. Ich machte auch keine, und hielt mein Ge-heimnis für mich. Ich wusste es instinktiv. Ich wusste, dass er große Worte verabscheute, und fand bald heraus warum. Sein Vater war ein kleiner Napoleon, ein dickwanstiger Koch, der ein recht gut gehendes Restaurant hatte in der kleinen Stadt. Und da sein Herr Vater seine großartigen Versprechungen so gut wie nie einhielt, konnte Sohne-

mann kein 'großes Palaver' mehr ertragen. Ich spürte das, ohne dass ich eine Ahnung davon hatte zu der Zeit.

Das ist Liebe, diese Art der Telepathie, die Dinge spontan begreift, die niemals besprochen wurden unter den Liebenden. Er gab mir einen Blick nach dem anderen, ein Lächeln nach dem anderen, wenn er nicht stumpf und stur herumstand, als wollte er sagen, 'was für ein beklopptes Spiel ist das.' Nach dem Spiel, das seine Mannschaft verloren hatte, kletterte er nach oben, geschwind wie ein kleiner Hase, und ungestört der Tatsache, dass alle ihre Augen auf ihn gerichtet hatten, und stellte sich vor mich, mit allem Stolz ausrufend:

—Na, und wie hat ihnen *mein Spiel* gefallen!?

Ich fand es eigentlich außergewöhnlich, wieviel gesundes Selbstbewusstsein der Junge hatte, wieviel Stolz gar! War er doch der Kleinste in der Gruppe, hatte doch seine Mannschaft verloren, und hatte er doch die meiste Zeit nur nutzlos herumgestanden! Und er hatte offenbar nicht die geringste Angst davor, ausgelacht zu werden—oder kannte er mich so gut, dass er wusste, ich würde das niemals tun?

—Sehr! sagte ich nur.

Und er hüpfte vor Freude, und stellte sich dann ganz dicht an mich, sodass unsere Körper sich berührten, legte seinen Kopf auf meinen Arm und sagte zärtlich:

—Ich *wusste*, dass du mir gerne zuschauen würdest beim Spiel!

Lächelnd fragte ich ihn, wie er das denn im voraus hatte *wissen* können? Da streichelte er meinen Arm und fügte hinzu:

—Ich … dachte mir, wir könnten Freunde werden …

Ich habe diese kleine Geschichte, die ich übrigens veröffentlicht habe in meinen poetischen Sammlungen deswegen hier angeführt, um aufzuzeigen, dass das Liebesspiel mit kleinen Jungen recht verschieden ist von dem mit kleinen Mädchen. Der Unterschied ist zweifach. Zum einen kann ein Junge sich seinem größeren Freund ohne Scham körperlich nähern, und ohne dass man seine Geste als 'sexuell intendiert' auslegen würde. Das erlaubt es Jungen, ihre Affektion für Männer, die sie lieben, ohne falsche Scham auszudrücken. Das würden Mädchen nicht so tun, dafür aber, in Momenten der Intimität und des ungestörten Zusammenseins, sind Mädchen diejenigen, die zu Sex einladen, während Jungen dies in aller Regel nicht tun würden, ohne dass der Liebhaber die Initiative ergreift.

So gesehen, haben Mädchen mehr Mut, um den Sprung ins Ungewisse zu tun, um es einmal so auszudrücken, als Jungen. Während es so ist, dass Jungen am Anfang der Beziehung spontaner sind im Bonding, so sind es Mädchen, die am kritischen Übergang von der platonischen zur erotischen Beziehungen die Führung übernehmen. Ich denke übrigens, dass das von der Natur so gewollt ist und wie eine Art von biologischem Programm abspult.

Auf die immer wieder gestellte Frage, was denn Kinder eigentlich sexuell profitieren in Beziehungen mit Erwachsenen, möchte ich antworten, dass es in erster Linie eine *emotionale* Befriedigung ist, die sie suchen, und erst in zweiter Linie, wenn auch immer, eine sexuelle. Diese emotionale Befriedigung hat viele Aspekte; einer davon ist, dass Kinder und Jugendliche eine Aufwertung ihres Selbstbewusstseins erfahren, wenn ein Erwachsener offensichtlich durch ihre sexuelle Bereit-

schaft zu einem außergewöhnlich ekstatischen Orgasmus gelangt, und danach in aller Regel Dankbarkeit bezeugt. Das ist besonders dann der Fall, wenn das Kind unter sechs Jahre alt ist. Bei größeren Kindern, sieht es etwas anderes aus. Bei Jugendlichen ist die Angst vor Penetration in der Regel stark, weswegen sie oftmals selbst bei harmlosen Zärtlichkeiten neurotisch und defensiv reagieren, es sei denn sie hatten bereits positive sexuelle Erfahrungen mit Erwachsenen. Auf der anderen Seite, während kleinere Kinder natürlicherweise Promiskuität praktizieren, hängen sich Jugendliche oft an ihren erwachsenen Partner derart, dass Eifersucht die Liebesbeziehung negativ beeinflusst.

Dies ist nicht immer der Fall, und es hängt auch entscheidend davon ab, bis zu welchem Grade der oder die Jugendliche sozial konditioniert ist oder nicht.

§05. Kulturüberschreitende Erwägungen

N ach fünf Jahren Südostasien nach Europa zurück zu kehren, löst einen Kulturschock aus! Nicht, weil man hierzulande seinen *Fried Rice* oder *Sweet-and-Sour Fish* nicht finden könnte—nein. Das kannst du heute in jeder Kleinstadt finden in Deutschland.

Es gibt 'den Chinesen', es gibt, 'den Italiener', und es gibt 'den Vietnamesen'. Es gibt keine 'deutschen' Restaurants mehr—glücklicherweise, denn sie waren allesamt furchtbar mit ihrem vertrockneten 'Wiener Schnitzel', ihren total versalzenen und stinkenden Kartoffeln und ihrem sauren Essig-Salat, der einem noch nach Stunden aufstiess.

Aber die süßen kleinen Mädchen, die dir in den Straßen Asien zulächelten—die kannst du vergessen. Die Frauen sehen wie Männer aus, in Hosen und mit Nazi-Kahlschnitt, damit ihre hässlichen Fressen noch mehr hervorstechen. Die Kinder sind immer und ewig 'geschäftig' mit ihren endlosen Videospielen, in ihren Stinkschuhen und arroganten Visagen, und ihren Nike-Trainingsanzügen, die sie wie Modedivas herumzeigen, diese Konsumhuren! Sie scheinen aus Plastik zu bestehen, ihre Gesichter sind wie Plastik, ihre Gefühle sind Plastik, und wenn sie den Mund auftun, redet ein Plastikroboter Plastiksprache. Wenn sie genügend Hamburger und Plastik intus haben, schikanieren sie ihre Eltern herum, wie dies früher Maharadschas mit ihren Sklaven taten. Man nennt sie 'ungezogen'. Sie sind unerzogen. Sie revoltieren gegen forcierten Konsum, sind sich aber natürlich kaum bewusst, dass der Schnickschnack, den sie jeden Tag aufs Neu für sich beanspruchen, zu derselben Kultur gehört, gegen die sie revoltieren.

Nur sehr wenige unter ihnen sind sich bewusst, dass das, wogegen sie wirklich revoltieren, die *Ersatzkultur* ist, die ihre wahre Kultur, nämliche ihre *Körper*, ersetzt hat—und das, wenn nicht aus gutem, so doch aus wohlverständlichem Grund. Nike, KFC, Coca Cola brauchen *dumme Jungen,* um ihr Zeug an den Mann zu bringen, nicht intelligente, nicht sexuelle, nicht aufgeweckte, sondern schlafende, ewig schlafende!

Was sind die wirklichen Wünsche der Kinder, fragt ihr?

Der *erste Wunsch* ist Wahrheit. Der *zweite Wunsch* ist Sprache. Der *dritte Wunsch* ist Sex.

Da wundert ihr euch wohl, warum Sex nicht der erste Wunsch ist? Nun, lasst mich das dann einmal erklären. Wahrheit ist wichtiger als Rede, denn Rede hat wenig Sinn und führt zu wenig Gutem, wenn sie falsch und verlogen ist. Sprache ist wichtiger als Sex, denn selbst wenn wir allen Sex haben, den wir uns wünschen, so gibt es da immer Grenzen, denn wir können die Welt nicht dumm und dirmlich manipulieren, sodass wir immer genau den Sexpartner bekommen, den wir in jedem Moment gerade erträumen. Also müssen wir unsere sexuellen Wünsche in der einen oder anderen Weise mitteilen, anderen mitteilen, der Welt mitteilen. Es ist das, was Françoise Dolto *parler désir* nannte, und was ich mit dem Slogan umschreibe, dass Kultur eben Sprache ist, und dass Verlangen sich erst dann in der Kultur entfalten kann, wenn es verbalisiert und kodiert wird. Von einem anderen Blickwinkel aus gesehen, erhöht Sprache Lust, denn sprachloser Sex ist voller Scham, voller Egoismus. Sprache, die mit Sex und Liebe einhergeht führt zu wirklicher Erfüllung; und hiermit meine ich, dass Sex nicht nur für Kinder wichtig ist, sondern für alles Lebendige. Es ist das Leben selbst. Warum sollte es für Kinder anders sein?

Nun lassen sie uns einmal betrachten, wie dies von der Warte des Kindes aus lautet:

—Ich möchte Wahrheit. Ich möchte korrekte und nicht verlogene Antworten haben auf meine Fragen. Ich möchte, dass Erwachsene mich für voll nehmen und mir die Wahrheit sagen, denn ich bin ein Mensch, genau wie sie und habe es verdient, dass man mir vertraut. Ich bin kein dummer August und Erwachsene haben kein Recht, mir das Blaue vom Himmel herunter zu lügen.

—Ich möchte das ausdrücken, was ich denke und fühle. Ich möchte, dass man mich anhört, dass man mir zuhört, und dass man mich ernst nimmt. Ich möchte mit anderen zusammen sein, die ich mag, denn wir können über alles reden. Wenn Erwachsene mit mir Reden, als ob ich ein Baby sei, dann sehe ich in ihren Augen, dass sie mich nicht für die Person nehmen, die ich bin, sondern für eine Puppe, für einen Kleiderschrank, für all das, was sie *besitzen*.

—Ich möchte Sex, denn ich habe sexuelle Fantasien, Neigungen und Wünsche und ich möchte sie mit meinem Körper ausdrücken in einer Beziehung, obwohl ich wohl fühle, dass meine Art der Sexualität nicht genau derjenigen der Erwachsenen entspricht, aber dennoch. Sie mögen mehr darüber wissen, und sie scheinen in der Tat sehr damit beschäftigt zu sein. Ich brauche Sex nicht zu jeder Zeit oder jeden Tag, aber doch hin und wieder, und es ist auch vor allem Neugierde hier im Spiele, denn ich möchte zunächst einmal herausfinden, was es eigentlich damit auf sich hat. Ich denke mir, es ist eine recht lustige Angelegenheit, eine Art von Spiel, über das man in der Schule nicht spricht, als ob es nicht existiere. Und doch wissen wir alle insgeheim, dass wir es gerne mögen mit denen, die wir lieben, und hier spreche ich für alle

die, die eben die Chance hatten, es einmal zu erleben. Sie sagen natürlich, dass es nicht gut ist für Kinder oder Jugendliche, aber ich frage mich, was der wirkliche Grund ist, warum sie das sagen. Es muss einen Grund haben, aber ich verstehe ihn nicht. Ich finde, dass es in Ordnung ist zwischen Menschen, die sich lieben, welchen Alters sie auch sind. Es ist weniger gut mit solchen, die man nicht gern hat, dann mag es gar ekelhaft sein.

In Asien habe ich keine Kinder gesehen, die ihre Eltern herumschikanieren. Ja, ich habe es gesehen, aber nur in der pervertieren Klasse der Neureichen, die alles vom Westen sang- und klanglos imitieren, als sei es das biblische Manna, das vom Himmel fällt. Bei der Mehrzahl der Bevölkerung, zum Beispiel in Indonesien, habe ich es nicht gesehen; was ich da vorfand, ist ein Freundschaftsband zwischen Eltern und Kindern, wo alles geteilt wird, was man hat, wie wenig es auch sei, Freud und Leid, und wo die Kinder auch an der Arbeit der Eltern teilnehmen, und auf diese Weise lernen, in nicht zu ferner Zukunft für sich selbst zu sorgen. Eltern und Kinder sind sich freundlich gesinnt in Asien, auch ohne Kirche, auch ohne Körperstrafen, auch ohne einen 'Retter von allen Sünden' und ohne westlich-arrogantes und sentimentales Kaugummi. Eine solche Kultur kann ich respektieren—und akzeptieren. Füreinander da sein, nicht als Einbahnstrasse, sondern gegenseitig. Was ich in Asien fand, ist, dass einer teil hat am Schicksal des anderen. Was ich im Westen finde, dass keiner teil hat am Schicksal des anderen, und wenn es der eigene Partner ist, und wenn es die eigenen Kinder sind.

Was ist im Westen finde, ist, dass einer auf Kosten eines anderen lebt. Kinder leben auf Kosten ihrer Eltern. Eltern leben auf Kosten ihrer Kinder. Nichts wird geteilt. Jeder will alles, keiner will nichts. Eltern profi-

tieren von ihren Kindern, um einen Ersatz zu haben für all den Dreck, den sie in ihren elenden perversen Beziehungen mit Partnern durchgemacht haben. Beim Kinde sucht man sein Glück dann! Beim Kinde fängt alles Gute an. Das Kind muss herhalten als Tröster und dazu ist es schließlich da! 'Lieber Sohn, sei brav und mach' mir keinen Kummer', pflegte meine Mutter zu sagen bei jedem Abschied—wie ein Tonband oder eine Aufziehpuppe, und das während meiner ganzen Kindheit und Jugendzeit.

Abgesehen davon, wurde mir natürlich ständig eingebläut, dass ich unter keinen Umständen mit Fremden gehen dürfe, dass ich keine Passanten anschauen dürfe, sondern meinen Blick auf den Boden gerichtet zu halten habe, da dies ein Zeichen von Bescheidenheit sei, und dass lautes Reden in guter Gesellschaft offensiv sei.

Dass ich mich immer *dezent* zu verhalten habe, dass ich älteren Menschen die Fahrstuhltür aufzuhalten habe. Ja, ich habe eine *gute Erziehung* erhalten, eine so gute, dass nur noch Erziehung übrig blieb—von mir selbst jedoch nichts mehr.

Also habe ich meine Stimme in der Schule nicht erhoben, als ich von anderen Jungen zusammengeschlagen wurde oder der Lehrer auf meinen Füßen herumtrampelte. Also sah ich niemanden direkt an. Also ging alles schief in meinem Leben, wegen meiner *guten Erziehung* eben, denn niemand nahm mich für voll. Ich tat das beruflich, woran ich kein Interesse hatte, nur weil es Mutter so gefiel und verschwendete damit mehr als die Hälfte meines Lebens, um ein 'guter Junge' zu sein für sie. Ich begann erst dann wirklich zu leben, als ich anfing, ein 'böser Junge' zu sein. Ich musste mein Leben von Grund auf ändern,

meinen Beruf wechseln, meine Ehe hinter mir lassen und mir ein neues Liebesleben suchen, das meinen Seelenwerten entsprach.

Was man im Westen gewöhnlich in den höheren Schichten als 'gute Erziehung' bezeichnet, und wie sie durch die Kolonisation überall in der Welt Kindern eingetrichtert wurde, ist keine gute Erziehung—es ist perverse Erziehung. Es ist ein System, das gesunde und gute Kinder in kranke und schlechte Bürger umwandelt.

In Asien werden Kinder allgemein nicht verfolgt und kontrolliert, wenn sie das elterliche Haus verlassen, um auf der Straße zu spielen. Insofern wird der öffentliche Raum nicht als dem Kinde gegenüber 'feindlich' angesehen. Sie werden nicht gewarnt vor 'perversen Fremden', wie das im Westen Gang und Gäbe ist. Sie werden nicht Tag für Tag mit paranoiden Ideen gehirngewaschen, die leider oft als selbsterfüllende Prophezeiungen wirken. Sie sind eher durch das Beispiel erzogen, indem sie das Verhalten der Eltern so gut als möglich nachahmen, ohne dass Eltern viel 'Moral' predigen. Sie mögen wohl weniger in der Lage sein als im Westen, um das beruflich zu tun, was sie wirklich wollen, denn es ist immer noch Brauch, dass der Sohn den Beruf des Vaters ergreift, aber durch ihr ausgedehntes Straßendasein haben sie doch einen Realitätssinn bekommen, der vielen Konsumkindern im Westen abgeht. Sie haben einen Begriff dafür bekommen, was es bedeutet, von anderen respektiert zu werden, oder aber, wenn das nicht der Fall ist, wie sie sich solchen Respekt erkämpfen können, und sie haben sicherlich gelernt, was es bedeutet, mit anderen zu teilen und nicht alles für sich allein zu beanspruchen, wie es so typisch ist für das westliche Konsumkind.

Darum erscheinen sie so viel lebhafter, so viel frischer und intelligenter, so viel freudiger und lieblicher als westliche Kinder. Sie sind mit dem Urgrund des Lebens verbunden, sie fliegen nicht einer der Luft von Idealen, wie so viele Westkinder, vor allem die von Akademikerfamilien. Sie fühlen sich frei, weil sie nicht verfolgt werden von ihren Eltern, wie viele das zu erleiden haben im Westen, als sei das FBI hinter ihnen her. Sie radeln zu ihren Schulen, Kilometer und Kilometer, allein, und wieder nach Hause, und unterwegs halten sie an, um sich eine Flasche Wasser zu kaufen an einem Kiosk, und kein Mensch hat Angst um sie. Die ganz Armen haben nicht einmal ein Fahrrad und müssen zu Schule laufen über weite Strecken und bisweilen am Rande von Landstrassen, die keinerlei Bürgersteige haben und wo sie leicht das Opfer von ruchlosen Kamikazefahrern werden können. Und doch kommt es relativ selten vor, dass Kinder entführt und vergewaltigt werden, wie es im Westen tagtäglich vorkommt. Ich denke mir, es ist die Tatsache, dass die asiatische Kultur mehr Grundfreiheiten gibt für Kinder und Erwachsene, dass es eine doch im Grunde noch naturverbundene Kultur ist, wo alle Erwachsenen ein Auge haben auf alle Kinder, und wo es noch ein natürliches Verantwortungsgefühl gibt, Verbrechen zu verhüten. Und genau das ist im Westen *weitgehend verloren gegangen,* weil die Konsumkultur dazu anhält, nur an sich selbst und 'die Familie' zu denken und für den Rest der Welt 'nach mir die Sintflut' zu denken.

Die Misere der Kinder im Westen ist das Resultat von *zuviel Kontrolle,* nicht von 'zuviel Freiheit'. Das wird von anderen Kulturen oft falsch verstanden. Um noch einen Schritt weiter zu gehen, so würde ich behaupten, dass der Westen eine wahre Obsession entwickelt hat im Laufe der Geschichte, das Leben und die Natur zu kontrollieren, zu einem Punkt, dass es das Leben erstickt in der ewigen und langweilen Suppe, die man heute 'Konsum' nennt und die früher die Privilegien der Adels-

schicht waren. Dies führte dazu, dass wahre Erotik im Westen in ihrer reinen Form nicht mehr existiert. Ich nenne das westliche Sexualparadigma 'black-booted sex'. Es ist ein *Mix aus Sex und Gewalt,* während natürliche Sexualität ein Mix ist aus Sex und Zärtlichkeit. Daher ist der Westen sexuell weitgehend impotent. Aller Riesenklamauk über Sex auf dem Internet, Sex an jeder Strassenecke, Sex in jeder Spam Email, Sex in jeder Fernsehshow, all das zeigt, wie impotent der Westen eigentlich ist, denn sonst hätte er es nicht nötig gehabt, eine wahre Sex-Obsession zu entwickeln, die mit menschlicher Zärtlichkeit so gut wie garnichts zu tun hat. Es ist Sadismus, nicht Sex, es ist Mechanismus, Robotertum, nicht Liebe.

Asien hingegen ist sexuell voll lebendig. Es kocht und brodelt, und lacht. Es killt auch. Es gibt Aufstände, politischen Extremismus, Ungerechtigkeit. Es gibt keine wirkliche Sicherheit. *Aber es lebt.*

Während im Westen, vor allem in Deutschland, alles ein Leichendasein führt, und dies seit langer Zeit. Große langweilige Sicherheit, an Sonntagen sind die Strassen leer gefegt, alles ist geschlossen. Rollläden runter, und dahinter läuft der Rappelkasten und der nächste Bierkasten wird geleert. Wer hat noch Sex Appeal? Gar junge Mädchen sehen aus wie die letzten Knatzeln. Da ist *keine einzige*, die ich auch nur anschaue. Sie haben alle Weiblichkeit lange verloren, sie haben keine Süße, sie können sich nicht hingeben. Das sieht man, in ihren Gesichtern, in ihren Körpern, in ihren Augen. Sie laufen wie auf Schienen, wie Aufziehpuppen, steif und zum Gähnen langweilig.

Die Jungen, sogar kleine, haben stupide harte Visagen. Unter den ganz kleinen Mädchen gibt es noch einige, die etwas Fragiles um sich haben, aber sie sehen traurig in die Welt, irgendwie gestresst, und natür-

lich immer brav mit Mutter das Händchen haltend, ganz selten einmal mit dem Vater. Man sieht sie natürlich nie allein. Ich glaube ernsthaft, dass, wenn heute eine westliche Regierung den Sex mit Kindern frei geben würde, es sich fast garnichts ändern würde. Die wahre Repression kommt nämlich nicht vom Gesetz, vom Recht, sondern von dem internalisierten Polizisten, den Freud das *Über-Ich* nannte. Auch Nationen haben ein Über-Ich. Das Über-Ich Deutschlands predigt endlosen Konsum und findet natürliches Leben obszön. Obwohl in Wahrheit natürlich Sex nichts, aber auch garnichts mit Obszönität zu tun hat. Sex wurde obszön erst dann, als die Puritanisten die Welt zu beherrschen begannen. Obszönität ist in Wahrheit Zynismus, ein sehr tief sitzender und ätzender Zynismus, der das Gute im Leben einfach wegleugnet. Ich nenne diese Geisteshaltung *mentale Pornographie.* Es ist eine pornographische Weise, das Leben zu sehen. Es ist pornographisch, an jeder Strassenecke einen Kindervergewaltiger zu erwarten, und diese Einstellung führt dazu, dass Eltern ihre Kinder wie Hunde an der Leine führen. Wenn sie etwas auf eigene Faust erkunden wollen, und sei es nur ein flüchtiger Blick um die nächste Straßenecke, werden sie gewaltsam und mit grimmer Mine zurückgehalten von ihren Eltern-Besitzern. Wenn sie für eine Stunde abwesend sind, ohne dass die Eltern wissen, wo sie sich befinden, wird die Polizei alarmiert. Das ist nicht Liebe, sondern ein pornographischer Tanz, eine Form von sozial akzeptierter gegenseitiger Masturbation von Eltern und Kindern!

Und ich erspare mir hinzuzufügen, dass solches Verhalten natürlich ein wahrer Brutkasten ist für Inzest. *Walk by me* ist der Titel eines amerikanischen Songs. Es ist eine Apotheose von Eltern-Kind Inzest und emotionalem Missbrauch. Oh, die heilige Familie! *Bleib bei mir, mein Sohn, auf ewig!* Nein Mutter, ich freue mich auf deinen Tod! Und ich werde dir *nicht* ins Grab folgen, darauf kannst du dich verlassen. Nicht einmal

später—wenn ich selbst in die Sielen gehe. Denn ich werde mir *einen anderen Himmel aussuchen,* um dir nicht wieder zu begegnen, und dann kannst du von mir aus mit dem Teufel Händchen halten! Es war genug, ist das klar, Mutter? Es war genug von allem. Ich lebe mein Leben, weil es *meines* ist, verstanden?

Wann sind westliche Eltern endlich einmal in der Lage, ihre Kinder nicht in aller Öffentlichkeit nackt zu strippen oder abzuknutschen von Kopf bis Fuß, und sie wie Objekte zu behandeln, Entscheidungen für sie zu treffen, als seien sie Idioten und ihre Freundschaften auszuspionieren oder zu verbieten, als seien sie Sklaven?

Wenn ich im Westen bin, verlasse ich das Haus nur selten, auch dann, wenn sie alle draußen sind, für ihre dämlichen Strassenfeste und Saufereien. Und wenn ich dann die Jugendlichen sehe, mit ihren fiesen Visagen, auf den Parkbänken, wird's mir erst recht schlecht. Was ich in diesen Gesichtern sehe ist Hass, Oberflächlichkeit, Misstrauen, falscher Stolz, eine Maske, die ihre innere Unsicherheit überschminkt. Du wirst sie nie alleine sehen, denn sie bestehen aus Angst und fühlen sich nur in der Gruppe stark, und aus ihren fahlen Gesichtern stiert all der Dreck, den sie über Jahre in sich hineingefressen haben, den Jahren, in denen sie die Sklaven ihrer morbiden und emotional verdrexelten Eltern waren, die Maskotten ihrer Kindeltern, für die sie Mutter und Vater zu sein hatten, um die Sklavenschaft zu überleben, die ihnen auf den Bauch geschrieben war in einer Gesellschaft, die Kinder hasst.

Wenn ich Jazz-Balladen höre oder spiele, fühle ich, dass es die Freiheit der Liebe ist, die den wahren Gehalt dieser wunderbaren Musik ausmacht. Es macht mich endlos traurig mit ansehen zu müssen, dass große Musiker ihren Mund halten angesichts der Sklaverei, die Kinder

in unserer postmodernen Konsumkultur ihrer natürlichen Identität beraubt und sie einem System aufopfert, das nur den internationalen Korporationen, wenn auch immer, zugute kommt. Es sind nicht die Politiker, weit gefehlt, die die Verantwortung haben. Wir sind in Wahrheit in kaum einer Weise durch unsere Politiker oder Regierungen geleitet, sondern durch unsere *Multinationals*.

Ich bin natürlich nicht der einzige, der das sagt, und ich sage es nicht, um Aufsehen zu erregen. Es ist so ziemlich, was jedermann weiß heute, eingeschlossen unsere Kinder. Ich möchte den Politiker sehen, der Coca Cola die Schnauze bietet. Das ist etwa so, wie wenn Herr Biedermann den Zoowärter am nächsten Sonntag anweist, den Löwenkäfig zu öffnen, weil sein Sohnemann den 'lieben Löwen' streicheln möchte.

In den 60er und 70er Jahren war das anders. Jane Birkin sprach sich offen für Pädophilie aus, so tat es Georges Moustaki, der berühmte griechische Musiker. Beide erklärten öffentlich, dass die Liebe mit Kindern eine vollkommen natürliche Art der Beziehung zwischen Erwachsenen und Kindern sei, die sich lieben.

Die Schwarzen in USA, obwohl sie es besser wussten nach dem, was sie selbst durchgemacht haben, waren defensiv bis aufs Messer; sie fürchteten wohl um ihren hart errungenen Status, ganz genau so wie die Homosexuellen. Beide Gruppen sind Pädofeinde bis auf den heutigen Tag. Und dies trotz der Tatsache, dass in Afrika, wie inzwischen wohl jedermann weiß, Liebe mit Kindern das Natürlichste der Welt ist, vor allem im Sinne von Päderastie. Was Liebe mit kleinen Mädchen anbetrifft, so ist die Situation etwas komplexer. Es hängt hier nicht wie in patriarchalischen Kulturen vom Einverständnis des Vaters ab, sondern von dem der Mutter. Und da kann eine gehörige Backpfeife auch mal

die Antwort sein für den potentiellen Liebhaber der Göre! Eine Ausnahme ist wohl dann an der Tagesordnung für Mädchen, die Straßenverkäuferinnen sind oder sich gar offen prostituieren. Aber ich möchte den Westler sehen, der sich darauf auch nur im Traum einlässt, bei einer HIV Rate von fast 50% in manchen afrikanischen Staaten! Da braucht es ganz offenbar keine Kinderschutzgesetze mehr. Ich sage das nicht als Sarkasmus, wirklich nicht, aber es ist doch irgendwie eine Ironie des Schicksals.

In Amerika, andererseits, war eine solch geliebte und berühmte Persönlichkeit wie Charlie Chaplin verfolgt, ausspioniert und Ziel von FBI und CIA Geheimagenten für Jahre und Jahre, als er noch in Kalifornien lebte. Als er in der Schweiz dann sein Chalet kaufte in Montreux, ging er zur Amerikanischen Botschaft, knallte ihnen seinen Pass auf den Tisch und sagte:

—Es war genug!

Er war durch alle Zeitungen geschmiert und gezogen worden wie ein Krimineller, der angeblich ständig Sex-Orgien mit kleinen Mädchen organisierte in seiner Villa in Kalifornien, nur weil er um die Hand eines vierzehnjähriges Mädchens angehalten hatte, die er danach auch heiratete, aber nicht ohne Skandal und ohne der geldgierigen Mutter, die ihn verklagt hatte, eine Million Dollar auf Gerichtsbeschluss hin auszuhändigen.

Jetzt sieht die Situation in Deutschland ganz anders aus als zu Zeiten meiner Kindheit. In jeder mittelgroßen Stadt gibt es einen Marktplatz oder, wenn ich mich an Köln erinnere, den Platz um die Kathedrale, wo die Jungen und Punks ihre Abende herumsitzen, oder ihren Rap singen, und kleine Jungen, regelmäßig Ausländer, wenn sie dich mit

einem Laptop sehen, fragen dich, ob sie mal zu dir kommen können, um Videos zu spielen?

Doch diese Jungen sind Marionetten, sie haben eine *Agenda* in ihrem Gehirn und sie werden keine zehn Minuten bei dir sitzen, ohne auf ihre Uhr zu sehen, als hätten sie einen wichtigen Geschäftstermin. Sie sind bewaffnet mit NIKE Schuhen und schwerem Training (aus billigem Nylon, für den sie mehr als 100 Euro hingelegt haben), sie sind bereit, sich zu *verteidigen*, im Falle des Falles. Von ihren Müttern verfolgt, haben sie eine *relative Freiheit,* glauben jedoch, das große Los gezogen zu haben. Sie imitieren alles, was sie im Fernsehen sehen, total entfremdet ihrer eigenen kulturellen Ursprünge, seien sie von Italien, seien sie Spanier, Vietnamesen, Marokkaner, Portugiesen, Türken, Inder, oder woher auch immer. Sie spielen Rollen, niemals sich selbst. Und während sie natürlich Liebe suchen, sind sie total unattraktiv in ihrer 'grosse Marken' Schwerbewaffnung, und dazu oft übergewichtig wegen dem amerikanischen *junk food*, den sie jeden Tag in sich hineinfressen, um 'total in' zu sein—und der, wie es Forschungen klar gezeigt haben, zum großen Teil krebserzeugend ist, Coca Cola mit inbegriffen. Für den Liebhaber sind sie ohne jedes Interesse, und man fragt sich, wann und warum sie ihre Unschuld verloren haben, ihre Schönheit, ihre natürliche Grazie?

Wenn du sie in ihren Heimatländern siehst, sehen sie natürlich ganz anders aus und benehmen sich auch ganz anders. Ich rede natürlich über diejenigen, die in Deutschland geboren sind. Sie haben in den meisten Fällen ihr Heimatland nicht einmal gesehen, und gehören schon zu den Intelligenteren, wenn sie es überhaupt mal im Weltatlas ausmachen können. Auch sprechen die meisten von ihnen ihre Landessprache nicht. Aber das Schlimmste von allem ist, dass sie ihre ei-

gene Kultur heruntermachen als retrograd und zweitrangig, zurückge-
blieben und barbarisch, während doch oft das genaue Gegenteil der
Fall ist, wenn ich nur einmal den Iran oder Irak als Beispiele anführe. Sie
glauben tatsächlich an den Mythos, der das große liberale Europa sich
als Prototyp westlicher Demokratie auszeichnet, ein Europa, wo *nur
über eines immer Einheit und grinsende Übereinstimmung* herrscht, nämlich EUROPOL, das stets perfektere Ausspionieren des Bürgers, elektro-
nische Überwachungschips für die Zukunft, drakonische Strafgesetze,
höhere Steuern, drastische Einschränkung von Bürgerrechten, und jedes Jahr buchstäblich *weniger Freiheit* und *geringerer Lebensstandard*
für alle lustigen Europäer. Was für ein Irrsinn!

Ich verstehe nicht, warum ihre Eltern so besorgt sind um ihre Spröss-
linge? Man muss mit Blindheit geschlagen sein, sich in eines dieser
Monster zu vergucken!

Das einzige Kind, das mir gefällt, ist die Tochter einer neuen Freundin,
attraktive Chinesin, die mit einem Vietnamesen verheiratet ist und die
eine Import-Export Firma und ein Restaurant leitet. Doch ihre Weltsicht
ist noch schlimmer. Man könnte sie so zusammenfassen:

—Alle Männer wollen immer und ohne Ausnahme fiese Sachen, also
wie kann man ihnen trauen?

Wenn man ihre Ehe sieht, fragt man sich Fragen über Fragen. Sie ist
eine sehr hübsche Frau, spricht perfekt Deutsch, ist hochintelligent,
und ist mit einem Mann verheiratet, der aussieht wie ein Dummkopf,
der Narben im Gesicht hat und der keine zwei Worte Deutsch spricht.
Ausserdem hat er einen Tick und neurotische Augen. Aber als ich ihre
zehnjährige Tochter sah, blieb mir die Luft weg und ich bekam einen
roten Kopf, und sie auch. So standen wir uns einen Moment gegen-

über und stammelten hilflos einen Gruß, woraufhin sie in die Küche rannte und ich einen Tisch wählte. Ich hätte nicht mit ihr reden können, denn meine Stimme versagte total, was mir in meinem Leben nicht passiert ist.

Während ich aß, schaute ich mich ständig nach ihr um, aber sie ließ sich nicht mehr blicken, während ich es doch von Asien so sehr gewohnt war, mit den Kindern der Restaurantinhaber zu lachen und zu spielen, und ihnen Getränke zu spendieren. Die Mutter schien mich zu mögen, und ich war denn auch ein guter Gast, wohingegen das Restaurant die meiste Zeit völlig leer war. Ich kam jeden Tag, oft für Mittag- und Abendessen. Die Preise waren außergewöhnlich niedrig, und so kam es, dass die Inhaberin sich einige Tage darauf an meinen Tisch setzte und zu reden begann. Ich werde sie hier 'Frau Cheng' nennen. Sie war sehr gesprächig, eine wirkliche charmante Frau. Wäre sie nicht verheiratet gewesen, hätte ich sicher eine Beziehung mit ihr begonnen, war ich doch so einsam in meiner Geburtsstadt, keine Freunde, keine Familie mehr, keine beruflichen Verbindungen, keinerlei Kontakte mehr von der Universität. Aber sie war so sauer, so bitter, so negativ. Als ich ihr ein Kompliment machte wegen ihrer hübschen Tochter, sagte sie mit fahlem Gesicht:

—Ach ja, es ist immer dasselbe. Das ist ein total verrücktes Land. Jeden Tag so viele Kinder verführt, vergewaltigt und ermordet. Ich lasse meine Tochter nicht aus dem Haus.

Ich antwortete ihr, dass meine Mutter genau dasselbe sagte, und das jeden Tag, und vor mehr als vierzig Jahren! Sie sah mich überrascht an. Sie atmete schwer, offenbar war sie betroffen, oder sie hatte die Pointe tatsächlich verstanden, die Pointe nämlich, dass nicht 'das Land' per-

vers ist, sondern sie selbst mit ihrem total negativen und neurotischen Weltbild. Ich hatte ja weiß Gott Zeit genug, das alles zu analysieren und fand drei Gründe heraus, warum sich Frauen ein solches Weltbild zurechtzimmern. Zum ersten, Mütter, die von solchen Fantasien obsediert sind, haben kein befriedigendes Sexualleben; sie projizieren dann die Angst, die nichts als aufgestaute sexuelle Energie ist, auf ihre Kinder. Zum zweiten sind sie tödlich eifersüchtig auf jede potentielle Liebesbeziehung, die ihr Kind eingehen könnte, weil sie selbst, chronisch depressiv wie sie nun einmal sind, von der Idee besessen sind, dass sie niemals mehr den 'richtigen Partner' finden werden. Zum dritten folgen sie unkritisch und blind blindlings der *allgemeinblöden Konsumpropaganda, die den Mythos vom pädophilen Monster* braucht, um Kinder sexlos und konsumbesessen zu erhalten. Kinder sind nämlich die wahren Adressaten aller Reklame, nicht Erwachsene, denn sie saugen die Fernsehwerbung auf mit ihren noch formbaren Hirnen und picken ihre Eltern solange, bis sie das kaufen, was ihnen von der Werbung suggeriert wurde. Das klingt etwa so, wenn ich es ausschreibe:

—*Keine sexuelle Lust für Kinder, auf keinen Fall, und schon garnicht mit Erwachsenen, ausgenommen ihre Eltern!*

Das ist die Botschaft ewigen Konsumheils und die daraus folgende mehr oder weniger totale mental-emotionale Konfusion öffnet nicht nur Inzest, sondern auch Konsum alle Türe und Toren. Inzest ist konsumfreundlich. Pädophilie ist konsumfeindlich. So einfach ist das, und so logisch. Und Freuds Mythos vom *Ödipuskomplex* hat das psychologische Instrumentarium geliefert, damit sich freudiger Konsuminzest ohne Schuld und Scham in der volksgesunden Durchschnittsfamilie breit machen kann. Ja, Frau Cheng, ich weiss, und habe es nicht vergessen:

—Ich lasse meine Tochter nicht aus dem Haus.

Sie hätte es noch spezifischer formulieren können:

—Ich lasse meine Tochter nicht aus dem Bett!

Wenn sie über ihren Mann redet, sagt sie mit herrischer Gebärde, sie *kontrolliere* ihn. Ihr erster Mann, ein Chinese, habe sie betrogen mit einer Amerikanerin und sei auf und davon in die Staaten mit ihr geflogen. Sie habe deswegen ganz bewusst einen Vietnamesen *'mittlerer Intelligenz'* geheiratet, damit sie das Sagen habe. Er könne nur eines, kochen! Da kam ihre Schwester an den Tisch und hielt ihre Predigt:

—Alle Männer sind fies und falsch, sie wollen alles das, was schlecht ist, wo sie es auch bekommen können. Alle Frauen wollen nur Redliches und Gutes, doch müssen sie sich verteidigen, sonst werden sie ständig vergewaltigt!

Bald darauf lernte ich Frau Chengs Mann kennen. Er kam an den Tisch, in seiner Kochschürze, mit einem schüchternen Lächeln. Er erzählte mich Horrorgeschichten, wie er von der vietnamesischen Polizei wegen einer Lappalie oder einer abgelaufenen ID-Karte mehrmals gefoltert wurde, weswegen er den Tick habe im Gesicht. Er schilderte Vietnam als einen ruchlosen Polizeistaat, wo kein Recht und keine Ordnung herrsche, sondern Korruption von unten bis oben.

Denn kamen die beiden Söhne, brav angerudert, wie Roboter. Sie trugen dicke Brillen und sprachen kein Wort, trugen weisse Trainingsanzüge, die offenbar teuer waren, und amerikanische Turnschuhe. Ihr Haar war glatt rasiert, ihre Gesichter wie Masken. Kein Gefühl war in ihren Zügen auszumachen. Ich glaubte zu träumen. Mir war unwohl,

wenn ich sie ansah. Nicht das geringste Lächeln erschien auf ihren Lippen, als ich sie grüsste. Ich hatte nur ein Verlangen, meine Rechnung zu zahlen und möglichst bald nach Hause zu gehen.

Und das Mädchen sah ich niemals wieder.

Ich habe die Erfahrung oft gemacht, es ist kein Einzelfall. Sie kommen alle von schönen sanften Kulturen, wo man einem Fremden noch einen süßen Tee anbietet und haben nicht das Brot nicht über Nacht, wie es mir so oft geschah, in Indonesien bei den Ärmsten der Armen. Und dann kommen sie in den Westen und in ein paar Jahren sind sie genau solche Monster wie die meisten Deutschen es sind.

Was mir auch aufgefallen ist und anfangs wunderte, ist, dass Kinder im Westen Liebe und Sex mit Erwachsenen suchen, während dies in Südostasien absolut nicht der Fall ist. Oft, als ich noch in der Provence lebte, bekam ich eindeutige Blicke von französischen Mädchen von etwa acht bis zwölf, wenn ich in Leclerc meine Einkäufe machte. Eines Tages kam ein pädophiler Freund von USA mich besuchen. Die erste Frage, die er mir stellte, während er wirklich wie schockiert drein schaute war:

—Pierre, kannst du mir sagen, warum mich hier die Mädchen buchstäblich mit den Augen fressen? Das ist mir nirgends so aufgefallen wie hier in Frankreich, und ich habe in vielen Ländern gelebt.

Meine Antwort war:

—Also, lieber L., sagen wir mal salopp, in deinem so liberalen Amerika ist dir das wohl nie vorgekommen, nicht?

—Nein, wirklich nicht.

––Nun, ich sage dir, in Deutschland passiert mir das jeden Tag, aber das sind doch alles Knatzeln. Die meisten sind Walküren und haben mit zehn einen Busen wie eine Mamme von dreißig in Asien. Aber hier, ja da hast du Recht, es wurde mir oft heiß und kalt von den Blicken, die ich hier von Mädchen bekomme, fast jeden Tag, und die sind wirklich hübsch, sexy und grazil. Aber ich schaue weg, auch wenn es noch so weh tut im Herzen! Ich wage keine anzusprechen, das Risiko ist zu groß! Denn über eines darfst du dir im Klaren sein, mein Freund, die Pädoverfolgung hier in Frankreich ist die Schlimmste in ganz Europa, seit Sarkozy an der Macht ist, ausgenommen Italien unter Berlusconi.

—Ja, es mag ja auch die Tradition sein, Frauen gleich welchen Alters haben hier immer mehr Rechte gehabt als in angelsächsischen Ländern, nicht per Gesetz, sondern per ungeschriebenem Gewohnheitsrecht.

—Ich bin erstaunt über deine Kenntnis der französischen Kultur, das hätte ich von einem Amerikaner nicht erwartet …

—Ja, aber doch … es ist doch eigenartig … weil ich potentiell hier so viele Chancen habe und es doch gar so gefährlich ist … also, warum bin ich eigentlich hierher gekommen …?

—Das musst du selbst wissen, mein Freund. Aber wenn du mich fragst, dann tue was ich tue—rede mit den Bäumen, nicht mit den Mädchen.

Das ganze Thema ist ein Paradox und dafür gibt es zwei Gründe. Zum einen ist für Kinder das am Interessantesten, was *verboten* ist. Das gilt als Gesetz für alle Kinder in der Welt. Ich möchte fast soweit gehen, dass Kinder erst dann einen Geschmack am Leben finden, wenn sie das herausgefunden haben, *was strikt und heilig verboten ist*. Denn das

gibt ihnen die Energie, gegen das Verbot anzugehen, und stärkt damit ihre Identität und Persönlichkeit. Das war bei mir selbst so, das war bei all meinen Schulfreunden so, das war auch bei den Mädchen so, die ich kannte während meiner Schulzeit, obwohl die Angst vor dem 'strafenden Vater' bei den Mädchen weitaus stärker war als bei den Jungen in der katholischen Kleinstadt, in der ich das Gymnasium durchmachte. (Ich sage ganz bewusst 'durchmachte', denn anders kann man es nicht ausdrücken, was ich da mitmachte, obwohl ich doch eine ganze Menge lernte, aber die Demütigungen überschatteten bei weitem alles, was ich an Positivem dort lernte).

Nun denn, das Paradox wird augenscheinlicher, wenn wir uns die Frage einmal kulturell anschauen. Im Westen ist Sex mit Kindern so ziemlich das schlimmste Verbrechen, das man sich vorstellen kann. So wird es in den Medien jeden Tag aufs neu dargestellt. Schlimmer als Mord, schlimmer gar als Völkermord. Jeder Pädophile wird durch die Zeitungen geschmiert als ein zweiter Hitler, obwohl er weder jemanden umgebracht hat, noch in den meisten Fällen das Liebeskind sexuell penetriert hat. Es geht um Küsse, Streicheleien, Nacktheit, Lecken, Lachen und Freude. Und das wird dann mit dreißig Jahren Gefängnis belohnt!

Und das Kind wird in eine Anstalt gesteckt, wo es jeden Tag geschlagen und gehirngewaschen wird, dass es gefälligst gewisse Körperteile nicht anrührt.

Und die Massen finden das alles gut und richtig. Kein Wunder, bei der Propaganda! Ein Goebbels hätte lernen können von CNN und Konsorten, und von den illegalen Praktiken von NGOs wie *Action Pour Les Enfants* in Kambodscha, die mit versteckten Kameras jeden Touristen fotografieren, der mit einem lokalen Kind spricht, und die Photos routi-

nemässig zur Polizei senden. (Ich weiss das positiv von einem Polizisten, der in der 'Sippe' arbeitet und die Nase voll hat von all dem Dreck, den er jeden Tag zu tun hat, um Amerikas und Frankreichs Weltpuritanismus Genüge zu tun).

In Asien, und dies ist den meisten Westlern keineswegs bekannt, haben Kinder kein Interesse an Sex mit Erwachsenen. Wenn solches der Fall ist, dann ist es organisiert, entweder von den Eltern der Kinder oder von Zuhältern oder Bordellen, oder, bei älteren Kindern, vor allem bei Jungen, kommt es vor, dass sie selbst damit ihr Taschengeld verdienen. Aber solche Jungen sind in den meisten Fällen bereits sechzehn Jahre alt und sehen eigentlich mehr oder weniger wie Erwachsene aus. Bei kleineren Kindern kann man davon ausgehen, dass es nicht ihre eigene Entscheidung ist, sich zu prostituieren, sondern dass sie so gut wie immer dazu gezwungen werden, ob dieser Zwang nun brutal ist oder subtil spielt hier eigentlich kaum eine Rolle. Tatsache ist, dass Kinder nach meiner langjährigen Erfahrung in Südostasien *kein eigenes Interesse haben* an erotischen Beziehungen mit Erwachsenen. Sie haben wohl Interesse, ihre Studien finanziert zu bekommen, an Freundschaft und Spass, an Sport und Spiel, sind aber im Gegensatz zu westlichen Kindern abgeneigt gegenüber Zärtlichkeiten aller Art. Sie haben Angst davor.

Das hat seine Gründe. Südostasiatische Väter küssen ihre Kinder nicht, es sei denn, sie sind betrunken, aber selbst dann, niemals in der Öffentlichkeit. Kinder schlafen in aller Regel mit der Mutter, nicht mit dem Vater, und niemals nackt, ausgenommen Babys unter zwei Jahren. Die Angst vor Körperkontakt ist real und sie ist kulturell gezüchtet. In Kambodscha ganz besonders werden Kinder brutal misshandelt von ihren Eltern, vor allem ihren Vätern. Ich habe es miterlebt, viele Male

und gar meine Freunde von der Kinderschutzpolizei angerufen, nur um zu hören, dass sie leider nichts tun können, denn es sei das Recht der Eltern, Kinder auch körperlich zu strafen. Das geht soweit, dass Väter ihre Babys halb zu Tode prügeln.

Die Mutter eines psychotischen Mädchens, welches ich über zwei Jahre unterstützte, kniete nieder auf dem Mädchen, immobilisierte ihre Hände und Füße mit ihren Knien und Ellbogen und kniff das Kind so hart in ihren Körper, dass die blauen Flecken über Wochen und Wochen zu sehen waren.

Eines Tages erhielt ich einen Anruf vom Krankenhaus. Angeblich hatte die Mutter 'aus Versehen' einen Topf mit kochendem Wasser über das Kind geschüttet. Das Kind erlitt Verbrennungen dritten Grades und ich half, den Doktor zu bezahlen, denn die Mutter hatte das Geld nicht. Noch nach sechs Monaten waren die Narben zu sehen. Ich habe dann der Mutter ein Ultimatum gestellt. Ich habe ihr gesagt:

—Entweder, sie geben das Kind jetzt in Behandlung zu einem Kinderpsychologen und ich werde die Behandlung für sie bezahlen, oder ich breche jede Beziehung mit ihnen, ihrer Tochter und ihrer Mutter ab.

Die Antwort war klar und eindeutig. Sie nahm das Mädchen bei der Hand, verliess meine Villa und war nie mehr gesehen.

Im Westen hingegen sind Kinder wirklich oft verführerisch. Sie verlangen mehr als asiatische Kinder. Sie verlangen mehr Aufmerksamkeit und vor allem mehr körperliche Nähe und Zärtlichkeit. Sie lieben es, zu küssen und gestreichelt zu werden. Sie haben keine Angst vor körperlicher Nähe und, es sei denn, sie sind aus orthodox christlichen Familien, lieben es, nackt zu sein, und nackt mit einem Freund oder einer

Freundin zu baden oder zu duschen, oder sich im Bett zu kuscheln. Das wird gemeinhin nicht als 'Sex' angesehen. Kinder lieben das mit ihren kleineren Geschwistern, sie lieben es auch mit erwachsenen Freunden, in der Regel dann, wenn die Eltern damit einverstanden sind—aber es gibt viele Ausnahmen von dieser Regel.

Wenn ein europäisches oder amerikanisches Mädchen, gleich welchen Alters, sich in einen Mann verliebt, dann ist sie potentiell 'zu allem bereit'. Ich meine das so, wie ich es sage. Wie weit das dann geht in realiter hängt von vielen Faktoren ab, es hängt ab von … Gelegenheit, in allererster Linie. Es hängt auch ab von dem Mann, und wie er sich benimmt. Und es hängt sicher davon ab, ob das Kind von einer liberalen oder orthodoxen Familie stammt. Wenn das Kind vor Angst stirbt, die Eltern könnten die illegale Beziehung herausfinden, ist es für das Mädchen sicher nicht eine gänzlich positive Erfahrung. Und doch—ich habe die Erfahrung gemacht, dass intelligente Mädchen gar mehr als Jungen Konventionen brechen und Verbote missachten, und wenn die Gefahr noch so groß ist. Das ist schön und gut, aber die Gefahr ist ja denn auch eine viel geringere für das Mädchen, als für ihren Liebhaber … und das ist der Haken bei der ganzen Sache. Sicherlich, Sex ist besser als Eiscreme—aber auch weit gefährlicher in einer Kultur, die Eiscreme verkaufen will, jedoch für natürlichen Sex kein Geld bekommt. Und das ist der Grund, der *einzige*, warum jede Konsumkultur sexfeindlich ist und sein muss.

§06. Kindliebe und Inzest

Die Konfusion zwischen Kindliebe und Inzest ist total, und nicht beschränkt auf das allgemeine Publikum; sie herrscht ebenso unter Forschern und, man mag es glauben oder nicht, unter Psychologen und Psychiatern. Um ein Beispiel zu geben, so schreibt einer der kreativsten amerikanischen Autoren über Kinderschutz in seinen Büchern, dass Pädophilie nichts anderes ist als Inzest *projiziert* außerhalb der Familie (wobei er alle erotischen Kontakte mit Kindern ohne Ausnahme als gewalttätig, abusiv und traumatisierend ansieht für das Kind). Aber Moment mal, wenn Sex ausserhalb der Familie statt hat, wie kann er dann inzestuös sein?

Dies als *Projektion* zu bezeichnen, qualifiziert keinesfalls als Argument, es ist reine Sophisterei. Er mag seine Meinung haben, sie stört mich nicht, aber für die Wissenschaft hat sie keinerlei Wert. Und im übrigen hat die Internet-Diskussion dieser Themen in keiner Weise Klarheit verschafft, ich würde eher sagen, sie hat alles nur noch schlimmer gemacht. Und die Frage bleibt im Raum, was ist denn nun wirklich die Beziehung zwischen *Kindliebe und Inzest*—oder wie es nun genannt wird in Amerika, 'Familiensex'?

Nun, in beiden Fällen haben wir es doch offenbar mit Sex zwischen Erwachsenen und Kindern zu tun, aber im letzteren Fall sind der Erwachsene und das Kind miteinander in gerader Linie verwandt, oder es besteht zwischen ihnen eine erzieherische Beziehung (Lehrer-Schüler). In der gegenwärtigen erhitzten Debatte wird alles das in einen Suppentopf geworfen, der gefüllt ist mit stinkendem moralistischem Schlamm, welcher jeden und jede, die an der Wahrheit interessiert sind, auf Abwege führt.

Was denn nun aber ist eigentlich Wahrheit? Die Wahrheit ist, dass wir es hier nicht mit Sex zu tun haben, sondern mit Macht; das Problem bei Inzest ist nicht Sex, sondern *Macht*. Die Macht von Eltern über ihre Kinder ist real und sie kann sehr leicht zu sexuellem Missbrauch führen; das ist der wahre und vielleicht einzige Grund für das Inzest-Verbot. Auf der anderen Seite ist es eigenartig, weil im alten Patriarchat der Vater die totale Gewalt hatte über seine Frau und seine Kinder, die sogenannte *patria potestas*. Diese Macht war buchstäblich unlimitiert. Der Mann konnte Frau und Kinder töten, wenn er das wollte, ohne dafür zur Verantwortung gezogen zu werden.

Diese Macht umfasste auch das Recht auf Sex mit den weiblichen Kindern. Nach langer Forschung über dieses Thema kam ich jedoch zur Einsicht, dass der *wahre Grund für das Inzest-Verbot* im alten Patriarchat nicht die Macht des Vaters war, sondern die Macht des Sohnes über den Vater, vor allem des erstgeborenen Sohnes.

Es ist die Angst, der Sohn usurpiert die Macht des Vaters, indem er mit der Mutter schläft und den Vater umbringt. Der Sohn war gefürchtet, nicht der Vater. Der erstgeborene Sohn ist der potentielle Sündenbock in der traditionell patriarchalischen Kultur des Altertums, während die Frau als moralisch korrupt angesehen wurde, sich potentiell auf solch einen 'deal' einzulassen. Hier finden wir die Erklärung für Sigmund Freud's Obsession mit dem 'Ödipus-Komplex'. Was Freud als eine Art von *moralischer Verhaltensregel des Unterbewusstseins* ansah war doch *recht eigentlich kein Mythos,* sondern Einsicht in die patriarchalische Angst vor dem vatermordenden Sohn, dem 'Königssohn', wie es in den alten Sagas heisst, der das Königreich usurpiert und die Mutter heiratet.

Die Torah, die Bibel und der Koran sind voll von Geschichten über dieses stets wiederkehrende Thema. Es ist in dem Zusammenhang nicht überraschend zu sehen, dass diese alten Texte die tieferen psychologischen, emotionalen und sexuellen Implikationen nicht erklären, was den archetypischen Machtkonflikt zwischen Vater und erstgeborenem Sohn verschleiert. Aber das mag wohl so sein für den Laien, nicht jedoch für den Forscher, denn wir müssen diese alten Sagen 'übersetzen' in unsere moderne psychologische Sprache, bevor wir sie verstehen können. Wenn wir das tun, wird es sehr schnell klar, dass die Angst vor Inzest nichts mit Vater-Tochter Sex zu tun hatte, sondern mit Mutter-Sohn Sex.

Wenn man das versteht, wird einem klar, was Freud wirklich meinte mit seiner eigenartigen 'ödipalen' Theorie. Es wird dann aber auch klar, dass diese Theorie nur für die patriarchalische Kultur gilt, nicht aber für unsere heutige, denn die Dinge sehen heute doch recht anders aus.

Freuds Theorie mag immer noch gelten für sehr traditionelle Familien, wo der Vater der 'absolute Boss' ist, und die Mutter sich um Haus und Herd, und um sonst nichts zu kümmern hat, aber sie ist sicher *nicht gültig für die moderne Stadtfamilie,* in welcher die Macht und die 'Hoheitsrechte' des Vaters beachtlich eingeschränkt und die der Frau beachtlich erhöht wurden. Dennoch und trotz dieses kulturellen Wandels, blieb das Inzestverbot so bestehen, wie es war, als eine Art von Tabu, das als 'universal' angesehen wird, es aber in Wahrheit nicht ist.

Auf der anderen Seite mag es von dieser Kenntnis her gesehen nicht mehr verwundern, dass Feministen in Südamerika öffentlich beklagen, dass früher Sex zwischen Vater und Tochter die Regel ist, nicht die

Ausnahme. Statistiken sprechen über eine *80% Vater-Tochter Inzestrate* in manchen dieser Länder.

Wie auch immer man darüber denken mag, wie auch immer man sich darüber aufregen mag, es ist weniger überraschend, wenn man diese psychologischen Zusammenhänge versteht. Rechtsradikale und Kinderschützer mögen ja ihre Moralkriege führen, wie sie das auch rechtfertigen, aber Tatsache ist, dass das Inzestverbot urprünglich kein Verbot 'intrafamiliärer Pädophilie' war, sondern einem anderen Zweck diente, was übrigens auch dadurch einleuchtet, dass Inzest *auch zwischen erwachsenen Verwandten in gerader Linie immer verboten war und ist.*

Wenn wir also diese historische und psychologische Sicht einnehmen, so wird schnell klar, dass die Argumente der Rechtsradikalen und der Kinderschützer hinsichtlich 'Inzest und Pädophilie' (und hier wird natürlich alles in einen Topf geworfen) kaum auf rationaler Basis beruhen, außer wohl die öffentliche Debatte über diese Themen noch schleierhafter und 'mythischer' zu machen, damit 'man dann endlich einmal hart durchgreifen kann', sprich, einen neuen politischen Tyrannen an die Macht bringen kann, um Demokratie, politischer Transparenz und Freiheitsrechten eine endgültige Absage zu erteilen.

§07. Die Inzestfalle

Inzest ist immer Kompensation für wirkliche Liebe. So mag ich es sagen, und man mag widersprechen. Genetisch sind wir offenbar so kodiert, dass potentiell wahrhaft Millionen von möglichen Partnern einem einzigen 'unmöglichen' Partner gegenüberstehen. Logischerweise, wenn wir Inzest wählen statt Natur, lassen wir Millionen möglicher Partner fahren, um uns sexuell mit dem einen oder der einen unmöglichen Partner(in) zu vereinen.

Diese einfache Zahlenspiel zeigt die Absurdität von Inzest, ohne hier irgendein moralisches Urteil darüber abzugeben.

Aber lasst uns ehrlich sein. Diese Argumentation ist ziemlich darwinistisch. Sie setzt voraus, dass die Natur ein bestimmtes Liebesparadigma kodiert hat, das uns die Naturwissenschaft lang und breit auslegt und erklärt, und das angeblich universell gültig ist. Aber *emotional* betrachtet, könnte man genau die gegenteilige Meinung vertreten.

—Warum sollte ich hinausgehen und nach Liebespartnern suchen, wenn ich ein liebes, zartes, mir voll ergebenes Kindchen habe, das mir jeden Tag, jede Nacht zur Verfügung steht, ein Kindchen, das lieb ist und voller Freude, wenn wir uns streicheln und nackt im Bett kuscheln, ein Kind, das diskret ist, vertrauenswürdig, hingebungsvoll—und das zu allem bereit ist?

Dies ist die Position, die Freud ganz am Anfang seiner psychoanalytischen Arbeit eingenommen hat. Er schrieb, dass die Kultur, weil Inzest eben so natürlich ist zwischen Eltern und Kindern, sehr strikte Regeln aufstellen muss, damit sichergestellt wird, dass intergenerationeller

Sex innerhalb der Familie total tabu bleibt. Es ist schwierig zu sagen, ob es wahr ist, dass Inzest ausnahmslos traumatische Folgen hat für das Kind, wie es die Psychologen behaupten; denn es könnte sehr wohl so sein, dass Trauma durch das Verbot selbst, nicht aber tatsächlichen Sex hervorgerufen wird, und es gibt tatsächlich Interviews, die ein völlig anderes Bild zeigen. Ich habe vor vielen Jahren im deutschen Fernsehen eine Reportage gesehen, wo Männer offen bekannten, von klein an mit ihren Müttern geschlafen zu haben, über Jahre hin; diese Männer machten auf mich einen gelösten, selbstsicheren und ausgeglichenen Eindruck. Sie waren alle glücklich verheiratet und hatten in der Regel weiterhin sexuelle Beziehungen sowohl mit der Mutter, als der Frau, und Mutter und Ehefrau waren nicht eifersüchtig aufeinander, sondern befreundet. Einer der Männer sagte, er habe die Beziehungen mit seiner Mutter aufgegeben, als er endlich glücklich verheiratet war. Er bezeichnete seine Ehe als den endgültigen Schnitt seiner Nabelschnur. Ein anderer Mann, der ein bekannter Modezeichner war, sagte, er hätte nie die Nähe zu seinen Emotionen und seinem wahren Selbst finden können, hätte er nicht volle Liebesbeziehungen mit seiner Mutter gehabt, und das über Jahre hin. Diese Männer alle handelten gegen das patriarchalische Inzestverbot—und schienen sehr wohl damit gefahren zu sein.

Eine Frau berichtete, sie habe über Jahre hin, von klein an, sexuelle Beziehungen mit ihrem Vater gehabt, und dass ihr Vater der beste Liebhaber gewesen sei, den man sich vorstellen kann, und dass die Beziehung ihr das Beste gegeben habe, was ein junges Mädchen sucht an *Affektion, und Initiation* in die Fülle und Erfüllung einer wahren emotional-sexuellen Beziehung. Die Beziehung hatte begonnen, als das Mädchen sechs oder sieben Jahre alt war und wurde fortgesetzt, bis sie erwachsen war und ihren später Mann fand, einen älteren Mann,

den sie dann sehr liebte. Ähnlich wie die Lebensberichte der Männer, so sagte auch diese Frau, dass sie immer schon, von Kind an, ältere Männer liebte und dass sie sehr glücklich sei mit ihrem viel älteren Mann, der sich mit ihrem Vater bestens verstehe. Mit ihrer Ehe habe die inzestuöse Beziehung mit ihrem Vater ein natürliches Ende gefunden.

Diese Lebensberichte überraschten mich nicht wenig und ich gebe ehrlich und offen zu, dass ich sie nicht in Vereinbarung bringen kann mit dem Lehrgebäude der Psychoanalyse und auch der Tatsache, dass die meisten Zivilisationen in der Welt strikte Instesttabus unterhalten. Was auch interessant war in diesen Fällen, war, dass als die Teilnehmer dieser Talk-Show gefragt wurden, ob sie je Probleme mit Polizei oder Behörden gehabt hätten wegen ihres 'illegalen' Verhaltens, so sagten sie ruhig und lächelnd, das sei niemals vorgekommen. Gar die Nachbarschaft habe darüber Bescheid gewusst und sie hätten nie Probleme gehabt deswegen.

Bis auf den heutigen Tag habe ich keine solchen Aussagen mehr gehört, und ich bin fast hundert Prozent sicher, dass so etwas in den Vereinigten Staaten, und auch in Asien, mit Ausnahme einiger südamerikanische Staaten überhaupt nie publiziert würde.

Die letzte Frage, die den Teilnehmern der Show gestellt wurde, war, ob denn also die Inzesterfahrung für sie eine durchweg positive war, und sie alle sagten, dies sei in der Tat der Fall gewesen und sie würden gern wiederum eine solche Kindheit erleben.

Es könnte wohl sein, dass die Eltern dieser Personen außergewöhnlich waren dadurch, dass sie ihre Elterngewalt nicht missbrauchten und die sexuelle Beziehung zwischen Eltern und Kindern wirklich einverständlich war, dass also das Kind von Anfang an nicht gegen eine solche

'Ausweitung' des Eltern-Kind Verhältnisses war. Es könnte auch sein, dass bereits in früheren Inkarnationen, diese Elter-Kind Paare langfristige Liebesbeziehungen unterhalten hatten. Es gibt gechannelte Botschaften, die über solche Fälle reden und wo es heißt, dass dies wohl der Fall ist und regelmäßig derart, dass die Rollenbeziehung sich umkehrt in jeder folgenden Inkarnation. Ich erinnere den Leser auch an das pharanoische Ägypten, wo bekanntlich Inzest die Regel war, aber nur für die Familien von Pharaos, nicht für die unteren Schichten und keinesfalls für die Sklaven.

Eine andere Erklärung für die oft beobachteten negativen Effekte auf das Kind in Fällen von Eltern-Kind Inzest könnte sein, dass die traumatischen Folgen in diesen Fällen *nicht durch den Inzest selbst hervorgerufen wurden,* sondern durch die polizeiliche Intervention und all die negativen Folgen, die solches nach sich zieht in unserer Medienkultur, wo solche Fälle ganz besonders stark mediatisiert und in den Schlamm gezogen werden.

Ich glaube, man kann als *allgemeine Erfahrungsregel* beobachten, dass man im Leben so gut wie nichts in positiver Weise leben und erleben kann, wenn die Gesellschaft diese Sache oder Liebe oder Beziehung als *von vornherein und ohne Ausnahme als 'kriminelles Verhalten'* ansieht. Und hier liegt denn auch der Hase im Pfeffer in unserer Heuchelkultur, wo das nicht sein kann, was nicht sein darf, wo wirklich jeder Schweinsjournalist Menschen mit Dreck bewerfen kann, um sich in der Medienwelt hochzujubeln, sich Meriten als 'Hüter der Moral' oder 'Fern allen Missbrauchs' zu verdienen. Dies ist eine psychologische und gesellschaftliche Situation, die man nicht einfach unter den Teppich kehren kann, obwohl viele Psychologen und forensische Psychiater eben

dies tun, so als ob Menschen emotional und sexuell in einem luftleeren Raum operierten.

Die Komplexität dieser Fälle ist denn auch beachtlich und fertige Antworten sind einfach keine, sondern Propaganda! Das Leben und menschliches Verhalten ist nicht schwarz-weiß, sondern hat viele Graustufen. Ein mögliches Resultat der Inzestforschung ist, dass sich die gesetzliche, ich meine die strafrechtliche Situation in der Zukunft ändert. Das Strafrecht ist einfach kompletter Unsinn in solchen Fällen, es kann sie nicht kompetent verstehen und schon gar keine Lösungen finden. Was in unseren Zeiten hier geschieht durch brutale Polizeiintervention und Gerichtsmaßnahmen ist einfach strukturelle Gewalt, es ist Faschismus, ich kann es nicht anders ausdrücken—wenn es nicht die totale Blödheit mancher unserer Politiker und Abgeordneten widerspiegelt.

Auf der anderen Seite bin ich trotz allem der Meinung, dass Inzest dennoch die Ausnahme bleibt, die die Regel bestätigt und alles in einem eine Falle ist, und ich werde meine Meinung hier nicht ändern. Die Natur hat uns potentiell Millionen von Liebespartnern rund um die Welt zur Verfügung gestellt. Hinzu kommt, dass alle Beobachtungen im Tierreich zeigen, dass sexuelle Liebe zwischen Eltern und Kindern eine ganz große Ausnahme von der Regel darstellt, wenn sie überhaupt vorkommt.

Während ich zugebe, dass Inzest nicht per se traumatisierend zu sein braucht für das Kind, so bleibt doch die Frage offen, wie sensibel der Vater oder die Mutter ihre erzieherische Machtposition handhabt, und wie das dann im Verhältnis steht zur sexuellen Beziehung. Es mag wohl sein, dass solche Eltern, also die, die einverständlich mit ihren Kindern

schlafen, die Elternschaft in keiner Weise als Machtposition ansehen, sondern tatsächlich eine Egalität in der Eltern-Kind Beziehung praktizieren. Wie und inwieweit dies möglich ist, bleibt für mich eine offene Frage, da ich bis heute niemals Vater war.

Wie man dem auch gegenüberstehen mag, so spricht die Situation eher für eine subtile Behandlung des Themas, und sehr wenig für sture und steife pro-oder-con Einstellungen. Zum anderen ist und bleibt es fraglich, ob wir wirklich bei menschlicher Sexualität Vergleiche zum Tierreich ziehen sollten? Alles in allem ist die Sexualität des Menschen nicht instinktiv wie die des Tieres und sie beruht vor allem auf emotionaler Anziehung und ist insofern kein Automatismus, wie dies die Freudsche Analyse bis heute annimmt, wenn sie von 'Trieben' redet. In diesem Sinne bin ich durchaus der Meinung, dass wir als spirituelle Wesen von Natur aus keineswegs 'triebhaft' sind, und dass sexuelle Konditionierung mehr Schaden anrichtet, als sie im guten Sinne 'zivilisatorisch' ist. Dies ist nun eben unsere Prärogative als Menschen. Wir sind keine Tiere. Punkt.

§08. Emotionaler Inzest

Das viel wichtigere Problem in diesem Zusammenhang ist *emotionaler* Inzest, denn er ist weitaus schädlicher für das Kind, als sexueller Inzest. Das wurde erst vor kurzem in der Literatur anerkannt. Ich gehe soweit zu sagen, dass emotionaler Inzest die einzige Form von Inzest ist, die verboten sein sollte.

Der Ausdruck mag irreführend sein. Es ist vielleicht besser, von *emotionalem Missbrauch* zu reden, welcher wiederum nur eine höhere Oktave ist von Eltern-Kind Kodependenz.

Ich war mir dieses Problems kaum bewusst, als ich während meiner postgraduierten Arbeit als Forschungsassistent an der Universität in Georgia, USA, arbeitete und meine Forschung über Gewalt gegen Kinder begann. Ich wurde aufmerksam auf dieses Problem durch die 16-jährige Tochter eines Professors für chinesische Geschichte, der, Amerikaner, mit einer Chinesin verheiratet war. Ich war damals selbst noch verheiratet und meine Frau freundete sich an mit Leslie, dem Mädchen, während ich gern Tischtennis spielte mit ihrem 12-jährigen Bruder. Ich hatte ihn einfach in einem Sportgeschäft angesprochen, da ich sah, dass er sich für recht teure Tischtennisschläger interessierte. Da ich gern einmal wieder spielen würde, fragte ich ihn einfach, ob er interessiert sei, mit mir zu spielen. Er reagierte voll und ganz *cool* und gab mir die Telefonnummer seines Vaters.

Am nächsten Tag rief ich den Vater an. Während er sehr höflich und freundlich war am Telefon, so sagte er doch, er finde es ein wenig ungewöhnlich, dass ich seinen Sohn angesprochen habe, aber da ich Europäer sei, mache er eine Ausnahme von seiner Regel. Ich fragte, wel-

che Regel dies sei und er antwortete, die Amerikaner seien *regelmässig Päderasten* und er liesse es niemals zu, wenn ein erwachsener Amerikaner seinen Jungen anspreche.

Wir trafen uns am folgenden Tag in der Sporthalle auf dem Campus. Es stellte sich prompt heraus, dass er ein großartiges Talent war. Er spielte weitaus besser als ich und das spornte mich an, von ihm zu lernen. Als sein Vater eine Cola kaufen ging, sagte er mir lächelnd:

—Wissen sie, Pierre, früher habe ich ja gern mit meinem Vater gespielt, aber jetzt ist sein Bauch so dick, dass er sich kaum noch bewegen kann, und er bringt mir nicht einmal meine Anschläge zurück.

Tatsache war, dass sein Vater ein sehr schlechter Spieler war, was augenscheinlich nicht nur mit seinem Körpergewicht, sondern auch seiner Intelligenz zu tun hatte. Während sein Sohnemann ein Genie war.

Nicht lange danach, wurde ich mit meiner Frau zu ihrem kleinen Haus eingeladen zum Abendessen und lernte ich das Mädchen kennen, eine Sechzehnjährige, die den Busen einer Dreißigjährigen hatte. Sie sah nicht mehr wie ein Kind aus, aber wirkte sehr unsicher. Die Eltern behandelten sie wie ein Baby. Die Mutter war die moralistischste, unfreundlichste und neurotischste Hexe, die ich je in meinem Leben kennengelernt habe. Ihre Einwürfe in die Konversation waren wie Messerhiebe, sie ließ kein Haar an nichts und niemandem, sie machte einfach alles herunter, eingeschlossen ihre eigenen Kinder. Ihr gegenüber benahm sich der Mann wie ein kleiner Junge, wie ein 'Eunuch', wie meine Frau es später mir gegenüber ausdrückte. Er schwitzte und rechtfertigte sich in jedem Moment. Er schien vor seiner Frau Angst zu haben.

Eines Tages entschied die Mutter, Leslie habe definitiv Klavierstunden mit mir zu nehmen; schließlich wurde auch Erwin gegen seinen Willen dazu gezwungen, Violine zu spielen. Leslie hatte nicht das geringste Interesse an Klavierspiel und im übrigen war sie verärgert darüber, dass ihr Vater sie nicht zu Rock-Konzerten gehen ließ, weil die 'obszönen Texte' sie 'schädigen' konnten.

Ich versuchte mein Bestes, aber es tat nichts. Das Mädchen kam ein paar Mal, aber sie schnitt sich nicht einmal die langen Fingernägel, und hatte keinerlei Interesse, die Übungen zu tun, die ich ihr aufgab. Sie war total unmotiviert. Ich gab es auf, denn ich fand es schmierig, das Geld von ihrem Vater anzunehmen, während wir doch nur herumsassen und redeten während jeder Stunde. Einmal weinte sie gar und ich tröstete sie, als ich erfuhr, wie sauer sie war mit ihrem Vater, und was für ein Idiot und Schlappschwanz er in ihren Augen war.

So stoppte ich denn die Lektionen mit Leslie und die Spiele mit Erwin wurden von seinem Vater beendet, denn er hatte es sich in den Kopf gesetzt, Erwin müsse beginnen, sein Taschengeld selbst zu verdienen, indem er Zeitungen austrug. Er sollte lernen, wie das Leben 'wirklich' war, hatte jedoch kein Recht, mit dem Fahrrad die Zeitungen auszutragen, sondern wurde 'aus Sicherheitsgründen' von seinem Vater in der langen Limousine herumgefahren, um die Zeitung in jeden Briefkasten zu werfen—was wirklich der Gipfel der Perversion war.

Am Abend meiner Rückreise nach Europa, während meine Frau bereits früher zurückgeflogen war, war ich zu einem Abschiedsessen eingeladen. Nach dem Essen wollte jedes der Kinder, dass sich für einen Moment in ihr Zimmer kam. Zunächst ging ich in Erwins Zimmer, und er schloss sorgfältig die Tür hinter mir und wir saßen auf dem Bett für

eine Weile. Nach einer Pause sagte ich ihm rundheraus, dass ich ihn liebe und geliebt habe vom ersten Moment, als wir uns trafen in dem Sportgeschäft; er antwortete, er erwidere meine Liebe voll und ganz. Wir hielten uns bei den Händen für einen Moment; plötzlich weinte er. Als ich bereits an der Tür war, sagte er, er wolle mir etwas sagen und sah mir in die Augen:

—I love you!, sagte er schlicht.

Ich konnte nichts erwidern, denn die Tränen standen mir in den Augen und ich ging Leslie besuchen. Sie kam sofort zur Tür, als ich anklopfte und öffnete sehr geschwind, schloss die Tür und zog mich bei meiner Hand in den hinteren Teil des Raums, wo sich eine Ankleidekabine befand. Da begann sie lebhaft auf mich einzureden, in einer emotionalen Schärfe, die ich vorher nicht bei ihr beobachtet hatte:

—Ich muss dir etwas sagen, begann sie, und wollte es dir seit langem sagen, aber wagte es nicht …

—Was ist es?

—Es ist hinsichtlich meines Vaters. Ich weiß, du schreibst eine Studie über Kindesmissbrauch und Inzest, nicht wahr?

—Ja.

—Nun, ich wollte dir sagen, dass deine Forschung sicher sehr wichtig ist, aber ich möchte deine Aufmerksam auf eine andere Art von Kindesmissbrauch richten. Es ist *emotionaler Missbrauch*. Verstehst du, was ich sagen will?

—Ich glaube, ich ahne es …

—Du hast mitbekommen, wie er mich behandelt. Ich bin sein Baby, ich habe kein eigenes Leben. Ich bin sein Schnuller, das, was ihm Rückhalt gibt, denn er hat keinen eigenen. Ich habe kein Recht, irgendjemanden außer ihm zu lieben und das hast du vielleicht selbst beobachtet?

—Ehrlich gesagt, meine Frau hat es klar gesehen und sie sagte mir, sie sei so wütend auf deine Eltern, dass sie nicht mehr hierher kommen wollte. Sie fand die ganze Kultur hier so heuchlerisch und falsch, dass sie den Ekel hatte und zurück reiste. Und sie sagte mir, sie habe wirklich Mitleid mit dir …

—Ich habe sie sehr gern gehabt, wir sind oft zum Shopping ausgegangen zusammen, wie du weißt …

—Ja, und dann das Rock Konzert …

—Ja, das ist ein Beispiel von vielen …

—Was kann ich für dich tun?

—Du hast schon so viel für mich getan. Ich denke nicht nur an mich selbst, wenn ich dich bitte, eine Studie über den *emotionalen Missbrauch von Kindern* zu schreiben. Sexueller Missbrauch ist eine Sache und sie ist schon ziemlich gut bekannt, aber kein Mensch hat je über emotionalen Missbrauch geforscht und ich finde diese Art des Missbrauchs weitaus schlimmer, denn ich habe niemand, *absolut niemanden auf meiner Seite,* denn die Gesellschaft scheint davon auszugehen, dass solches Verhalten normal ist …

—Das sehe ich ein …

Wir saßen einen Moment auf dem Bett und sie weinte.

—Ich werde dich … sehr vermissen … aber ich kann es nicht in Worte fassen.

—Ich werde dich ebenso vermissen, und ich verspreche dir, dass ich diese Forschung unternehmen werde und eine Studie darüber schreiben werde.

—Wenn du das tust, so ist es das Beste, was du je für mich tun kannst, und für so viele andere Jugendliche in meiner Situation!

Als ich aufstand, kam sie mir sehr nahe und küsste mich auf den Mund. Ich verließ ihr Zimmer schweigend, und mein Herz war auf einmal wie Stein. Ich bemühte mich, meine Verfassung zu halten, um mich von den Eltern zu verabschieden.

Ich brauchte mehrere Jahre, um die Erfahrung emotional zu verarbeiten und um meine fünf Sinne wieder zusammen zu bekommen, um meine eigene Verwundung herauszuarbeiten, denn ich hatte weitaus Schlimmeres mitgemacht als sie. Das einzige, was ich an ihrem Vorschlag änderte, war, dass ich über *emotionalen Inzest* rede, nicht über emotionalen Missbrauch. Darum trägt dieses Kapitel auch den Untertitel 'Flexibel Sein. Verstehen'. Denn was der Leser hier verstehen wird und was ich im folgenden ausführlicher erklären werde, ist, dass es handfeste Gründe gibt, warum unsere Gesellschaft die nicht-inzestuöse Liebe zwischen Erwachsenen und Kindern dämonisiert.

Der unterschwellige Grund dafür ist namentlich, dass die Mehrheit etwas zu verbergen hat, nämlich den emotionalen Inzest mit ihren Kindern, den sie als ihr Geburtsrecht ansehen.

Traditionell, wie ich es bereits ausführte, war es so in der patriarchalischen Kultur, dass Kinder und vor allem solche weiblichen Geschlechts, Besitztum ihrer Väter waren, und keinerlei eigene Persönlichkeitsrechte hatten. Von dem Ausgangspunkt her war es eher die Regel als die Ausnahme, dass Kinder, vor allem Mädchen, emotional manipuliert wurden, um sie zu charmanten Puppen heranzuziehen; ihr Leben war reduziert darauf, die Puppenfassade so gut und so sexy wie möglich zu spielen, und ihr eigenes Selbst ging dabei verschütt. Das weibliche Kind wurde zu einer unmöglichen Kreatur, einer solchen, die keine eigenen Gedanken hat, keine eigenen Wünsche und keine eigene Seele.

So waren sie denn jeder Eigenheit bar und dienten als bequeme und immer füllbare Abfalleimer für die *unverdauten Emotionen ihrer Eltern*. (Lloyd DeMause). So geschah es, dass junge Mädchen zu *Spielzeugen ihrer Brüder und Väter* wurden, was so eigentlich alles umfasste bis zu Vergewaltigung und Totschlag. Man strippte sie nackt in aller Öffentlichkeit, um herauszufinden, ob sie vaginal lubriziert hatten, was zu harter und grausamer Strafe führte, man strippte sie, um sie zu verprügeln, man bohrte ruchlos in ihren Ohren, ihrem Mund, ihren Vaginas und ihrem Anus herum, angeblich um Körperöffnungen 'zu reinigen', man steckte ihnen Schläuche in den Hintern, um ihnen Einläufe mit warmem Wasser zu geben, weil sie ohne solche Torturen angeblich Darminfektionen bekämen, und man verfolgte sie auf die Toilette, um nur sicherzustellen, dass sie sich 'selbst nicht anrührten'.

Und wenn sie zu 'nutzlosen Essern' erklärt wurden, brachte man sie einfach um. (Lloyd DeMause). Das Recht des Vaters, seine Zöglinge tot zu prügeln, besteht auch heute noch in einigen asiatischen und islamischen Kulturen und es war ein fester Bestandteil der judeochristlichen Tradition, wie es die Thora, der Koran und die Bibel bezeugen.

Emotionaler Inzest ist ein archaisches Grundverhalten dieser pseudo-kannibalischen Vergewaltigung von Kindern, wie es die Psychoanalyse bekanntlich herausfand, eine orale Fixierung, ein psychischer Komplex der Eltern selbst.

Was solche Eltern eigentlich benötigen, ist eine illusorische hohe emotionale Sicherheit, die sich neurotisch dadurch manifestiert, dass Eltern das Kind im wahrsten Sinn des Wortes 'vom Leben abhalten', indem sie sie vor angeblichen Gefahren beschützen, und vor den sprichwörtlichen 'perversen Fremden', die an jeder Strassenecke vermuten. Dies hält diese Mädchen natürlich davon ab, irgendeinen auch nur rudimentären Sinn für die Realität des Lebens zu bekommen, weswegen sie dann später, als Hysterische diagnostiziert, beim Psychotherapeuten landen.

Emotionaler Inzest ist *wirklicher Inzest,* weil das Kind durch die Energie der Eltern vollkommen überschwemmt wird, und dadurch jeden Kontakt zu seiner eigenen Energie und seinem eigenen Selbst verliert! Das ist nach meiner Ansicht bei emotionalem Inzest viel mehr und viel dramatischer der Fall, als bei sexuellem Inzest, da sexueller Inzest das Kind per se nicht seiner Autonomie und seiner Autoerotik beraubt. Auch hat das Kind bei sexuellem Inzest jedenfalls theoretisch die Möglichkeit, nein zu sagen und sich also gegen die sexuellen Avancen sträuben kann. Bei emotionalem Inzest ist es jedoch so, dass, weil diese

Form des Kindesmissbrauchs von unserer Konsumkultur als 'normal' angesehen wird, total passiv bleiben muss und kein 'Recht' auf Widerstand hat. So werden diese Kinder von ihren Eltern emotional ausgenutzt, denn sie haben *lebendige Spiegel zu sein für die Emotionen und Gedanken ihrer Eltern.* (Während es normalerweise gerade umgekehrt ist, aber narzisstische Eltern sind eben nicht im Stand, Spiegel für ihre Kinder zu sein, weil sie sich nur selbst bespiegeln können oder, wie bereits erwähnt, ihre Kinder dazu missbrauchen, Spiegel für sie zu sein). Und wenn das Kind es wagt, in irgendeiner Weise eigenen Willen und Initiative zu manifestieren, dann hagelt es Kritik, dann wird das Kind als 'Verräter der Familie' gebrandmarkt, und dann können solche narzisstisch fixierten Eltern auch grausam und gewalttätig werden.

Bei Familienfesten oder Diskussionen, haben diese Kinder 'gefälligst ihren Mund zu halten' und den Eltern zuzuhören, ohne Kritik zu üben, selbst wenn ihre Eltern ihre Nachbarn zum Teufel jagen, hanebüchenen Quatsch erzählen, in Selbstmitleid schwelgen, oder die Welt heruntermachen als 'Saustall' und ihre Regierungen als 'Verbrecher'. Wagt das Kind es, ein Wort zu piepen, wird es angeschrien und man hält ihm vor, 'perverse Meinungen' zu haben.

In Extremfällen schickt man das Kind, jedenfalls in Amerika, auf die Toilette, um 'seinen Mund zu waschen'. Das geht auch so weiter, wenn sie bereits mitten in der Pubertät sind oder gar am Ende und sich dem Heiratsalter nähern. Es geht dann auch in aller Regel noch weiter, und endet dann oft mit handfester Gewalt, wenn das Mädchen heiratet, und ihr Mann es dem 'Idiot von Schwiegervater einmal richtig zeigen' will. Das kann dann *durchaus heilsam sein,* und je mehr solche Eltern es in die Fresse bekommen, umso besser, denn das ist das einzige, was sie verdient haben! Oft bricht das Ehepaar dann die Beziehung mit den

abusiven Schwiegereltern einfach ab, oder man steckt sie in ein Alters-
heim, wo sie mit dem Personal herumschreien und jedermann zur
Weißglut treiben!

In traditionell-patriarchalischen Kulturen rechtfertigt man jede Art von
emotionalen Missbrauch in jeder nur erdenklichen Weise. Man geht
gar soweit, solch unmögliches und gewalttätiges Verhalten als 'die eigentlich wahre elterliche Liebe' zu bezeichnen, als ob Kinder Liebe in
der Form von bitterer Medizin verlangten, um gesund heran zu wachsen. Solche Iden sind einfach, was sie sind, perverse Ausgeburten einer
perversen Kulturverbiegung, die sich Patriarchat nennt. Wer hier Heilung braucht, sind die Eltern, nicht die Kinder.

§09. Kindliebe Handhaben

Der Leser mag argumentieren, es sei nicht seine Schuld, wenn er einen exorbitanten Machthunger habe, denn das sei eben das Resultat einer gewalttätigen Erziehung und all den Demütigungen, die man erlitten habe als Kind, oder gar die allgemein emotional und sexuell repressive Haltung unserer Konsumkultur.

Sie haben Recht! Und da dies eine Tatsache ist, müssen sie eben *etwas tun dagegen! Diese Einsicht sollte sie nämlich dazu bringen, alle mentalen und religiösen Konzepte über Bord zu werfen, denn sie sind keinen Pfifferling wert, um ihren inneren Kontrolleur, der außer Rand und Band ist, in die Grenzen zu weisen, und ihrem inneren Kind wieder neues Leben einzuhauchen.*

Diese mentalen und religiösen Konzepte sind es nämlich, die noch mehr Angst und noch mehr Unterdrückung ihrer wahren Emotionen bewirken. *Hüten sie sich, sich selbst Gewalt an zu tun, denn alle Gewalt, die sie sich selbst antun, werden sie anderen antun! So kommt es, dass Moralismus einer der stärksten Faktoren in der Ätiologie der Gewalt ist!*

Der Weg zum Frieden fängt damit an, sich selbst Frieden und Freiheit zu geben, Toleranz zu üben gegenüber seinen Schwächen, und unendliche Geduld und Permissivität.

Klingt das ungewöhnlich? Um es klarer zu machten, werde ich ein Beispiel geben. Seit vielen Jahren, zuerst in meiner Qualität als Rechtsanwalt, dann später als Coach und Lebensberater, habe ich viele Gefangene betreut, in der Regel solche, die sehr lange Freiheitsstrafen zu verbüssen hatten. Einer, ein Amerikaner, hatte die längst Strafe be-

kommen, 130 Jahre. Er war in einer schrecklichen Situation. Ungeachtet der Tatsache, dass er ein friedlicher Intellektueller war, und noch dazu sehr hilfreich für andere Häftlinge, indem er ihnen Briefe für die Behörden verfasste auf seiner Schreibmaschine, nahm ihn niemand ernst; er wurde nicht als der erkannt, der er wirklich war. Wenn, wie es oft vorkam in der Anstalt, ein gewalttätiger Aufruhr geschah, so wurde er, obwohl er daran vollkommen unbeteiligt war, mit bestraft. Nach dem ersten Aufruhr wurde seine Schreibmaschine konfisziert—ohne jede Begründung. Jeden Tat verschlimmerte sich seine Lage. Seine Affäre war ein Schauspiel für die ganze Nation. Er hatte eine Frau geheiratet, um als Stiefvater der beiden Söhne seine päderastische Liebe mit ihnen zu leben. Die Jungen waren vollkommen positiv hinsichtlich der Beziehung, was von den forensischen Psychiatern bestätigt wurde.

Und doch wurde er als nationales Monster gebrandmarkt und in jeder Hinsicht gedemütigt. Seine Frau und Mutter der Jungen fühlte sich bitter betrogen und sie war es denn auch gewesen, die ihn bei der Polizei anzeigte, als sie die Beziehung, die er mit den Jungen hatte, ausspionierte.

Ich habe seine fast aussichtslose Lage sofort erkannt und habe daher für ihn einen Plan für seine Rettung ausgearbeitet. Ich hatte nach den ersten Briefen die starke Intuition, dass er eine radikale Persönlichkeitsveränderung durcharbeiten müsse, um nicht am Ende lebenslang inhaftiert zu werden. (Ich möchte hier anmerken, dass auch 130 Jahre Gefängnisstrafe in Amerika nicht 'lebenslang' bedeuten muss, denn hier besteht ein großer Unterschied zur Situation in Europa. In Amerika kann durch die sogenannte 'parole' auch eine sehr lange Strafe beachtlich verkürzt werden. Mit anderen Worten, er ging mit Recht davon aus, dass er bei guter Führung nach etwa 10 bis 15 Jahren entlassen

werden würde). Als ich die Betreuung begann, hatte er bereits fünf Jahre verbüsst.

Ich habe für ihn mehr getan, als für jeden anderen Gefangenen in den mehr als zehn Jahren meiner Betreuungsarbeit. Ich schickte ihm sogar Geld, was normalerweise nicht zur Gefangenenbetreuung gehört. Sein schreckliches Schicksal und seine Intelligenz und vermeintlich guter Charakter hatten mein Herz gewonnen.

Aber da begann das Problem. Als ich ihm den Plan, welcher konkrete Aufgaben und Gebete beinhaltete, mitteilte, beendete er meine Betreuung, und das nach fünf Jahren intensiver Zusammenarbeit, mit wenigstens einem internationalen Briefwechsel pro Woche. Er schrieb mir, ich sei wohl von der 'Heilsarmee' und er habe keine 'Moralpredigten' nötig—während meine Beratung natürlich alles anderes war als das.

Was im einzelnen geschah, war folgendes. Er bat mich, ihm 'kleine Freunde' zu verschaffen, und als ich zu der Zeit in Indonesien arbeitete, meinte er, das sei wohl leicht zu finden. Er glaubte, mit kleinen Jungen Korrespondenzen unterhalten zu können, ohne dass die Gefängnisautoritäten etwas davon bemerken würden. Und in der Tat befand sich auf der Rückseite jedes seiner Briefe ein offizieller Stempel, der besagte, dass der Inhalt dieses Briefes nicht behördlich zensiert worden sei. Ich schrieb ihm mehrmals, dass ich das niemals für ihn tun würde, weil es Selbstmord sei und ich in keiner Weise glaube, die Post sei nicht gelesen von den Behörden. Er schuldigte mich an, ich verstehe seine Lage in keiner Weise, und habe kein Gefühl für sein 'schreckliches Liebesverlangen' und dass ich als Freund doch viel verständnisvoller sein müsse. Ich antwortete ihm, dass ich ihn voll und ganz verstehe—was

auch wirklich der Fall war—, aber dass es nicht ausgeschlossen sei, dass, wenn ich das für ihn tue, die Gefängnistür für ihn womöglich für immer geschlossen bliebe.

Er selbst war es schließlich gewesen, der mir die unglaublichen und absolut rechtswidrigen und demütigenden Haftbedingungen mitteilte, die man nur als Tortur bezeichnen konnte. Es war in Virginia, einem Staat der USA, der bekannt ist für seine rechtsradikale politische Orientierung und die brutalen Haftbedingungen, die dem Standard der Vereinten Nationen flagrant ins Gesicht schlagen.

In den folgen Briefen versuchte ich, sein Bewusstsein auf die Tatsache zu richten, dass es nach allem doch er selbst es war, der diese zugegebenermaßen grausame karmische Reaktion auf sich geladen hatte! Was ich nach fünf Jahren intensiver Korrespondenz denn auch feststellen musste, war, dass er unbewusst das *perverse und gewalttätige Wertsystem* der Gesellschaft, in die er geboren war, internalisiert hatte. Er hatte es zu seinem eigenen Glaubenssystem gemacht und hatte also, metaphorisch ausgedrückt, sich diese absurde Strafe selbst erteilt, mit 'der Gesellschaft' als dem langen Arm seines eigenen strafenden inneren Kontrolleurs. Das konnte er nicht akzeptieren und brach daher die Beziehung ab.

Wir können *natürlich immer unsere Augen schliessen,* um die Wahrheit von Karma, dass heißt, unseres Lebens, auszublenden. Und wir haben das Recht dazu.

Für mich selbst war dieser Fall eine wichtige Lehre. Ich lernte, dass man einem anderen Menschen nur dann helfen kann, wenn er sich selbst helfen will. Das Problem mit ihm war, *dass er Freiheit nicht akzeptierte.* Freiheit selbst machte ihm mehr Angst, als alles andere. Er sprach oft

davon, stellte sich vor, wie es denn wohl sei, wenn er die 'parole' bekäme und auf einmal wieder frei sei, und er fügte dann jedes Mal hinzu,
es mache ihm sehr Angst, wieder 'frei' zu sein. Ich erzählte ihm die Geschichte eines Mannes,, der in Georgia inhaftiert war, einem Staat, der
zumindest ebenso drakonisch ist wie Virginia, und der einen Mord begangen hatte. Dieser Mann war nach fünf Jahren Freiheitsstrafe entlassen worden. Er hatte zum Glauben gefunden und war von einer solchen Liebe für andere und von einem solch positiven Geist erfüllt, dass
die Autoritäten der Meinung waren, er habe seinen Charakter vollkommen geändert und verdiene die Freiheit. In seiner Antwort über-
schüttete er mich mit Vorwürfen und Gemeinheiten, dass meine Betreuung für ihn nichts als 'emotionales Wachs' sei, und dass die Geschichte sicher voll und ganz erlogen sei.

Ich weiß, dass solches ungewöhnlich ist und das Buch, das dieser Gefangene von Georgia über seinen Fall schrieb, schien mir authentisch
zu sein; ich hatte auch keinen Zweifel daran, dass er all das nur geheu-
chelt hatte, um frei zu kommen. Es war nun einmal was es war, eine
persönliche Transformation.

Ich schrieb ihm also zurück, all das sei keine Illusion, sondern ganz
konkret die Frage, inwieweit jemand bereit und in der Lage sei, *sein
Glaubenssystem zu ändern*. Ich machte ihm auch klar, dass, um dahin zu
gelangen, er seine Liebe für Knaben voll und ganz akzeptieren müsse!
Aber das war genau der Haken, dies hatte er nie getan; er war sich
selbst sein größter Feind. Er sah nicht ein, dass wir alle verschieden
sind und dass unsere sexuellen Präferenzen nur ein Teil dieser Verschiedenheit sind—und noch nicht einmal der wichtigste Teil.

Solange unsere Angst, anders zu sein, größer ist, als unser Mut, uns selbst zu sein, können wir unsere Eigenmacht und inneres Wachstum nicht realisieren. Woran es uns dann namentlich mangelt ist eine *Identität*; wir leben dann nicht unser eigenes Leben, sondern das Leben eines mysteriösen Fremden, welcher unser Leben wie ein anonymer Schatten dominiert. Identität kommt zustande durch unsere Akzeptanz unseres ureigenen Schicksals, unseres Dharma, und es zum Positiven zu wenden, damit die darin enthaltene Saat wachsen kann.

Emotionale Sicherheit ist eine Folge von authentischer Identität und sie kommt natürlicherweise zustande. Solange, als Identität nicht gebildet ist, solange wir gefangen sind in einem Wertsystem, das mehr Schein ist als Sein, solange wir keine wahre innere Freiheit erlangt haben, sind wir potentiell unsicher. In dieser Situation helfen uns die unsichtbaren Kräfte des Universums jedoch, denn sie arbeiten unermüdlich mit an unserem spirituellen Wachstum, um uns damit zu helfen, wirkliche Identität zu bilden, welche auf unseren Seelenwerten beruht. Wir müssen uns nur darum bemühen, in Kontakt mit diesen Geistführern zu kommen, und sie um Hilfe und Schutz bitten. Dieser Prozess wird sehr dadurch unterstützt, indem wir täglich *positive Affirmationen* wiederholen wie sie unten in einigen Beispielen angeführt sind. Dies sind praktische Hilfsmittel, die viele Menschen bereits kennen, aber es gibt auch subtilere Wege. Letztere sind noch effektiver, obwohl die meisten Menschen sie nicht kennen.

Einer dieser praktischen Wege ist es, Weisheit walten zu lassen in all unseren verbalen Äußerungen, in Rede und Schrift. Das bedeutet namentlich, dass wir auf negative Ausbrüche so gut wie verzichten; das heißt vor allem, dass wir uns ganz und gar zurückhalten, über andere hinter ihrem Rücken zu reden, indem wir darauf verzichten, andere in

irgendeiner nur möglichen Weise herunterzumachen vor anderen. Zum anderen bedeutet es, dass wir uns so gut als möglich zurückhalten, Gefühlen von Machtlosigkeit, Frustration, emotionalem Stress und Hoffnungslosigkeit Ausdruck zu geben, denn solches verstärkt sie nur und unterminiert die grundsätzlich positive Grundhaltung der Psyche und auch das Gefühl von emotionaler Sicherheit und Vertrauen in aller Art von Beziehungen. Und ohne Vertrauen geht es nun einmal nicht! Ohne Vertrauen sind Beziehungen nicht möglich, was zu Einsamkeit und Isolation führt.

Wir können wir schlechte Sprache verhindern in unseren täglichen Beziehungen? Wir müssen zunächst an unserem inneren Dialog arbeiten. Dies ist eine Art von innerer Reinigung, wie es Meditation ist. Es ist eine konstante, dynamische Arbeit an unserem Geist, die positive Resultate bringt; aber diese Resultate kommen nicht auf einmal, sie kommen ganz graduell, in kleinen Schritten.

Durch diese Arbeit verstärkt sich das Bewusstsein und wird flexibler; je flexibler der Geist, umso stärker ist er, denn er kann sich dann viel leichter an die ständige Änderung äußerer Umstände anpassen.

§10. Die *Kleiner-Mann* Regel

Wenn Verhalten und Beziehungen *nicht sozial kodiert sind,* entwickeln sich brutale und grausame Verhaltensweisen. So hat unsere Gesellschaft, indem sie sich weigerte, Kindliebe sozial zu kodieren, sowohl für Kinder als auch für ihre Liebhaber Konfusion und Instabilität hervorgerufen statt Klarheit und Stabilität. Wenn die Gesellschaft Verbote als Verhaltensnormen oktroyiert, kreiert sie unweigerlich Schwarzmärkte. Das ist das alte paternalistische 'es besser zu wissen, als die Leute', das unsere Regierungen bestärkt in ihrem Wahnwitz, denn es ist keine Regel des Friedens, sondern der Urgrund aller Gewalt in jedweder Kultur.

Was ich hier anspreche als *Die Kleiner-Mann Regel* ist eine Variante des moralistischen Paradigmas, das seit mehr als fünftausend Jahren auf dieser traurigen Erde herrscht. In moralistischer Erziehung, die, die als die Gewinner herausgehen sind die, die ihre Emotionen am besten unterdrücken und damit ihr eigenes Selbst verleugnen. In der gegenwärtigen Pädophilenhetze und den Kinderschutzgesetzen, welche eigentlich *Kinderstutzgesetze* sind, ist eine Regel im Schwange, die ich die Kleiner-Mann Regel nenne. Hier ist es ebenso wie in der Schule, es sind die, die anderen in den Rücken schießen, die als kulturelle Helden hervorgehen. Was ist das Resultat? Eine Gesellschaft von Spießern,, Verrätern, Verfolgern, Spionen und Betrügern! Die, die das Spiel spielen, *werden zweimal bezahlt!* Sie machen ihren Revach auf dem Buckel derer, die von der Gesellschaft als die Verlierer gestempelt werden, und sie bekommen Rückenwind von der Metagruppe, das sie für ihren Mangel an Loyalität und ihre moralische Korruption belohnt.

Das ist genau das, was Laotse im *Dao De Ging* sagt, nämlich, das moralistische Erziehung die Massen dazu führt, jedes natürliche und authentische Gefühl für Moral zu verlieren.

18. Heuchelei

Wenn das Tao vergessen ist,
Entstehen Pflichten und Justiz;

Dann sind Wissen und Weisheit gepriesen,
Zusammen mit Heuchelei.

Wenn harmonische Beziehungen sich auflösen,
sind Respekt und Devotion an der Tagesordnung;

Wenn eine Gesellschaft sich in Dekadenz befindet,
sind es Loyalität und Patriotismus, die einzig zählen.

Es ist nicht überraschend, dass diese Einsicht wirklich so alt ist, denn Moralismus ist ein Deckmantel für Immoralität, eine heuchlerische Fassade von falschen Werten, die auf Wüstensand gebildet sind. Selbst die größten Heiligen sind zuweilen in Versuchung geführt. Das ist nicht nur so für Heilige, sondern auch für Liebhaber, und nicht zuletzt für Kindliebhaber. Die Versuchung in dem Falle geht nicht vom Kinde aus, sondern von seiner Mutter.

—Hallo Mann, wie gefallen dir meine Kleinen?

Es ist natürlich nicht so explizit und verbal, aber auf dem nichtverbalen unterschwelligen Niveau ist es genau das. Natürlich gehören solche Mütter nicht zu denen, die man 'aus gutem Haus' nennen würde, es

sind keine 'Töchter aus guter Familie', in den meisten Fällen sind sie geschieden und haben eine Kindheit voller Missbrauch hinter sich—hässlich, arm, geldgierig und gewalttätig.

Da sitzt sie mit ihren zwei Matrönchen, in einem Pizza Snack, auf die Gelegenheit ihres Lebens wartend. Die Mädchen haben blasse, hässliche und traurige Gesichter, aber schöne Körper unter ihrer billigen Kleidung. Sie sind so um die acht oder neun. Eine dreht sich um und gibt mir einen tiefen Blick, wagte es nicht zu lächeln, oder ihr Herz war einfach so voller Trauer, dass sie dazu nicht in der Lage war. Die andere ißt, und wie! Sie musste ausgehungert sein. Das Haar der Mädchen hatte keinen Glanz, keine Schönheit, flach und belanglos wie ihre Gesichter. Ich fühlte, dass ihre Trauer ansteckend war. Mein Herz fühlte sich in einem Moment *schwer* an. So viel Intensität war in dem Blick des Mädchens, eine Intensität, die nicht zu ihrem fahlen Antlitz passte. Wo kam diese Energie her, fragte ich mich? Es war eine Frage, eine Aufforderung, die sie mir hinwarf in dem Moment. *Nimm mich mit, wenn du kannst!* Viele Kindliebhaber in einer solchen Situation interpretieren das als *Nimm mich, wenn du kannst!*

Das ist nicht ohne weiteres eine Fehlinterpretation; die Aufforderung des Mädchens, mit dir ins Bett zu gehen, mag sich auf ehrliche Vereinbarung gründen, eine Art von Bezahlung für eine Dienstleistung. Ich will aus diesem Milieu 'raus und dafür bezahle ich gern mit sexueller Willigkeit. Ich habe die Brutalität und Gewalt satt, die Armut, die ewigen Vorhaltungen—wenn du mich wirklich da heraus bringst, sind wir Freunde, und du kannst mich haben, *ganz haben!*

Während Heterosexuelle solche Botschaften nicht empfangen, weil sie einfach keine Antenne dafür haben, sind Kindliebhaber empfänglich für sie, *zu empfänglich* vielleicht, denn die Gefahr ist groß!

Nun wollen wir zusammen einen Blick werfen, wie solche Beziehungen ausgehen, in vielen Fällen. Als die Mutter sah, dass ihre kleinere Prinzessin ein Opfer gefunden hatte, flüstert sie etwas in das Ohr des Mädchens, worauf das Kind lächelt, und sich mehrmals nach mir umdreht. Die Mutter grinst, was sie noch hässlicher macht, als sie ohnehin ist, und ich verstehe, dass sie für Jahre nicht gelächelt hat.

Ich lächele zurück, mechanisch, mich wundernd, wie ich es über mich bringen konnte, ein solches Monster anzulächeln. Das kleinere Mädchen hatte nun ihr Mahl beendet und dreht sich nach mir um in einer graziösen Geste, die ich nicht erwartet hatte. Sie schüttelt ihr fahlblondes Haar und ich schaue in ihre blauen Augen. Ich fühle mich wie ein Stein, gefesselt, unfähig zu jeder Bewegung, zu jedem Ausdruck, zu jedem Wortfitotal verliebt. Sie sagt:

—Warum kommen sie nicht 'rüber zu uns? Es scheint, sie haben noch nicht bestellt, und hier ist noch ein Platz frei neben mir …

Ich fühle mich wie ein Roboter, unfähig zu jedem Widerstand, und ohne einen Wink des Schicksals zu erhalten, der sagt *Pass auf, Mensch!* Nur *ein Gedanke,* nur ein Gefühl beherrscht mich, meine Gefühle und mein Herz: Liebe! Und der Rest des Romans spult ab wie ein Film. Es kann so und so ausgehen. Lasst uns einmal sehen, wie es in den meisten Fällen geht, denen, die zu Gericht gehen, und wie es gehen kann in ganz anderen Fällen, denen, die in Frieden und ohne Korruption ablaufen, und die reiche Früchte bringen.

Im ersten Fall profitiert die Mutter von der 'Kleiner Mann Regel'. Sie wird Komplizin sein vom ersten Moment, und sie wird also den Mann ermutigen, ihre Töchter so oft als möglich zu besuchen, ihnen 'etwas beizubringen' oder sie ins Kino einzuladen. Sie wird als Gegenleistung um kleine Geschenke bitten. Zum ersten sind gewisse Rechnungen noch nicht bezahlt, zweitens braucht man einen neuen Kühlschrank, den der alte gab gerade vorige Woche seinen Geist auf, und drittens sind die Schulgebühren für die Mädchen noch nicht bezahlt.

Der Mann denkt natürlich, dass er ein gutes Werk tut, um hier auszuhelfen, und doch nichts für sich selbst zu beanspruchen. Dieser Gedanke setzt ihn zur Ruhe und hilft ihm, mit der Angst fertig zu werden, denn er ist sich wohl der Gefahren einer solchen Beziehung bewusst. Er ist kein dummer August. Er ist gewarnt worden von seinem inneren Führer, durch Träume und Vorahnungen.

Tatsächlich gibt ihm die Mutter der Mädchen den Eindruck, dass er doch *etwas* verlangen kann im Austausch für das, was er gibt, aber es wurde nie definiert, was das denn sei, obwohl es klar war, dass es mit ihren Töchtern zu tun hatte, oder die der beiden, die er bevorzugen würde. In einer Welt und Gesellschaft, wo nichts frei ist, was wirklichen Wert hat, dieser Eindruck, den er hatte, konnte nicht vermieden werden. Wenn der Mann wirklicher Kindliebhaber war, wird er sicher in einen inneren Konflikt geraten, und sich sagen, dass er keinesfalls von der Situation profitieren wolle.

Auf der anderen Seite ist er sich nicht wirklich im klaren, was die Mutter eigentlich will oder im Sinn habt. Der innere Kampf, den er durchsteht, wird durch das kleinere Mädchen beendet, eines Tages, als sie allein waren, auf dem Sofa, um fern zu sehen. Die Mutter war mit der

älteren Tochter ausgegangen, um einige Einkäufe zu machen, die man so lange aus Geldmangel nicht tun konnte, und welche nun möglich waren, da ein Hausengel seine Beiträge leistete.

Nun, da sind die beiden auf dem Sofa, und beginnen, sich zu streicheln. Sie fühlen sich gut, ist ist ein Gefühl der Sicherheit, der Geborgenheit. Er bemüht sich, seine sexuelle Lust auf das Mädchen so gut zu beherrschen, als er kann. Und doch hat er Angst. Er wundert sich über die Veränderungen, die bei den Mädchen stattgefunden hatten; ihr Haar war schimmernd jetzt, und voll, ihre Haut war zart und ihre Manieren waren weitaus nobler und sensibler als zuvor.

Er konnte sich nicht verhehlen, dass er doch, nach allem, gute Arbeit geleistet hatte mit ihnen, eine Arbeit, für die er nicht bezahlt worden war. Er hatte all seine Freizeit hingegeben für seine Sorge um sie und darüber hinaus hatte er gar bezahlt dafür, um überhaupt mit ihnen zusammmen zu sein. Er hatte den 'deal' der Mutter akzeptiert, aber wusste er wirklich, was die Bedingungen dieses Geschäfts waren? Und was hatte er denn nun selbst erhalten davon? Und doch, er dachte nicht an Erfüllung oder Gratifikation. Er war glücklich, dass er überhaupt in einer Liebesbeziehung war, statt allein zuhause zu sitzen und öd und traurig sein Schicksal zu beklagen. Seine kleine Freundin war so wunderbar, so unglaublich attraktiv jetzt. Das Mädchen hatte offenbar keinerlei Angst. Und wovor sollte sie eigentlich Angst haben? Sie kannte ihn seit Wochen und Monaten und vertraute ihm vollkommen. Sie hatten in einem Bett geschlafen mehrmals.

Er hatte sich in jeder Hinsicht wie ein Vater verhalten, ein Vater, den die beiden Mädchen niemals hatten.

Und doch, in dem Moment änderte sich ihre Kommunikation in subtiler Weise und ihre Liebesgeschichte wurde eine andere. Das Mädchen sagte:

—Weißt du, mein Vater war die meiste Zeit ekelhaft. Wenn er betrunken war, schlug er meine Mutter und uns Mädchen. Dann fiel er in tiefen Schlaf, und am nächsten Morgen schlug er uns wieder. Ich habe nur *ein einziges Mal* liebevolle Gefühle gehabt für ihn …

—Und ich fragte sie scheu. Warum, also, dieses Mal?

Sie kicherte und antwortete:

—An dem Nachmittag waren wir allein im Haus und es war alles so entspannt und irgendwie lustig, I weiss nicht warum. Er erzählte Witze und für dieses einzige Mal guter Laune und streichelte mich, und nannte mich seinen 'kleinen Stern'. Das hatte er nie zuvor gesagt, und ich war so glücklich! Und er kitzelte mich *unten*, und es fühlte sich so gut an. Weißt du … ?

Er sagte nichts. Sein Verlangen war groß. Er platzierte vorsichtig und zärtlich seine rechte Hand zwischen ihre Beine, und schaute dabei in ihre Augen, um zu sehen, ob sie damit einverstanden war oder nicht. Er hätte seine Hand im Moment zurückgezogen, hätte er in ihrem Blick wahrgenommen, dass sie sich unwohl fühlte angesichts seiner Geste. Aber was geschah? Sie lächelte. Dann schloss sie ihre Augen und flüsterte:

—Mehr … es fühlt sich so gut an. Ich mag es.

Kurz darauf öffnete sie ihre Augen und sagte entschieden, sie sollten besser auf dem Sofa Platz nehmen, den es würde *so viel mehr Spass sein, das Spiel dort zu spielen* …

So spielten sie denn weiter. Und mochten es beide. Und spielten ein anderes Spiel, ein intimeres. Und so ging es fort. Der Leser mag die Subtilitäten des Liebesspieles kennen oder nicht, ich selbst mag sie kennen oder nicht, aber darauf kommt es mir hier nicht an. Was ich sagen will ist, dass diese Geschichte natürlich eine Lehrfabel ist; ich habe sie nicht selbst erlebt. Aber es gibt eine Unzahl von ähnlichen Geschichten, wahren Geschichten!

Und so kam es denn, dass sie eines Tages komplette Beziehungen hatten, zumindest oral und anal, denn er wollte sie keinesfalls ihrer Jungfräulichkeit berauben. Später, als alles schief ging, weil die Mutter sie ausspionierte und die Polizei anrief, wurde er wegen *Vergewaltigung* verhaftet, und der Staatsanwalt sagte in seinem Plädoyer, er habe sie 'brutal sodomisiert', dass er ein Vergewaltiger sei, der alles im voraus im kleinsten Detail geplant habe, um seine 'sexuelle Attacke' Monate im voraus geplant und durchdacht habe; dass er ganz besonders gefährlich sei wegen seiner sorgfältig geplanten Strategie, das Mädchen zu verführen zu 'illegalem Sex', dass er über Monate hin die Situation ausspioniert habe, während er den 'guten Samariter' gespielt habe, um dann nicht nur das Mädchen, sondern die ganze Familie brutal zu vergewaltigen. Am Ende habe er gar die 'heilige Familie' in den Dreck gezogen und verdiene daher die Höchststrafe. Er sei daher nicht nur ein Kindesvergewaltiger, sondern auch ein Familienvergewaltiger!

Sein Problem war, dass er offen gestand, und kein Strafverteidiger ihm helfen konnte. Die Polizei hatte ihn an der Nase herum geführt, indem

sie sagten, sie würden ihm gerne helfen, eine geringe Strafe zu erhalten, wenn er alles zugebe, indem sie behaupteten, das Mädchen habe *ihnen alles offenbart.* In Wahrheit hatte sie jede Aussage verweigert, trotz aller Bedrohungen und subtilen 'deals' für Mitarbeit, die die Polizisten von der Sippe ihr offeriert hatten.

Er wurde also verurteilt auf sein eigenes Geständnis hin, ohne jeden Beweis!

Die Mädchen wurden ins Erziehungsheim gesteckt, wo sie jeden Tag geschlagen und gedemütigt wurden, und wo man ihnen 'moralisch korrektes Verhalten' einimpfte. Die Mutter ging allein zu ihrem öden Pizza Snack, mit einer noch weitaus hässlicheren Fratze, und fühlte sich noch mehr als 'Missbrauchsopfer' als zuvor. *Diese Männer, sie sind doch alle gleich!* Sie wusste es immer, und für alle Zeiten.

Sie hatte die *ungeschriebene Vereinbarung* total vergessen, die sie mit dem Mann geschlossen hatte, und die rosige Perspektive, die sie sich in ihrem Geist ausgemalt hatte über diesen Mann, den sie mochte, nicht als Liebhaber, aber doch als Freund und den sie respektiert hatte, bevor er das *hässliche Ding* tat mit ihrer jüngeren Tochter und das sie *niemals verstehen würde.* Wirklich?

War sie nicht eine Frau und war er nicht ein Mann? Und was war denn dann eigentlich das Verbrechen, das er begangen hatte? Und war sie nicht nach allem Komplizin gewesen darin? Und wie stand es mit ihren Erwartungen, und all dem, was er für die sie und die Mädchen getan hatte; wenn sie ehrlich genug gewesen wäre, hätte sie sich zugestehen müssen, dass er auch für sie persönlich viel eingesetzt hatte, wenn es auch nicht Liebe gewesen war, so doch Vertrauen und Freundschaft, finanzielle Unterstützung, oder seine aktive Hilfe, sie vor den Autoritä-

ten zu verteidigen, als man ihr die Erziehungserlaubnis für die Kinder wegen Drogenmissbrauchs entziehen wollte. Und dann die friedlichen und freundlichen Dialoge, die sie mit ihm gehabt hatte, das gegenseitige Vertrauen, seine Diskretion und die beschützende Rolle, die er in ihrem Leben gespielt hatte und die sie bei anderen Männern nicht gekannt hatte. War das alles nichts? Nein, aber er war ein *Pädophiler* nach allem! Wenn er jedoch an ihr auch erotisch interessiert gewesen wäre, wenn sie ein 'richtiges Verhältnis' gehabt hätten, ja dann hätte sie die Polizei doch vielleicht nicht angerufen …

Als sie sich das zugestehen musste, war ihr plötzlich unwohl zumute. Es war ein Gedanke, den sie gewisslich zu verdrängen suchte, der aber immer wieder kam. Plötzlich schämte sie sich, ihm im Gerichtssaal gegenüberzustehen; sie fühlte sich hässlich, aber sie war entschlossen, es nicht zu zeigen. Sie war ja immer hässlich gewesen, ganz abgesehen von dem tiefen Ausdruck von Depression und Abscheu in ihrem Gesicht, den der Richter natürlich voll dem Angeklagten anrechnete. Ja, er hatte nun schließlich auch irgendwie die Mutter missbraucht, die ganze Familie …

Die *Kleine-Mann Regel* bedeutet, zweimal einzukassieren, einmal vom Liebhaber und dann vom Staat, welcher paternalistischen Schutz und Betreuung anbietet, welche darin besteht, die Familie zu zerstören, indem sie das Baby mit dem Badewasser ausschüttet.

Diese Art der Geschichten, wir kennen sie alle. Sie stehen jeden Tag in unseren Schmierblättern, die wir hochtrabend 'Zeitungen' nennen. Das ist, wie es euch gefällt, wie schon Shakespeare es sagte, damit euer 'Kleiner-Mann' Weltbild, das ihr euch so zurechtgezimmert habt, um das wahre Leben nicht zu sehen, aufrechterhalten werden kann. Der An-

fang der Geschichte, die Details, das überseht ihr natürlich in eurem Bedürfnis, euer Glaubenssystem aufrechtzuerhalten. Denn, wäret ihr sensibler, so würde die Wahrheit dieser Geschichte euch aus dem Sessel schlagen und ihr würdet viele eurer Meinungen ändern, eurer sogenannten 'Überzeugungen', welche nach allem nichts sind als emotionaler Schlamm. Dann würdet ihr nämlich das Baby, das dabei ist, mit dem Badewasser ausgeschüttet zu werden, am Schopf ergreifen und retten, wenn der neue Staats-Inquisitor seine postmodernen Hexen exekutiert, und ihr würdet fragen:

—Aber Baby, wo ist denn deine Wunde? Wo zum Teufel bist du verletzt worden? Ich kann es nicht sehen …

Und wobei ich fast sicher bin, dass ihr glaubt, das sei der einzig mögliche Ausgang der Geschichte, werde ich euch hier einen anderen präsentieren, der ungewöhnlicher ist, ob er nicht weniger wahrscheinlich ist. Weil solche Geschichten ein *Happy End* haben, werden sie nicht in euren Dreckblättern publiziert, weil solche, die nach Perversität lüstern, nicht auf ihre Kosten kommen. Also wo könntet ihr möglicherweise von diesen Geschichten erfahren? Wenn ihr nicht einen Freund hat, der Kinder liebt, und der seine Liebe glücklich lebt und ohne das Opfer der *Kleine-Mann Regel* zu werden—und solche habe ich wahrhaft gekannt—dann habt ihr eine sehr geringe Chance, je von solchen Liebesgeschichten zu erfahren, denn das ist es, was sie sind, *Liebesgeschichten*, nicht Missbrauchsgeschichten.

Darüber gibt es auch keine Filme, denn eigenartigerweise wollen die meisten Menschen nur Tragödien sehen, was eigentlich zeigt, dass sie stur und steif an die *Kleine-Mann Regel* und an nichts anderes glauben. Denn was Geld bringt, wird produziert, nicht was wahr ist und authen-

tisch. So ist das in der *Kleine-Mann Welt*. Nicht was uns Seelengewinn bringt, sondern was uns kahl rasiert und uns die recht Hirnhälfte wegbrennt, ist, was die meisten Konsumenten sehen wollen.

In der Geschichte, die ich nun erzählen werde, war die Mutter ein ganz anderer Charakter von Anfang an und die Mädchen sahen nicht aus wie missbrauchte Kinder; sie waren schöne und anmutige Kinder. Ich bin natürlich nicht sicher, denn alles das ist natürlich meiner Fantasie entsprungen, so also, lieber Leser, wenn sie es besser wissen, dann umso besser. Und doch glaube ich, dass ich nicht am Leben vorbei argumentiere oder sentimentalen Kitsch erzähle hier.

Ich weiss nur eines, dass die Mutter und der Liebhaber eines Tages in der Küche zusammen saßen und sie lächelte ihn plötzlich an, und sagte:

—Weisst du, dass ich dich von Anfang an mochte, und wenn ich gewusst hätte, dass deine Liebe für meine Kleine ihr Leid antut, hätte ich gewusst, was zu tun! Und ich hätte die Macht gehabt dazu, glaub' es mir …

Er schaute betroffen drein, und sie fuhr fort:

—Ich bin nicht naiv und keine Komplizin in einer Tat, die als Verbrechen angesehen wird! Aber auf der anderen Seite bin ich nicht narzisstisch genug, um mich zu trösten mit der vagen Hoffnung, dass du auch *mich* eines Tages liebst, und nicht nur sie … Ich wusste, du hast sie auf den ersten Blick geliebt, nicht wahr?

—Ja, es ist wahr. Ich danke dir, so offen zu sein mit mir, ich schätze das sehr …

—Ja, ich schätze es auch, dass wir so offen miteinander sein können.

—Ich hatte es meinerseits nicht wirklich erwartet … und es zeigt mir, dass du reif genug bist, dich der Verantwortung im klaren zu sein, die du für sie übernommen hast …

—So … bist du also nicht gegen meine Liebe mit ihr?

—Um ehrlich zu sein, ich kämpfe immer noch mit mir deswegen … es ist nicht so leicht, damit fertig zu werden. Nach allem bin ich eine Frau, und Mutter. Ich habe meine Ängste, aber …

—Ja … ?

—Ich habe mit ihr gesprochen darüber. Sie sagte, sie liebt dich und sie liebt es, von dir geliebt zu werden und dass sie *alles* liebt mit dir—verstehst du, was ich meine?

—Nicht … wirklich …

—Nun, ich weiss, du schläfst mit ihr, oder sagen wir, *in gewisser Weise*. Ich weiss, dass du nicht brutal bist und sie nicht vergewaltigst; du könntest das ohnehin nicht mit ihr tun, denn ich habe sie so erzogen …

—Wie … wenn ich fragen darf?

—Ich habe sie aufgeklärt, bereits, als sie klein war. Dazu gehörte, dass ihr erklärte, was Liebe ist und was *nicht* Liebe ist. [Plötzlich lächelnd] Ihre größere Schwester ist eifersüchtig, weißt du das?

– Ja, ich weiss es.

—Nun, könntest du ihr vielleicht ein wenig mehr Aufmerksamkeit schenken. Ich meine natürlich nicht, dass du dich ihr aufdrängen solltest, aber sie fühlt sich schrecklich vernachlässigt, sie fühlt sich hässlich. Du hast zuviel Aufmerksamkeit für meine Kleine.

—Was schlägst du vor?

—Ich schlage *nicht* vor, dass du Gruppensex mit beiden haben solltest!

—[Beide lachen laut] Ich schlage vor, dass du ihr so etwas wie väterliche Liebe geben könntest, was auch Zärtlichkeiten mit einschließt. Ich weiss, sie sieht nicht so schmusig aus wie ihre kleinere Schwester, sie ist so lang gewachsen und ein wenig spröde, sie hat nicht dieses babyhafte Schnütchen wie die Kleine … [Wieder lachen beide] Verstehst du?

—Ja, ich verstehe voll und ganz und danke dir sehr für dein Verständnis! Von mir aus, eine Einwände, ich werde mein bestes tun. Ich bin so glücklich, dass du einverstanden bist mir meiner Liebe, mit *unserer* Liebe.

—Ich kenne meine Mädchen gut. Wenn etwas nicht in Ordnung wäre mit dir, hätten sie es mir längst gesagt. Sie lieben dich beide. Sie haben mir übrigens nicht im Detail gesagt, was ihr sexuell zusammen macht, und ich will es auch nicht wissen, das ist eure Sache. Ich respektiere sie, und dich. Ich vertraue dir. Alles in allem, wenn ich dir nicht vertraute, könnten wir nie die Beziehung miteinander haben, die wir jetzt haben. Wir würden dann eigentlich *gar keine* Beziehung haben miteinander, nicht wahr?

—Du hast Recht! Ich vertraue dir in derselben Weise, denn nach allem könntest du mich mit *einem einzigen Telefonanruf* zur Hölle schicken …

—Ja, ich kenne das System. Aber ich habe mich wohl erkundigt, wie die Justiz zuschlägt in ähnlichen Fällen und ich bin damit nicht einverstanden. Ich weiss, dass meine Mädchen ihre Sinnlichkeit haben, ihr eigenes Verlangen. Ich war nie ein Freund von Prüderie, und übrigens, mein geschiedener Mann war es auch nicht. Die Kleine war sehr sexy von früh an, aber das ist doch alles natürlich! Sie wird sicher eine sehr attraktive Frau werde, glaubst du nicht?

—Ganz sicher. Sie ist ungewöhnlich in vielerlei Hinsicht, sehr kreativ auch, nicht nur in der Liebe. Sie ist kreativ in allem, was sie tut, voller Freude und Energie, und sie hat viele originelle Ideen. Und das zeigt mir, dass sie wirklich unschuldig ist im wahren Sinne—verstehst du, was ich meine?

—Ja. Du verstehst hier unter 'Unschuld' sicher etwas anderes, als die Mehrheit und die Presse es herausstellen als Qualität eines Kindes … ?!

—Ganz recht. Ich finde sie unschuldig im Sinne, dass sie über die Wahrheit des Lebens intuitiv Bescheid weiss, dass sie grundehrlich ist, loyal, ein ganz wundervoller Freund, und dass sie etwas Nobles hat in ihrem Charakter, etwas sehr uneigennütziges, und auch viel Charme, auch eine starke Persönlichkeit und dementsprechend, ein hohes Bewusstsein!

—Das ist richtig. Sie war immer so und das ist es wohl, warum die meisten Leute sie lieber haben als ihre ältere Schwester. Aber das ist es eben, warum ich dich gebeten habe, ihrer Schwester mehr Aufmerksamkeit zu schenken, denn ich bin dazu, ehrlich gesagt, nicht mehr in

der Lage. Diese Aufmerksamkeit, die sie braucht, muss von einem Mann kommen, verstehst du? Sie hat ihre volle Weiblichkeit noch nicht voll akzeptiert …

—Du bist eine sehr sensible Mutter …

—Ja, ich bin offenherzig und ich *fühle* Dinge einfach. Ich vertraue meinen Gefühlen, meiner Intuition. Ich intellektualisiere Beziehungen nicht. Das ist eben *meine* Art der Unschuld …

—Ich mag dich wirklich, wirklich sehr …

—Ich bin glücklich darüber, i glücklich, dass eine solch ungewöhnliche Beziehung, wie wir sie haben, überhaupt möglich ist. Ich denke, es ist etwas sehr *Wertvolles.*

—Ich fühle dasselbe mit dir und das verbindet uns vielleicht gar mehr, als wenn wir miteinander schliefen … ?

—Ich weiß, aber das zählt nicht. Die Art von Freundschaft, die wir haben, ist vielleicht einzigartiger und wertvoller als das, was man so gewöhnlich heute unter 'Liebe' versteht. Ich hätte nie geglaubt, dass es überhaupt möglich ist …

—Ich wusste, dass es möglich ist, aber nur mit einer Mutter, die so sensibel, friedliebend und intelligent ist wie du. Es ist nicht einfach, einen eigenen Weg zu finden in der momentanen fast vollkommenen Konfusion über alle Themen, die Liebe und Liebe mit Kindern angehen, und die von den Medien, aus offenbar politischen Gründen aktiv geschürt wird … denn diese Konfusion, das habe ich selbst herausgefunden, ist nötig in einer Konsumkultur, sonst würde sie nämlich nicht funktion-

ieren. Ein sexloses Kind ist der ideale Konsument, nicht ein Kind, das ein eigenes und beglückendes Sexualleben führt ... und, ja, es ist, weil du deiner eigenen Intuition vertraut hast, dass du nicht, wie so viele, das Opfer wurdest einer Propaganda, die seit Hitler und Goebbels ihresgleichen sucht ...

—Ja, ich glaube ganz ernsthaft, es ist nur möglich, wenn du tief in deinem Herzen niemals das System heiratest, dass du, immer und in jedem Moment deines Daseins du selbst bleibst!

—Es ist eine Herausforderung, und erfordert viel Mut und Zivilcourage!

—In der Tat. Ich fühle, dass du meine Haltung in diesen Dingen positive beurteilst und das gibt mir ein gutes Gefühl, denn ich konnte meine Gedanken in der Hinsicht wirklich niemandem mitteilen, nicht mal meinen Eltern. Um unsere kleine Abmachung [lächelnd] zu besiegeln, möchte ich dir sagen, dass ich in mich in keiner Weise schuldig fühle. Aber ich würde darüber mit niemandem reden, nicht einmal mit meinen besten Freunden, denn das würde uns alle in Gefahr bringen!

—Du bist fantastisch! Sage mir immer rund heraus, wenn irgendetwas zu weit geht in meiner Liebe für deine kleine Tochter. Ich werde dir nie widersprechen und wir werden zusammen herausfinden, was am Besten ist für ihr Wohl, und für uns alle!

—Ich bin dankbar, dass du das sagst. Es stellt meine geheimen Ängste zur Ruhe und ich glaube jetzt, dass wir vielleicht nie eine volle Liebesbeziehung haben werden, dass wir aber dafür eine wundervolle und langfristige Freundschaft haben können ...

Hat diese Mutter die *Kleine-Mann Regel* angewandt? Hätte sie es getan, so hätte sie dem System vertraut und nicht ihrer eigenen Intuition, ihrer eigenen inneren Stimme, ihrer eigenen Intelligenz. Hätte sie es getan, so hätte sie—wie so viele—das Opfer gespielt, um zweimal einzukassieren …

Nein, diese ungewöhnliche Frau *entschied gegen das System,* sie hat sich selbst informiert, wie es zuschlägt, was es zerstört und dass es der erotisch-sexuellen Entwicklung ihrer pubertären Töchter in keiner Weise zugute kommt. Sie hat nicht sozialen Werten vertraut, sondern ihren eigenen Seelenwerten.

Sie hat ihrem Herzen vertraut als Mensch und nicht als Rad in einer sozialen Maschinerie. Sie war reif genug, um ihre Tochter nicht als sexuelle Rivalin anzusehen angesichts der Tatsache, dass sie den Liebhaber ihrer Tochter wirklich liebte und den sie, wenn er ihre passionellen Gefühle erwidert hätte, geheiratet hätte. Und, mehr als das, war sie in der Lage, ihre passionelle Liebe für den Mann in eine Freundschaft zu verwandeln, welche auf *gegenseitigem Vertrauen* beruhte. Sie hatte gewiss ein ungewöhnliches Maß an Zivilcourage und eigenem Denkvermögen, und sie liebte ihre Töchter wirklich, und nicht nur auf dem Papier. Sie wollte sie so erziehen, dass ihre volle Weiblichkeit und Erotik ungestört entwickeln konnten, nicht als überprotegierte Zahnräder in einem System aus Lüge und Falschheit. Sie liebte ihre Kinder als Menschen in ihrem eigenen Recht und mit einem eigenen Verlangen, nicht als der längere Arm ihres Körpers, wie es die meisten narzisstischen Mütter tun, weil sie zu wahrer Liebe nicht fähig sind.

Liebe, wie diese Geschichte es anschaulich zeigt, ist mit dem 'Kinder-schutzdenken' unserer postmodernen Zivilisation unvereinbar, denn solches Denken ist was es ist: Sklaverei.

§11. Selbstmord?

Dieser kleine Paragraph ist an *Pädophile selbst gerichtet*, seien sie Männer oder Frauen, seien sie Jugendliche. Wie können sie ihren eigenen Standpunkt finden in dieser sehr komplexen Art der Liebe, und dafür einstehen in einer Gesellschaft, die sie sprichwörtlich 'bis aufs Messer' verfolgt?

Meine Antwort ist, dass es eine immense Kraft in ihnen gibt, die sie davon abhält, etwas zu tun, das negative karmische Folgen hat, und die sie leitet, ein größeres Verständnis zu entwickeln für alle Fragen, die ihre Liebe angehen.

Es ist intelligenter und effektiver, spirituelle Wege zu finden, um Gewalt zu begegnen und die Ignoranz der meisten Erdbewohner als notwendiges Übel zu akzeptieren, als eine blutige Revolution oder soziale Polemik zu organisieren, um die Welt 'für immer reif zu machen für Pädophilie'!

Selbstmord als Ausweg? Keinesfalls. Wenn sie sich selbst Gewalt antun, dann geben sie damit kund, dass ihr Bewusstsein im Grunde auf gleichem Niveau ist wie das (archaische) Bewusstsein ihrer Verfolger! Dann werden sie namentlich affektiert von der emotionalen Konfusion ihrer Verfolger, welche sie letztlich dazu trieb, ihrem Leben ein Ende zu setzen.

Ich habe in anderen Schriften und in meinen *110 Buch-Rezensionen* (in englischer Sprache) ausgeführt, dass Selbstmord absolut keine Lösung bringt. Was er bringt, ist ein böses Erwachen in der Dimension, die in der tibetischen Tradition das *Bardo* genannt wird, ein Erwachen, das

namentlich keines ist, weil ein gewaltsamer Tod dazu führt, dass die Seele nicht weiß, dass sie 'tot' ist und daher für Jahre und Jahrzehnte in der irdischen Vibrationen befangen bleibt, was jede spirituelle Progression verhindert. Selbstmord ist auch deswegen keine Lösung, weil unser *kosmischer Lebensweg,* also der *Gesamtprozess aller unserer Inkarnationen,* ein Lernprozess ist. Alles, was wir in dieser Inkarnation nicht gelernt haben, werden wir in der nächsten zu lernen haben. Also, wenn wir diesem Lernprozess in diesem Leben ein gewaltsames Ende setzen, müssen wir in der darauffolgenden Inkarnation genau am selben Punkt beginnen, wo wir in der hiesigen Inkarnation aufgehört haben. Das bedeutet also einen immensen Zeitverlust, wobei es uns noch dazu karmisch eher negativ angerechnet wird, denn das Universum ist *gegen alle Gewalt,* auch Gewalt uns selbst gegenüber. *Und Selbstmord ist eben das, ein Gewaltakt gegen sich selbst!*

Die effektivste Weise, um mit Marginalität im allgemeinen, und mit Pädophilie im besonderen konstruktiv zurecht zu kommen, ist das *kreative Gebet,* das sind positive Affirmationen, die wir täglich ruhig und mit Vertrauen mehrmals wiederholen, und die die Legitimität unserer Liebe affirmieren. Positive Affirmationen, wie der Begriff es ausdrückt, ist nicht die Art von Gebet, die Menschen in ihren Kirchen, Moscheen, Tempeln und Synagogen tun, als Ritual ihrer Religionen. Es ist sicherlich auch nicht ein Anruf Gottes, die Feinde auszurotten oder zum Teufel zu jagen!

Ich möchte sie hier ganz ausdrücklich warnen davor, das alt-testamentarische *Auge um Auge, Zahn um Zahn* anzuwenden, denn es der Urgrund von Gewalt.

Wenn sie Christ sind, lesen sie das Neue Testament und finden sie die Wahrheit heraus, dass Jesus' Botschaft ganz klar die war, dass Liebe über Gesetz steht, dass wahre Liebe also moralisch höherwertiger ist, als alle Gesetze dieser Welt.

Es ist in diesem Zusammenhang allgemein sehr wichtig, was sie in ihr eigenes Glaubenssystem übernehmen. Ich habe Kindliebhaber gekannt, die niemals das geringste Problem mit dem Gesetz hatten, darunter war ein Mann, ein Künstler und Sänger, der ganz kleine, etwa fünfjährige Mädchen liebte und in seiner Liebe von seiner Mutter voll unterstützt wurde und niemals ein Problem hatte mit dem Gesetz, es sei denn, für kleine Betrügereien.

Ich habe ihn im Rahmen meiner Gefangenenbetreuung für sechs Monate unterstützt und habe es erlebt, dass er seine kleine fünfjährige 'Thai', vom Gefängnis aus anrief und ihr allerlei Obszönitäten ins Ohr flüsterte, ohne jemals auch nur ein einziges Mal mit der Polizei zu tun gehabt zu haben wegen seiner Liebe. Warum? Er war voll und ganz davon überzeugt, dass seine Liebe okay war und war darin von seiner ganzen Familie unterstützt worden. Im übrigen war er nicht arm und hatte die ganze thailändische Familie bei sich wohnen in seiner Villa, und die Eltern waren voll und ganz einverstanden mit seiner Liebe mit der Kleinen. Und nicht nur das, er hatte seine Liebe besungen in all den Schallplatten, die er als romantischer Sänger und Pianist herausbrachte und die mit viel Erfolg verkauft wurden.

Er war kein Gewalttäter, und war sich wohl bewusst, dass, da er ein sehr großer und dicker Mann war, er für viele Jahre keinen vollen Geschlechtsverkehr mit dem Kind haben konnte—aber damit hatte er sich abgefunden. Und warum auch nicht? So viel ist möglich in wahrer

Liebe, es muss nicht immer darauf hinauslaufen, dass 'Männchen aufs Weibchen hüpft'—und wer solches glaubt, ist und bleibt ein Dummkopf und erotischer Psychopath, ob er nun Präsident eines Unternehmens ist, Bankier, Leiter einer Organisation für 'missbrauchte Kinder' oder Präsident einer Nation. Emotionale Intelligenz, in unserer Gesellschaft, hat sehr wenig zu tun mit gesellschaftlicher Macht und Ansehen!

Sein Fall hat mir die Augen dafür geöffnet, dass es wirklich auf unser eigenes Glaubenssystem ankommt, wie wir unsere Liebe leben, ob wir damit ständig anecken bei Autoritäten, oder sie friedlich und im Einverständnis mit allen Beteiligten leben können.

Ich habe in anderen Fällen gesehen, dass, wenn die Liebe mit einem Kind verheimlicht wird vor der Familie des Kindes, die Sache in aller Regel schief läuft. Das ist auch deswegen so, weil ein Kind die Verantwortung eines solchen Geheimnisses einfach nicht tragen kann und es daher *unverantwortlich* ist, mit Kindern sexuelle Beziehungen zu haben, die nicht mit der ganzen Familie des Kindes abgesprochen sind und die dem Kind kein Leid zufügen.

Menschen tendieren dazu, auf die Welt und andere Menschen das zu projizieren, womit sie in ihren eigenen Existenzen nicht zurande kommen. All die unterdrückten Emotionen und sexuellen Wünsche, und ganz besonders die, die mit dem Gesetz im Konflikt stehen, werden von den meisten 'Normalbürgern' in Rausch und Bausch verdrängt und auf Gruppen projiziert, oder 'gehasste Minderheiten'. Sie mögen gar Gott als Richter anführen, um andere zum Teufel zu jagen, wenn sie nicht gar diejenigen, die sie als ihren eigenen Schatten hassen, verfol-

gen, vergewaltigen und brutal umbringen, wenn sie nur die Gelegenheit dazu haben.

Das ist es, was sich täglich in den meisten Gefängnissen der Welt gegen Pädophile abspielt; hier ist, um dies einmal klar zu sagen, die Situation in *Grossbritannien und der USA* am schlimmsten von allen Ländern (von den Vereinten Nationen bestätigt, nicht meine eigene Erfindung!), und viele pädophile Verdächtige (oft ohne gültigen Beweis) werden oft schon im Untersuchungsverfahren vergewaltigt, brutal zusammengeschlagen oder gar zu Tode geschlagen. Und unsere paranoiden Politiker kümmern sich einen Dreck darum, geschweige denn unsere lieben 'Normalbürger' und Zivilisten, welche von mir aus alle zur Hölle gehen können, denn sie sind keine Menschen, sondern Unmenschen!

Aber hier ist mein Rat. Das alles mag wohl so sein, aber es ist in ihrem Leben nur so, wenn sie das als 'ihre' Realität akzeptieren und wenn sie dies zu ihrem Glaubenssystem machen. Nicht klar, was ich meine? Also konkretes Beispiel:

—*Ich bin pädophil, ich weiss es. Das bedeutet, ich bin das letzte Schwein für meine Mitmenschen, all die 'guten Bürger' unserer guten und doch ruchlosen Gesellschaft, die nichts als Mord und Völkermord hinter sich hat in den mehr als fünftausend Jahren ihrer Geschichte, sind gegen mich. Also bin ich ihnen rettungslos ausgeliefert und mein Leben hat keinen Wert. Also ist es besser, ich mache Schluss ...*

Nein. Nichts ist vorprogrammiert in unseren Schicksalen, nichts, garnichts. Was morgen passiert, ist ihr heutiges Denken inkarniert in das, was wir 'unsere Realität' nennen. Aber die wirkliche Realität wird von unseren Gedanken, Gefühlen und Überzeugungen erschaffen. Wir sind

wirklich die Meister (oder die Stümper) unseres Schicksals. Alles, was sie nicht hinterfragen und also in ihr Glaubenssystem übernehmen, wird sich eines Tages in ihrem täglichen Leben realisieren, alles, wirklich alles, bis ins letzte Detail. Sie können nur das in ihr Leben anziehen, was sie als wahr und real akzeptieren. Wenn sie also Akzeptanz ihrer Liebe wollen, müssen sie sie vorweg selbst akzeptiert haben. Das ist der erste und wichtigste Schritt.

Der zweite Schritt ist, dass sie sich die Realisierung ihrer Liebe in ihren Gedanken und ihren Fantasien ganz klar ausmalen, nicht in einer Form, die gewalttätig und verboten ist, sondern in einer Art, wie sie sozial als möglich erscheint, im Einverständnis mit dem Kind selbst, den Eltern des Kindes und auch dem größeren Clan, wenn es eine (asiatische oder afrikanische) Großfamilie ist.

Eine Beziehung mit einem Kind zu riskieren, ohne diese Absicherung, ist Selbstmord, denn es ist *gegen das Harmonieprinzip des Universums,* welches eines der spirituellen Gesetze ist. Das bedeutet also zweierlei, sie müssen mit sich selbst in Harmonie kommen und ihre Liebe wirklich voll und ganz akzeptieren (und ihren inneren Richter überwinden), und zweitens müssen sie sozial aktiv sein, denn Sex ist nichts als Kommunikation, aller Sex ist eine Form von sozialer Interaktion. Sex ohne solche soziale Kommunikation ist das, was wir jeden Tag in unseren Zeitungen lesen, ein Mädchen im Wald brutal vergewaltigt, ein Junge entführt, die Eltern erpresst, und brutal sodomisiert bis die Polizei dem wilden Treiben ein Ende setzte.

Die Frage ist, was sie selbst als Pädophiler im Leben darstellen wollen. Wollen sie die Gesellschaft bestrafen, gegen ihre Liebe zu sein, wie solche brutalen Gangster, die auf Kinder all ihre Wut gegen die Gesell-

schaft entladen und sie in vielen Fällen nach allen nur möglichen Torturen brutal ermorden, oder wollen sie eine Liebe leben, welche, obwohl sie heute gesellschaftlich (noch) nicht anerkannt ist, *doch im Einklang ist mit spirituellen Gesetzen,* und hier vor allem dem Gesetz von Karma (Ursache und Wirkung) und dem *Liebesprinzip,* welches auch ein spirituelles Gesetz ist? Das ist die Entscheidung, die sie unweigerlich treffen müssen, um ihre Liebe konstruktiv zu leben.

Selbstmord ist wirklich kein Ausweg. Sie können nur Liebe anziehen in ihr Leben, wenn sie nicht nur Liebe verlangen, sondern erst einmal Liebe geben, sie können nur Frieden anziehen in ihr Leben, wenn ihr Gedanken und Gefühle friedlich sind—nicht wenn sie schwelgen in täglichen Rachegefühlen gegen die 'böse Gesellschaft'. Wenn sie solches tun, werden sie verfolgt werden und sie werden genau die Gewalt selbst erfahren in ihrem Leben, die sie in ihren Gedanken ihren Verfolgern verabreichen.

Die beste Ausgangsposition ist die, *Regel und Ausnahme umzukehren,* also nicht zu fragen, 'warum ist meine Liebe verboten', sondern die Frage zu stellen:

—*Warum sollte meine Liebe eigentlich verboten sein, wo sie doch im Einklang ist mit spirituellen Gesetzen? Wenn die Welt das nicht so sieht, ist das nicht mein Problem, sondern das Problem der Welt.*

Wir sind verantwortlich für das, was wir *als real akzeptieren* in unserem Geist. Dies allein ist es, was unsere Realität kreiert. In dem Sinn sind wir die Könige in unserem eigenen Königreich oder die Götter in unserem eigenen Universum. Wir sind die Helden unserer Lebensmission und auch zusammen mit anderen, in der Gruppe, in der Gesellschaft ist es unsere Aufgabe, mit zu helfen, das Bewusstsein der menschlichen Ras-

se zu erhöhen, in einer Weise so radikal, dass unsere Vorväter nur träumen konnten davon.

Das ist es, was unsere wahre Aufgabe ist, nämlich die, der menschlichen Evolution dienlich zu sein. Pädophile Liebe hat eine großartige soziale Aufgabe, sie dient der Gesellschaft, obwohl ich vielleicht der einzige Autor bin bis zum heutigen Tag, der dies klar anerkennt. Sie hat ihre soziale Funktion, und es ist eine sehr beachtliche, und wird eines Tages voll politisch anerkannt werden.

Also bitte … kein Grund zum Selbstmord. Einverstanden?

§12. Über Homosexualität

Meine Hypothese ist, dass Homosexualität das Resultat von verdrängter Liebe für kleine Mädchen ist, zusammen mit einer Verdrängung, kleine Jungen sexuell zu umarmen.

Es ist notorisch, dass Homosexuelle sich vehement gegen Liebe mit Kindern aussprechen. Aber es ist genau diese Abwehrhaltung, die zeigt, dass all das reine Polemik und politischer Klamauk ist. Ich würde so weit gehen, zu sagen, dass Homosexuelle die Falschesten aller Menschen sind.

Nur zur Anekdote merke ich hier an, dass Wilhelm Reich striktweg Homosexuelle ausschloss als Mitarbeiter seines Orgoninstituts. Der Grund war, dass er sie als Heuchler ansah, und sein engster Mitarbeiter, Ola Raknes, hat dies in seiner Autobiographie Reichs zur Genüge erklärt.

Alle Homosexuellen, die ich kannte in meinem Leben, und es waren viele, waren falsche, hinterlistige Männer, die eine versteckte Agenda hatten. Sie spielten eine Komödie, ob es nun die passiven 'Tunten' waren oder die aggressiven muskelschweren Idioten, die in ihrer unglaublichen Hybris glauben, sie definieren das Los der Menschheit. Alle sind sie pervertiert bis zur Unkenntlichkeit und haben *keinen Zugang zu ihrem wahren und authentischen Selbst.* Sie spielen Rollen, niemals sich selbst.

Sich von Päderastie zu distanzieren war ein politischer Trick, nichts weiter, und hat nichts zu tun mit ihrem wirklichen sexuellen Chaos—denn das ist es, Chaos und nichts anderes. Sie hatten ganz einfach Angst davor, mit Pädophilen in einen Sack gesteckt und verhauen zu werden!

Ihre Strategie ist jedoch weitaus älter und datiert Jahre zurück. Denn es war eigentlich noch so im 19. Jahrhundert, dass Päderasten und Homosexuelle in keiner Weise unterschieden wurden, obwohl es hier wohl Unterschiede gibt. So war ihre Strategie also, öffentlich zu bekennen, dass sie sich nur für erwachsene Männer interessieren, nicht jedoch für Halbwüchsige und Kinder.

Der werte Leser mag sich nur einmal eine homosexuelle Zeitschrift kaufen, um zu sehen, was diese Männer anzieht, oder eine ihrer vielen Webseiten zu konsultieren, um sich davon zu überzeugen, dass diese Männer diese Charakteristiken erotisch anziehend finden bei einem Mann ihrer Wahl, sei er nun älter oder jünger:

—viel Schamhaar;
—hypertrophierte Muskeln und eine aufgeblähte Brust;
—ein Stiernacken;
—ein fester, harter, doch relativ kleiner Hintern;
—wirklich männlicher Ausdruck (kein Weichling).

Knabenliebhaber, auf der anderen Seite, schauen aus nach pubertären und ausnahmsweise auch vorpubertären Knaben, die die folgen Charakteristiken aufweisen:

—kein oder nur sehr wenig Schamhaar;
—keine schweren Muskeln und eine flache Brust;
—ein graziöser Nacken;
—ein sehr gut geformter, runder, kleiner Hintern;
—ein männlicher oder aber androgyner Gesichtsausdruck.

Obwohl beide Gruppen gemeinsame Charakteristika aufweisen, indem sie, um ein Beispiel zu geben, überaus magere und überaus fette Jun-

gen unanziehend finden, und auch männlich-agile gegenüber tunten-haft-schwerfälligen Jungen vorziehen, so schaut der Jungenliebhaber aus nach Jungen, die sich auf der Grenzlinie zwischen Kindheit und Erwachsensein befinden, die noch wenig oder kein Schamhaar haben, und die sich noch die leichten Grazilität des Kindes bewegen. Es gibt allerdings auch Ephebophile, die ältere Jungen bevorzugen, fünfzehn oder sechszehnjährige, die fast wie Erwachsene aussehen; das Interessante ist, dass diese Männer dennoch nicht mit mit erwachsenen Männern schlafen würden, also nicht homosexuell sind.

Diese Ausführungen dienen mir hier nur als Einleitung. Warum ich dieses letzte Kapitel schrieb, ist, meine eigene Hypothese der Ätiologie der Homosexualität.

Ich sehe Homosexualität als das Resultat einer *Energieverformung*, einer Retrogradation der Bioenergie, die durch Verdrängung von sexuellem Verlangen zustande kommt. Ich sehe Homosexualität als das bioenergetische Resultat einer verdrängten Liebe für sowohl kleine Jungen und kleine Mädchen. Obwohl ich mir voll im klaren bin, von der homosexuellen Bewegung scharf kritisiert zu werden, behaupte ich, dass Homosexualität keine sexuelle Eigenart *sui generis* ist. Für mich gibt es keine von der Natur gegebene homosexuelle Anziehung; es ist eine ideologische Erfindung, die ihren politischen Zweck wohl erfüllen mag, aber mit der Natur so gut wie nichts zu tun hat.

Bevor ich fortfahre, möchte ich den Leser dazu einladen, einmal intuitiv hineinzufühlen in die folgenden Situationen, Szenen, die sich in aller Öffentlichkeit abspielen:

—ein Mann und eine Frau küssen sich;

—zwei Frauen küssen sich;

—ein Mann küsst ein junges Mädchen;

—ein Mann küsst einen Jungen;

—ein Mann küsst einen Mann.

Welche Szene würden sie intuitiv am ästhetischsten anzuschauen finden, und welche würde ihnen am meisten 'gegen den Strich' gehen? Ich wette, dass es die letztere Szene ist, ein Mann, der einen Mann küsst.

Ich wage zu fragen, warum ist das so? Es ist eine Frage sozialer Konditionierung? Ich habe übrigens Umfragen dazu gelesen von den verschiedensten Ländern: überall war das Resultat das Gleiche. Das spricht nicht gerade für soziale Konditionierung, oder? Was nun Kindliebhaber angeht, so weiss ich, dass sie es eher abstoßend finden, mit anzusehen, wie zwei Männer sich küssen.

Ich empfand das immer so, auch in den Zeiten, als ich selbst durch homosexuelle Phasen ging, es ist also sicher nicht eine Art von 'Homophobie'. Die Homosexuellen, die ich während dieser Zeit kennenlernte hatten alle gemeinsam, dass sie ziemlich konfus waren hinsichtlich ihrer Sexualität, während sie über ihre Homosexualität sprachen wie ein Kommunist von seiner Zugehörigkeit zum Zentralkomitee. Es schien mir, dass sie ihre Homosexualität vor sich hertragen wie ein Schutzschild, wie ein Kennzeichen, wie ein Markenzeichen oder eine Identitätsausweis, hinter dem sie sich versteckten, um ihre starke innere Konfusion und ihre wirklich schwankende sexuelle Identität zu verbergen. Die Art, wie sie über Homosexualität redeten, erinnerte mich

an die Art von Gläubigen, die von ihren Religionen reden oder von Angehörigen der Scientologie, wenn sie über das glorreiche Heil dieser Lehre predigen. Da war definitiv etwas ideologisches in ihren Gehabe, das mich anwiderte und das mich glauben machte, die ganze sogenannte 'Homosexualität' ist mehr Schein als Sein.

Ein junger Mann, der gerade um die zwanzig war, und ein eher weicher und emotionaler Junge war, war noch unsicherer, als die anderen, die ich vor ihm getroffen hatte. Er fühlte sich stark sexuell angezogen von mir, wo ich doch 15 Jahre älter war als er, und antwortete meine Frage, warum er so stark sexuell auf mich reagiere:

—Es ist deine Männlichkeit, dein starkes Körperhaar und deine ganze Art. Ich finde dich so viel männlicher als mich selbst. Ich habe nicht einmal Haar auf der Brust …

Meine Frage, ob er sich denn überhaupt Sex mit einem sehr hübschen Mädchen vorstellen könne, und vorausgesetzt, das Mädchen sei willig, beantwortete er mit den Worten:

—Ja, aber sie würde doch nicht wollen!

Die Psychoanalyse mag Recht haben, dass Homosexualität zu den sexuellen Dysfunktionen gehört, aber ich denke, dass sie noch über diese Definition hinausgeht in dem sie eine Art von Versteckspiel ist, welches verschiedene sexuelle Verlangen überdeckt wegen der Angst, sozial für die verdeckten Verlangen reprimiert zu werden. In diesem Sinne mag Freud doch irgendwie Recht gehabt haben, wenn er sagte, dass Homosexualität im Grund Feigheit ist. Er wurde da vielleicht falsch verstanden, denn diese Aussage wurde gewöhnlich so ausgelegt, dass Homosexuelle Angst hätten, sich Frauen zu nähern. Das ist in

meiner Erfahrung nicht der Fall. Die Wahrheit ist, dass sie Angst haben, sich *Kindern* sexuell zu nähern und das ist es, was ihre Homosexualität wirklich abdecken oder verbergen soll. Es ist ihre versteckte Pädophilie, welche entweder Knabenliebe oder Mädchenliebe, oder eben beides sein kann.

Nach den Gesprächen durch eine ganze Nacht, die ich mit diesem Amerikaner hatte, wurde mir klar, dass für ihn Homosexualität eine soziale Ideologie ist, die ihn in seinem Glauben bestätigte, er sei durch männliche Körpermerkmale angezogen, während er in Wahrheit einen älteren männlichen Freund suchte, der ihm das Vertrauen geben konnte, um seinen *wahren sexuellen Gefühlen* im Gespräch Ausdruck zu geben. Die Tatsache, dass er sein Verlangen nach jungen Mädchen verdrängt hatte über Jahre hin führte dazu, dass sich seine sexuelle Energie *invertierte*. Wonach er wirklich suchte, war eine Vertrauensbeziehung, ein väterlicher Freund, dem er rückhaltlos vertrauen konnte, und mit dem er über all die sexuellen Neigungen reden konnte, die er aus Angst vor Verfolgung verdrängt hatte. Als ich ihm vorschlug, unsere Beziehung in eine solche zu verwandeln und also auf Sex zu verzichten, war seine Antwort ein glattes 'Nein', welches wirklich die Antwort von allen Homosexuellen, ohne Ausnahme war, mit denen ich solche semi-therapeutische Freundschaften aufbauen wollte. Sie waren allesamt kategorisch. Entweder Bett oder garnichts. Ich fand das ziemlich traurig, denn unter ihnen waren interessante Menschen, zum Beispiel ein Rechtsanwalt von Rom, ein intelligenter Mann, den ich gerne als Freund gehabt hätte und der mich nach Rom einlud für eine Woche in einem luxuriösen Hotel. Als ich von Freundschaft sprach, fasste er dies fast wie eine Beleidigung auf, und ich bekam eine kurze Email zurück, dass er die Beziehung als beendet ansehe. Er, wie so viele Homosexuelle, hatte auf einer meiner MSN Anzeigen geantwortet, in welcher ich

nach Freundschaft und Briefaustausch suchte, und alle etwa 25 Antworten (die Hälfte von allen Zuschriften), die ich von Homosexuellen erhielt, gingen so aus. Da war immer ein Ultimatum, und ich finde das ehrlich gesagt sehr eigenartig, wenn nicht obsessiv oder gar paranoid. Es ist kein natürliches menschliches Verhalten. Wir können doch alle Freundschaften unterhalten, ohne gleich aufeinander loszustürmen. Ich frage mich, ob es für Homosexuelle überhaupt so etwas gibt wie (platonische) Freundschaft? Ihre Besessenheit, was Sex angeht, kann ich nur als pathologisch ansehen, ein psychologisches Deckverhalten, das tiefe Angst ausdrückt.

Was ich mich auch fragte in diesen Fällen war, ob diese jungen Männer nicht *gerontophil* waren? Ich habe mehrere andere Freunde gehabt, die entweder zugegebene Homosexuelle waren oder die ihre Homosexualität hinter fanatischem Body-Building verbargen und die sich mehr als kleine Jungen benahmen, als als erwachsene Männer, um mir zu Gefallen zu sein. Bei einem von ihnen, der später ein Body-Building Champion in Kalifornien war, fand ich heraus, dass er von seinem Stiefvater nur erotisch konditionierte Liebe bekam.

Nach einigen Biers gab er dies auch offen zu. Er meinte, sein Stiefvater habe früh mit seinen Avancen begonnen, und es habe sich 'einfach so entwickelt' und er habe denn mehr oder weniger angenommen, es sei normal, dass man mit einer Vaterfigur auch eine jedenfalls rudimentäre sexuelle Beziehung habe (die in dem Fall nicht über gegenseitige Masturbation hinausging). Er war sich aber auch klar, dass er sich durch sein Body-Building seine 'Männlichkeit' beweisen wollte, obwohl ihm sein Arzt klar gemacht hatte, dass er, wenn er so weiter mache, mit sechzig im Rollstuhl sitzen würde, weil er seine Kniegelenke mit dem Gewichtheben ruiniere.

Ich könnte mir vorstellen, dass eine frühe Vorliebe für Homosexualität früh im Leben gelegt wird, und zwar durch mangelndes Vertrauen in den männlichen Elternteil oder dass dieses Vertrauen dahingehend konditioniert war, dass der Erwachsene von dem Jungen sexuelle Willigkeit erwartete.

Dieses 'konditionierte Vertrauen' war dann noch verstärkt durch die Heimlichkeit der Beziehung und die initiatorische Gratifikation (und diese Männer sprechen über solche Beziehungen durchaus nicht nur im negativen Sinne), die oft zu den ersten sexuellen Erfahrungen des Jungen führte. Dies jedoch, so harmlos es klingen mag, führt leider dazu, dass später solche Männer mit anderen Männern keine Freundschaften, also Vertrauensbeziehungen, bilden können, wenn nicht das sexuelle Element mit im Spiele ist. Es ist dann eben so, dass Sex das 'vertrauensbildende' Element der Beziehung ist, auch wenn sich das recht ungewöhnlich anhört, aber es es psychologisch durchaus logisch —einfach als Folge früher Konditionierung.

Ich finde persönlich, dass intergenerationelle Freundschaft und Affektion unter Männern sehr wichtig ist und auch sozial große Bedeutung hat, aber dies hat mit Homosexualität sehr wenig oder garnichts zu tun! Wir haben dieses Bild oft in der Geschäftswelt, im Unternehmensbereich, in der Beziehung zum Beispiel zwischen dem dem Junior-und Seniormanager. Solche Beziehungen zeigen, wie wertvoll, konstruktiv und erfüllend solche 'sublimierten' homosexuellen Liebesbeziehungen sein können zwischen männlichen Erwachsenen und auch zwischen männlichen Jungendlichen und Männern.

Ich finde es schade, dass solche Beziehungen heute mehr und mehr von dem Phantom 'Homosexualität' überschattet werden, was das Ver-

trauenselement in diesen Beziehungen von vornherein schädigen kann. Liebe ist mehr-als-homosexuell, so möchte ich es ausdrücken, es ist eine Art der Affektion, die Werte wie Achtung, gegenseitigen Respekt, Kooperation, Aufrichtigkeit, Schutz, Hilfe und Idealismus, und auch, beruflich gesehen, Zusammenarbeit für eine Aufgabe, beinhaltet. Diese hohen Prinzipien, welche manchmal auch Patriotismus mit beinhalten, werden meiner Ansicht nach negativ beeinträchtigt, wenn das *erotische Element* anfängt, unterschwellig zu wirken, wie es so typisch ist in der homosexuellen Beziehung. Dies kann namentlich zu einer Degradierung, einer Depravation von männlichen Beziehungen führen; es kann unnötige Angst zur Folge haben bei solchen, die klar wissen, dass sie nicht homosexuell sind, die jedoch davor Angst haben, als Homosexuelle *stigmatisiert* zu werden, wenn sie offen ihre Affektion für einen älteren oder jüngeren männlichen Kollegen zeigen.

Das Resultat dieser unterschwelligen Angst ist meiner Ansicht nach zum Nachteil der Unternehmenswelt oder auch im Bereich des Sports, wo die fruchtbare Zusammenarbeit von Männern eine ganz besonders große Rolle spielt. Dies kann namentlich dazu führen, dass Männer sich in steigendem Masse kalt und harsch benehmen, nur um dem geringsten Verdacht zuvorzukommen, sie seien homosexuell veranlagt. Auf diese Weise ist ihre Vulnerabilität beeinträchtigt welche ganz besonders wichtig ist bei der Bildung von Beziehungen, die sich auf Integrität und Aufrichtigkeit begründen.

Wie ich es in meinem englischsprachigen Buch *Toward Social Change (2010)*, 12. Kapitel, vorgeschlagen habe, bin ich der Meinung, dass es nicht Homosexualität, die gefördert werden sollte durch neue Sozialpolitik, sondern ein neues und natürliches *affektives Verständnis von Männern zueinander,* einem Bonding auf dem Niveau des Herzens statt

auf bloßem Genitalniveau, das archaische Beziehungen von Männern in grauer Vorzeit regelte.

Die Lösung dieses viel diskutierten Problems bedeutet, dass *affektive Beziehungen unter Männern aller Altersschichten* sozial ermutigt werden sollten, während man Homosexualität wohl tolerieren und nicht stigmatisieren sollte, aber auf der anderen Seite auch nicht als 'natürliche Verhaltensweise' ansehen sollte, denn eine solche ist sie nun einmal nicht.

Was hat Liebe mit Verstand zu tun?
—Johann Wolfgang von Goethe

BIBLIOGRAPHIE

Kontextuelle Bibliographie

Obwohl ich in diesem hybriden Buch nicht konsistent war mit Zitaten (was natürlich unwissenschaftlich ist), so möchte ich doch die Bibliographie hier mit einfügen, und das Glossary, welches die von mir selbst geschaffene Begriffe definiert. Das Thema 'Liebe' ist ein so umfassendes, dass die Spaltung Poetik-Sachbuch, und die andere Spaltung Psychoanalyse-Naturwissenschaft nicht aufrechterhalten werden kann, ohne in der einen oder anderen Weise das überholte *kartesianisch-reduktionistische Weltbild* zu vertreten. Die neuere Forschung in holistischer Wissenschaft hat klar zutage gefördert, dass das menschliche Bewusstsein mehr als dreidimensional operiert; als Folge davon ist die Vorgehensweise der Sexologie und der forensischen Psychiatrie in Sachen Liebe nicht mehr aufrechtzuerhalten. Sie hat ihren kognitiven Wert verloren; diese Tatsache wird in den kommenden Jahren auch mehr und mehr anerkannt werden. Leider ist es bis heute so, dass die Amerikaner und Kanadier in dem Bereich immer noch führend sind und Deutschland leider 'hinterher hinkt', was der wahre Grund ist, dass dieses Buch in Englisch publiziert wurde (und auch erdacht wurde). Dass es letztlich dann gebannt wurde ist mir eigentlich kein Dorn in Auge. Es zeigt mir, dass ich auf dem richtigen Weg bin! So viel ich weiss, hat kein Buch, das irgendeinen wirklichen Wert hat, es jemals auf Anhieb gemacht in der amerikanischen Heuchelkultur, ohne dass es zuerst in Bausch und Bogen zerrissen und dämonisiert wurde. In einer Kultur, die auch heute noch in ihren Kinderschuhen steht, ist das auch nicht weiter verwunderlich.

A

Abrams, Jeremiah (Ed.)
Reclaiming the Inner Child
New York: Tarcher/Putnam, 1990

Die Befreiung des Inneren Kindes
Die Wiederentdeckung unserer ursprünglichen kreativen Persönlichkeit
und ihre zentrale Bedeutung für unser Erwachsenwerden
München: Scherz Verlag, 1993

Adrienne, Carol
The Numerology Kit
New American Library, 1988

Agni Yoga Society
COEUR : Signes de l'Agni Yoga
Toulon: Sté Edipub, 1985
Publication originale date de 1932

Albrecht, Karl
The Only Thing That Matters
New York: Harper & Row, 1993

Alston, John P. / Tucker, Francis
The Myth of Sexual Permissiveness
The Journal of Sex Research, 9/1 (1973)

Appleton, Matthew
A Free Range Childhood
Self-Regulation at Summerhill School
Foundation for Educational Renewal, 2000

Summerhill
Kindern ihre Kindheit zurückgeben
Demokratie und Selbstregulierung in der Erziehung
Hohengehren: Schneider Verlag, 2003

Arcas, Gérald, Dr
Guérir le corps par l'hypnose et l'auto-hypnose
Paris: Sand, 1997

Ariès, Philippe

L'enfant et la famille sous l'Ancien Régime
Paris, Seuil, 1975

Centuries of Childhood
New York: Vintage Books, 1962

Geschichte der Kindheit
Frankfurt/M: DTV, 1998

Arntz, William & Chasse, Betsy

What the Bleep Do We Know
20th Century Fox, 2005 (DVD)

Down The Rabbit Hole Quantum Edition
20th Century Fox, 2006 (3 DVD Set)

Bleep
An der Schnittstelle von Spiritualität und Wissenschaft
Verblüffende Erkenntnisse und Anstösse zum Weiterdenken
Berlin: Vak Verlag, 2007

Arroyo, Stephen

Astrology, Karma & Transformation
The Inner Dimensions of the Birth Chart
Sebastopol, CA: CRSC Publications, 1978

Astrologie, Karma und Transformation
Die Chancen schwieriger Aspekte
Frankfurt/M: Heyne Verlag, 1998

Relationships and Life Cycles
Astrological Patterns of Personal Experience
Sebastopol, CA: CRCS Publications, 1993

Handbuch der Horoskop-Deutung
Berlin: Rowohlt, 1999

Atlee, Tom

The Tao of Democracy
Using Co-Intelligence to Create a World That Works for All
North Charleston, SC: Imprint Books / WorldWorks Press, 2003

B

Bachelard, Gaston

The Poetics of Reverie
Translated by Daniel Russell
Boston: Beacon Press, 1971

Poetik des Raumes
Frankfurt/M: Fischer Verlag, 2001

Bachofen, Johann Jakob

Gesammelte Werke, Band II
Das Mutterrecht
Basel: Benno Schwabe & Co., 1948
Erstveröffentlichung im Jahre 1861

Baggins, David Sadofsky

Drug Hate and the Corruption of American Justice
Santa Barbara: Praeger, 1998

Bagley, Christopher

Child Abusers
Research and Treatment
New York: Universal Publishers, 2003

Balter, Michael

The Goddess and the Bull
Catalhoyuk, An Archaeological Journey
to the Dawn of Civilization
New York: Free Press, 2006

Bandler, Richard

Get the Life You Want
The Secrets to Quick and Lasting Life Change
With Neuro-Linguistic Programming
Deerfield Beach, Fl: HCI, 2008

Barbaree, Howard E. & Marshall, William L. (Eds.)

The Juvenile Sex Offender
Second Edition
New York: Guilford Press, 2008

Barnes, A. James, Dworkin, Terry and Richards Eric L.

Law for Business, 9th Edition
New York: McGraw-Hill, 2006

Barnes, J. (Ed.)

The Complete Works of Aristotle, Vol. 1
Princeton: Princeton University Press, 1971

Barron, Frank X., Montuori, et al. (Eds.)

Creators on Creating
Awakening and Cultivating the Imaginative Mind
(New Consciousness Reader)
New York: P. Tarcher/Putnam, 1997

Bateson, Gregory

Steps to an Ecology of Mind
Chicago: University of Chicago Press, 2000
Originally published in 1972

Bender Lauretta & Blau, Abram

The Reaction of Children to Sexual Relations with Adults
American J. Orthopsychiatry 7 (1937), 500-518

Benkler, Yochai

The Wealth of Networks
How Social Production Transforms Markets and Freedom
New Haven, CT: Yale University Press, 2007

Bennion, Francis

Statutory Interpretation
London: Butterworths, 1984

Bernard, Frits

Paedophilia
A Factual Report
Amsterdam: Enclave, 1985

Pädophilie ohne Grenzen
Theorie, Forschung, Praxis
Frankfurt/M: Foerster Verlag, 1997

Kinderschänder?
Pädophilie, von der Liebe mit Kindern

3. Auflage
Frankfurt/M: Foerster Verlag, 1982

Bertalanffy, Ludwig von

General Systems Theory
Foundations, Development, Applications
New York: George Brazilier Publishing, 1976

Besant, Annie

An Autobiography
New Delhi: Penguin Books, 2005
Originally published in 1893

Karma
4e édition
Paris: Adyar, 1923

Bettelheim, Bruno

A Good Enough Parent
New York: A. Knopf, 1987

The Uses of Enchantment
New York: Vintage Books, 1989

Kinder brauchen Märchen
Frankfurt/M: DTV, 2002

Beutler/Bieber/Pipkorn/Streil

Die Europäische Gemeinschaft
Rechtsordnung und Politik
2. Auflage
Baden-Baden: Nomos, 1982

Block, Peter

Stewardship
Choosing Service Over Self-Interest
San Francisco: Berrett-Koehler, 1996

Blofeld, J.

The Book of Changes
A New Translation of the Ancient Chinese I Ching
New York: E.P. Dutton, 1965

Blum, Ralph H. & Laughan, Susan

The Healing Runes
Tools for the Recovery of Body, Mind, Heart & Soul
New York: St. Martin's Press, 1995

Boadalla, David

Wilhelm Reich, Leben und Werk
Frankfurt/M: Fischer, 1980

Bodin, Jean

On Sovereignty (1576)
Six Books of the Commonwealth
Edited by Professor Julian Franklin
New York: Seven Treasures Publications, 2009

Böhm, Wilfried

Maria Montessori
2. Auflage
Bad Heilbrunn: Julius Klinkhardt, 1991

Bohm, David

Wholeness and the Implicate Order
London: Routledge, 2002

Die implizite Ordnung
Grundlagen eines dynamischen Holismus
München: Goldmann Wilhelm, 1989

Thought as a System
London: Routledge, 1994

Quantum Theory
London: Dover Publications, 1989

La plénitude de l'univers
Paris: Rocher, 1992

La conscience de l'univers
Paris: Rocher, 1992

Boldt, Laurence G.

Zen and the Art of Making a Living
A Practical Guide to Creative Career Design
New York: Penguin Arkana, 1993

How to Find the Work You Love
New York: Penguin Arkana, 1996

Zen Soup
Tasty Morsels of Zen Wisdom From Great Minds East & West
New York: Penguin Arkana, 1997

The Tao of Abundance
Eight Ancient Principles For Abundant Living
New York: Penguin Arkana, 1999

Das Tao der Fülle
Vom Reichtum, der uns glücklich macht
Mittelberg: Joy Verlag, 2001

Bordeaux-Szekely, Edmond

Teaching of the Essenes from Enoch to the Dead
Sea Scrolls
Beekman Publishing, 1992

Gospel of the Essenes
The Unknown Books of the Essenes & Lost Scrolls of the Essene Brotherhood
Beekman Publishing, 1988

Gospel of Peace of Jesus Christ
Beekman Publishing, 1994

Gospel of Peace, 2d Vol.
I B S International Publishers

Das Friedensevangelium der Essener
Saarbrücken: Neue Erde/Lentz, 2002

Évangile essénien de la paix
La vie biogénique
Genève: Éditions Soleil, 1978

Die unbekannten Schriften der Essener
Saarbrücken: Neue Erde/Lentz, 2002

Branden, Nathaniel

How to Raise Your Self-Esteem
New York: Bantam, 1987

Die 6 Säulen des Selbstwertgefühls

Erfolgreich und zufrieden durch ein starkes Selbst
München: Piper Verlag, 2009

Brant & Tisza

The Sexually Misused Child
American J. Orthopsychiatry, 47(1)(1977)

Brassai

Conversations with Picasso
Chicago: University of Chicago Publications, 1999

Brennan, Barbara Ann

Hands of Healing
A Guide to Healing Through the Human Energy Field
New York: Bantam, 1988

Brongersma, Edward

Aggression against Pedophiles
7 International Journal of Law & Psychiatry 82 (1984)

Loving Boys
Amsterdam, New York: GAP, 1987

Das verfemte Geschlecht
Berlin: Lichtenberg Verlag, 1970

Bruce, Alexandra

Beyond the Bleep
The Definite Unauthorized Guide to 'What the Bleep Do we Know!?'
New York: Disinformation, 2005

Bullough & Bullough (Eds.)

Human Sexuality
An Encyclopedia
New York: Garland Publishing, 1994

Sin, Sickness and Sanity
A History of Sexual Attitudes
New York: New American Library, 1977

Burgess, Ann Wolbert

Child Pornography and Sex Rings
New York: Lexington Books, 1984

Burwick, Frederick

The Damnation of Newton
Goethe's Color Theory and Romantic Perception
New York: Walter de Gruyter, 1986

Butler-Bowden, Tom

50 Success Classics
Winning Wisdom for Work & Life From 50 Landmark Books
London: Nicholas Brealey Publishing, 2004

50 Klassiker des Erfolgs
Die wichtigsten Werke von Kenneth Blanchard, Warren Buffet, Andrew Carnegie,
Stephen R. Covey, Spencer Johnson, Benjamin Franklin, Napoleon Hill,
Nelson Mandela, Anthony Robbins, Brian Tracy, Sun Tsu, Jack Welch
und vielen anderen
Frankfurt/M: MVG Verlag, 2005

50 Lebenshilfe Klassiker
Frankfurt/M: MVG Verlag, 2004

50 Klassiker der Psychologie
Die wichtigsten Werke von Alfred Adler, Sigmund Freud, Daniel Goleman,
Karen Horney, William James, C.G. Jung, Jean Piaget, Viktor Frankl, Howard Gardner,
Alfred Kinsey, Abraham Maslow, Iwan Pawlow, Stanley Milgram, Martin Seligman
und vielen anderen
Frankfurt/M: MVG Verlag, 2004

50 Klassiker der Spiritualität
Die wichtigsten Werke von Augustinus, Khalil Gibran, Mahatma Gandhi,
Dag Hammarskjöld, Hermann Hesse, C. G. Jung, Eckhart Tolle, J. Krishnamurti,
Thich Nhat Hanh, Mutter Teresa, Dan Millman
und vielen anderen
Frankfurt/M: MVG Verlag, 2006

Buxton, Richard

The Complete World of Greek Mythology
London: Thames & Hudson, 2007

C

Cain, Chelsea & Moon Unit Zappa

Wild Child
New York: Seal Press (Feminist Publishing), 1999

Calderone & Ramey

Talking With Your Child About Sex
New York: Random House, 1982

Campbell, Herbert James

The Pleasure Areas
London: Eyre Methuen Ltd., 1973

Der Irrtum mit der Seele
München: Scherz Verlag, 1973

Les principes du plaisir
Paris: Stock, 1974

Campbell, Jacqueline C.

Assessing Dangerousness
Violence by Sexual Offenders, Batterers and Child
Abusers
New York: Sage Publications, 2004

Campbell, Joseph

The Hero With A Thousand Faces
Princeton: Princeton University Press, 1973
(Bollingen Series XVII)
London: Orion Books, 1999

Der Heros in Tausend Gestalten
München: Insel Verlag, 2009

Occidental Mythology
Princeton: Princeton University Press, 1973
(Bollingen Series XVII)
New York: Penguin Arkana, 1991

The Masks of God
Oriental Mythology
New York: Penguin Arkana, 1992

Originally published 1962

Mythologie des Ostens
Die Masken Gottes Bd. 2
Basel: Sphinx Verlag, 1996

The Power of Myth
With Bill Moyers
ed. by Sue Flowers
New York: Anchor Books, 1988

Die Kraft der Mythen
Düsseldorf: Patmos Verlag, 2007

Cantelon, Philip L. (Ed.)

The American Atom
A Documentary History of Nuclear Policies from the Discovery of Fission to the Present
With Richard G. Hewlett (Ed.) and Robert C. Williams (Ed.)
Philadelphia, PA: University of Pennsylvania Press, 1992

Capacchione, Lucia

The Power of Your Other Hand
North Hollywood, CA: Newcastle Publishing, 1988

Capra, Bernt Amadeus

Mindwalk
A Film for Passionate Thinkers
Based Upon Fritjof Capra's *The Turning Point*
New York: Triton Pictures, 1990

Capra, Fritjof

The Turning Point
Science, Society And The Rising Culture
New York: Simon & Schuster, 1987
Original Author Copyright, 1982

Wendezeit
Bausteine für ein neues Weltbild
München: Droemer Knaur, 2004

Le temps du changement
Science, société et nouvelle culture
Paris: Rocher, 1994

The Tao of Physics

An Exploration of the Parallels Between Modern
Physics and Eastern Mysticism
New York: Shambhala Publications, 2000
(New Edition) Originally published in 1975

Das Tao der Physik
Die Konvergenz von westlicher Wissenschaft und östlicher Philosophie
Neue und erweiterte Auflage
München: O.W. Barth bei Scherz, 2000
Ursprünglich erschienen 1975 bei Droemersche Verlagsanstalt in Hamburg

Le tao de la physique
Paris: Sand & Tchou, 1994

The Web of Life
A New Scientific Understanding of Living Systems
New York: Doubleday, 1997
Author Copyright 1996

Lebensnetz
Ein neues Verständnis der lebendigen Welt
München: Scherz Verlag, 1999

The Hidden Connections
Integrating The Biological, Cognitive And Social
Dimensions Of Life Into A Science Of Sustainability
New York: Doubleday, 2002

Verborgene Zusammenhänge
München: Scherz, 2002

Steering Business Toward Sustainability
New York: United Nations University Press, 1995

Uncommon Wisdom
Conversations with Remarkable People
New York: Bantam, 1989

The Science of Leonardo
Inside the Mind of the Great Genius of the Renaissance
New York: Anchor Books, 2008
New York: Bantam Doubleday, 2007 (First Publishing)

Complete List of Publications
http://www.fritjofcapra.net/publishers.html

Cassou, Michelle & Cubley, Steward

Life, Paint and Passion
Reclaiming the Magic of Spontaneous Expression
New York: P. Tarcher/Putnam, 1996

Castaneda, Carlos

The Teachings of Don Juan
A Yaqui Way of Knowledge
Washington: Square Press, 1985

Journey to Ixtlan
Washington: Square Press: 1991

Tales of Power
Washington: Square Press, 1991

The Second Ring of Power
Washington: Square Press, 1991

Castel, Robert

L'ordre psychiatrique, l'âge d'or de l'aliénisme
Paris: Éditions de Minuit, 1977

Cayce, Edgar

Modern Prophet
Four Complete Books
'Edgar Cayce On Prophecy'
'Edgar Cayce On Religion and Psychic Experience'
'Edgar Cayce On Mysteries of the Mind'
'Edgar Cayce On Reincarnation'
By Mary Ellen Carter
Ed. by Hugh Lynn Cayce
New York: Random House, 1968

Chaplin, Charles

My Autobiography
New York: Plume, 1992
Originally published in 196

Chevalier, Jean & Gheerbrant, Alain

A Dictionary of Symbols
Translated from the French by John Buchanan-Brown
New York: Penguin, 1996

Cho, Susanne

Kindheit und Sexualität im Wandel der Kulturgeschichte
Eine Studie zur Bedeutung der kindlichen Sexualität unter besonderer
Berücksichtigung des 17. und 20. Jahrhunderts
Zürich, 1983 (Doctoral thesis)

Chopra, Deepak

Creating Affluence
The A-to-Z Steps to a Richer Life
New York: Amber-Allen Publishing (2003)

Life After Death
The Book of Answers
London: Rider, 2006

Leben nach dem Tod
Das letzte Geheimnis unserer Existenz
Berlin: Allegria Verlag, 2008

Synchrodestiny
Discover the Power of Meaningful Coincidence to Manifest Abundance
Audio Book / CD
Niles, IL: Nightingale-Conant, 2006

The Seven Spiritual Laws of Success
A Practical Guide to the Fulfillment of Your Dreams
Audio Book / CD
New York: Amber-Allen Publishing (2002)

Die Sieben Geistigen Gesetze des Erfolgs
Berlin: Ullstein Verlag, 2004

The Spontaneous Fulfillment of Desire
Harnessing the Infinite Power of Coincidence
New York: Random House Audio, 2003

Cicero, Marcus Tullius

Selected Works
New York: Penguin, 1960 (Penguin Classics)

Clarke, Ronald

Einstein: The Life and Times
New York: Avon Books, 1970

Clarke-Steward, S., Friedman, S. & Koch, J.

Child Development, A Topical Approach
London: John Wiley, 1986

Cleary, Thomas

The Taoist I Ching
Translated by Thomas Cleary
Boston & London: Shambhala, 1986

Constantine, Larry L.

Children & Sex
New Findings, New Perspectives
Larry L. Constantine & Floyd M. Martinson (Eds.)
Boston: Little, Brown & Company, 1981

Treasures of the Island
Children in Alternative Lifestyles
Beverly Hills: Sage Publications, 1976

Where are the Kids?
in: Libby & Whitehurst (ed.)
Marriage and Alternatives
Glenview: Scott Foresman, 1977

Open Family
A Lifestyle for Kids and other People
26 FAMILY COORDINATOR 113-130 (1977)

Cook, M. & Howells, K. (Eds.)

Adult Sexual Interest in Children
Academic Press, London, 1980

Coudenhove-Kalergi, Richard N.

Paneuropa
Wien-Leipzig: Paneuropa Verlag, 1926

Covey, Stephen R.

The 7 Habits of Highly Effective People
Powerful Lessons in Personal Change
New York: Free Press, 2004
First Published in 1989

Die 7 Wege zur Effektivität
Prinzipien für persönlichen und beruflichen Erfolg
Offenbach: Gabal Verlag, 2009

The 8th Habit
From Effectiveness to Greatness
London: Simon & Schuster, 2004

Der 8. Weg
Von der Effektivität zur wahren Grösse
6. Auflage
Offenbach: Gabal Verlag, 2006

Covitz, Joel

Emotional Child Abuse
The Family Curse
Boston: Sigo Press, 1986

Cox, Geraldine

The Home is Where the Heart is
Sydney: Macmillan, 2000

Craze, Richard

Feng Shui
Feng Shui Book & Card Pack
London: Thorsons, 1997

Cross, Sir Rupert

Cross on Evidence
5th ed.
London: Butterworths, 1979

Introduction to Criminal Law
10th Edition
London: Butterworths, 1984

Currier, Richard L.

Juvenile Sexuality in Global Perspective
in : Children & Sex, New Findings, New Perspectives
Larry L. Constantine & Floyd M. Martinson (Eds.)
Boston: Little, Brown & Company, 1981

D

Daco, Pierre

Les triomphes de la psychanalyse de Pierre Daco
Bruxelles: Éditions Gérard & Co., 1965 (Marabout)

Dalai Lama

Ethics for the New Millennium
New York: Penguin Putnam, 1999

David-Neel, Alexandra

Magic and Mystery in Tibet
New York: Dover Publications, 1971

The Secret Oral Teachings in Tibetan Buddhist Sects
New York: Secrets of Light Publishers, 1981

Initiations and Initiates in Tibet
New York: Dover Publications, 1993

Immortality and Reincarnation
Wisdom from the Forbidden Journey
New York: Inner Tradition, 1997

Davidson, Gustav

A Dictionary of Angels
Including Fallen Angels
New York: Free Press, 1967

Davis, A. J.

Sexual Assaults in the Philadelphia Prison System and Sheriff's Van
Trans-Action 6, 2, 8-16 (1968)

Dean & Bruyn-Kops

The Crime and the Consequences of Rape
New York: Thomas, 1982

De Bono, Edward

The Use of Lateral Thinking
New York: Penguin, 1967

The Mechanism of Mind
New York: Penguin, 1969

Sur/Petition
London: HarperCollins, 1993

Tactics
London: HarperCollins, 1993
First published in 1985

Taktiken und Strategien erfolgreicher Menschen
Frankfurt/M: MVG Verlag, 1995

Serious Creativity
Using the Power of Lateral Thinking to Create New Ideas
London: HarperCollins, 1996

Delacour, Jean-Baptiste

Glimpses of the Beyond
New York: Bantam Dell, 1975

Deleuze, Gilles, Guattari, Felix

L'Anti-Oedipe
Capitalisme et Schizophrénie
Nouvelle Édition Augmentée
Paris: Éditions de Minuit, 1973

DeMause, Lloyd

The History of Childhood
New York, 1974

Foundations of Psychohistory
New York: Creative Roots, 1982

DeMeo, James

Heretic's Notebook
Emotions, Protocells, Ether-Drift and Cosmic Life Energy
with New Research Supporting Wilhelm Reich
Pulse of the Planet, #5 (2002)
Ashland, Oregon: Orgone Biophysical Research Laboratories, Inc., 2002

Nach Reich, Neue Forschungen zur Orgonomie
Sexualökonomie / Die Entdeckung der Orgonenergie
Herausgegeben zusammen mit Professor Bernd Senf, Berlin
Frankfurt/M: Zweitausendeins Verlag, 1997

Saharasia
The 4000 BCE Origins of Child Abuse, Sex-Repression, Warfare and Social Violence
in the Deserts of the Old World
Ashland, Oregon: Orgone Biophysical Research Laboratories, Inc., 1998

Deshimaru, Taisen

Zen et vie quotidienne
Paris: Albin Michel, 1985

Diamond, Stephen A., May, Rollo

Anger, Madness, and the Daimonic
The Psychological Genesis of Violence, Evil and Creativity
New York: State University of New York Press, 1999

DiCarlo, Russell E. (Ed.)

Towards A New World View
Conversations at the Leading Edge
Erie, PA: Epic Publishing, 1996

Dicta et Françoise

Tarot de Marseille
Paris: Mercure de France, 1980

Dolto, Françoise

La Cause des Enfants
Paris: Laffont, 1985

Mein Leben auf der Seite der Kinder
Ein Plädoyer für eine kindgerechte Welt
Hamburg: Lübbe Verlagsgruppe, 1993

Psychanalyse et Pédiatrie
Paris: Seuil, 1971

Psychoanalyse und Kinderheilkunde
Frankfurt/M: Suhrkamp, 1997

Séminaire de Psychanalyse d'Enfants, 1
Paris: Seuil, 1982

Séminaire de Psychanalyse d'Enfants, 2
Paris: Seuil, 1985

Séminaire de Psychanalyse d'Enfants, 3
Paris: Seuil, 1988

Praxis der Kinderanalyse. Ein Seminar.
Hamburg: Klett-Cotta, 1985

Alles ist Sprache
Kindern mit Worten helfen
Berlin: Quadriga, 1996

Über das Begehren
Die Anfänge der menschlichen Kommunikation
2. Auflage
Hamburg: Klett-Cotta, 1996

Kinder stark machen
Die ersten Lebensjahre
Berlin: Beltz Verlag, 2000

L'évangile au risque de la psychanalyse
Paris: Seuil, 1980

Dover, K.J.

Greek Homosexuality
New York: Fine Communications, 1997

Dreher & Tröndle

Strafgesetzbuch und Nebengesetze
42. Aufl.
München: Beck, 1985

Dürckheim, Karlfried Graf

Hara: The Vital Center of Man
Rochester: Inner Traditions, 2004

Hara
Die Erdmitte des Menschen
Neuausgabe
München: O.W. Barth bei Scherz, 2005

Zen and Us
New York: Penguin Arkana 1991

The Call for the Master
New York: Penguin Books, 1993

Absolute Living
The Otherworldly in the World and the Path to Maturity
New York: Penguin Arkana, 1992

The Way of Transformation
Daily Life as a Spiritual Exercise
London: Allen & Unwin, 1988

Der Alltag als Übung
Vom Weg der Verwandlung
Bern: Huber, 2008

The Japanese Cult of Tranquility
London: Rider, 1960

Kultur der Stille
Frankfurt/M: Weltz Verlag, 1997

E

Eden, Donna & Feinstein, David

Energy Medicine
New York: Tarcher/Putnam, 1998

The Energy Medicine Kit
Simple Effective Techniques to Help You Boost Your Vitality
Boulder, Co.: Sounds True Editions, 2004

The Promise of Energy Psychology
With David Feinstein and Gary Craig
Revolutionary Tools for Dramatic Personal Change
New York: Jeremy P. Tarcher/Penguin, 2005

Edmunds, Francis

An Introduction to Anthroposophy
Rudolf Steiner's Worldview
London: Rudolf Steiner Press, 2005

Edwardes, A.

The Jewel of the Lotus
New York, 1959

Einstein, Albert

The World As I See It
New York: Citadel Press, 1993

Mein Weltbild
Berlin: Ullstein, 2005

Out of My Later Years
New York: Outlet, 1993

Ideas and Opinions
New York: Bonanza Books, 1988

Einstein sagt
Zitate, Einfälle, Gedanken
München: Piper, 2007

Albert Einstein Notebook
London: Dover Publications, 1989

Eisler, Riane

The Chalice and the Blade
Our history, Our future
San Francisco: Harper & Row, 1995

Kelch und Schwert, Unsere Geschichte, unsere Zukunft
Weibliches und männliches Prinzip in der Geschichte
Freiburg: Arbor Verlag, 2005

Sacred Pleasure: Sex, Myth and the Politics of the Body
New Paths to Power and Love
San Francisco: Harper & Row, 1996

The Partnership Way
New Tools for Living and Learning
With David Loye
Brandon, VT: Holistic Education Press, 1998

The Real Wealth of Nations
Creating a Caring Economics
San Francisco: Berrett-Koehler Publishers, 2008

Eliade, Mircea

Shamanism
Archaic Techniques of Ecstasy
New York: Pantheon Books, 1964

Ellis, Havelock

Sexual Inversion
Republished
New York: University Press of the Pacific, 2001
Originally published in 1897

Analysis of the Sexual Impulse
Love and Pain
The Sexual Impulse in Women
Republished
New York: University Press of the Pacific, 2001
Originally published in 1903

The Dance of Life
New York: Greenwood Press Reprint Edition, 1973
Originally published in 1923

Elwin, V.

The Muria and their Ghotul
Bombay: Oxford University Press, 1947

Emoto, Masaru

The Hidden Messages in Water
New York: Atria Books, 2004

Die Botschaft des Wassers
Burgrain: Koha Verlag, 2008

The Secret Life of Water
New York: Atria Books, 2005

Die Heilkraft des Wassers
Burgrain: Koha Verlag, 2004

Erickson, Milton H.

My Voice Will Go With You
The Teaching Tales of Milton H. Erickson
by Sidney Rosen (Ed.)
New York: Norton & Co., 1991

Complete Works 1.0, CD-ROM
New York: Milton H. Erickson Foundation, 2001

Erikson, Erik H.

Childhood and Society
New York: Norton, 1993
First published in 1950

Erman/Ranke

Ägypten und Ägyptisches Leben im Altertum
Hildesheim: Gerstenberg, 1981

Evans-Wentz, Walter Yeeling

The Fairy Faith in Celtic Countries
London: Frowde, 1911
Republished by Dover Publications
(Minneola, New York), 2002

F

Farson, Richard

Birthrights
A Bill of Rights for Children
Macmillan, New York, 1974

Feinberg, Joel

Harmless Wrongdoing
The Moral Limits of the Criminal Law, Vol. 4
New York: Oxford University Press, 1990

Fensterhalm, Herbert

Don't Say Yes When You Want to Say No
With Jean Bear
New York: Dell, 1980

Fericla, Josep M.

Al trasluz de la Ayahuasca
Antropología cognitiva, oniromancia y consciencias alternativas
Barcelona: La Liebre de Marzo, 2002

Finkelhor, David

Sexually Victimized Children
New York: Free Press, 1981

Finkelstein, Haim N. (Ed.)

The Collected Writings of Salvador Dali
Cambridge: Cambridge University Press, 1998

Flack, Audrey

Art & Soul
Notes on Creating
New York: E P Dutton, Reissue Edition, 1991

Forte, Robert (Ed.)

Entheogens and the Future of Religion
Council on Spiritual Practices, 2nd ed., 2000

Fortune, Mary M.

Sexual Violence
New York: Pilgrim Press, 1994

Foster/Freed

A Bill of Rights for Children
6 FAMILY LAW QUARTERLY 343 (1972)

Foucault, Michel

The History of Sexuality, Vol. I : The Will to Knowledge
London: Penguin, 1998
First published in 1976

The History of Sexuality, Vol. II : The Use of Pleasure
London: Penguin, 1998
First published in 1984

The History of Sexuality, Vol. III : The Care of Self
London: Penguin, 1998
First published in 1984

Fourcade, Jean-Michel

Analyse transactionnelle et bioénergie
Paris: Delarge, 1981

Foxwood, Orion

The Faery Teachings
Arcata, CA: R.J. Steward Books, 2007

Franz Anton Mesmer

Franz Anton Mesmer und die Geschichte des Mesmerismus
Beiträge zum internationalen wissenschaftlichen Symposium
anlässlich des 250. Geburtstages von Mesmer
Stuttgart, 1985

Freud, Anna

War and Children
London: 1943

Freud, Sigmund

Three Essays on the Theory of Sexuality
in: The Standard Edition of the Complete Psychological
Works of Sigmund Freud
London: Hogarth Press, 1953-54
Vol. 7, pp. 130 ff
(first published in 1905)

Drei Abhandlungen zur Sexualtheorie
Frankfurt/M: Fischer, 1991

The Interpretation of Dreams
New York: Avon, Reissue Edition, 1980
and in: The Standard Edition of the Complete Psychological
Works of Sigmund Freud
(24 Volumes) ed. by James Strachey
New York: W. W. Norton & Company, 1976

Die Traumdeutung
Frankfurt/M: Fischer, 2005

Totem and Taboo
New York: Routledge, 1999
Originally published in 1913

Totem und Tabu
Einige Übereinstimmungen im Seelenleben der Wilden
und der Neurotiker
Frankfurt/M: Fischer Verlag, 1972

Freund, Kurt

Assessment of Pedophilia
in: Cook, M. and Howells, K. (eds.)
Adult Sexual Interest in Children
Academic Press, London, 1980

Frisch, Max

Biedermann und die Brandstifter
München: Suhrkamp, 1996
Erstmals 1955 als Hörspiel veröffentlicht

Fromm, Erich

The Anatomy of Human Destructiveness
New York: Owl Book, 1992
Originally published in 1973

Anatomie der menschlichen Destruktivität
Berlin: Rowohlt, 1977

Escape from Freedom
New York: Owl Books, 1994
Originally published in 1941

Die Furcht vor der Freiheit
München: DTV Verlag, 1993

To Have or To Be
New York: Continuum International Publishing, 1996
Originally published in 1976

Haben oder Sein
Die seelischen Grundlagen einer neuen Gesellschaft
München: DTV Verlag, 2005

The Art of Loving
New York: HarperPerennial, 2000
Originally published in 1956

Die Kunst des Liebens
Berlin: Ullstein, 2005

G

Gates, Bill

The Road Ahead
New York, Penguin, 1996
(Revised Edition)

Gawain, Shakti

Creative Visualization
Use the Power of Your Imagination to Create What You Want
Novato, CA: New World Library, 1995

Creative Visualization Meditations (Reader)
Novato, CA: New World Library, 1997

Geldard, Richard

Remembering Heraclitus
New York: Lindisfarne Books, 2000

Gerber, Richard

A Practical Guide to Vibrational Medicine
Energy Healing and Spiritual Transformation
New York: Harper & Collins, 2001

Geller, Uri

The Mindpower Kit
Includes Book, Audiotape, Quartz Crystal And Meditation Circle
New York: Penguin, 1996

Gesell, Izzy

Playing Along
37 Group Learning Activities Borrowed from Improvisational Theater
Whole Person Associates, 1997

Ghiselin, Brewster (Ed.)

The Creative Process
Reflections on Invention in the Arts and Sciences
Berkeley: University of California Press, 1985
First published in 1952

Gibson, Ian

The Shameful Life of Salvador Dali
New York: Norton, 1998

Gil, David G.

Societal Violence and Violence in Families
in: David G. Gil, Child Abuse and Violence
New York: Ams Press, 1928

Gimbutas, Marija

The Language of the Goddess
London: Thames & Hudson, 2001

Glucksmann, André, Wolton, Thierry

Silence On Tue
Paris: Grasset, 1986

Goethe, Johann Wolfgang von

The Theory of Colors
New York: MIT Press, 1970
First published in 1810

Goethes Farbenlehre
Leipzig: Seemann-Henschel Verlag, 1998

Goldenstein, Joyce

Einstein: Physicist and Genius
(Great Minds of Science)
New York: Enslow Publishers, 1995

Goldman, Jonathan & Goldman, Andi

Tantra of Sound
Frequencies of Healing
Charlottesville: Hampton Roads, 2005

Tantra des Klanges
Mehr Liebe und Intimität in der Partnerschaft
Mit CD
Hanau: Amra Verlag, 2009

Healing Sounds
The Power of Harmonies
Rochester: Healing Arts Press, 2002

Klangheilung
Die Schöpferkraft des Obertongesangs
Hanau: Amra Verlag, 2008

Healing Sounds
Principles of Sound Healing
DVD, 90 min.
Sacred Mysteries, 2004

Goldstein, Jeffrey H.

Aggression and Crimes of Violence
New York, 1975

Goleman, Daniel

Emotional Intelligence
New York, Bantam Books, 1995

EQ. Emotionale Intelligenz
München: DTV Verlag, 1997

Goodwin, Matthew O.

The Complete Numerology Guide
New York: Red Wheel/Weiser, 1988

Gordon, Rosemary

Pedophilia: Normal and Abnormal
in: Kraemer, The Forbidden Love
London, 1976

Gordon Wasson, R.

The Road to Eleusis
Unveiling the Secret of the Mysteries
With Albert Hofmann, Huston Smith, Carl Ruck and Peter Webster
Berkeley, CA: North Atlantic Books, 2008

Goswami, Amit

The Self-Aware Universe
How Consciousness Creates the Material World
New York: Tarcher/Putnam, 1995

Das Bewusste Universum
Wie Bewusstsein die materielle Welt erschafft
Stuttgart: Lüchow Verlag, 2007

Gottlieb, Adam

Peyote and Other Psychoactive Cacti
Ronin Publishing, 2nd edition, 1997

Grant

Grant's Method of Anatomy
10th ed., by John V. Basmajian
Baltimore, London: Williams & Wilkins, 1980

Greene, Liz

Astrology of Fate
York Beach, ME: Red Wheel/Weiser, 1986

Saturn
A New Look at an Old Devil
York Beach, ME: Red Wheel/Weiser, 1976

The Astrological Neptune and the Quest for Redemption
Boston: Red Wheel Weiser, 1996

The Mythic Journey
With Juliet Sharman-Burke
The Meaning of Myth as a Guide for Life
New York: Simon & Schuster (Fireside), 2000

Die Mythische Reise
Die Bedeutung der Mythen als ein Führer durch das Leben
München: Atmosphären Verlag, 2004

The Mythic Tarot
With Juliet Sharman-Burke
New York: Simon & Schuster (Fireside), 2001
Originally published in 1986

Le Tarot Mythique
Une nouvelle approche du Tarot
Paris: Solar, 1988

The Luminaries
The Psychology of the Sun and Moon in the Horoscope
With Howard Sasportas
York Beach, ME: Red Wheel/Weiser, 1992

Sonne und Mond
Die Bedeutung der grossen Lichter in der Mythologie und im Horoskop
Saarbrücken: Neue Erde/Lentz, 2000

Greer, John Michael

Earth Divination, Earth Magic
A Practical Guide to Geomancy
New York: Llewellyn Publications, 1999

Grof, Stanislav

Ancient Wisdom and Modern Science
New York: State University of New York Press, 1984

Beyond the Brain
Birth, Death and Transcendence in Psychotherapy
New York: State University of New York, 1985

LSD: Doorway to the Numinous
The Groundbreaking Psychedelic Research into Realms
of the Human Unconscious
Rochester: Park Street Press, 2009

Psychologie transpersonnelle
Paris: Rocher, 1984

Realms of the Human Unconscious
Observations from LSD Research
New York: E.P. Dutton, 1976

The Cosmic Game
Explorations of the Frontiers of Human Consciousness
New York: State University of New York Press, 1998

The Holotropic Mind
The Three Levels of Human Consciousness
With Hal Zina Bennett
New York: HarperCollins, 1993

When the Impossible Happens
Adventures in Non-Ordinary Reality
Louisville, CO: Sounds True, 2005

Wir wissen mehr als unser Gehirn
Die Grenzen des Bewusstseins überschreiten
Freiburg: Herder, 2007

Groth, A. Nicholas

Men Who Rape
The Psychology of the Offender
New York: Perseus Publishing, 1980

Grout, Pam

Art & Soul
New York: Andrews McMeel Publishing, 2000

Gunn, John

Violence
New York/Washington, 1973

Gurdjieff, George Ivanovich

The Herald of Coming Good
London: Samuel Weiser, 1933

H

Hall, Manly P.

The Pineal Gland
The Eye of God
Article extracted from the book: Man the Grand Symbol of the Mysteries
Kessinger Publishing Reprint

The Secret Teachings of All Ages
Reader's Edition
New York: Tarcher/Penguin, 2003
Originally published in 1928

Hameroff, Newberg, Woolf, Bierman et al.

Consciousness
20 Scientists Interviewed
Director: Gregory Alsbury
5 DVD Box Set, 540 min.
New York: Alsbury Films, 2003

Hargous, Sabine

Les appeleurs d'âmes
L'univers chamanique des Indiens des Andes
Paris: Albin Michel, 1985

Harner, Michael

Ways of the Shaman
New York: Bantam, 1982
Originally published in 1980

Der Weg des Schamanen
Das praktische Grundlagenbuch zum Schamanismus
Genf: Ariston, 2007

Chamane
Les secrets d'un sorcier indien d'Amérique du Nord
Paris: Albin Michel, 1982

Hasegawa, Tsuyoshi
Racing the Enemy
Stalin, Truman, and the Surrender of Japan
Cambridge, MA: Belknap Press of Harvard University Press, 2006

Henkin/Pugh/Schachter/Smit
International Law
Cases and Materials
St. Paul (West): American Casebook Series, 1980

Herman, Dean M.
A Statutory Proposal to Prohibit the Infliction of Violence upon Children
19 FAMILY LAW QUARTERLY, 1986, 1-52

Hermes Trismegistos
Corpus Hermeticum
New York: Edaf, 2001

Héroard, J.
Journal de Jean Héroard sur l'Enfance et la Jeunesse de Louis XIII
Paris: Soulié/Barthélemy, 1868

Herrigel, Eugen
Zen in the Art of Archery
New York: Vintage Books, 1999
Originally published in 1971

Hicks, Esther and Jerry
The Amazing Power of Deliberate Intent
Living the Art of Allowing
Carlsbad, CA: Hay House, 2006

Hobbes, Thomas
Leviathan (1651)
New York: Longman Library, 2006

Hofmann, Albert

LSD, My Problem Child
Reflections on Sacred Drugs, Mysticism and Science
Santa Cruz, CA: Multidisciplinary Association for Psychedelic Studies, 2009
Originally published in 1980

LSD, Mein Sorgenkind
Die Entdeckung der 'Wunderdroge'
München: DTV Verlag, 1999

Holmes, Ernst

The Science of Mind
A Philosophy, A Faith, A Way of Life
New York: Jeremy P. Tarcher/Putnam, 1998
First Published in 1938

Holstiege, Hildegard

Montessori Pädagogik und soziale Humanität
Freiburg: Herder, 1994

Hood, J. X.

Scientific Curiosities of Love, Sex and Marriage
A Survey of Sex Relations, Beliefs and Customs of Mankind in
Different Countries and Ages
New York, 1951

Houston, Jean

The Possible Human
A Course in Enhancing Your Physical, Mental, and Creative Abilities
New York: Jeremy P. Tarcher/Putnam, 1982

Howells, Kevin

Adult Sexual Interest in Children
Considerations Relevant to Theories of Aetiology in:
Cook, M. and Howells, K. (eds.): Adult Sexual Interest in Children
Academic Press, London, 1980

Huang, Alfred

The Complete I Ching
The Definite Translation from Taoist Master Alfred Huang
Rochester, NY: Inner Traditions, 1998

Hunt, Valerie

Infinite Mind
Science of the Human Vibrations of Consciousness
Malibu, CA: Malibu Publishing, 2000

Huxley, Aldous

The Doors of Perception and Heaven and Hell
London: HarperCollins (Flamingo), 1994
(originally published in 1954)

The Perennial Philosophy
San Francisco: Harper & Row, 1970

J

Jackson, Stevi

Childhood and Sexuality
New York: Blackwell, 1982

James, William

Writings 1902-1910
The Varieties of Religious Experience / Pragmatism / A Pluralistic Universe /
The Meaning of Truth / Some Problems of Philosophy / Essays
New York: Library of America, 1988

Jampolsky, Gerald

Aimer c'est se libérer de la peur
Genève: Éditions Soleil, 1986

Janov, Arthur

Primal Man
The New Consciousness
New York: Crowell, 1975

Das Neue Bewusstsein
Frankfurt/M: Fischer Verlag, 1988
Urausgabe 1975

Johnson, Paul

A History of the Jews
New York: Harper & Row, 1987

Johnston & Deisher

Contemporary Communal Child Rearing: A First Analysis
52 PEDIATRICS 319 (1973)

Jones, W.H.S., Litt, D.

Pliny Natural History
Cambridge, Mass.: Harvard University Press, 1980

Jung, Carl Gustav

Archetypen
München: DTV Verlag, 2001

Archetypes of the Collective Unconscious
in: The Basic Writings of C.G. Jung
New York: The Modern Library, 1959, 358-407

Collected Works
New York, 1959

Dialectique du moi et de l'inconscient
Paris, Gallimard, 1991

On the Nature of the Psyche
in: The Basic Writings of C.G. Jung
New York: The Modern Library, 1959, 47-133

Psychological Types
Collected Writings, Vol. 6
Princeton: Princeton University Press, 1971

Psychologie und Religion
München: DTV Verlag, 2001

Psychology and Religion
in: The Basic Writings of C.G. Jung
New York: The Modern Library, 1959, 582-655

Religious and Psychological Problems of Alchemy
in: The Basic Writings of C.G. Jung
New York: The Modern Library, 1959, 537-581

Symbol und Libido
Freiburg: Walter Verlag, 1987

Synchronizität, Akausalität und Okkultismus
Frankfurt/M: DTV, 2001

The Basic Writings of C.G. Jung
New York: The Modern Library, 1959

The Development of Personality
Collected Writings, Vol. 17
Princeton: Princeton University Press, 1954

The Meaning and Significance of Dreams
Boston: Sigo Press, 1991

The Myth of the Divine Child
in: Essays on A Science of Mythology
Princeton, N.J.: Princeton University Press Bollingen
Series XXII, 1969. (With Karl Kerenyi)

Traum und Traumdeutung
München: DTV Verlag, 2001

Two Essays on Analytical Psychology
Collected Writings, Vol. 7
Princeton: Princeton University Press, 1972
First published by Routledge & Kegan Paul, Ltd., 1953

Zur Psychologie westlicher und östlicher Religion
Fünfte Auflage
Olten: Walter Verlag, 1988

K

Kahn, Charles (Ed.)
The Art and Thought of Heraclitus
Cambridge: Cambridge University Press, 2008

Kaiser, Edmond
La Marche aux Enfants
Lausanne: P.-M. Favre, 1979

Kalweit, Holger
Shamans, Healers and Medicine Men
Boston and London: Shambhala, 1992
Originally published with Kösel Verlag, Munich, in 1987

Kant, Immanuel

Kant's Werke
Band VIII, Abhandlungen nach 1781 (Neudruck)
Berlin und Leipzig: Walter de Gruyter, 1923

Kapleau, Roshi Philip

Three Pillars of Zen
Boston: Beacon Press, 1967

Karagulla, Shafica

The Chakras
Correlations between Medical Science and Clairvoyant Observation
With Dora van Gelder Kunz
Wheaton: Quest Books, 1989

Die Chakras und die feinstofflichen Körper des Menschen
Mit Dora van Gelder-Kunz
Grafing: Aquamarin Verlag, 1994

Karremann, Manfred

Es geschieht am helllichten Tag
Die Verborgene Welt der Pädophilen
und wie wir unsere Kinder vor Missbrauch Schützen
Köln: Dumont, 2007

Kerner Justinus

F.A. Mesmer aus Schwaben
Frankfurt/M, 1856

Kiang, Kok Kok

The I Ching
An Illustrated Guide to the Chinese Art of Divination
Singapore: Asiapac, 1993

Kiesewetter, Carl

Franz Anton Mesmer's Leben und Lehre
Leipzig, 1893

Kingston, Karen

Creating Sacred Space With Feng Shui
New York: Broadway Books, 1997

Kinski, Klaus

Kinski Uncut: The Autobiography of Klaus Kinski
New York: Penguin, 1997

Klein, Melanie

Love, Guilt and Reparation, and Other Works 1921-1945
New York: Free Press, 1984
(Reissue Edition)

Envy and Gratitude and Other Works 1946-1963
New York: Free Press, 2002
(Reissue Edition)

Klimo, Jon

Channeling
Investigations on Receiving Information from Paranormal Sources
New York: North Atlantic Books, 1988

Koestler, Arthur

The Act of Creation
New York: Penguin Arkana, 1989.
Originally published in 1964

Kraemer

The Forbidden Love
London, 1976

Krafft-Ebing, Richard von

Psychopathia sexualis
New York: Bell Publishing, 1965
Originally published in 1886

Krause, Donald G.

The Art of War for Executives
London: Nicholas Brealey Publishing, 1995

Krishnamurti, J.

Freedom From The Known
San Francisco: Harper & Row, 1969

The First and Last Freedom
San Francisco: Harper & Row, 1975

Education and the Significance of Life
London: Victor Gollancz, 1978

Commentaries on Living
First Series
London: Victor Gollancz, 1985

Commentaries on Living
Second Series
London: Victor Gollancz, 1986
Krishnamurti's Journal
London: Victor Gollancz, 1987

Krishnamurti's Notebook
London: Victor Gollancz, 1986

Beyond Violence
London: Victor Gollancz, 1985

Beginnings of Learning
New York: Penguin, 1986

The Penguin Krishnamurti Reader
New York: Penguin, 1987

On God
San Francisco: Harper & Row, 1992

On Fear
San Francisco: Harper & Row, 1995

The Essential Krishnamurti
San Francisco: Harper & Row, 1996

The Ending of Time
With Dr. David Bohm
San Francisco: Harper & Row, 1985

Kwok, Man-Ho
The Feng Shui Kit
London: Piatkus, 1995

L

Labate, Beatriz Caluby

Ayahuasca Religions
A Comprehensive Bibliography and Critical Essays
Santa Cruz, CA: Maps, 2009

Laing, Ronald David

Divided Self
New York: Viking Press, 1991

R.D. Laing and the Paths of Anti-Psychiatry
ed., by Z. Kotowicz
London: Routledge, 1997

The Politics of Experience
New York: Pantheon, 1983

Sagesse, déraison et folie
Paris: Seuil, 1986

Lakhovsky, Georges

La Science et le Bonheur
Longévité et Immortalité par les Vibrations
Paris: Gauthier-Villars, 1930

Le Secret de la Vie
Paris: Gauthier-Villars, 1929

Secret of Life
New York: Kessinger Publishing, 2003

L'étiologie du Cancer
Paris: Gauthier-Villars, 1929

L'Universion
Paris: Gauthier-Villars, 1927

Lanouette, William

Genius in the Shadows
A Biography of Leo Szilard, the Man behind the Bomb
With Bela Silard
Chicago: University of Chicago Press, 1994

Laszlo, Ervin

Holos. Die Welt der neuen Wissenschaften
Petersberg: Via Nova Verlag, 2002

Science and the Akashic Field
An Integral Theory of Everything
Rochester: Inner Traditions, 2004

Macroshift
Die Herausforderung
Frankfurt/M: Insel Verlag, 2003

Quantum Shift to the Global Brain
How the New Scientific Reality Can Change Us and Our World
Rochester: Inner Traditions, 2008

Science and the Reenchantment of the Cosmos
The Rise of the Integral Vision of Reality
Rochester: Inner Traditions, 2006

The Akashic Experience
Science and the Cosmic Memory Field
Rochester: Inner Traditions, 2009

The Chaos Point
The World at the Crossroads
Newburyport, MA: Hampton Roads Publishing, 2006

Laud, Anne & Gilstrop, May

Violence in the Family
A Selected Bibliography on Child Abuse, Sexual Abuse of Children & Domestic Violence
June 1985
University of Georgia Libraries
Bibliographical Series, No. 32

LaViolette, Paul A.

Secrets of Antigravity Propulsion: Tesla, UFOs, and Classified Aerospace Technology
New York: Bear & Company, 2008

The U.S. Antigravity Squadron
In: Thomas Valone, Ed., *Electrogravitics Systems,*
Reports on a New Propulsion Methodology
Washington, D.C.: Integrity Research Institute, 1993, 78-96

Leadbeater, Charles Webster

Astral Plane
Its Scenery, Inhabitants and Phenomena
Kessinger Publishing Reprint Edition, 1997

Dreams
What they Are and How they are Caused
London: Theosophical Publishing Society, 1903
Kessinger Publishing Reprint Edition, 1998

The Inner Life
Chicago: The Rajput Press, 1911
Kessinger Publishing

Leary, Timothy

Our Brain is God
Berkeley, CA: Ronin Publishing, 2001
Author Copyright 1988

Über die Kriminalisierung des Natürlichen
Löhrbach: Werner Pieper Verlag, 1990

Leboyer, Frederick

Birth Without Violence
New York, 1975

Pour une Naissance sans Violence
Paris: Seuil, 1974

Geburt ohne Gewalt
München: Kösel 1981

Cette Lumière d'où vient l'Enfant
Paris: Seuil, 1978

Inner Beauty, Inner Light
New York: Newmarket Press, 1997

Weg des Lichts
München: Kösel, 1991

Loving Hands
The Traditional Art of Baby Massage
New York: Newmarket Press, 1977

Sanfte Hände
Die Kunst der indischen Baby-Massage
München: Kösel, 1979

The Art of Breathing
New York: Newmarket Press, 1991

Le Crapouillot

Les pédophiles
Nouvelle série, n°73, Janvier 1984
Vincent Acker, Le Vilain Manège du Coral, pp. 36-42

LeCron, Leslie M.

L'auto-hypnose
8e édition
Genève: Ariston, 1984

Leggett, Trevor P.

A First Zen Reader
Rutland: C.E. Tuttle, 1980
Originally published in 1972

Lenihan, Eddie

Meeting the Other Crowd
The Fairy Stories of Hidden Ireland
With Carolyn Eve Green
New York: Jeremy P. Tarcher/Penguin, 2004
Authors Copyright 2003

Leonard, George, Murphy, Michael

The Live We Are Given
A Long Term Program for Realizing the
Potential of Body, Mind, Heart and Soul
New York: Jeremy P. Tarcher/Putnam, 1984

Leopardi, Angelo (Hrsg.)

Der Pädosexuelle Komplex
Frankfurt/M: Foerster Verlag, 1988

Licht, Hans

Sexual Life in Ancient Greece
New York: AMS Press, 1995

Liedloff, Jean

Continuum Concept
In Search of Happiness Lost
New York: Perseus Books, 1986
First published in 1977

Auf der Suche nach dem verlorenen Glück
Gegen die Zerstörung der Glücksfähigkeit in der frühen Kindheit
München: C.H. Beck Verlag, 2006

Lipton, Bruce

The Biology of Belief
Unleashing the Power of Consciousness, Matter and Miracles
Santa Rosa, CA: Mountain of Love/Elite Books, 2005

Intelligente Zellen
Wie Erfahrungen unsere Gene steuern
Burgrain: Koha Verlag, 2006

Liss, Jérôme

Débloquez vos émotions
Lausanne: Éditions Far, 1988

Locke, John

Some Thoughts Concerning Education
London, 1690
Reprinted in: The Works of John Locke, 1823
Vol. IX., pp. 6-205

Gedanken über Erziehung
Ditzingen: Reclam Verlag, 1986

Long, Max *Freedom*

The Secret Science at Work
The Huna Method as a Way of Life
Marina del Rey: De Vorss Publications, 1995
Originally published in 1953

Geheimes Wissen hinter Wundern
Die Entdeckung der HUNA-Lehre
Darmstadt: Schirner Verlag, 2006

Growing Into Light
A Personal Guide to Practicing the Huna Method,
Marina del Rey: De Vorss Publications, 1955

Lowen, Alexander

Angst vor dem Leben
Über den Ursprung seelischen Leides und den Weg
zu einem reicheren Dasein
München: Goldmann Wilhelm, 1989

Bioenergetics
New York: Coward, McGoegham 1975

Bioenergetik
Therapie der Seele durch Arbeit mit dem Körper
Berlin: Rowohlt, 2008

Depression and the Body
The Biological Basis of Faith and Reality
New York: Penguin, 1992

Fear of Life
New York: Bioenergetic Press, 2003

Honoring the Body
The Autobiography of Alexander Lowen
New York: Bioenergetic Press, 2004

Joy
The Surrender to the Body and to Life
New York: Penguin, 1995

Liebe und Orgasmus
Persönlichkeitserfahrung durch sexuelle Erfüllung
München: Goldmann Wilhelm, 1993

Love and Orgasm
New York: Macmillan, 1965

Love, Sex and Your Heart
New York: Bioenergetics Press, 2004

Narcissism: Denial of the True Self
New York: Macmillan, Collier Books, 1983

Narzissmus
Die Verleugnung des wahren Selbst
München: Goldmann Wilhelm, 1992

Pleasure: A Creative Approach to Life
New York: Bioenergetics Press, 2004First published in 1970

The Language of the Body
Physical Dynamics of Character Structure
New York: Bioenergetics Press, 2006

Luna, Luis Eduardo & Amaringo, Pablo

Ayahuasca Visions
North Atlantic Books, 1999

Lusk, Julie T. (Editor)

30 Scripts for Relaxation Imagery & Inner Healing
Whole Person Associates, 1992

Lutyens, Mary

Krishnamurti: The Years of Fulfillment
New York: Avon Books, 1983

Krishnamurti: Die Biographie
München: Aquamarin Verlag, 1997

The Life and Death of Krishnamurti
Chennai: Krishnamurti Foundation India, 1990

Lutzbetak, Louis J.

Marriage and the Family in Caucasia
Vienna, 1951, first reprinting, 1966

M

Machiavelli, Niccolò

The Prince
New York: Soho Books, 2009
Written in 1513
First posthumous publishing 1531

Der Fürst
Frankfurt/M: Insel Verlag, 2009

Mack, Carol K. & Mack, Dinah

A Field Guide to Demons, Fairies, Fallen Angels, and Other Subversive Spirits
New York: Owl Books, 1998

Maharshi, Ramana

The Collected Works of Ramana Maharshi
New York: Sri Ramanasramam, 2002

The Essential Teachings of Ramana Maharshi
A Visual Journey
New York: Inner Directions Publishing, 2002
by Matthew Greenblad

Sei was du bist!
München: O.W. Barth, 2001

Nan Yar? Wer bin ich?
München: Kamphausen, 2002

Maisel, Eric

Fearless Creating
A Step-By-Step Guide to Starting and Completing
Work of Art
New York: Tarcher & Putnam, 1995

Malachi, Tau

Gnosis of the Cosmic Christ
A Gnostic Christian Kabbalah
St. Paul: Llewellyn Publications, 2005

Malinowski, Bronislaw

Crime und Custom in Savage Society
London: Kegan, 1926

Sex and Repression in Savage Society
London: Kegan, 1927

The Sexual Life of Savages in North West Melanesia
New York: Halycon House, 1929

Das Geschlechtsleben der Wilden in Nordwest-Melanesien
Liebe, Ehe und Familienleben bei den Eingeborenen der Trobriand Inseln,
Britisch-Neuguinea
Eschborn: Klotz Verlag, 2005

Mallet, Carl-Heinz

Das Einhorn bin ich
Das Bild des Menschen im Märchen
Hamburg: Hoffmann & Campe Verlag, 1982

Untertan Kind
Nachforschungen über Erziehung
München: Max Hueber Verlag, 1987

Mann, Edward W.

Orgone, Reich & Eros
Wilhelm Reich's Theory of Life Energy
New York: Simon & Schuster (Touchstone), 1973

Mann, Sally

At Twelve
Portraits of Young Women
New York: Aperture, 1988

Immediate Family
New York: Phaidon Press, 1993

Marciniak, Barbara

Bringers of the Dawn
Teachings from the Pleiadians
New York: Bear & Co., 1992

Boten des Neuen Morgens
Lehren von den Pleiaden
Freiburg: Hermann Bauer Verlag, 1995

Martinson, Floyd M.

Sexual Knowledge
Values and Behavior Patterns
St. Peter: Minn.: Gustavus Adolphus College, 1966

Infant and Child Sexuality
St. Peter: Minn.: Gustavus Adolphus College, 1973

The Quality of Adolescent Experiences
St. Peter: Minn.: Gustavus Adolphus College, 1974

The Child and the Family
Calgary, Alberta: The University of Calgary, 1980

The Sex Education of Young Children
in: Lorna Brown (Ed.), *Sex Education in the Eighties*
New York, London: Plenum Press, 1981, 51 ff.

The Sexual Life of Children
New York: Bergin & Garvey, 1994

Children and Sex, Part II: Childhood Sexuality
in: Bullough & Bullough, Human Sexuality, 1994, 111-116

Master Lam Kam Chuen

The Way of Energy
Mastering the Chinese Art of Internal
Strength with Chi Kung Exercise
New York: Simon & Schuster (Fireside), 1991

Master Liang, Shou-Yu & Wu, Wen-Ching

Tai Chi Chuan
24 & 48 Postures With Martial Applications
Roslindale, Mass.: YMAA Publication Center, 1996

Masters, R.E.L.

Forbidden Sexual Behavior and Morality
New York, 1962

McCarey, William A.

In Search of Healing
Whole-Body Healing Through the Mind-Body-Spirit Connection
New York: Berkley Publishing, 1996

McCormick

McCormick on Evidence
by Edward W. Cleary, 3d ed.
Lawyers Edition (Homebook Series)
St. Paul: West, 1984

McKenna, Terence

The Archaic Revival
San Francisco: Harper & Row, 1992

Food of The Gods
A Radical History of Plants, Drugs and Human Evolution
London: Rider, 1992

Die Speisen der Götter
Berlin: Synergia/Syntropia, 1996

The Invisible Landscape
Mind Hallucinogens and the I Ching
New York: HarperCollins, 1993
(With Dennis McKenna)

True Hallucinations
Being the Account of the Author's Extraordinary
Adventures in the Devil's Paradise
New York: Fine Communications, 1998

McLeod, Kembrew

Freedom of Expression
Resistance and Repression in the Age of Intellectual Property
Minneapolis, MN: University of Minnesota Press, 2007

McNiff, Shaun

Art as Medicine
Boston: Shambhala, 1992

Art as Therapy
Creating a Therapy of the Imagination
Boston/London: Shambhala, 1992

Trust the Process
An Artist's Guide to Letting Go
New York: Shambhala Publications, 1998

McTaggart, Lynne

The Field
The Quest for the Secret Force of the Universe
New York: Harper & Collins, 2002

Mead, Margaret

Sex and Temperament in Three Primitive Societies
New York, 1935

Meadows, Donella H.

Thinking in Systems
A Primer
White River, VT: Chelsea Green Publishing, 2008

Mehta, Rohit

J. Krishnamurti and the Nameless Experience
A Comprehensive Discussion of J. Krishnamurti's Approach to Life

Delhi: Motilal Banarsidass Publishers, 2002

Méric, de, Philippe
Le Yoga sans postures
Paris: Livre de Poche, 1967

Merle, Roger & Vitu, André
Traité de Croit Criminel
Droit Pénal Spécial
Vol. II, par André Vitu
Paris: Editions Cujas, 1982

Merleau-Ponty, Maurice
Phenomenology of Perception
London: Routledge, 1995
Originally published 1945

Phénoménologie de la perception
Paris: Gallimard, 1945

Metzner, Ralph (Ed.)
Ayahuasca, Human Consciousness and the Spirits of Nature
ed. by Ralph Metzner, Ph.D
New York: Thunder's Mouth Press, 1999

The Psychedelic Experience
A Manual Based on the Tibetan Book of the Dead
With Timothy Leary and Richard Alpert
New York: Citadel, 1995

Miller, Alice
Four Your Own Good
Hidden Cruelty in Child-Rearing and the Roots of Violence
New York: Farrar, Straus & Giroux, 1983

Am Anfang war Erziehung
München: Suhrkamp Verlag, 2008
Erstmals publiziert im Jahre 1986

Pictures of a Childhood
New York: Farrar, Straus & Giroux, 1986

The Drama of the Gifted Child
In Search for the True Self

translated by Ruth Ward
New York: Basic Books, 1996

Das Drama des Begabten Kindes
Und die Suche nach dem wahren Selbst
München: Suhrkamp Verlag, 1983

Der gemiedene Schlüssel
München: Suhrkamp, 2007

Das verbannte Wissen
Frankfurt/M: Suhrkamp, 1988

Thou Shalt Not Be Aware
Society's Betrayal of the Child
New York: Noonday, 1998

Du Sollst Nicht Merken
Variationen über das Paradies-Thema
Neuauflage
München: Suhrkamp, 2005

The Political Consequences of Child Abuse
in: The Journal of Psychohistory 26, 2 (Fall 1998)

Miller, Mary & Taube, Karl

An Illustrated Dictionary of the Gods and Symbols of Ancient Mexico and the Maya
London: Thames & Hudson, 1993

Moll, Albert

The Sexual Life of the Child
New York: Macmillan, 1912
First published in German as
Das Sexualleben des Kindes, 1909

Montagu, Ashley

Touching
The Human Significance of the Skin
New York: Harper & Row, 1978

Körperkontakt
8. Auflage
Stuttgart: Klett/Cotta, 1995

Monter, E. William

Witchcraft in France and Switzerland
Ithaca & London: Cornell University Press, 1976

Montessori, Maria

The Absorbent Mind
Reprint Edition
New York: Buccaneer Books, 1995
First published in 1973

Das Kreative Kind
Der absorbierende Geist
Freiburg: Herder, 2007

Moody, Raymond

The Light Beyond
New York: Mass Market Paperback (Bantam), 1989

Moore, Thomas

Care of the Soul
A Guide for Cultivating Depth and Sacredness in Everyday Life
New York: Harper & Collins, 1994

Die Seele Lieben
Tiefe und Spiritualität im täglichen Leben
München: Droemer Knaur, 1995

Moser, Charles Allen

DSM-IV-TR and the Paraphilias: an argument for removal
With Peggy J. Kleinplatz
Journal of Psychology and Human Sexuality 17 (3/4), 91-109 (2005)

Murdock, G.

Social Structure
New York: Macmillan, 1960

Murphy, Joseph

The Power of Your Subconscious Mind
West Nyack, N.Y.: Parker, 1981, N.Y.: Bantam, 1982
Originally published in 1962

Die Macht Ihres Unterbewusstseins
München: Hugendubel, 2000

La puissance de votre subconscient
Genève: Ramón Keller, 1967

The Miracle of Mind Dynamics
New York: Prentice Hall, 1964

Miracle Power for Infinite Riches
West Nyack, N.Y.: Parker, 1972

The Amazing Laws of Cosmic Mind Power
West Nyack, N.Y.: Parker, 1973

Secrets of the I Ching
West Nyack, N.Y.: Parker, 1970

Think Yourself Rich
Use the Power of Your Subconscious Mind to Find True Wealth
Revised by Ian D. McMahan, Ph.D.
Paramus, NJ: Reward Books, 2001

Das Erfolgsbuch
Wie sie alles im Leben erreichen können
Hamburg: Heyne Verlag, 2002

Wahrheiten die ihr Leben verändern
Dr. Joseph Murphys Vermächtnis
München: Hugendubel, 1996

Murphy, Michael

The Future of the Body
Explorations into the Further Evolution of Human Nature
New York: Jeremy P. Tarcher/Putnam, 1992

Der Quanten-Mensch
München: Ludwig Verlag, 1996

Myers, Tony Pearce

The Soul of Creativity
Insights into the Creative Process
Novato, CA: New World Library, 1999

Myss, Caroline

The Creation of Health
The Emotional, Psychological, and Spiritual Responses that Promote
Health and Healing
New York: Three Rivers Press, 1998

N

Naparstek, Belleruth

Your Sixth Sense
Unlocking the Power of Your Intuition
London: HarperCollins, 1998

Staying Well With Guided Imagery
New York: Warner Books, 1995

Narby, Jeremy

The Cosmic Serpent
DNA and the Origins of Knowledge
New York: J. P. Tarcher, 1999

Die Kosmische Schlange
Auf den Pfaden der Schamanen zu den Ursprüngen modernen Wissens
Stuttgart: Klett-Cotta, 2007

Nau, Erika

Self-Awareness Through Huna
Virginia Beach: Donning, 1981

Selbstbewusst durch Huna
Die magische Weisheit Hawaiis
2. Auflage
Basel: Sphinx Verlag, 1989

Neill, Alexander Sutherland

Neill! Neill! Orange-Peel!
New York: Hart Publishing Co., 1972

Neill! Neill! Birnenstiel!
Berlin: Rowohlt, 1973

Summerhill
A Radical Approach to Child Rearing
New York: Hart Publishing, Reprint 1984
Originally published 1960

Theorie und Praxis der Antiautoritären Erziehung
Das Beispiel Summerhill
Berlin: Rowohlt Verlag, 1969

Summerhill School
A New View of Childhood
New York: St. Martin's Press
Reprint 1995

Das Prinzip Summerhill
Berlin: Rowohlt, 1971

Neuhaus, Heinrich
The Art of Piano Playing
London: Barrie & Jenkins, 1973
Reprinted 1997, 2001, 2002, 2006
First published in 1958

Neumann, Erich
The Great Mother
Princeton: Princeton University Press, 1955
(Bollingen Series)

Die Große Mutter
Die weiblichen Gestaltungen des Unterbewussten
Düsseldorf: Patmos Verlag, 2003

Newton, Michael
Life Between Lives
Hypnotherapy for Spiritual Regression
Woodbury, Minn.: Llewellyn Publications, 2006

Nichols, Sallie
Jung and Tarot: An Archetypal Journey
New York: Red Wheel/Weiser, 1986

Die Psychologie des Tarot
Interlaken: Ansata Verlag, 1996

Nin, Anaïs
The Diary of Anaïs Nin (7 Volumes)
New York, 1966

Volume 1 (1931-1934)
New York: Harvest Books, 1969

Volume 2 (1934-1939)
New York: Harvest Books, 1970

O

O'Brian, Shirley
Child Pornography
2nd edition
New York: Kendall/Hunt, 1992

Odent, Michel
Birth Reborn
What Childbirth Should Be
London: Souvenir Press, 1994

The Scientification of Love
London: Free Association Books, 1999

Die Wurzeln der Liebe
Wie unsere wichtigsten Emotionen entstehen
Olten: Walter Verlag, 2001

Primal Health
Understanding the Critical Period Between Conception and the First Birthday
London: Clairview Books, 2002
First Published in 1986 with Century Hutchinson in London

La Santé Primale
Paris: Payot, 1986

Die sanfte Geburt
Die Leboyer-Methode in der Praxis
Bergisch-Gladbach: Lübbe Verlag, 2001

The Functions of the Orgasms
The Highway to Transcendence
London: Pinter & Martin, 2009

Ollendorf-Reich, Ilse
Wilhelm Reich, A Personal Biography
New York, St. Martins Press, 1969

Wilhelm Reich
Vorwort von A.S. Neill
München, Kindler, 1975

Ong, Hean-Tatt

Amazing Scientific Basis of Feng-Shui
Kuala Lumpur: Eastern Dragon Press, 1997

Oppenheim, Lassa

International Law
4th Edition, by Sir Arnold D. McNair
New York, 1928

Ostrander, Sheila & Schroeder, Lynn

Superlearning 2000
New York: Delacorte Press, 1994

Superlearning
Die revolutionäre Lernmethode
München: Scherz Verlag, 1979

Supermemory
New York: Carroll & Graf, 1991

SuperMemory
Der Weg zum optimalen Gedächtnis
München: Goldmann, 1996

Ouspensky, Pyotr Demianovich

In Search of the Miraculous
New York: Mariner Books, 2001
First published in 1949

P

Papus

(Dr Gérard Encausse)
Traité de Magique Pratique
16e édition
St. Jean de Braye: Éditions Dangles, 1989

Patridge, Burgo

History of Orgies
New York, 1960

Pearce, John A. II and Robinson B. Jr.

Strategic Management
Formulation, Implementation and Control
Tenth Edition
New York: McGraw-Hill, 2007

Pearce Myers, Tony (Editor)

The Soul of Creativity
Insights into the Creative Process
Novato: New World Library, 1999

Pert, Candace B.

Molecules of Emotion
The Science Behind Mind-Body Medicine
New York: Scribner, 2003

Petrash, Jack

Understanding Waldorf Education
Teaching from the Inside Out
London: Floris Books, 2003

Phipson

Phipson on Evidence
13th ed., by John Huxley Buzzard
Richard May and M. N. Howard
London: Sweet & Maxwell, 1982

Plato

Complete Works
Ed. by John M. Cooper
New York: Hackett Publishing Company, 1997

Plummer, Kenneth

Pedophilia
Constructing a Sociological Baseline
in: in: Cook, M. and Howells, K. (Eds.):
Adult Sexual Interest in Children
Academic Press, London, 1980, pp. 220 ff.

Plutarch

Plutarch's Lives
The Dryden Translation
New York: Bantam Books, 2006

Ponder, Catherine

The Healing Secrets of the Ages
Marine del Rey: DeVorss, 1985

Porteous, Hedy S.

Sex and Identity
Your Child's Sexuality
Indianapolis: Bobbs-Merrill, 1972

Prescott, James W.

Affectional Bonding for the Prevention of Violent Behaviors
Neurobiological, Psychological and Religious/Spiritual
Determinants
in: Hertzberg, L.J., Ostrum, G.F. and Field, J.R., (Eds.)
Violent Behavior
Vol. 1, Assessment & Intervention, Chapter Six
New York: PMA Publishing, 1990

Alienation of Affection
Psychology Today, December 1979

Body Pleasure and the Origins of Violence
Bulletin of the Atomic Scientists, 10-20 (1975)

*Deprivation of Physical Affection as a Primary Process in the
Development of Physical Violence A Comparative
and Cross-Cultural Perspective,*
in: David G. Gil, ed., Child Abuse and Violence
New York: Ams Press, 1979

*Early somatosensory deprivation as an ontogenetic
process in the abnormal development of the brain and behavior,*
in: Medical Primatology, ed. by I.E. Goldsmith and J. Moor-Jankowski,
New York: S. Karger, 1971

Genital Mutilation of Children
Failure of Humanity and Humanism
Unprinted Essay (2005)
http://www.violence.de/prescott/letters/
CIRC_CONGRESS_MONTAGUE_9.30.05.html

Genital Pain vs. Genital Pleasure
Why the One and not the Other
The Truth Seeker, July/August 1989, pp. 14-21
http://www.violence.de/prescott/truthseeker/genpl.html

How Culture Shapes the Developing Brain and the Future of Humanity
A Brief Summary of the research which links brain
abnormalities and violence to an absence of nurturing and bonding
very early in childhood,
in: Touch the Future: Optimum Learning Relationships for Children & Adults
Spring 2002 (Ed. by Michael Mendizza)
Nevada City, CA, 2002

Invited Commentary: Central nervous system functioning in altered sensory environments,
in: M.H. Appley and R. Trumbull (Eds.), *Psychological Stress,*
New York: Appleton-Century Crofts, 1967

Our Two Cultural Brains: Neurointegrative and Neurodissociative
http://www.violence.de/prescott/letters/Our_Two_Cultural_Brains.pdf

Phylogenetic and ontogenetic aspects of human affectional development,
in: Progress in Sexology, Proceedings of the 1976 International Congress of Sexology,
ed. by R. Gemme & C.C. Wheeler
New York: Plenum Press, 1977

Prevention or Therapy and the Politics of Trust
Inspiring a New Human Agenda
in: *Psychotherapy and Politics International*
Volume 3(3), pp. 194-211
London: John Wiley, 2005

Sex and the Brain
Midcontinent & Eastern Regions, June 13-16, 2002
Big Rapids, MI: Society for Cross-Cultural Research,
32nd Annual Meeting, 2005
http://www.violence.de/archive.shtml

Sixteen Principles for Personal, Family and Global Peace
The Truth Seeker, March/April 1989
http://www.violence.de/prescott/letters/Sixteen_Principles.pdf

Somatosensory affectional deprivation (SAD) theory of drug and alcohol use,
in: Theories on Drug Abuse: Selected Contemporary Perspectives,
ed. by Dan J. Lettieri, Mollie Sayers and Helen Wallenstien Pearson,
NIDA Research Monograph 30, March 1980
Rockville, MD: National Institute on Drug Abuse,
Department of Health and Human Services, 1980

The Origins of Human Love and Violence
Pre- and Perinatal Psychology Journal
Volume 10, Number 3:
Spring 1996, pp. 143-188The Origins of Love and Violence

Sensory Deprivation and the Developing Brain
Research and Prevention (DVD)
http://ttfuture.org/store/origins_orders

http://violence.de
http://ttfuture.org/violence
http://montagunocircpetition.org

Pritchard, Colin

The Child Abusers
New York: Open University Press, 2004

R

Radin, Dean

The Conscious Universe
The Scientific Truth of Psychic Phenomena
San Francisco: Harper & Row, 1997

Entangled Minds
Extrasensory Experiences in a Quantum Reality
New York: Paraview Pocket Books, 2006

Raknes, Ola

Wilhelm Reich and Orgonomy
Oslo: Universitetsforlaget, 1970

Wilhelm Reich und die Orgonomie
Eine Einführung in die Wissenschaft von der Lebensenergie
Frankfurt/M: Nexus, 1983

Randall, Neville

Life After Death
London: Robert Hale, 1999

Rank, Otto

Art and Artist
With Charles Francis Atkinson and Anaïs Nin
New York: W.W. Norton, 1989
Originally published in 1932

The Significance of Psychoanalysis for the Mental Sciences
New York: BiblioBazaar, 2009

First published in 1913

Rausky, Franklin
Mesmer ou la révolution thérapeutique
Paris, 1977

Redfield, James
The Tenth Insight
Holding the Vision
New York: Warner Books, 1996

The Celestine Prophecy
New York: Warner Books, 1995

Die Vision von Celestine
Berlin: Ullstein, 2004

Reich, Wilhelm
A Review of the Theories, dating from The 17th Century,
on the Origin of Organic Life
by Arthur Hahn, Literature Assistant at the Institut für Sexualökonomische
Lebensforschung, Biologisches Laboratorium, Oslo, 1938
©1979 by Mary Boyd Higgins as Director of the Wilhelm Reich Infant Trust
XEROX Copy from the Wilhelm Reich Museum

Children of the Future
On the Prevention of Sexual Pathology
New York: Farrar, Straus & Giroux, 1983
First published in 1950

CORE (Cosmic Orgone Engineering)
Part I, Space Ships, DOR and DROUGHT
©1984, Orgone Institute Press
XEROX Copy from the Wilhelm Reich Museum

Der Einbruch der sexuellen Zwangsmoral
Frankfurt/M: Fischer, 1981

Die Entdeckung des Orgons II
Der Krebs
Frankfurt/M: Fischer, 1981
Köln: Kiepenheuer & Witsch, 1984

Die Funktion des Orgasmus
Sexualökonomische Grundprobleme der biologischen Energie
Köln: Kiepenheuer & Witsch, 1987

Die Massenpsychologie des Faschismus
Frankfurt/M: Fischer, 1974

Die sexuelle Revolution
Frankfurt/M: Fischer, 1966

Early Writings 1
New York: Farrar, Straus & Giroux, 1975

Ether, God & Devil & Cosmic Superimposition
New York: Farrar, Straus & Giroux, 1972
Originally published in 1949

Frühe Schriften 1
Aus den Jahren 1920-1925
Frankfurt/M: Fischer, 1983

Frühe Schriften 2
Genitalität in der Theorie und Therapie der Neurose
Frankfurt/M: Fischer, 1985

Genitality in the Theory and Therapy of Neurosis
©1980 by Mary Boyd Higgins as Director of the Wilhelm Reich Infant Trust

Leidenschaften der Jugend
Köln: Kiepenheuer & Witsch, 1984

L'irruption de la morale sexuelle
Paris: Payot, 1972

Menschen im Staat
Frankfurt/M: Nexus, 1982

People in Trouble
©1974 by Mary Boyd Higgins as Director of the Wilhelm Reich Infant Trust

Record of a Friendship
The Correspondence of Wilhelm Reich and A. S. Neill
New York, Farrar, Straus & Giroux, 1981

Selected Writings
An Introduction to Orgonomy
New York: Farrar, Straus & Giroux, 1973

The Bioelectrical Investigation of Sexuality and Anxiety
New York: Farrar, Straus & Giroux, 1983
Originally published in 1935

The Bion Experiments
reprinted in *Selected Writings*
New York: Farrar, Straus & Giroux, 1973

The Cancer Biopathy (The Orgone, Vol. 2)
New York: Farrar, Straus & Giroux, 1973

The Function of the Orgasm (The Orgone, Vol. 1)
Orgone Institute Press, New York, 1942

The Invasion of Compulsory Sex Morality
New York: Farrar, Straus & Giroux, 1971
Originally published in 1932

The Leukemia Problem: Approach
©1951, Orgone Institute Press
Copyright Renewed 1979
XEROX Copy from the Wilhelm Reich Museum

The Mass Psychology of Fascism
New York: Farrar, Straus & Giroux, 1970
Originally published in 1933

The Orgone Energy Accumulator
Its Scientific and Medical Use
©1951, 1979, Orgone Institute Press
XEROX Copy from the Wilhelm Reich Museum

The Schizophrenic Split
©1945, 1949, 1972 by Mary Boyd Higgins as Director of the
Wilhelm Reich Infant Trust
XEROX Copy from the Wilhelm Reich Museum

The Sexual Revolution
©1945, 1962 by Mary Boyd Higgins as Director of the Wilhelm Reich Infant Trust

Zeugnisse einer Freundschaft
Der Briefwechsel zwischen Wilhelm Reich und A.S.
Neill (1936-1957)
Köln: Kiepenheuer & Witsch, 1986

Reid, Daniel P.

The Tao of Health, Sex & Longevity
A Modern Practical Guide to the Ancient Way
New York: Simon & Schuster, 1989

Guarding the Three Treasures
The Chinese Way of Health
New York: Simon & Schuster, 1993

Renault, Mary

The Persian Boy
New York: Bantam Books, 1972

Reps, Paul

Zen Flesh, Zen Bones
Rutland: Tuttle Publishing, 1989

Rhodes, Richard

The Making of the Atomic Bomb
New York, Simon & Schuster, 1995

Richardson, Justin

Everything You Never Wanted Your Kids to Know About Sex
With Mark. A. Schuster
New York: Three Rivers Press, 2003

Roberts, Jane

The Nature of Personal Reality
New York: Amber-Allen Publishing, 1994
First published in 1974

Die Natur der Persönlichen Realität
Ein neues Bewusstsein als Quelle der Kreativität
München: Kailash Verlag, 2007

The Nature of the Psyche
Its Human Expression
New York, Amber-Allen Publishing, 1996
First published in 1979

Die Natur der Psyche
Ihr menschlicher Ausdruck in Kreativität, Liebe, Sexualität
Genf: Ariston Verlag, 1985

Die Natur der Psyche
Ihr menschlicher Ausdruck in Kreativität, Liebe, Sexualität
München: Kailash Verlag, 2008

Roman, Sanaya

Opening to Channel
How To Connect With Your Guide
New York: H.J. Kramer, 1987

Zum Höheren Selbst Erwachen
Das Herz dem Bewusstsein des Lichts öffnen
Genf: Ansata Verlag, 2003

Rosen, Sydney (Ed.)

My Voice Will Go With You
The Teaching Tales of Milton H. Erickson
New York: Norton & Co., 1991

Rosenbaum, Julius

The Plague of Lust
New York: Frederick Publications, 1955

Rossman, Parker

Sexual Experiences between Men and Boys
New York, 1976

Rothschild & Wolf

Children of the Counterculture
New York: Garden City, 1976

Rousseau, Jean-Jacques

Émile ou de l'Éducation, 1762
Reprint, Paris: Garnier, 1964

The Social Contract
And Later Political Writings
Cambridge, MA.: Cambridge University Press, 1997

Rush, Florence

The Best Kept Secret
Sexual Abuse of Children
New Jersey: Prentice-Hall, 1980

Das bestgehütete Geheimnis
Sexueller Kindesmissbrauch
Berlin: Sub-Rosa Frauenverlag, 1984

S

Sandfort, Theo

The Sexual Aspect of Pedophile Relations
The Experience of Twenty-five Boys
Amsterdam: Pan/Spartacus, 1982

SantoPietro, Nancy

Feng Shui, Harmony by Design
How to Create a Beautiful and Harmonious Home,
New York: Putnam-Berkeley, 1996

Satinover, Jeffrey

Homosexuality and the Politics of Truth
New York: Baker Books, 1996

The Quantum Brain
New York: Wiley & Sons, 2001

Satprem

Sri Aurobindo ou l'aventure de la conscience
Paris: Buchet/Castel, 1970

Scarro A. M., Jr. (Ed.)

Male Rape
New York: Ams Press, 1982

Schérer, René

Co-ire
Album systématique de l'enfance
Avec Guy Hocquenghem
Recherches No. 22
Paris: E.S.F., 1976

Émile perverti, ou des rapports entre l'éducation et la sexualité
Paris: Robert Laffont, 1974
Paris, Désordres, 2006
Nouvelle Édition

Le corps interdit
Avec Georges Lapassade
Paris: E.S.F., 1976

Une érotique puérile
Paris: Éditions Galilée, 1978

Schlipp, Paul A. (Ed.)

Albert Einstein
Philosopher-Scientist
New York: Open Court Publishing, 1988

Schonberg, Harold

The Great Pianists
From Mozart to the Present
New York: Simon and Schuster (Fireside), 2006
Originally published in 1963

Schrenck-Notzing, Albert von

Phenomena of Materialization
A Contribution to the Investigation of Mediumistic Teleplastics
Perspectives in Psychical Research
New York: Kegan Paul, 1920

Schultes, Richard Evans, et al.

Plants of the Gods
Their Sacred, Healing, and Hallucinogenic Powers
New York: Healing Arts Press
2nd edition, 2002

Die Pflanzen der Götter
Die magischen Kräfte der Rausch- und Giftgewächse
München: AT Verlag, 1998

Senf, Bernd

Die Wiederentdeckung des Lebendigen
Aachen: Omega, 2003
Erstmals veröffentlicht 1996 mit Zweitausendeins Verlag in Frankfurt/M

Nach Reich: Neue Forschungen zur Orgonenergie
Sexualökonomie / Die Entdeckung der Orgonenergie
Herausgegeben zusammen mit Professor James DeMeo, Ashland, Oregon, USA
Frankfurt/M: Zweitausendeins Verlag, 1997

Sepper, Dennis L.

Goethe Contra Newton
Polemics and the Project of a New Science of Color
Cambridge: Cambridge University Press, 1988

Shalabi, Ahmad
Islam
Cairo, 1970

Sharaf, Myron
Fury on Earth
A Biography of Wilhelm Reich
London: André Deutsch, 1983

Wilhelm Reich
Der heilige Zorn des Lebendigen
Berlin: Simon & Leutner, 1994

Sheldrake, Rupert
A New Science of Life
The Hypothesis of Morphic Resonance
Rochester: Park Street Press, 1995

Das Schöpferische Universum
Die Theorie des morphogenetischen Feldes
Neue und erweiterte Auflage
Berlin: Ullstein, 2009

Simonton, O. Carl et al.
Getting Well Again
Los Angeles: Tarcher, 1978

Singer, June
Androgyny
New York: Doubleday Dell, 1976

Smith, C. Michael
Jung and Shamanism in Dialogue
London: Trafford Publishing, 2007

Spock, Benjamin
Dr. Spock's Baby and Child Care
8th Edition
New York: Pocket Books, 2004

Säuglings- und Kinderpflege
Berlin: Ullstein, 1986

Spretnak, Charlene

Green Politics
Rochester, VT: Inner Traditions, 1986

Stein, Robert M.

Redeeming the Inner Child in Marriage and Therapy
in: Reclaiming the Inner Child
ed. by Jeremiah Abrams
New York: Tarcher/Putnam, 1990, 261 ff.

Steiner, Rudolf

Theosophy
An Introduction to the Spiritual Processes in Human Life and in the Cosmos
New York: Anthroposophic Press, 1994

Die Erziehung des Kindes
Dornach: Rudolf Steiner Verlag, 2003
First published in 1907

Stekel, Wilhelm

Auto-Eroticism
A Psychiatric Study of Onanism and Neurosis
Republished, London: Paul Kegan, 2004

Patterns of Psychosexual Infantilism
New York, 1959 (reprint edition)

Psychosexueller Infantilismus
Die seelischen Kinderkrankheiten der Erwachsenen
Berlin: Urban & Schwarzenberg, 1922

Sadism and Masochism
New York: W.W. Norton & Co., 1953

Sex and Dreams
The Language of Dreams
Republished
New York: University Press of the Pacific, 2003

Störungen des Trieb- und Affektlebens
Bände I & II
Berlin: Urban & Schwarzenberg, 1921

Stiene, Bronwen & Frans

The Reiki Sourcebook

New York: O Books, 2003

The Japanese Art of Reiki
A Practical Guide to Self-Healing
New York: O Books, 2005

Stone, Hal & Stone, Sidra

Embracing Our Selves
The Voice Dialogue Manual
San Rafael, CA: New World Library, 1989

Du bist viele
Das 100fache Selbst und seine Entdeckung
durch die Voice-Dialogue Methode
München: Heyne Verlag, 1994

Strassman, Rick

DMT: The Spirit Molecule
A doctor's revolutionary research into the biology
of near-death and mystical experiences
Rochester: Park Street Press, 2001

Stratenwerth, Günter

Schweizerisches Strafrecht
Besonderer Teil II, 3. Aufl.
Bern: Stämpfli, 1984

Sun Tzu

The Art of War
Special Edition
New York: El Paso Norte Press, 2007

Die Kunst des Krieges
Hamburg: Nikol Verlag, 2008

Suryani, Luh Ketut & Jensen, Gorden D.

The Balinese People
A Reinvestigation of Character
New York: Oxford University Press, 1993

Sutherland

Statutory Construction
Ed. By Sands, 4th Edition
London, 1975

Sweeny/Oliver/Leech

The International Legal System
Cases and Materials
2nd Edition
Minneola, N.Y.: Foundation Press, 1981

Symonds, John Addington

A Problem in Greek Ethics
New York: M.S.G. House, 1971

Szasz, Thomas

The Myth of Mental Illness
New York: Harper & Row, 1984

T

Talbot, Michael

The Holographic Universe
New York: HarperCollins, 1992

Das holographische Universum
Die Welt in neuer Dimension
München: Droemer Knaur, 1994

Tansley, David V.

Chakras, Rays and Radionics
London: Daniel Company Ltd., 1984

Targ, Russell & Katra, Jane

Miracles of Mind
Exploring Nonlocal Consciousness and Spiritual Healing
Novato, CA: New World Library, 1999

Tarnas, Richard

Cosmos and Psyche
Intimations of a New World View
New York: Plume, 2007

The Passion of the Western Mind
Understanding the Ideas that have Shaped Our World View
New York: Ballantine Books, 1993

Tart, Charles T.

Altered States of Consciousness
A Book of Readings
Hoboken, N.J.: Wiley & Sons, 1969

Tatar, Maria M.

Spellbound: Studies on Mesmerism and Literature
Princeton, N.Y., 1978

Tchouang-tseu

Oeuvre complète
Paris: Gallimard/Unesco, 1969

Temple, Robert

The Sirius Mystery
New Scientific Evidence of Alien Contact 5000 Years Ago
Rochester: Destiny Books, 1998

Textor, R. B.

A Cross-Cultural Summary
New Haven, Human Relations Area Files (HRAF)
Press, 1967

The Advent of Great Awakening

A Course in Miracles
Text Workbook and Manual for Teachers
New York: New Christian Church of Full Endeavor, 2007

The Tibetan Book of the Dead

The Great Liberation through Hearing in the Bardo
Translated with commentary by Francesca
Fremantle & Chögyam Trungpa
Boston: Shambhala Dragon Editions, 1975

The Ultimate Picasso

New York: Harry N. Abrams, 2000

Thorsson, Edred

Futhark
A Handbook of Rune Magic
San Francisco: Weiser Books, 1984

Tiller, William A.

Conscious Acts of Creation
The Emergence of a New Physics
Associated Producers, 2004 (DVD)

Psychoenergetic Science
New York: Pavior, 2007

Conscious Acts of Creation
New York: Pavior, 2001

Tischner, Rudolf

F.A. Mesmer
München, 1928

Todaro-Franceschi, Vidette

The Enigma of Energy
Where Science and Religion Converge
New York: Crossroad Publishing, 1991

Toffler, Alvin

Powershift
Knowledge, Wealth, and Violence at the Edge of the 21st Century
New York: Bantam, 1991

Revolutionary Wealth
How it will be created and how it will change our lives
New York: Broadway Business, 2007

The Third Wave
New York: Bantam, 1984

Tolle, Eckhart

The Power of Now
A Guide to Spiritual Enlightenment
Novato, CA: New World Library, 2004

Jetzt! Die Kraft der Gegenwart
Ein Leitfaden zum spirituellen Erwachen
Bielefeld: Kamphausen Verlag, 2000

A New Earth
Awakening to Your Life's Purpose
New York: Michael Joseph (Penguin), 2005

Eine neue Erde
Bewusstseinssprung anstelle von Selbstzerstörung
München: Goldmann, 2005

Too, Lillian

Feng Shui
Kuala Lumpur: Konsep Books, 1994

U

Unlawful Sex

Offences, Victims and Offenders in the Criminal Justice System of England and Wales
The Report of the Howard League Working Party
London: Waterloo Publishers Ltd., 1985

V

Van Gelder, Dora

The Real World of Fairies
A First-Person Account
Wheaton: Quest Books, 1999
First published in 1977

Vanguard, Thorkil

Phallós
A Symbol and its History in the Male World
New York: International Universities Press, 2001

Villoldo, Alberto

Healing States
A Journey Into the World of Spiritual Healing and Shamanism
With Stanley Krippner
New York: Simon & Schuster (Fireside), 1987

Dance of the Four Winds
Secrets of the Inca Medicine Wheel
With Eric Jendresen
Rochester: Destiny Books, 1995

Die Macht der vier Winde
Eine Reise ins Reich der Schamanen

München: Goldmann, 2009

Shaman, Healer, Sage
How to Heal Yourself and Others with the Energy Medicine of the Americas
New York: Harmony, 2000

Hüter des alten Wissens
Schamanisches Heilen im Medizinrad
Darmstadt: Schirner Verlag, 2007

Healing the Luminous Body
The Way of the Shaman with Dr. Alberto Villoldo
DVD, Sacred Mysteries Productions, 2004

Mending The Past And Healing The Future with Soul Retrieval
New York: Hay House, 2005

Seelenrückholung: die Vergangenheit schamanistisch erkunden
Die Zukunft heilen
München, Goldmann, 2006

Vitebsky, Piers

The Shaman
Voyages of the Soul, Trance, Ecstasy and Healing from Siberia to the Amazon
New York: Duncan Baird Publishers, 2001
Originally published in 1995

Von Riezler, Sigmund

Geschichte der Hexenprozesse in Bayern
Stuttgart: Magnus Verlag, 1983

W

Walker & Walker

The English Legal System
6th Edition, by R.J. Walker
London: Butterworths, 1985

Ward, Elizabeth

Father-Daughter Rape
New York: Grove Press, 1985

Watts, Alan W.

The Way of Zen
New York: Vintage Books, 1999

This Is It
And Other Essays on Zen and Spiritual Experience
New York: Vintage, 1973

Wee Chow Hou

The 36 Strategies of the Chinese
Adapting Ancient Chinese Wisdom to the Business World
New York: Addison-Wesley, 2007

Weiss, Jess E.

The Vestibule
New York: Ashley Books, 1979

West's Encyclopedia of American Law

Second Edition
New York: Gale Group, 2008

Wharton

Wharton's Criminal Law
14th ed. by Charles E. Torcia
Vol. II, §§99-282
Rochester, New York: The Lawyers Cooperative Publishing Co., 1979

What the Bleep Do We Know!?

See Arntz, William

Whiteman

Digest of International Law
Vol. 6
Washington, D.C.: Department of State Publication 8350, 1968

Whitfield, Charles L.

Healing the Child Within
Deerfield Beach, Fl: Health Communications, 1987

Whiting, Beatrice B.

Children of Six Cultures
A Psycho-Cultural Analysis
Cambridge: Harvard University Press, 1975

Wiener, Jon

Gimme Some Truth: The John Lennon FBI Files
Los Angeles: University of California Press, 1999

Wilber, Ken

Sex, Ecology, Spirituality
The Spirit of Evolution
Boston: Shambhala, 2000

Quantum Questions
Mystical Writings of The World's Greatest Physicists
Boston: Shambhala, 2001

Wild, Leon D.

The Runes Workbook
A Step-by-Step Guide to Learning the Wisdom of the Staves
San Diego: Thunder Bay Press, 2004

Wilhelm Helmut

The Wilhelm Lectures on the Book of Changes
Princeton: Princeton University Press, 1995

Wilhelm, Richard

The I Ching or Book of Changes
With C. Baynes
3rd Edition, Bollingen Series XIX
Princeton, NJ: Princeton University Press, 1967

Williams, Strephon Kaplan

Dreams and Spiritual Growth
With Patricia H. Berne and Louis M. Savary
New York: Paulist Press, 1984

Durch Traumarbeit zum eigenen Selbst
Die Jung-Senoi Methode
Interlaken: Ansata Verlag, 1987

Dream Cards
Understand Your Dreams and Enrich Your Life
New York: Simon & Schuster (Fireside), 1991

Wing, R. L.

The I Ching Workbook
Garden City, N.Y.: Doubleday, 1984

Das Arbeitsbuch zum I Ching
Mit Chinesischen Orakel Münzen
München: Goldmann, 2004

Het I Tjing Werkboek
Baarn: Bigot & Van Rossum, 1986

Woerly, Franz

Esprit Guide
Entretiens avec Karlfried Dürckheim
Paris: Albin Michel, 1985

Wolf, Fred Alan

Taking the Quantum Leap
The New Physics for Nonscientists
New York: Harper & Row, 1989

Der Quantensprung ist keine Hexerei
Frankfurt/M: Fischer Verlag, 1990

Parallel Universes
New York: Simon & Schuster, 1990

The Dreaming Universe
A Mind-Expanding Journey into the Realm Where Psyche and Physics Meet
New York: Touchstone, 1995

The Eagle's Quest
A Physicist Finds the Scientific Truth At the Heart of the Shamanic World
New York: Touchstone, 1997

Die Physik der Träume
Frankfurt/M: DTV Verlag, 1997

Mind into Matter
A New Alchemy of Science and Spirit
New York: Moment Point Press, 2000

Words and Phrases Legally Defined

Ed. By John Saunders
2nd Edition
London: Butterworths, 1969

Wydra, Nancilee

Feng Shui
The Book of Cures
Lincolnwood: Contemporary Books, 1996

Y

Yang, Jwing-Ming

Qigong, The Secret of Youth
Da Mo's Muscle/Tendon Changing and Marrow/Brain Washing Classics
Boston, Mass.: YMAA Publication Center, 2000

The Root of Chinese Qigong
Secrets for Health, Longevity, & Enlightenment
Roslindale, MA: YMAA Publication Center, 1997

Yates, Alayne

Sex Without Shame
Encouraging the Child's Healthy Sexual Development
New York, 1978
Republished Internet Edition

Yeats, William Butler

Irish Fairy and Folk Tales
New York: Modern Library, 2003

Mythologies
New York: Simon & Schuster, 1998
Author Copyright 1959, Renewed 1987 by Anne Yeats

Ywahoo, Dhyani

Voices of Our Ancestors
Cherokee Teachings from the Wisdom Fire
New York: Shambhala, 1987

Am Feuer der Weisheit
Lehren der Cherokee Indianer
Zürich: Theseus Verlag, 1988

Z

Znamenski, Andrei A.

Shamanism
Critical Concepts in Sociology
New York: Routledge, 2004

Zukav, Gary

The Dancing Wu Li Masters
An Overview of the New Physics
New York: HarperOne, 2001

Die tanzenden Wu Li Meister
Der östliche Pfad zum Verständnis der modernen Physik
Vom Quantensprung zum schwarzen Loch
Berlin: Rowohlt, 2000

Zweig, Stefan

Die Heilung durch den Geist
Mesmer, Mary Baker-Eddy, Freud
Frankfurt/M: Fischer Verlag, 1982
Originally published in 1931

Zyman, Sergio

The End of Marketing as We Know It
New York: HarperCollins, 2000

Das Ende der Marketing Mythen
Erfolgsrezepte des Aya-Cola für Umsatz und Profit
Berlin: Econ Verlag, 2000

GLOSSAR

Vom Autor geprägte und definierte Begriffe

Im Jahre 2005 rieten mir Freunde, ein Glossar zu erarbeiten, um den Lesern meiner Sachbücher meine, wie sie meinten 'hanebüchene' Terminologie zugänglicher zu machen. Ich fand die Idee gut und führte sie geflissentlich aus, zunächst als Website, dann als PDF.

Im Kurzglossar hier im Buch sind nur einige Hauptbegriffe, die ich auch hier im Text verwendete, definiert, während die Webseite weitaus ausführlicher ist. Hier ist der Link:

https://glossary.ipublica.net

Eine Einführung und weitere Links finden sich hier:

https://ipublica.net

Eltern-Kind Kodependenz

https://glossary.ipublica.net/co-dependence/index.htm

Kodependenz ist ein Abhängigkeitsproblem, das sich in der Eltern-Kind-Beziehung typischerweise zum ersten Mal nach der kritischen Mutter-Kind-Symbiose und damit in der Regel nach dem 18. Monat des Babys entwickelt.

Was im Allgemeinen sehr wenig bekannt ist, ist die Tatsache, dass Mutter und Kind bereits vor Vollendung des 18. Lebensmonats des Säuglings in einer subtilen Kommunikation über Grenzen interagieren, die zeigt, inwieweit die Mutter in der Lage und bereit ist, dem Säugling Autonomie zu geben oder nicht. Es hat sich herausgestellt, dass dieser frühe Dialog, der meist nonverbal geführt wird, die Menschen für ihre späteren relationellen Verhaltensmuster zutiefst konditioniert.

Dies gilt in der Mutter-Sohn-Beziehung mehr als in der Vater-Tochter-Beziehung wegen der unterschiedlichen Strukturierung der Mutter-Sohn Beziehung einerseits, und der Vater-Tochter Beziehung andererseits. Die männliche Psyche ist nun einmal natürlicherweise fragiler, als die weibliche, und dies wurde durch viel Forschung bis heute bestätigt. Eine andere Argumentation würde sagen, dass dies so ist, weil einfach weil die 'matrixgebende' Mutter mehr Macht über das Kind, sei es Junge oder Mädchen, hat als der 'Samenspender' Vater. Diese Bewertung der Urszene wurde sowohl von der Freudschen Analyse-Psychoanalyse als auch von der Transaktionsanalyse gefunden, und sie ist als solche keine Frage der kulturellen Konditionierung oder der Befolgung des Matriarchats oder des Patriarchats.

Kodependenz ist ein wichtiger Baustein im politischen und sozialen Verstrickungsschema der **ödipalen Kultur**.

Emosexuell / Emosexualität (Definition)

https://glossary.ipublica.net/emosexuality/index.htm

Ich habe den Begriff **Emosexualität** geschaffen, um zu betonen, dass die sexuelle Orientierung auf einer emotionalen Vorliebe beruht und nicht umgekehrt, auf sogenannten sexuellen Trieben, wie es die Sexualwissenschaft seit langem annimmt. Der Begriff ist nicht einfach eine Zusammensetzung aus den Worten Emotionalität und Sexualität. Er drückt nicht nur aus, dass Emotionen und Sexualität auf natürliche Weise zusammenschwingen, sondern dass diese Vereinigung die einzigartige Erfahrung schafft, die wir Liebe nennen.

Der Begriff hat nichts mit dem gleichen Begriff aus der Populärkultur gemein, denn im letzteren Fall bezeichnet er eine Sexualität ohne Penetration, die lediglich streichelnder Natur ist. Dies ist nicht der Fall in meiner Vorstellung von Emosexualität, die die volle Sexualität, aber auch die volle Emotionalität umfasst, im Unterschied zum roboterhaften Sexualitätsschema der modernen Sexualwissenschaft, die ein künstliches Konzept von Sexualität verteidigt, das irgendwie von menschlichen Emotionen losgelöst ist und einen automatischen, selbstausführenden Charakter hat.

Emosexualität beschreibt den komplexen Prozess der Wechselbeziehungen zwischen unseren Gefühlen und dem sexuellen Verlangen, den wir stark erleben, wenn wir jemanden lieben. Der Begriff Sexualität hat in der Tat sehr wenig Bedeutung, da er sich auf genitale Aktivitäten beschränkt. Emosexualität ist ein viel umfassenderer Begriff und soll der Sexologie und der kognitiven Psychologie dazu dienen, die Ergebnisse ihrer Forschung über die Bedeutung der Liebe und der Liebesbeziehungen zwischen Menschen besser zu formulieren.

Emotionaler Inzest/Missbrauch (Definition)

https://glossary.ipublica.net/emotional-abuse/index.htm

Christopher Bagley schreibt in seinem Buch *Child Abusers: Research and Treatment (2003):*

'Emotionaler Missbrauch fügt Kindern den meisten langfristigen Schaden zu, obwohl Kombinationen von emotionalem mit physischem und/oder sexuellem Missbrauch der langfristigen psychischen Gesundheit am meisten schaden'.

Was aber ist emotionaler Missbrauch, emotionaler Inzest oder verdeckter Inzest?

Ich denke, dass heute viele Männer eine ziemlich sadistische Beziehung zu Frauen haben und oft und ganz unbewusst ihre Mütter bestrafen wollen für die Kodependenz, die sie mit ihnen durchlebt haben, und für die fehlende Autonomie, die die traurige Realität in dieser Art von exklusiven Beziehungen ist. Das Problem in unserer Kultur ist die Mutter-Sohn-Beziehung, und so gut wie alle unsere sozialen und Beziehungsprobleme gehen aus dieser großen Verzerrung hervor. Viele Männer projizieren ihre kontroversen Gefühle gegenüber ihren Müttern später auf ihre Ehepartnerinnen, Freundinnen und sogar auf kleine Mädchen, denen sie begegnen, mit dem Ergebnis, dass die zweideutige, zwiespältige und kaum bewusste Aggression, die sie gegenüber ihren Müttern pflegen, in der Gesellschaft nach außen projiziert wird und in Mann-Frau- und Mann-Mädchen-Beziehungen Verwüstungen anrichtet.

Die Aggression bei Männern entsteht durch die Kombination aus fehlender Autonomie in der Kindheit, Abwesenheit des Vaters, fordernder Haltung der Mutter, damit der Sohn zu Hause bleibt, strenger Erziehung mit häufigen demütigenden Strafen, Isolation von Gleichaltrigen durch mütterlichen Überschutz, Opferhaltung der

Mutter, zusammen mit einem expliziten oder versteckten Befehl für emotionale Nähe und gemeinsames Tun, anstatt den Jungen mit Gleichaltrigen spielen zu lassen.

Ein Ausweg könnte eine gewisse Hartnäckigkeit des Jungen angesichts einer solchen Situation sein, und eine zu entwickelnde Entschlossenheit seinerseits, die auf seinem Recht besteht, Beziehungen zu Gleichaltrigen, Teenagern und Erwachsenen zu haben, die keine Schutzfiguren und keine Familie sind, und dass er um eine bestimmte begrenzte Zeit bittet, jedes Wochenende, um allein und unbeaufsichtigt auszugehen. Dies könnte dem jungen Mann die Gelegenheit geben, über seinen emotionalen Druck, über die Demütigung, die er erleidet, und über seine verwirrten Gefühle zu sprechen, besonders wenn der Junge in die Adoleszenz kommt und diese Gefühle der Aggression beginnen, sich zu sexualisieren und zu Trieben zu werden.

Während im Allgemeinen bei überbehüteten Jugendlichen am Anfang in jeder Gruppenbeziehung ein Akzeptanzproblem auftritt und am Anfang eine gewisse Feindseligkeit empfunden werden kann, kann es für Jugendliche nur von Vorteil sein, von Zeit zu Zeit ihr Nest zu verlassen, um Gleichaltrige und auch erwachsene Männchen und Weibchen zu suchen, die vielleicht in der Lage sind, den Jungen in seinem rechtmäßigen Streben nach Autonomie und Respekt zu unterstützen.

Der Rat, den ich geben kann, ist, die persönliche Autonomie zu stärken und in einen inneren Dialog mit dem Schatten und dem inneren Kind zu treten, um die verborgenen Verzerrungen in der Mutter-Sohn-Beziehung aufzudecken, die verinnerlicht worden sind und die durch diese Art von Arbeit, auf die ich spezialisiert bin, allmählich bewusst gemacht werden können. Ich habe es während einer Hypnotherapie vor mehr als zwanzig Jahren gelernt und seitdem die Arbeit an mir selbst fortgesetzt und auch versucht, anderen zu helfen,

die in der Knechtschaft der Koabhängigkeit gefangen waren. Das Ergebnis meiner Forschungsarbeit über Missbrauch und sexuelle Paraphilie ist, dass diese sexuellen Verzerrungen aus der Mutter-Sohn-Koabhängigkeit resultieren, die einen Grad der Schwere erreicht hat, der als emotionaler Missbrauch zu qualifizieren ist, und die dann als eines der größten Beziehungsprobleme unserer Zeit anzusehen ist.

Leider bekam die westliche Psychiatrie erst vor kurzem einen Hinweis darauf, und als ich 1985 mit meiner Forschung begann, gab es noch kein Buch über emotionalen Missbrauch. Emotionaler Missbrauch wird heute als die schlimmste und langfristigste Form des Missbrauchs angesehen, da er die primäre Ätiologie ist. Sexueller Missbrauch ist nur eine von mehreren Folgen des emotionalen Missbrauchs. Emotionaler Missbrauch ist so etwas wie mein Forschungsschwerpunkt geworden, und selbst jetzt, so entdeckte ich, werden nur sehr wenige Bücher darüber veröffentlicht, während ganze Bibliotheken über sexuellen Missbrauch und körperliche Misshandlung geschrieben worden sind.

Ich selbst war hoffnungslos abhängig von meiner Mutter, und gleichzeitig war ich, obwohl ich die meiste Zeit in Heimen aufgewachsen bin, das einsamste Kind. Selbst bis zu dem Zeitpunkt, als meine 17-jährige Ehe zerbrach, litt ich immer noch unter den Narben langfristiger körperlicher Misshandlung in meiner Kindheit, von Seiten der Lehrer und Gleichaltrigen.

Kinderschutz (Definition)

https://glossary.ipublica.net/child-protection/index.htm

Moderne Pädagogen wie Maria Montessori (1870-1952) kamen auf die Idee, das Lebensumfeld des Kindes dem Alter und der Größe des Kindes anzupassen und so Erwachsene und Kinder in getrennte Wel-

ten zu segregieren. Im Hinblick auf das natürliche Bedürfnis des Kindes nach einer Vielzahl von Kontakten, um zu einem geselligen und freundlichen Menschen heranzuwachsen, wird von Kinderschützern argumentiert, dass solche Kontakte die Gesundheit, die körperliche Sicherheit oder das emotionale Gleichgewicht des Kindes gefährden können. Jemand, der wie ich im Ausland gelebt hat oder häufig Ferien in Kulturen verbracht hat, in denen noch immer das Bildungsparadigma herrscht, wird mir zustimmen, dass Kinder in diesen Kulturen verantwortungsbewusster und selbständiger, hilfsbereiter und weit weniger ungezogen sind. Und doch leben diese Kinder zwar in einer potenziell unsicheren Umgebung, aber sie sind tatsächlich sicherer als Kinder in den meisten westlichen Ländern. Die Kriminalitätsstatistiken zeigen zum Beispiel, dass in diesen Ländern die Zahl der Vergewaltigungen, Gewaltmorden, Lustmorden oder Entführungen von Kindern im Vergleich zu den Statistiken für diese Verbrechen in den westlichen Gesellschaften minimal ist.

Westliche Kriminalitätsexperten, die das westliche Kinderschutzparadigma rechtfertigen, neigen dazu, zu argumentieren, dass man sich nicht auf diese Statistiken verlassen könne, da der größte Teil des Kindesmissbrauchs in diesen Kulturen nicht gemeldet worden sei. Dies ist sicherlich ein sachliches Argument und auch ein Argument, das sehr schwer zu widerlegen ist. Auf der anderen Seite kann ich, da ich nun seit mehr als zwanzig Jahren in Entwicklungsländern lebe, sagen, dass ich mit einer Ausnahme keine Fälle dieser Art aus persönlichen Berichten oder aus lokalen Zeitungen oder einer anderen verlässlichen Quelle in diesen Ländern gehört oder gesehen habe.

Während ich, als ich vor fünfunddreißig Jahren in den Vereinigten Staaten studierte, ständig an Kindesentführungen erinnert wurde, als ich meine tägliche Milch bekam, die Milchkiste, auf der jeden Morgen ein anderes Kind mit Foto und Einzelheiten abgebildet war, das innerhalb der letzten drei oder fünf Monate entführt worden war und

bei dem jede Suche durch Polizei und Geheimdienst vergeblich war. Und als ich den Fernseher einschaltete, gab es jeden Tag mindestens einen Moment, in dem das Thema Kindesmissbrauch, Entführung oder Mord zum tausendsten und ersten Mal diskutiert wurde.

Von den vielen Kulturen, in denen ich in den letzten vierzig Jahren gelebt und gearbeitet habe, war das unsicherste Land genau das Land, das die Sicherheit der Kinder und die Notwendigkeit, Kinder wirksam zu schützen, am meisten betont hat: die Vereinigten Staaten von Amerika! Es ist unter allen friedlichen Nationen das Land, das seit vielen Jahren die höchste Zahl von Verbrechen an Kindern aufweist.

Und das ist wirklich ironisch, wenn nicht gar ein Schlüssel zum Verständnis dieser doch sehr widersprüchlichen Kultur, denn es sind keine anderen als die US-Organisationen, die das Konzept des Kinderschutzes entwickelt haben. Dieser Widerspruch zwischen der von der amerikanischen Medienpropaganda geförderten Realität und der tatsächlichen Realität in dieser Kultur ist ein allzu typisches Merkmal der Heuchelei in westlichen Ländern in Bezug auf die Kindheit.

Die Vereinigten Staaten sind nur ein extremeres Beispiel, aber die arrogante, heuchlerische und besserwisserische Denkweise durchdringt alle westlichen Gesellschaften.

Narzissmus (Definition)

https://glossary.ipublica.net/narcissism/index.htm

Ich habe über Narzissmus zuerst durch die Bücher von Alice Miller (1923-2010) und Alexander Lowen (1910-2008) gelernt, damals in den 1980er Jahren. Beide Psychiater waren für lange Jahren auf Narzissmus spezialisiert, und dank ihres einzigartigen Beitrags und ihrer unerschütterlichen Bemühungen ist der Ernst des narzisstischen Leidens heute in der Mainstream-Psychiatrie erkannt worden. Dies war nämlich nicht der Fall, als sie in den 1970er Jahren begannen, zu die-

sem Thema zu publizieren. Damals wurde der Narzissmus in der Psychiatrie so gut wie übersehen und nicht als ernsthafte Erkrankung angesehen. Heute, während Angehörige der Gesundheitsberufe die Schwere des Narzissmus als psychiatrische Störung anerkennen, herrscht in der Öffentlichkeit ein Zustand der Verwirrung und Fehlinformation über den Begriff und die Art des narzisstischen Leidens, den ich bei kaum einem anderen psychiatrischen Problem gesehen habe. Es ist verblüffend, wenn man sieht, dass psychologische Essays über Narzissmus oft alle die gleichen falschen Annahmen enthalten, die eigentlich reiner Unsinn sind, denn wenn Narzissmus, wie der diese Autoren regelmäßig annehmen, Liebe zu sich selbst bedeutet, gäbe es überhaupt kein Problem mit Narzissmus. Aber Narzissmus ist das genaue Gegenteil von Selbstliebe, er ist die Verleugnung der Liebe zu sich selbst—und das macht ihn zu einem Problem, denn ein solches innere Vakuum an Eigenliebe verhindert die Heranbildung einer authentischen Identität.

Ödipuskomplex (Definition)

https://glossary.ipublica.net/oedipus-complex/index.htm

Der österreichische Neurologe und Mitbegründer der psychoanalytischen Schule der Psychologie Sigmund Freud (1856-1939) glaubte, dass das psychosexuelle Wachstum in drei Phasen verläuft, der so genannten oralen Phase (0-2 Jahre), der analen Phase (2-4 Jahre) und der genitalen Phase (4 bis 7 Jahre, gefolgt von der Latenzperiode (7-11 Jahre) und der Adoleszenz (11-16 Jahre), und dass das Kind diese Phasen immer und konsistent durchläuft.

Darüber hinaus argumentierte Freud, dass der Aufbau der Sexualtriebsstruktur durch Identifikationen erfolgt, insbesondere durch die Identifikation mit dem gleichgeschlechtlichen Elternteil während der analen Phase, die Freud als homosexuelle Identifikation bezeichnete, und die anschließende heterosexuelle Identifikation mit dem Eltern-

teil des anderen Geschlechts während der Genitalphase. Dieses letzte Zahnrad in der psychosexuellen Maschine des sexuellen Wachstums wird von Freud *Ödipuskomplex* genannt. Genauer gesagt verlangen Freud und die spätere Psychoanalyse vom Kind, jede Phase oder Fixierung erfolgreich zu liquidieren, und kommen zu dem Schluss, dass, wenn ein Kind nicht in der Lage wäre, eine solche Liquidierung vorzunehmen, die sexuelle Energie in der besonderen Phase stecken bliebe, in der die Entwicklung zum Stillstand gekommen ist, und dies hätte später ergreifende Folgen für die sexuellen Gewohnheiten.

Es wird zum Beispiel argumentiert, dass, wenn ein Kind den Ödipuskomplex nicht erfolgreich liquidiert, indem es eine starke heterosexuelle Beziehung mit dem Elternteil des anderen Geschlechts entwickelt (ohne diese Anziehung jedoch als Inzest auszuleben), das Kind später wahrscheinlich homosexuell werden würde. Freud hat dies zunächst für Jungen in Bezug auf ihre Mutter festgestellt, und fügte ihn später für die Mädchen-Vater-Beziehung hinzu, die er *Elektra-Komplex* nannte.

Ödipale Kultur

https://glossary.ipublica.net/oedipal-culture/index.htm

Meine Kritik an der ödipalen Kultur ist untrennbar verwoben mit meiner Kritik an Sigmund Freuds Kulturbegriff der Psychoanalyse, und hier insbesondere mit meiner Kritik an seiner Theorie des **Ödipuskomplexes**. Viele junge Eltern glauben, dass die Psychoanalyse zur Befreiung des Kindes beigetragen hat; sie beurteilen sie als eine andere Form der Permissivität oder als eine Variante der permissiven Erziehung. Nichts könnte weiter von der Wahrheit entfernt sein. Die Freudsche Psychoanalyse, angewandt auf Kinder, ist nicht permissiv, sie ist normativ und tatsächlich ein Werkzeug, um das ideale Konsumkind innerhalb einer Konsumkultur zu schmieden, die auf dem ökonomischen Paradigma des totalen Konsums basiert.

Pädoemotionen (Definition)

https://glossary.ipublica.net/pedoemotions/index.htm

Pädoemotionen sind vorübergehende, vorübergehende, wiederkehrende oder exklusive **emosexuelle** Wünsche und Phantasien von Kindern.

Obwohl Pädoemotionen nicht primär sexueller Natur sind, lenken sie unsere emotionale Aufmerksamkeit auf Kinder in einer Weise, dass Kinder wichtiger, attraktiver, interessanter für die Gesellschaft, fesselnder und verführerischer werden als für eine Kontrollperson mit einem geringeren Grad an Pädoemotionen.

Pädoemotionen sind sowohl bei Männern als auch bei Frauen vorhanden, und ihre Liebesobjekte können entweder männliche oder weibliche Kinder oder in einer bisexuellen Form sowohl Jungen als auch Mädchen sein.

Pädoerotik (Definition)

https://glossary.ipublica.net/pedoerotics/index.htm

Pädoerotik ist die Erotik, die entsteht, wenn **Pädoemotionen** sexualisiert werden. Es ist eine oft glückselige Situation mit entsprechenden ekstatischen Gefühlen und tiefen Momenten der Euphorie, wenn der Liebhaber oder die Liebhaberin die Anziehung annimmt. Andererseits wird sie als unterdrückend empfunden, als ein schwer zu kontrollierender Drang oder Wunsch, wenn er unterdrückt wird. Wenn Männer oder Frauen Kinder sexuell missbrauchen, um ohne Zustimmung des Kindes einen Orgasmus zu erlangen, wird das pädoerotische Verlangen regelmäßig unterdrückt und nicht umarmt. Deshalb ist es wichtig, die Pädoerotik als einen glückseligen Zustand zu befreien und gesellschaftlich zu kodieren, der in den Kindern die ihnen innewohnende Schönheit und lebendige Erotik sieht.

www.ingramcontent.com/pod-product-compliance
Lightning Source LLC
Chambersburg PA
CBHW020330270326
41926CB00007B/113